KB203753

常住勸供儀式集

常住勸供儀式集

상 주 권 공 의 식 집

一乘 行願 編著

운주사

推 薦 詞
추 천 사

이 時代 偉大한 梵唄僧 行願 스님!
시대 위대 범패승 행원

今生에 佛法을 만나서 한 卷의 佛敎儀式集을 編纂하기도 어렵거늘……
금생 불법 권 불교의식집 편찬

東國大 佛敎文化大學院 碩士課程에 在學 중인 行願 스님이 두 번째 佛敎
동국대 불교문화대학원 석사과정 재학 행원 불교

儀式樂譜集인 "常住勸供儀式集"의 出刊 消息을 듣고 놀라움을 금치 못하
의식악보집 상주권공의식집 출간 소식

였습니다.

東國大 韓國音樂科 學部 在學時節, 앞서 編纂한 "靈山齋儀式集"과 이번
동국대 한국음악과 학부 재학시절 편찬 영산재의식집

에 두 번째로 發刊하는 "常住勸供儀式集"은 梵唄를 배우는 後學들에게
발간 상주권공의식집 범패 후학

쉽게 배울 수 있도록 解釋과 實線譜 形式의 樂譜를 收錄한 것은 努力의
해석 실선보 형식 악보 수록 노력

結實이라 생각합니다.
결실

또한 東國大學校 在學 중 二卷의 佛敎儀式에 關聯한 樂譜集을 낸다는 것
동국대학교 재학 이권 불교의식 관련 악보집

은 앞으로도 前無後無한 일이라 생각합니다. 아마도 行願 스님은 前生
전무후무 행원 전생

부터 이어온 梵唄僧이 아니었을까?
범패승

늘 묵묵히 修行하며, 佛敎音樂의 布敎에 邁進하는 行願 스님을 보며, 祝
수행 불교음악 포교 매진 행원 축

賀와 더불어 '拈華微笑'로 두손 모읍니다.
하 염화미소

東國大 韓國音樂科 學科長 法顯 두손 모음
동국대 한국음악과 학과장 법현

序 文

齋의 語源은 梵語 '우파바사타(upavasatha)'에서 비롯되었다고 하며, 이를 飜譯하여 '齋'라 하게 된 것이다. 語源상으로 볼 때 齋의 意味는 '僧侶의 食事'를 意味하는 것이었으나, 이것이 轉用되어 僧侶에게 食事를 供養하는 儀式, 또는 그와 같은 儀式을 中心으로 한 法會를 뜻하게 되었다고 한다. 다른 한편 喪事(사람이 죽으면 行하는 儀式)와 관련된 儀式法會를 稱하는 用語로 轉用되었다고 한다. 이러한 齋儀式에는 부처님 當時 靈山會上의 法會를 象徵化하여 行하는 靈山齋, 冥府十王信仰을 受容하여 儀式節次를 再構成한 樣式을 지닌 十王各拜齋, 生前에 미리 닦아 죽어서 極樂往生을 發願하는 生前預修齋, 바다와 육지에 모든 有主無主孤魂들을 薦度함으로 自身의 福樂을 누린다는 目的에서 行하는 水陸齋 등 있다. 이러한 齋儀式은 常住勸供齋의 基本形으로 하여 儀式의 節次가 十王各拜齋, 生前預修齋, 靈山齋로 漸次 擴大되어 나가는 形式을 取하고 있다.

常住勸供齋는 '日常的으로 供養을 올린다.'는 意味로 梵唄僧이 처음 梵唄를 배울 때 基本이 되는 齋儀式으로 齋 가운데 가장 規模가 작은 것을

말한다. 그러므로 常住勸供齋儀式은 梵唄를 처음 배울 때 가장 基本이
상주권공재의식 범패 기본

되는 齋儀式으로 梵唄를 배우려는 분들은 반드시 배우고 익혀야 하는
재의식 범패

佛敎儀禮의 基礎가 되는 儀式이라 할 수 있다.
불교의례 기초 의식

常住勸供齋의 節次는 侍輦-對靈-灌浴-神衆作法-常住勸供(喝香-燈偈-頂
상주권공재 절차 시련 대령 관욕 신중작법 상주권공 할향 등게 정

禮-合掌偈-告香偈-開啓-灑水偈-伏請偈-千手鈸羅-四方讚-道場偈-懺悔
례 합장게 고향게 개계 쇄수게 복청게 천수바라 사방찬 도량게 참회

偈)-上壇勸供-神衆退供-觀音施食-奉送儀式의 九段階로 進行된다. 이러한
게 상단권공 신중퇴공 관음시식 봉송의식 구단계 진행

우리民族의 傳統文化遺産인 佛敎儀禮儀式에 含蓄되어 있는 思想과 儀禮
민족 전통문화유산 불교의례의식 함축 사상 의례

節次를 올바르게 硏究하고, 傳承·保存할 수 있도록 努力하여야 할 것입
절차 연구 전승 보존 노력

니다.

次 例
차 례

【梵唄採譜】
범패채보

神衆作法 신중작법

第一 侍輦
제 일 시 련

*一柱門 밖 侍輦터에 莊嚴된 輦을 모시고 가서 引路王菩薩과 諸賢聖, 梵王諸釋,
일주문 시련 장엄 연 인로왕보살 제현성 범왕제석
四天王과 八部神衆을 모셔오는 儀式으로 大吹打를 불며 太鉦은 大三, 小三의 拍
사천왕 팔부신중 의식 대취타 태징 대삼 소삼 박
子를 치면서 侍輦터로 간다. 侍輦터에는 屛風을 미리 치고 茶器, 香爐, 촛대를
자 시련 시련 병풍 다기 향로
床 위에 차려 놓은 후 輦을 모셔서 擁護偈를 始作한다.
상 연 옹호게 시작

擁護偈 *同音唱 〈범패채보 p.201〉
옹호게 동음창

奉請十方諸賢聖 梵王諸釋四天王
봉청시방제현성 범왕제석사천왕
伽藍八部神祇衆 不捨慈悲願降臨
가람팔부신기중 불사자비원강림

*소리가 끝나면 太鉦을 몰아띤 후 繞匝鈸羅를 한다.
태징 요잡바라

獻座偈/獻座眞言 *1/3句 法主獨唱 2/4句 大衆唱 〈범패채보 p.202〉
헌좌게 헌좌진언 구 법주독창 구 대중창

我今敬設寶嚴座 奉獻一切聖賢前
아금경설보엄좌 봉헌일체성현전
願滅塵勞妄想心 速圓解脫菩提果
원멸진노망상심 속원해탈보리과
唵 迦摩羅 僧賀 娑婆訶(3번)
옴 가마라 승하 사바하

茶偈 *大衆唱 〈범패채보 p.204〉
다게 대중창

今將甘露茶 奉獻聖賢前
금장감로다 봉헌성현전

鑑察虔懇心 願垂哀納受
감찰건간심 원수애납수

*大衆은 侍輦터를 圓을 그리며 돌며 着服한 스님은 茶偈作法을 한 후, 繞匝鈸羅를 할 때 着服한 스님은 四方搖身을 한다.
대중 시련 원 착복 다게작법 요잡바라 착복 사방요신

行步偈 *大衆唱 〈범패채보 p.208〉
행보게 대중창

移行千里滿虛空 歸道情忘到淨邦
이행천리만허공 귀도정망도정방

三業投誠三寶禮 聖凡同會法王宮
삼업투성삼보례 성범동회법왕궁

散花落(3번)
산화락

南無大聖引路王菩薩(3번) *짓소리-大衆唱 〈범패채보 p.209〉
나무대성인로왕보살 대중창

*引導法師가 '南無大聖引路王菩薩'을 두 번 하고 세 번째 '南無大聖引路王菩薩'을 대중과 함께 소리를 지으며 侍輦터에서 다시 道場으로 들어온다.
인도법사 나무대성인로왕보살 나무대성인로왕보살 시련 도량

*行進할 때는 旗幟槍劍-引路王幡-引導法師-輦-位牌,寫眞-喪主家族-引導大衆 스님 順序로 한다.
행진 기치창검 인로왕번 인도법사 연 위패 사진 상주가족 인도대중 순서

靈鷲偈 *大衆唱 〈범패채보 p.211〉
영 축 게　대중창

靈鷲拈華示上機　肯同浮木接盲龜
영 축 염 화 시 상 기　긍 동 부 목 접 맹 귀

飮光不是微微笑　無限淸風付與誰
음 광 불 시 미 미 소　무 한 청 풍 부 여 수

起經作法 *〈범패채보 p.269〉
기 경 작 법

*經傳을 연다는 의미로 着服한 두 스님이 太鉦에 맞추어 起經作法을 한다. 作法
경전　착복　태징　기경작법　작법

이 끝나면 쇠를 몰아띠고 繞匝鈸羅와 法鼓舞가 이어지기도 한다. 侍輦은 外起
요잡바라　법고무　시련　외기

經, 頂禮는 內起經이라 한다. 그 다음 太鉦을 몰아띤 후 法主가 搖鈴을 한 번 내
경　정례　내기경　태징　법주　요령

린 후 '普禮三寶'를 소리 지으면 大衆이 普禮十方常主佛,法,僧을 同音한다.
보례삼보　대중　보례시방상주불 법 승　동음

普禮三寶 *獨唱, 大衆唱 〈범패채보 p.212〉
보 례 삼 보　독창　대중창

普禮十方常主佛
보 례 시 방 상 주 불

普禮十方常主法
보 례 시 방 상 주 법

普禮十方常主僧
보 례 시 방 상 주 승

*大韓民國 千秋萬歲
대한민국 천추만세

第二 對靈
제이 대령

*當日 薦度의 對象이 되는 靈駕와 佛法에 歸依하려고 하는 一切 靈駕를 請하여
당일 천도 대상 영가 불법 귀의 일체 영가 청
簡單하게 供養을 드리고 齋를 올리는 緣由와 靈駕가 지녀야 할 마음가짐과 앞
간단 공양 재 연유 영가
으로 나아갈 바를 알려주는 것이다. 오랜 세월 쌓아온 煩惱와 生前의 業을 그대
번뇌 생전 업
로 간직한 靈駕는 淸淨한 道場에 들어올 수 없으므로 원래 寺刹의 解脫門 밖에
영가 청정 도량 사찰 해탈문
對靈 場所를 마련해야 한다.
대령 장소

擧佛
거불

*홋소리-大衆唱 〈범패채보 p.213〉
대중창

*魚丈스님을 中心으로 大衆이 圓을 그리며 짓소리로 하기도 한다.
어장 중심 대중 원

南無 極樂導師 阿彌陀佛
나무 극락도사 아미타불

南無 左右補處 兩大菩薩
나무 좌우보처 양대보살

南無 接引亡靈 引路王菩薩
나무 접인망령 인로왕보살

對靈疏
대령소

*疏聲-獨唱 〈범패채보 p.214〉
소성 독창

召請文疏拜獻 三代家親等衆 釋迦如來 遺敎弟子 奉
소청문소배헌 삼대가친등중 석가여래 유교제자 봉
行加持 秉法沙門 謹疏
행가지 병법사문 근소

修設大會疏
수설대회소

蓋聞 生死路暗 憑 佛燭而可明 苦海波深 仗 法船而
개문 생사로암 빙 불촉이가명 고해파심 장 법선이

可渡 四生六道 迷眞則 似蟻巡環 八難三途 恣情則
가도 사생육도 미진즉 사의순환 팔난삼도 자정즉

如蠶處繭 傷嗟生死 從古至今 未悟心源 那能免矣
여잠처견 상차생사 종고지금 미오심원 나능면의

非憑佛力 難可超昇
비빙불력 난가초승

是以 娑婆世界 南贍部洲 東洋 大韓民國 某山 某寺
시이 사바세계 남섬부주 동양 대한민국 모산 모사

淸淨水月道場 今此至極之精誠 生前孝行 亡靈死後
청정수월도량 금차지극지정성 생전효행 망령사후

某日齋之辰 對靈齋者 某處 居住 行孝子 某生 某人
모일재지신 대령재자 모처 거주 행효자 모생 모인

伏爲 所薦先 某貫 某人 靈駕
복위 소천선 모관 모인 영가

今則 天風肅靜 白日明明(夜漏沈沈) 專列香花 以
금즉 천풍숙정 백일명명 야루침침 전열향화 이

伸迎請 南無一心奉請 大聖引路王菩薩摩訶薩 右伏
신영청 나무일심봉청 대성인로왕보살마하살 우복

以 一靈不昧 八識分明 歸屆道場 領霑功德 陳寃宿
이 일령불매 팔식분명 귀계도량 영점공덕 진원숙

債 應念頓消 正覺菩提 隨心便證 謹疏
채 응념돈소 정각보리 수심변증 근소

佛紀 OO年 O月 O日 秉法沙門 某 謹疏
불기 년 월 일 병법사문 모 근소

地獄偈 *大衆唱〈범패채보 p.217〉
지옥게 대중창

鐵圍山間沃焦山 火湯爐炭劍樹刀
철위산간옥초산 화탕로탄검수도

八萬四千地獄門 仗秘呪力今日開
팔만사천지옥문 장비주력금일개

唱魂 *搖鈴三下, 法主獨唱〈범패채보 p.218〉
창혼 요령삼하 법주독창

據 娑婆世界 南贍部洲 東洋 大韓民國 某山 某寺
거 사바세계 남섬부주 동양 대한민국 모산 모사

清淨水月道場 『今此至極之精誠 生前孝行 亡靈死
청정수월도량 금차지극지정성 생전효행 망령사

後 某日齋 對靈齋者 某處 居住 行孝子 某生 某人
후 모일재 대령재자 모처 거주 행효자 모생 모인

伏爲 所薦先 某貫 某人 靈駕』(三說) 當靈 伏爲 上
복위 소천선 모관 모인 영가 삼설 당령 복위 상

世先亡 師尊父母 多生師長 累代宗親 遠近親戚 弟
세선망 사존부모 다생사장 누대종친 원근친척 제

兄叔伯 姉妹姪孫 一切無盡 諸佛子等 各列位列名靈
형숙백 자매질손 일체무진 제불자등 각열위열명영

駕 此道場內外 洞上洞下 有主無主 雲集孤魂 諸佛
가 차도량내외 동상동하 유주무주 운집고혼 제불

子等 各列位列名靈駕
자등 각열위열명영가

着語 *着語聲-法主獨唱〈범패채보 p.219〉 *良久는 搖鈴을 세 번 흔들어준다.
착어 착어성 법주독창 양구 요령

生本無生 滅本無滅 生滅本虛 實相常住 今日靈駕
생본무생 멸본무멸 생멸본허 실상상주 금일영가

還會得 無生滅底 一句麽(良久) 俯仰隱玄玄 視聽

환 회 득 　무 생 멸 저 　일 구 마 　양 구 　부 앙 은 현 현 　시 청

明歷歷 若也會得 頓證法身 永滅飢虛 其或未然 承

명 력 력 　약 야 회 득 　돈 증 법 신 　영 멸 기 허 　기 혹 미 연 　승

佛神力 仗法加持 赴此香壇 受我妙供 證悟無生

불 신 력 　장 법 가 지 　부 차 향 단 　수 아 묘 공 　증 오 무 생

振鈴偈 *搖鈴 1/3句 法主獨唱 2/4句 同音唱 〈범패채보 p.221〉

진 령 게 　요령 　구 법주독창 　구 동음창

以此振鈴伸召請 今日靈駕普聞知

이 차 진 령 신 소 청 　금 일 영 가 보 문 지

願承三寶力加持 今日今時來赴會

원 승 삼 보 력 가 지 　금 일 금 시 래 부 회

普召請眞言 *法主獨唱. 搖鈴 〈범패채보 p.223〉

보 소 청 진 언 　법주독창 　요령

南謨 步步諦哩 迦哩多哩 多陀揭多野(3번)

나 무 　보 보 제 리 　가 리 다 리 　다 타 아 다 야

孤魂請 *請詞聲-法主獨唱. 搖鈴

고 혼 청 　청사성 　법주독창 　요령

一心奉請 實相離名 法身無跡 從緣隱現 若 鏡像之

일 심 봉 청 　실 상 이 명 　법 신 무 적 　종 연 은 현 　약 　경 상 지

有無 隨業昇沈 如 井輪之高下 妙變莫測 幻來何難

유 무 　수 업 승 침 　여 　정 륜 지 고 하 　묘 변 막 측 　환 래 하 난

今此至極之精誠 生前孝行 亡靈死後第當 某日齋 對

금 차 지 극 지 정 성 　생 전 효 행 　망 령 사 후 제 당 　모 일 재 　대

靈齋者 某處 居住 行孝子 某生 某人 伏爲 所薦先

령 재 자 　모 처 　거 주 　행 효 자 　모 생 　모 인 　복 위 　소 천 선

某貫 某人 靈駕 承佛威光 來詣香壇 受霑法供

모 관 　모 인 　영 가 　승 불 위 광 　내 례 향 단 　수 첨 법 공

一心奉請 若人欲識佛境界 當淨其意如虛空 遠離妄
일심봉청 약인욕식불경계 당정기의여허공 원리망

相及諸趣 令心所向皆無碍 今此至極之精誠 生前孝
상급제취 영심소향개무애 금차지극지정성 생전효

行 亡靈死後 第當 某日齋 對靈齋者 某處 居住 行
행 망령사후 제당 모일재 대령재자 모처 거주 행

孝子 某生 某人 伏爲 所薦先 某貫 某人 靈駕 承佛
효자 모생 모인 복위 소천선 모관 모인 영가 승불

威光 來詣香壇 受霑香供
위광 내례향단 수첨향공

一心奉請 來時是何物 去時是何物 來時去時 本無一
일심봉청 래시시하물 거시시하물 래시거시 본무일

物 欲識明明眞住處 青天白雲萬里通 今此至極之精
물 욕식명명진주처 청천백운만리통 금차지극지정

誠 生前孝行 亡靈死後 第當 某日齋 對靈齋者 某處
성 생전효행 망령사후 제당 모일재 대령재자 모처

居住 行孝子 某生 某人 伏爲 所薦先 某貫 某人 靈
거주 행효자 모생 모인 복위 소천선 모관 모인 영

駕 當靈 伏爲 上世先亡 師尊父母 多生師長 累代宗
가 당령 복위 상세선망 사존부모 다생사장 누대종

親 遠近親戚 弟兄叔伯 姉妹姪孫 一切無盡 諸佛子
친 원근친척 제형숙백 자매질손 일체무진 제불자

等 各列位列名靈駕 乃至 此道場內外 洞上洞下 有
등 각열위열명영가 내지 차도량내외 동상동하 유

主無主 雲集孤魂 諸佛者等 各列位列名靈駕 承佛威
주무주 운집고혼 제불자등 각열위열명영가 승불위

光 來詣香壇 受霑香燈茶米供
광 내례향단 수첨향등다미공

香煙請/歌詠 *歌詠聲-바라지獨唱 〈범패채보 p.225〉
향 연 청 가 영 가영성 독창

諸靈限盡致身亡 石火光陰夢一場
제 령 한 진 치 신 망 석 화 광 음 몽 일 장

三魂杳杳歸何處 七魄茫茫去遠鄕
삼 혼 묘 묘 귀 하 처 칠 백 망 망 거 원 향

加持勸飯 *着語聲-法主獨唱 〈범패채보 p.226〉
가 지 권 반 착어성 법주독창

今日靈駕 旣受虔請 已降香壇 放捨諸緣 俯欽斯奠
금 일 영 가 기 수 건 청 이 강 향 단 방 사 제 연 부 흠 사 전

今日靈駕 一炷淸香 正是靈駕 本來面目 數點明燈
금 일 영 가 일 주 청 향 정 시 영 가 본 래 면 목 수 점 명 등

正是靈駕 着眼時節 先獻趙州茶 後進香積饌 於此物
정 시 영 가 착 안 시 절 선 헌 조 주 다 후 진 향 적 찬 어 차 물

物 還 着眼麽(良久) 低頭仰面 無藏處 雲在靑天 水
물 환 착 안 마 양 구 저 두 앙 면 무 장 처 운 재 청 천 수

在甁
재 병

今日靈駕 旣受香供 已聽法音 合掌專心 參禮金仙
금 일 영 가 기 수 향 공 이 청 법 음 합 장 전 심 참 례 금 선

*愍對靈을 하고 灌浴을 省略할 때는 '今日靈駕~參禮金仙'을 하며 '指壇眞言'으로
민대령 관욕 생략 금일영가 참례금선 지단진언

넘어간다.

第三 灌浴
제 삼 관 욕

*灌浴이란 靈駕가 生前에 身, 口, 意 三業으로 지은 煩惱의 때와 罪業障을 씻어
관욕 영가 생전 신 구 의 삼업 번뇌 죄업장

주는 儀式을 말한다. 法堂에서 하지 않고 큰방, 樓閣, 寮舍채 등 別途의 場所에
의식 법당 누각 요사 별도 장소

서 하는데 마당에서 屛風을 치고 할 수도 있다. 다른 場所가 없는 부득이한 경우
병풍 장소

에만 法堂에서 하며, 이때는 靈壇 쪽에 屛風을 치고 한다.
법당 영단 병풍

引詣香浴 *編偈聲-法主獨唱 〈범패채보 p.228〉
인 예 향 욕 편 게 성 법 주 독 창

上來已憑 佛力法力 三寶威神之力 召請人道 一切人
상 래 이 빙 불 력 법 력 삼 보 위 신 지 력 소 청 인 도 일 체 인

倫 及 無主孤魂 洎 有情等衆 已屆道場 大衆聲鈸
륜 급 무 주 고 혼 계 유 정 등 중 이 계 도 량 대 중 성 발

請迎赴浴
청 영 부 욕

神妙章句大陀羅尼 *大衆唱
신 묘 장 구 대 다 라 니 대 중 창

나모라 다나다라 야야 나막알약 바로기제 새바라

야 모지 사다바야 마하 사다바야 마하가로 니가야

옴 살바 바예수 다라나 가라야 다사명 나막 가리

다바 이맘 알야 바로기제 새바라 다바 니라간타

나막 하리나야 마발다 이사미 살발타 사다남 수반 아예염살바 보다남 바바말아 미수다감 다냐타 옴 아로계 아로가 마지로가 지가란제 혜혜하례 마하 모지 사다바 삼마라 삼마라 하리나야 구로구로 갈마 사다야 사다야 도로도로 미연제 마하 미연제 다라다라 다린나례 새바라 자라자라 마라 미마라 아마라 몰제 예혜혜 로계 새바라 라아 미사미 나사야 나베 사미사미 나사야 모하자라 미사미 나사야 호로호로 마라호로 하례 바나마 나바 사라사라 시리시리 소로소로 못쟈못쟈 모다야 모다야 매다리야 니라간타 가마사 날사남 바라 하리나야 마낙 사바하 싯다야 사바하 마하 싯다야 사바하 싯다유예 새바라야 사바하 니라간타야 사바하 바라하 목카싱하 목카야 사바하 바나마 하따야 사바하 자가라 욕다야 사바하 상카섭나네 모다나야 사바하 마하라 구타다라야 사바하 바마사간타 니사 시체다 가릿나 이나야 사바하 먀가라 잘마이바 사나야 사바하 『나모라 다나다라 야야 나막알야 바로기제 새바라야 사바하』(3번)

淨路眞言 *位牌를 灌浴壇 앞에 모신다.
정로진언 위패 관욕단

唵 小室地 羅自哩 多羅羅自哩 多羅母羅 多禮 自羅
옴 소싯지 나자리 다라나자리 다라모라 다예 자라

自羅 曼多曼多 訶那訶那 吽 縛吒(3번)
자라 만다만다 하나하나 훔 바탁

入室偈 *位牌를 屛風 안으로 모신다. 바라지-大衆唱 〈범패채보 p.229〉
입실게 위패 병풍 대중창

一從違背本心王 幾入三途歷四生
일종위배본심왕 기입삼도역사생

今日滌除煩惱染 隨緣依舊自還鄕
금일척제번뇌염 수연의구자환향

加持澡浴 *編偈聲-法主獨唱 〈범패채보 p.230〉
가지조욕 편게성 법주독창

詳夫 淨 三業者 無越乎澄心 潔 萬物者 莫過乎淸水
상부 정 삼업자 무월호증심 결 만물자 막과호청수

是以 謹嚴浴室 特備香湯 希 一濯於塵勞 獲 萬劫之
시이 근엄욕실 특비향탕 희 일탁어진로 획 만겁지

淸淨 下有沐浴之偈 大衆隨言後和
청정 하유목욕지게 대중수언후화

沐浴偈 *바라지-大衆唱 〈범패채보 p.231〉
목욕게 대중창

我今以此香湯水 灌浴孤魂及有情
아금이차향탕수 관욕고혼급유정

身心洗滌令淸淨 證入眞空常樂鄕
신심세척영청정 증입진공상락향

沐浴眞言 *法主獨唱 <범패채보 p.232>
목욕진언 법주독창

唵 婆多謨 娑尼沙 阿謨佉 阿隷 吽(3번)
옴 바다모 사니사 아모가 아례 훔

*太鉦을 몰아띤 후 灌浴쇠를 치고 灌浴鈸羅를 한다. *<범패채보 p.233>
태징 관욕 관욕바라

嚼楊枝眞言 *버들가지로 이를 닦는 眞言.
작양지진언 진언

唵 縛阿羅賀 娑婆訶(3번)
옴 바아라하 사바하

嗽口眞言 *입을 헹구는 眞言.
수구진언 진언

唵 度度哩 九魯九魯 娑婆訶(3번)
옴 도도리 구로구로 사바하

洗手面眞言 *손과 얼굴을 씻는 眞言.
세수면진언 진언

唵 三滿多 婆哩 述帝 吽(3번)
옴 삼만다 바리 숫제 훔

加持化衣 *編偈聲-法主獨唱 <범패채보 p.235>
가지화의 편게성 법주독창

諸佛子 灌浴旣周 身心俱淨 今以如來 無上秘密之言
제불자 관욕기주 신심구정 금이여래 무상비밀지언

加持冥衣 願此一衣 爲多衣 以多衣 爲無盡之衣 令
가지명의 원차일의 위다의 이다의 위무진지의 영

稱身形 不長不短 不窄不寬 勝前所服之衣 變成解脫
칭신형 부장부단 불착불관 승전소복지의 변성해탈

之服 故 吾佛如來 有 化衣財陀羅尼 謹當宣念
지복 고 오불여래 유 화의재다라니 근당선념

※灌浴榜(浴室榜)
관욕방 욕실방

修設大會所
수설대회소

切以 甘露香湯 洗滌多生之罪垢 淸淨法水 蕩除累劫
절이 감로향탕 세척다생지죄구 청정법수 탕제누겁

之塵勞浴 解脫池 滌 幻化體身業淸淨 可以禮奉如來
지진노욕 해탈지 척 환화체신업청정 가이례봉여래

妙觸宣明 自是法身無垢 從玆洗過 不染塵埃 離 熱
묘촉선명 자시법신무구 종자세과 불염진애 리 열

惱鄕 居 眞淨界 右今出榜於浴堂所 張掛曉諭幽冥者
뇌향 거 진정계 우금출방어욕당소 장괘효유유명자

然今召請 幽冥入浴 乃是 神識業相之軀 非是 屍骸
연금소청 유명입욕 내시 신식업상지구 비시 시해

魂魄之體 離 男女相 從 分段身 捨虛妄情 獲 光明
혼백지체 리 남녀상 종 분단신 사허망정 획 광명

相 沐浴已竟 隨 梵唄聲 詣於道場 參禮聖容 求受
상 목욕이경 수 범패성 예어도량 참례성용 구수

佛紀 某年 某月 某日 秉法沙門 謹疏
불기 모년 모월 모일 병법사문 근소

*浴室榜(욕실방)은 靈駕(영가)가 灌浴(관욕)할 場所(장소)를 案內(안내)해 주는 役割(역할)을 한다. 앞에서 보았을 때 中央(중앙)의 浴室房(욕실방) 右側(우측)에 男神區(남신구), 左側(좌측)에 女神區(여신구)의 종이를 붙이는데, 종이의 크기는 가로15cm 세로30cm 정도로 하며, 그 中央(중앙)에 浴室榜(욕실방)을 써서 줄로 걸어 놓는다. 屛風(병풍) 안쪽 中央(중앙)에 암 기왓장을 놓고 기왓장 위에는 버드나무가지로 만든 발을

올려놓고, 그 위에 각각 紙衣 한 벌씩 놓는다. 양쪽에 각각 세숫대야를 놓고 삼
지의

분의 일의 물을 부어 香湯水를 만든다.
향탕수

位牌床 앞에 金剛杵를 놓는다. 양쪽 香湯水 위에는 버드나무로 만든 긴 젓가락
위패상 금강저 향탕수

을 올려놓는다. 수건, 양발, 칫솔, 치약, 비누 등을 세숫대야 앞에 整頓해 놓고
정돈

양쪽 屛風 위에도 수건 양말을 각각 걸어 놓는다.
병풍

證明法師가 계실 때는 屛風 앞에 經床을 준비하고 經床 위에는 金剛杵와 釋門
증명법사 병풍 경상 경상 금강저 석문

儀範을 놓는다.
의범

化衣財眞言 *法主獨唱, 大衆唱
화의재진언 법주독창 대중창

南謨 三滿多 沒多南 唵 婆左那 毘盧枳帝 娑婆訶(3~5번)
나무 삼만다 못다남 옴 바자나 비로기제 사바하

*沙彌僧 2人이 버드나무 젓가락으로 기왓장 발위에서 紙衣를 태워 香湯水 속에
사미승 인 지의 향탕수

넣는다. 鐘頭가 證明法師의 經床 위에 태운 香湯水를 가져다 놓는다.
종두 증명법사 경상 향탕수

化衣財鈸羅
화의재바라

나무 사만다 못다남오옴 바자나 비로기제 사바하나무
● • ○ ○ ● ● ● ● • ○ ○ ● – ● • ● ● ● ● •

사만다 못다남오옴 바자나 비로기제 사바하나무
○ ○ ● ● ● ● • ○ ○ ● – ● • ● ● ● ● •

사만다 못다남오옴 바자나 비로기제 사바하
○ ○ ● ● ● ● • ○ ○ ● – ● • ○ ○ ∞○

授衣服飾 *編偈聲-法主獨唱 〈범패채보 p.237〉
수의복식 편게성 법주독창

諸佛子 持呪旣周 化衣已遍 無衣者 與衣覆體 有衣者 棄古換新 將詣淨壇 先整服飾
제불자 지주기주 화의이변 무의자 여의부체 유의자 기고환신 장예정단 선정복식

*授衣眞言할 때 證明法師가 香湯水를 屛風을 向해 세 차례 튕긴다.
수의진언 증명법사 향탕수 병풍 향

授衣眞言 *옷을 드리는 眞言. 〈범패채보 p.238〉
수의진언 진언

唵 婆里摩羅 婆縛阿里尼 吽(3번)
옴 바리마라 바바아리니 훔

着衣眞言 *옷을 입는 眞言.
착의진언 진언

唵 縛日羅 婆娑棲 娑婆訶(3번)
옴 바아라 바사세 사바하

整衣眞言 *옷을 端整히 하는 眞言.
정의진언 단정 진언

唵 三滿多 婆多羅那 婆多米 吽 泮(3번)
옴 삼만다 바다라나 바다메 훔 박

*奉元寺要集과 松岩要集에는 '唵 三滿多 娑多羅那 婆多米 吽 泮'으로 되어 있음.
봉원사요집 송암요집 옴 삼만다 사다라나 바다메 훔 박

出浴參聖 *編偈聲-法主獨唱 〈범패채보 p.239〉
출욕참성 편게성 법주독창

諸佛子 旣周服飾 可詣壇場 禮 三寶之慈尊 聽 一乘
제불자 기주복식 가예단장 예 삼보지자존 청 일승

之妙法 請離香浴 當赴淨壇 合掌專心 徐步前進
지묘법 청리향욕 당부정단 합장전심 서보전진

指壇眞言 *位牌를 들고 上壇을 向한다.
지단진언 위패 상단 향

唵 曳二惠 吠嚕佐那野 娑婆訶(3번)
옴 예이혜 베로자나야 사바하

法身偈 *大衆唱 〈범패채보 p.240〉
법신게 대중창

法身遍滿百億界 普放金色照人天
법신변만백억계 보방금색조인천

應物現形潭底月 體圓正坐寶蓮臺
응물현형담저월 체원정좌보련대

散花落(3번)
산화락

南無大聖引路王菩薩(3번)
나무대성인로왕보살

庭中偈 *着語聲-法主獨唱 〈범패채보 p.241〉
정중게 착어성 법주독창

一步曾不動 來向水雲間 旣到阿練若 入室禮金仙
일보증부동 래향수운간 기도아련야 입실예금선

開門偈 *着語聲-法主獨唱 〈범패채보 p.241〉
개문게 착어성 법주독창

捲箔逢彌勒 開門見釋迦 三三禮無上 遊戲法王家
권박봉미륵 개문견석가 삼삼예무상 유희법왕가

*灌浴을 法堂 안에서 하지 않고 큰방, 누각, 기타 별처소에서 하기 때문에 부득
관욕 법당

이 法堂 안에서 灌浴을 했을 경우 '庭中偈' '開門偈'는 省略한다.
법당 관욕 정중게 개문게 생략

加持禮聖 *由致聲-法主獨唱 〈범패채보 p.242〉
가지예성 유치성 법주독창

上來 爲 冥道有情 引入淨壇已竟 今當禮奉 三寶夫
상래 위 명도유정 인입정단이경 금당예봉 삼보부

三寶者 三身正覺 五敎靈文 三賢十聖之尊 四果二乘
삼보자 삼신정각 오교영문 삼현십성지존 사과이승

之衆 汝等 旣來法會 得赴香筵 想 三寶之難逢 傾
지중 여등 기래법회 득부향연 상 삼보지난봉 경

一心而信禮 下有普禮之偈 大衆隨言後和
일심이신례 하유보례지게 대중수언후화

普禮三寶 *同音唱 〈범패채보 p.244〉
보례삼보 동음창

普禮十方常主 法身報身化身諸佛陀
보례시방상주 법신보신화신제불타

普禮十方常主 經藏律藏論藏諸達摩
보례시방상주 경장율장논장제달마

普禮十方常主 菩薩緣覺聲聞諸僧伽
보례시방상주 보살연각성문제승가

加持向筵 *編偈聲-法主獨唱 〈범패채보 p.245〉
가지향연 편게성 법주독창

諸佛子 幸逢聖會 已禮慈尊 宜生罕遇之心 可發難遭
제불자 행봉성회 이례자존 의생한우지심 가발난조

之想 請離壇所 當赴冥筵 同享珍羞 各求妙道
지상 청리단소 당부명연 동향진수 각구묘도

法性偈 *大衆唱
법성게 대중창

法性圓融無二相 諸法不動本來寂 無名無相絶一切
법성원융무이상 제법부동본래적 무명무상절일체

證智所知非餘境 眞性甚深極微妙 不守自性隨緣成
증지소지비여경 진성심심극미묘 불수자성수연성

一中一切多中一 一卽一切多卽一 一微塵中含十方
일중일체다중일 일즉일체다즉일 일미진중함시방

一切塵中亦如是 無量遠劫卽一念 一念卽時無量劫
일체진중역여시 무량원겁즉일념 일념즉시무량겁

九世十世互相卽 仍不雜亂隔別成 初發心時便正覺
구세십세호상즉 잉불잡란격별성 초발심시변정각

生死涅槃常共和 理事冥然無分別 十佛普賢大人境
생사열반상공화 이사명연무분별 십불보현대인경

能仁海印三昧中 繁出如意不思議 雨寶益生滿虛空
능인해인삼매중 번출여의부사의 우보익생만허공

衆生隨器得利益 是故行者還本際 叵息妄想必不得
중생수기득이익 시고행자환본제 파식망상필부득

無緣善巧捉如意 歸家隨分得資糧 以陀羅尼無盡寶
무연선교착여의 귀가수분득자량 이다라니무진보

莊嚴法界實寶殿 窮坐實際中道床 舊來不動名爲佛
장엄법계실보전 궁좌실제중도상 구래부동명위불

*法性偈를 하면서 位牌를 들고 法堂을 돈 다음 位牌를 靈壇에 모신다.
법성게 위패 법당 위패 영단

掛錢偈 *大衆唱 〈범패채보 p.246〉
괘전게 대중창

諸佛大圓鏡 畢竟無內外 爺孃今日會 眉目正相撕
제불대원경 필경무내외 야양금일회 미목정상시

受位安座 *由致聲-法主獨唱 〈범패채보 p.247〉
수위안좌 유치성 법주독창

諸佛子 上來 承佛攝受 仗法加持 旣無囚繫以臨筵
제불자 상래 승불섭수 장법가지 기무수계이임연

願獲逍遙而就坐 下有安座之偈 大衆隨言後和
원획소요이취좌 하유안좌지게 대중수언후화

安座偈/受位安座眞言 *1/3句 法主獨唱 2/4句 大衆唱
안좌게 수위안좌진언 구 법주독창 구 대중창

*一般的인 薦度齋에서는 '安座偈'를 쓸어서 平念佛로 하고, 常住勸供齋(靈山齋,
일반적 천도재 안좌게 평염불 상주권공재 영산재
預修齋, 水陸齋) 이상의 경우에는 獻座偈聲(懺悔偈聲)으로 소리 지을 수 있다.
예수재 수륙재 헌좌게성 참회게성
〈범패채보 p.248〉

我今依敎設華筵 茶果珍羞列座前
아금의교설화연 다과진수열좌전

大小依位次第坐 專心諦聽演金言
대소의위차제좌 전심체청연금언

唵 摩尼 軍茶利 吽吽 娑婆訶(3번)
옴 마니 군다니 훔훔 사바하

茶偈 *바라지-獨唱, 大衆唱 〈범패채보 p.250〉
다게 독창 대중창

百草林中一味新 趙州常勸幾千人 烹將石鼎江心水
백초임중일미신 조주상권기천인 팽장석정강심수

願使亡靈歇苦輪 願使孤魂歇苦輪 願使諸靈歇苦輪
원사망령헐고륜 원사고혼헐고륜 원사제령헐고륜

*'百草林中一味新 趙州常勸幾千人 烹將石鼎江心水'를 바라지가 獨唱하면, '願使
백초임중일미신 조주상권기천인 팽장석정강심수 독창 원사
亡靈歇苦輪~' 法主와 大衆이 同音唱한다.
망령헐고륜 법주 대중 동음창

第四 神衆作法
제사 신중작법

*對靈, 灌浴이 끝나면 上壇을 하기 前에 먼저 神衆作法을 한다. 神衆님을 請하여
대령 관욕 상단 전 신중작법 신중 청
三寶가 降臨하신 道場을 擁護하기 위함이다. 一般的인 薦度齋에서는 略禮나 小
삼보 강림 도량 옹호 일반적 천도재 약례 소
唱佛을 하며, 常住勸供齋(靈山齋, 預修齋, 水陸齋) 이상의 경우에는 三十九位나
창불 상주권공재 영산재 예수재 수륙재 삼십구위
一百四位 神衆唱佛을 한다.
일백사위 신중창불

*略禮로 할 경우 擁護偈-(擧佛)-歌詠-茶偈-歎白을 한다.
약례 옹호게 거불 가영 다게 탄백

擁護偈 *반짓소리-大衆唱 〈범패채보 p.251〉
옹호게 대중창

八部金剛護道場 空神速赴報天王
팔부금강호도량 공신속부보천왕

三界諸天咸來集 如今佛刹補禎祥(繞匝鈸羅)
삼계제천함래집 여금불찰보정상 요잡바라

擧佛 *홋소리-大衆唱 〈범패채보 p.252〉 *省略할 수 있음.
거불 대중창 생략

南無 金剛會上 佛菩薩
나무 금강회상 불보살

南無 忉利會上 聖賢衆
나무 도리회상 성현중

南無 擁護會上 靈祇等衆
나무 옹호회상 영기등중

歌詠 *歌詠聲-獨唱, 大衆唱 〈범패채보 p.259〉
가 영 가영성 독창 대중창

擁護聖衆滿虛空 都在毫光一道中
옹 호 성 중 만 허 공 도 재 호 광 일 도 중

信受佛語常擁護 奉行經典永流通
신 수 불 어 상 옹 호 봉 행 경 전 영 유 통

故我一心歸命頂禮
고 아 일 심 귀 명 정 례

*'擁護聖衆滿虛空 都在毫光一道中 信受佛語常擁護 奉行經典永流通'를 바라지가
옹호성중만허공 도재호광일도중 신수불어상옹호 봉행경전영유통

獨唱하면, '故我一心歸命頂禮' 法主와 大衆이 同音唱한다.
독창 고아일심귀명정례 법주 대중 동음창

茶偈 *바라지獨唱, 大衆唱 〈범패채보 p.260〉
다 게 독창 대중창

淸淨茗茶藥 能除病昏沈 唯冀擁護衆
청 정 명 다 약 능 제 병 혼 침 유 기 옹 호 중

願垂哀納受 願垂哀納受 願垂慈悲哀納受
원 수 애 납 수 원 수 애 납 수 원 수 자 비 애 납 수

*'淸淨茗茶藥 能除病昏沈 唯冀擁護衆'를 바라지가 獨唱하면, '願垂哀納受~'를
청정명다약 능제병혼침 유기옹호중 독창 원수애납수

法主와 大衆이 同音唱한다.
법주 대중 동음창

歎白 *大衆唱 〈범패채보 p.261〉
탄 백 대중창

帝釋天王慧鑑明 四州人事一念知
제 석 천 왕 혜 감 명 사 주 인 사 일 념 지

哀愍衆生如赤子 是故我今恭敬禮
애 민 중 생 여 적 자 시 고 아 금 공 경 례

【神衆小唱佛】
신중소창불

奉請 如來化現 圓滿神通 大穢跡 金剛聖者
봉청 여래화현 원만신통 대예적 금강성자

奉請 青除災 金剛
봉청 청제재 금강

奉請 碧毒 金剛
봉청 벽독 금강

奉請 黃隨求 金剛
봉청 황수구 금강

奉請 白淨水 金剛
봉청 백정수 금강

奉請 赤聲火 金剛
봉청 적성화 금강

奉請 定除災 金剛
봉청 정제재 금강

奉請 紫賢神 金剛
봉청 자현신 금강

奉請 大神力 金剛
봉청 대신력 금강

奉請 金剛眷 菩薩
봉청 금강권 보살

奉請 金剛索 菩薩
봉청 금강삭 보살

奉請 金剛愛 菩薩
봉청 금강애 보살

奉請 金剛語 菩薩
봉청 금강어 보살

奉請 大威德大 忿怒軍露 軍茶利等 十大明王
봉청 대위덕대 분노군로 군다리등 십대명왕

奉請 娑婆界主 大梵天王 地居世主 帝釋天王
봉청 사바계주 대범천왕 지거세주 제석천왕

奉請 護世安民 四方天王 日月二宮 兩大天子
봉청 호세안민 사방천왕 일월이궁 양대천자

奉請 二十諸天 諸大天王 北斗大星 七元星君
봉청 이십제천 제대천왕 북두대성 칠원성군

奉請 二十八宿 諸星君衆 妙好音聲 阿修羅王
봉청 이십팔수 제성군중 묘호음성 아수라왕

奉請 二十五位 護戒大神 一十八位 福德大神
봉청 이십오위 호계대신 일십팔위 복덕대신

奉請 竈王山神 二位大神 道場土地 伽藍大神
봉청 조왕산신 이위대신 도량토지 가람대신

奉請 五方五帝 五位大神 伽倻那提 二大金剛
봉청 오방오제 오위대신 가야나제 이대금강

奉請 江神河伯 水府等衆 監齋直符 二位使者
봉청 강신하백 수부등중 감제직부 이위사자

奉請 陰陽造化 不知名位 護法善神 一切靈祇等衆
봉청 음양조화 부지명위 호법선신 일체영기등중

如來會上無高下 軒從雲間遊異同
여래회상무고하 헌종운간유이동

我運虔誠修等供 攀邀相伴紫金容
아운건성수등공 반요상반자금용

故我一心歸命頂禮
고아일심귀명정례

【三十九位】
삼십구위

擁護偈 *반짓소리-大衆唱 〈범패채보 p.251〉
옹호게 대중창

八部金剛護道場 空神速赴報天王
팔부금강호도량 공신속부보천왕

三界諸天咸來集 如今佛刹補禎祥(繞匝鈸羅)
삼계제천함래집 여금불찰보정상 요잡바라

上壇 *'奉請'은 반짓소리로 獨唱한다. 〈범패채보 p.253〉
상단 봉청 독창

奉請 觀察無相 所行平等 無數大自在 天王
봉청 관찰무상 소행평등 무수대자재 천왕

奉請 皆以寂靜 安住其中 無量廣果 天王
봉청 개이적정 안주기중 무량광과 천왕

奉請 廣大法門 勤作利益 無量遍淨 天王
봉청 광대법문 근작이익 무량변정 천왕

奉請 廣大寂淨 無碍法門 無量光音 天王
봉청 광대적정 무애법문 무량광음 천왕

奉請 皆具大慈 憐愍衆生 不可思議數 大梵 天王
봉청 개구대자 연민중생 불가사의수 대범 천왕

奉請 修習方便 廣大法門 無數 他化自在 天王
봉청 수습방편 광대법문 무수 타화자재 천왕

奉請 調伏衆生 令得解脫 無量 化樂 天王
봉청 조복중생 영득해탈 무량 화락 천왕

奉請 皆勤念持 諸佛名號 不可思議數 兜率陀天王
봉청 개근념지 제불명호 불가사의수 도솔타천왕

奉請 皆勤修習 廣大善根 無量數 夜摩 天王
봉청 개근수습 광대선근 무량수 야마 천왕

奉請 皆勤發起 一切世間 無量 三十三 天王
봉청 개근발기 일체세간 무량 삼십삼 천왕

奉請 皆勤修習 利益衆生 無量 日 天子
봉청 개근수습 이익중생 무량 일 천자

奉請 皆勤現發 衆生心寶 無量 月 天子
봉청 개근현발 중생심보 무량 월 천자

唯願 神將慈悲 擁護道場 成就佛事
유원 신장자비 옹호도량 성취불사

* '奉請 皆勤現發 衆生心寶 無量 月天子'를 上壇唱佛한 스님이 獨唱하면, '唯願 神將慈悲 擁護道場 成就佛事'를 大衆이 同音唱한다. 〈범패채보 p.254〉
(봉청 개근현발 중생심보 무량 월천자 / 상단창불 / 독창 / 유원 신장자비 옹호도량 성취불사 / 대중 / 동음창)

歌詠 * 歌詠聲-獨唱, 大衆唱 〈범패채보 p.255〉
가영 (가영성 독창 대중창)

欲色諸天諸聖衆 常隨佛會現慈嚴
욕색제천제성중 상수불회현자엄

所行平等普觀察 爲救衆生無疲厭
소 행 평 등 보 관 찰 위 구 중 생 무 피 염

故我一心歸命頂禮
고 아 일 심 귀 명 정 례

*'欲色諸天諸聖衆 常隨佛會現慈嚴 所行平等普觀察 爲救衆生無疲厭'을 上壇唱佛
욕색제천제성중 상수불회현자엄 소행평등보관찰 위구중생무피염 상단창불

한 스님이 獨唱하면, '故我一心歸命頂禮' 法主와 大衆이 同音唱한다.
독창 고아일심귀명정례 법주 대중 동음창

中壇
중 단

奉請 深生信解 歡喜愛重 無量 乾達婆 王
봉 청 심 생 신 해 환 희 애 중 무 량 건 달 바 왕

奉請 無碍法門 廣大光明 無量 鳩槃茶 王
봉 청 무 애 법 문 광 대 광 명 무 량 구 반 다 왕

奉請 興雲布雨 熱惱際滅 無量 諸大 龍王
봉 청 흥 운 포 우 열 뇌 제 멸 무 량 제 대 용 왕

奉請 皆勤守護 一切衆生 無量 夜叉 王
봉 청 개 근 수 호 일 체 중 생 무 량 야 차 왕

奉請 廣大方便 永割癡網 無量 摩睺羅 王
봉 청 광 대 방 편 영 할 치 망 무 량 마 후 라 왕

奉請 心恒快樂 自在遊戱 無量 緊那羅 王
봉 청 심 항 쾌 락 자 재 유 희 무 량 긴 나 라 왕

奉請 成就方便 救攝衆生 不可思議數 迦樓羅 王
봉 청 성 취 방 편 구 섭 중 생 불 가 사 의 수 가 루 라 왕

奉請 悉已精勤 摧伏我慢 無量阿修羅 王
봉 청 실 이 정 근 최 복 아 만 무 량 아 수 라 왕

唯願 神將慈悲 擁護道場 成就佛事
유 원 신 장 자 비 옹 호 도 량 성 취 불 사

*'奉請 悉已精勤 摧伏我慢 無量 阿修羅王'을 中壇唱佛한 스님이 獨唱하면, '唯願
봉청 실이정근 최복아만 무량 아수라왕 중단창불 독창 유원

神將慈悲 擁護道場 成就佛事'를 大衆이 同音唱한다. 〈범패채보 p.256〉
신장자비 옹호도량 성취불사 대중 동음창

歌詠 * 歌詠聲-獨唱, 大衆唱 〈범패채보 p.257〉
가영 가영성 독창 대중창

八部四王來赴會 心恒快樂利無窮
팔부사왕래부회 심항쾌락이무궁

皆勤解脫方便力 攝伏群魔振威雄
개근해탈방편력 섭복군마진위웅

故我一心歸命頂禮
고아일심귀명정례

* '八部四王來赴會 心恒快樂利無窮 皆勤解脫方便力 攝伏群魔振威雄'을 中壇唱佛
팔부사왕래부회 심항쾌락이무궁 개근해탈방편력 섭복군마진위웅 중단창불

한 스님이 獨唱하면, '故我一心歸命頂禮' 法主와 大衆이 同音唱한다.
독창 고아일심귀명정례 법주 대중 동음창

下壇
하단

奉請 皆於妙法 能生信解 無量 主晝 神
봉청 개어묘법 능생신해 무량 주주 신

奉請 皆勤修習 以法爲樂 無量 主夜 神
봉청 개근수습 이법위락 무량 주야 신

奉請 普放光明 恒照十方 無量 主方 神
봉청 보방광명 항조시방 무량 주방 신

奉請 心皆離垢 廣大明潔 無量 主空 神
봉청 심개이구 광대명결 무량 주공 신

奉請 皆勤散滅 我慢之心 無量 主風 神
봉청 개근산멸 아만지심 무량 주풍 신

奉請 示現光明 熱惱除滅 無量 主火 神
봉청 시현광명 열뇌제멸 무량 주화 신

奉請 常勤救護 一切衆生 無量 主水 神
봉청 상근구호 일체중생 무량 주수 신

奉請 功德大海 充滿其中 無量 主海 神
봉청 공덕대해 충만기중 무량 주해 신

奉請 皆勤作意 利益衆生 無量 主河 神
봉청 개근작의 이익중생 무량 주하 신

奉請 莫不皆得 大喜成就 無量 主稼 神
봉청 막불개득 대희성취 무량 주가 신

奉請 性皆離垢 仁慈祐物 無量 主藥 神
봉청 성개이구 인자우물 무량 주약 신

奉請 皆有無量 可愛光明 不可思議數 主林 神
봉청 개유무량 가애광명 불가사의수 주림 신

奉請 皆於諸法 得淸淨眼 無量 主山 神
봉청 개어제법 득청정안 무량 주산 신

奉請 親近諸佛 同修福業 佛世界微塵數 主地 神
봉청 친근제불 동수복업 불세계미진수 주지 신

奉請 嚴淨如來 所居宮殿 佛世界微塵數 主城 神
봉청 엄정여래 소거궁전 불세계미진수 주성 신

奉請 成就願力 廣興供養 佛世界微塵數 道場 神
봉청 성취원력 광흥공양 불세계미진수 도량 신

奉請 親近如來 隨逐不捨 佛世界微塵數 足行 神
봉청 친근여래 수축불사 불세계미진수 족행 신

奉請 成就大願 供養諸佛 佛世界微塵數 身衆 神
봉청 성취대원 공양제불 불세계미진수 신중 신

奉請 恒發大願 供養諸佛 佛世界微塵數 執金剛神
봉청 항발대원 공양제불 불세계미진수 집금강신

唯願 神將慈悲 擁護道場 成就佛事
유원 신장자비 옹호도량 성취불사

*'奉請 恒發大願 供養諸佛 佛世界微塵數 執金剛神'을 下壇唱佛한 스님이 獨唱하면,
봉청 항발대원 공양제불 불세계미진수 집금강신 하단창불 독창

'唯願 神將慈悲 擁護道場 成就佛事'를 大衆이 同音唱한다. 〈범패채보 p.258〉
유원 신장자비 옹호도량 성취불사 대중 동음창

歌詠 *歌詠聲-獨唱, 大衆唱 〈범패채보 p.259〉
가 영 가영성 독창 대중창

擁護聖衆滿虛空 都在毫光一道中
옹 호 성 중 만 허 공 도 재 호 광 일 도 중

信受佛語常擁護 奉行經典永流通
신 수 불 어 상 옹 호 봉 행 경 전 영 유 통

故我一心歸命頂禮
고 아 일 심 귀 명 정 례

* '擁護聖衆滿虛空 都在毫光一道中 信受佛語常擁護 奉行經典永流通'를 下壇唱佛
옹호성중만허공 도재호광일도중 신수불어상옹호 봉행경전영유통 하단창불

한 스님이 獨唱하면, '故我一心歸命頂禮' 法主와 大衆이 同音唱한다.
독창 고아일심귀명정례 법주 대중 동음창

茶偈 *獨唱, 大衆唱 〈범패채보 p.260〉
다 게 독창 대중창

淸淨茗茶藥 能除病昏沈 唯冀擁護衆
청 정 명 다 약 능 제 병 혼 침 유 기 옹 호 중

願垂哀納受 願垂哀納受 願垂慈悲哀納受
원 수 애 납 수 원 수 애 납 수 원 수 자 비 애 납 수

* '淸淨茗茶藥 能除病昏沈 唯冀擁護衆'를 바라지가 獨唱하면, '願垂哀納受~'를
청정명다약 능제병혼침 유기옹호중 독창 원수애납수

法主와 大衆이 同音唱한다.
법주 대중 동음창

歎白 *大衆唱 〈범패채보 p.261〉
탄 백 대중창

帝釋天王慧鑑明 四州人事一念知
제 석 천 왕 혜 감 명 사 주 인 사 일 념 지

哀愍衆生如赤子 是故我今恭敬禮
애 민 중 생 여 적 자 시 고 아 금 공 경 례

【一百四位】
일 백 사 위

上壇
상 단

奉請 如來化現 圓滿神通 大穢跡 金剛 聖者
봉청 여래화현 원만신통 대예적 금강 성자

奉請 消滅衆生 宿災舊殃 青除災 金剛
봉청 소멸중생 숙재구앙 청제재 금강

奉請 破除有情 瘟皇諸毒 碧毒 金剛
봉청 파제유정 온황제독 벽독 금강

奉請 主諸功德 所求如意 黃隨求 金剛
봉청 주제공덕 소구여의 황수구 금강

奉請 主諸寶藏 破除熱惱 白淨水 金剛
봉청 주제보장 파제열뇌 백정수 금강

奉請 見佛身光 如風速疾 赤聲火 金剛
봉청 견불신광 여풍속질 적성화 금강

奉請 慈眼示物 智破災境 定除災 金剛
봉청 자안시물 지파재경 정제재 금강

奉請 披堅牢藏 開悟衆生 紫賢神 金剛
봉청 피견로장 개오중생 자현신 금강

奉請 應物調生 智芽成就 大神力 金剛
봉청 응물조생 지아성취 대신력 금강

奉請 處於衆會 方便警物 眷 菩薩
봉청 처어중회 방편경물 권 보살

奉請 智達定境 福修定業 索 菩薩
봉청 지달정경 복수정업 색 보살

奉請 隨諸衆生 現神調伏 愛 菩薩
봉청 수제중생 현신조복 애 보살

奉請 清淨雲音 普警羣迷 語 菩薩
봉 청 청 정 운 음 보 경 군 미 어 보 살

奉請 東方 焰曼怛迦 大 明王
봉 청 동 방 염 만 다 가 대 명 왕

奉請 南方 鉢羅抳也怛迦 大 明王
봉 청 남 방 바 라 이 야 다 가 대 명 왕

奉請 西方 鉢納摩怛迦 大 明王
봉 청 서 방 바 랍 마 다 가 대 명 왕

奉請 北方 尾仡羅怛迦 大 明王
봉 청 북 방 미 흘 라 다 가 대 명 왕

奉請 東南方 托枳羅惹 大 明王
봉 청 동 남 방 탁 지 라 야 대 명 왕

奉請 西南方 尼羅能拏 大 明王
봉 청 서 남 방 이 라 능 나 대 명 왕

奉請 西北方 摩訶摩羅 大 明王
봉 청 서 북 방 마 하 마 라 대 명 왕

奉請 東北方 阿左羅曩他 大 明王
봉 청 동 북 방 아 좌 라 낭 타 대 명 왕

奉請 下方 縛羅播多羅 大 明王
봉 청 하 방 박 라 파 다 라 대 명 왕

奉請 上方 塢尼灑作 仡羅縛理帝 大 明王
봉 청 상 방 오 니 새 자 거 라 바 리 제 대 명 왕

唯願 神將慈悲 擁護道場 成就佛事
유 원 신 장 자 비 옹 호 도 량 성 취 불 사

歌詠 *歌詠聲- 獨唱, 大衆唱
가 영 가 영 성 독 창 대 중 창

金剛寶劍最威雄 一喝能摧外道鋒
금 강 보 검 최 위 웅 일 할 능 최 외 도 봉

遍界乾坤皆失色 須彌倒卓半空中
변 계 건 곤 개 실 색 수 미 도 탁 반 공 중

故我一心歸命頂禮
고 아 일 심 귀 명 정 례

中壇
중 단

奉請 娑婆界主 號令獨尊 大梵 天王
봉 청 사 바 계 주 호 령 독 존 대 범 천 왕

奉請 三十三天 地居世主 帝釋 天王
봉 청 삼 십 삼 천 지 거 세 주 제 석 천 왕

奉請 北方護世 大藥叉主 毘沙門 天王
봉 청 북 방 호 세 대 약 차 주 비 사 문 천 왕

奉請 東方護世 乾闥婆主 持國 天王
봉 청 동 방 호 세 건 달 바 주 지 국 천 왕

奉請 南方護世 鳩般茶主 增長 天王
봉 청 남 방 호 세 구 반 다 주 증 장 천 왕

奉請 西方護世 爲大龍主 廣木 天王
봉 청 서 방 호 세 위 대 룡 주 광 목 천 왕

奉請 白明利生 千光破暗 日宮 天子
봉 청 백 명 이 생 천 광 파 암 일 궁 천 자

奉請 星主宿王 淸凉照夜 月宮 天子
봉 청 성 주 숙 왕 청 량 조 야 월 궁 천 자

奉請 親伏魔寃 誓爲力士 金剛 密跡
봉 청 친 복 마 원 서 위 력 사 금 강 밀 적

奉請 色界頂居 尊特之主 摩醯首羅 天王
봉 청 색 계 정 거 존 특 지 주 마 혜 수 라 천 왕

奉請 二十八部 摠領鬼神 散脂 大將
봉 청 이 십 팔 부 총 영 귀 신 산 지 대 장

奉請 能與摠持 大智慧聚 大辯才 天王

봉청 능여총지 대지혜취 대변재 천왕

奉請 隨基所求 令得成就 大功德 天王

봉청 수기소구 영득성취 대공덕 천왕

奉請 殷憂四部 外護三州 韋馱 天神

봉청 은우사부 외호삼주 위태 천신

奉請 增長出生 發明功德 堅牢 地神

봉청 증장출생 발명공덕 견로 지신

奉請 覺場垂陰 因果互嚴 菩提 樹神

봉청 각장수음 인과호엄 보리 수신

奉請 生諸鬼王 保護男女 鬼子 母神

봉청 생제귀왕 보호남녀 귀자 모신

奉請 行日月前 救兵戈難 摩利 支神

봉청 행일월전 구병과난 마리 지신

奉請 秘藏法寶 主執群龍 娑竭羅 龍王

봉청 비장법보 주집군룡 사가라 용왕

奉請 掌幽陰權 爲地獄主 閻摩羅 王

봉청 장유음권 위지옥주 염마라 왕

奉請 衆星環控 北極眞君 紫微 大帝

봉청 중성환공 북극진군 자미 대제

奉請 北斗第一 陽明貪狼 太星君

봉청 북두제일 양명탐랑 태성군

奉請 北斗第二 陰精巨門 元星君

봉청 북두제이 음정거문 원성군

奉請 北斗第三 眞人綠存 貞星君

봉청 북두제삼 진인녹존 정성군

奉請 北斗第四 玄冥文曲 紐星君

봉청 북두제사 현명문곡 유성군

奉請 北斗第五 丹元廉貞 綱星君

봉청 북두제오 단원염정 강성군

奉請 北斗弟六 北極武曲 紀 星君
봉청 북두제육 북극무곡 기 성군

奉請 北斗弟七 天關破軍 關 星君
봉청 북두제칠 천관파군 관 성군

奉請 北斗弟八 洞明外輔 星君
봉청 북두제팔 통명외보 성군

奉請 北斗弟九 隱光內弼 星君
봉청 북두제구 은광내필 성군

奉請 上台虛精 開德 眞君
봉청 상태허정 개덕 진군

奉請 中台六淳 司空 星君
봉청 중태육순 사공 성군

奉請 下台曲生 司祿 星君
봉청 하태곡생 사록 성군

奉請 二十八宿 周天列曜 諸大 星君
봉청 이십팔수 주천열요 제대 성군

奉請 以能將手 隱攝日月 阿修羅 王
봉청 이능장수 은섭일월 아수라 왕

奉請 清淨速疾 普慧光明 迦樓羅 王
봉청 청정속질 보혜광명 가루라 왕

奉請 悅意吼聲 攝伏衆魔 緊那羅 王
봉청 열의후성 섭복중마 긴나라 왕

奉請 勝慧莊嚴 須彌堅固 摩睺羅伽 王
봉청 승혜장엄 수미견고 마후라가 왕

唯願 神將慈悲 擁護道場 成就佛事
유원 신장자비 옹호도량 성취불사

歌詠 *歌詠聲- 獨唱, 大衆唱
가영 가영성 독창 대중창

梵王帝釋四天王 佛法門中誓願堅
범왕제석사천왕 불법문중서원견

列立招提千萬歲 自然神用護金仙
열입초제천만세 자연신용호금선

故我一心歸命頂禮
고아일심귀명정례

下壇
하단

奉請 二十五位 萬事吉祥 護戒大神
봉청 이십오위 만사길상 호계대신

奉請 一十八位 內護正法 福德大神
봉청 일십팔위 내호정법 복덕대신

奉請 此一住處 普德淨華 土地 神
봉청 차일주처 보덕정화 토지 신

奉請 莊嚴道場 守護萬行 道場 神
봉청 장엄도량 수호만행 도량 신

奉請 守護攝持 一切苾芻 伽藍 神
봉청 수호섭지 일체필추 가람 신

奉請 普覆法界 周遍含容 屋宅 神
봉청 보복법계 주변함용 옥택 신

奉請 廣大靈通 出入無碍 門戶 神
봉청 광대영통 출입무애 문호 신

奉請 積集無邊 淸淨福業 主庭 神
봉청 적집무변 청정복업 주정 신

奉請 檢察人事 分明善惡 主竈 神
봉청 검찰인사 분명선악 주조 신

奉請 萬德高勝 性皆閑寂 主山 神
봉청 만덕고승 성개한적 주산 신

奉請 離塵濯熱 保生歡喜 主井 神
봉청 이진탁열 보생환희 주정 신

奉請 誓除不淨 普潔衆生 圊廁 神
봉청 서제부정 보결중생 청측 신

奉請 成就妙粳 旋轉無已 碓磑 神
봉청 성취묘갱 선전무이 대애 신

奉請 雲雨等潤 發生萬物 主水 神
봉청 운우등윤 발생만물 주수 신

奉請 衆妙宮殿 光明破暗 主火 神
봉청 중묘전전 광명파암 주화 신

奉請 堅利自在 密焰勝日 主金 神
봉청 견리자재 밀염승일 주금 신

奉請 擢幹舒光 生芽發耀 主木 神
봉청 탁간서광 생아발요 주목 신

奉請 生成住持 心地萬德 主土 神
봉청 생성주지 심지만덕 주토 신

奉請 普觀世業 永斷迷惑 主方 神
봉청 보관세업 영단미혹 주방 신

奉請 拯苦濟厄 十二類生 土公 神
봉청 증고제액 십이유생 토공 신

奉請 運行四洲 紀陳寒暑 年直方位 神
봉청 운행사주 기진한서 연직방위 신

奉請 破暗藏物 能冷能熱 日月時直 神
봉청 파암장물 능랭능열 일월시직 신

奉請 廣興供養 値無量佛 廣野 神
봉청 광흥공양 치무량불 광야 신

奉請 遠離塵垢 具含萬德 主海 神
봉청 원리진구 구함만덕 주해 신

奉請 法河流注 潤益群品 主河 神
봉청 법하유주 윤익군품 주하 신

奉請 普興雲幢 離垢香積 主江 神
봉청 보흥운당 리구향적 주강 신

奉請 威光特達 分置列堠 道路 神
봉청 위광특달 분치열후 도로 신

奉請 嚴淨如來 所居宮殿 主城 神
봉청 엄정여래 소거궁전 주성 신

奉請 布花如雲 妙光迥曜 草卉 神
봉청 포화여운 묘광형요 초훼 신

奉請 成就妙香 增長精氣 主稼 神
봉청 성취묘향 증장정기 주가 신

奉請 飄擊雲幢 所行無碍 主風 神
봉청 표격운당 소행무애 주풍 신

奉請 隨諸業報 施利多般 主雨 神
봉청 수제업보 시리다반 주우 신

奉請 於晝攝化 行德恒明 主晝 神
봉청 어주섭화 행덕항명 주주 신

奉請 導引慧明 令知正路 主夜 神
봉청 도인혜명 영지정로 주야 신

奉請 無量威矣 最上莊嚴 身衆 神
봉청 무량위의 최상장엄 신중 신

奉請 親近如來 隨逐不捨 足行 神
봉청 친근여래 수축불사 족행 신

奉請 掌判壽夭 司命 神
봉청 장판수요 사명 신

奉請 密定資糧 司祿 神
봉청 밀정자량 사록 신

奉請 左從注童 掌善 神
봉청 좌종주동 장선 신

奉請 右逐注童 掌惡 神
봉청 우축주동 장악 신

奉請 行罰行病 二位大神
봉청 행벌행병 이위대신

奉請 瘟瘽痼瘵 二位大神
봉청 온황고채 이위대신

奉請 二儀三才 五行大神
봉청 이의삼재 오행대신

奉請 陰陽造化 不知名位 一切護法 善神靈祇等衆
봉청 음양조화 부지명위 일체호법 선신영기등중

唯願 神將慈悲 擁護道場 成就佛事
유원 신장자비 옹호도량 성취불사

歌詠 * 歌詠聲-獨唱, 大衆唱 〈범패채보 p.259〉
가영 가영성 독창 대중창

擁護聖衆滿虛空 都在毫光一道中
옹호성중만허공 도재호광일도중

信受佛語常擁護 奉行經典永流通
신수불어상옹호 봉행경전영유통

故我一心歸命頂禮
고아일심귀명정례

* '擁護聖衆滿虛空 都在毫光一道中 信受佛語常擁護 奉行經典永流通'를 神衆唱佛
옹호성중만허공 도재호광일도중 신수불어상옹호 봉행경전영유통 신중창불

한 스님이 獨唱하면, '故我一心歸命頂禮' 法主와 大衆이 同音唱한다.
독창 고아일심귀명정례 법주 대중 동음창

茶偈 * 獨唱, 大衆唱 〈범패채보 p.260〉
다게 독창 대중창

淸淨茗茶藥 能除病昏沈 唯冀擁護衆
청정명다약 능제병혼침 유기옹호중

願垂哀納受 願垂哀納受 願垂慈悲哀納受
원 수 애 납 수 원 수 애 납 수 원 수 자 비 애 납 수

* '淸淨茗茶藥 能除病昏沈 唯冀擁護衆'를 바라지가 獨唱하면, '願垂哀納受~'를
청 정 명 다 약 능 제 병 혼 침 유 기 옹 호 중 독 창 원 수 애 납 수

法主와 大衆이 同音唱한다.
법주 대 중 동 음 창

歎白 * 大衆唱 〈범패채보 p.261〉
탄 백 대 중 창

帝釋天王慧鑑明 四州人事一念知
제 석 천 왕 혜 감 명 사 주 인 사 일 념 지

哀愍衆生如赤子 是故我今恭敬禮
애 민 중 생 여 적 자 시 고 아 금 공 경 례

第五 常住勸供
제오 상주권공

喝香 *홋소리-獨唱 〈범패채보 p.262〉
할향 독창

奉獻一片香 德用難思議
봉헌일편향 덕용난사의

根盤塵沙界 葉覆五須彌
근반진사계 엽부오수미

燈偈 *홋소리-1/3句 獨唱, 2/4句 大衆唱 〈범패채보 p.266〉
등게 구 독창 구 대중창

戒定慧解知見香 遍十方剎常芬馥
계정혜해지견향 변시방찰상분복

願此香烟亦如是 熏現自他五分身
원차향연역여시 훈현자타오분신

頂禮 *홋소리 후 나비무 〈범패채보 p.269〉
정례

歸命十方常住佛 (나비무, 소리 후 鈸羅舞)
귀명시방상주불 바라무

歸命十方常住法 (나비무, 鈸羅舞)
귀명시방상주법 바라무

歸命十方常住僧 (나비무, 鈸羅舞)
귀명시방상주승 바라무

*頂禮作法이 끝나면 쇠를 몰아띄고 繞匝鈸羅와 法鼓舞가 이어지기도 한다. 侍輦은 外起經, 頂禮는 內起經이라 한다.
정례작법 요잡바라 법고무 시련 외기경 정례 내기경

合掌偈 *홋소리-獨唱 〈범패채보 p.270〉
합 장 게 독창

合掌以爲花 身爲供養具
합 장 이 위 화 신 위 공 양 구

誠心眞實相 讚嘆香烟覆
성 심 진 실 상 찬 탄 향 연 부

告香偈 *홋소리-1/3句 獨唱, 2/4句 大衆唱 〈범패채보 p.272〉
고 향 게 구 독창 구 대중창

香烟遍覆三千界 定慧能開八萬門
향 연 변 부 삼 천 계 정 혜 능 개 팔 만 문

唯願三寶大慈悲 聞此信香臨法會
유 원 삼 보 대 자 비 문 차 신 향 임 법 회

詳夫開啓 *홋소리-獨唱 〈범패채보 p.275〉
상 부 개 계 독창

詳夫 水含淸淨之功 香有普熏之德 故將法水
상 부 수 함 청 정 지 공 향 유 보 훈 지 덕 고 장 법 수

特熏妙香 灑斯法筵 成于淨土
특 훈 묘 향 쇄 사 법 연 성 우 정 토

灑水偈 *홋소리-獨唱 〈범패채보 p.278〉
쇄 수 게 독창

觀音菩薩大醫王 甘露甁中法水香
관 음 보 살 대 의 왕 감 로 병 중 법 수 향

灑濯魔雲生瑞氣 消除熱惱獲淸涼
쇄 탁 마 운 생 서 기 소 제 열 뇌 획 청 량

伏請偈 *홋소리-獨唱 <범패채보 p.280>
복청게 독창

伏請大衆 同音唱和 神妙章句大陀羅尼
복청대중 동음창화 신묘장구대다라니

千手鈸羅 *大衆唱 鈸羅舞
천수바라 대중창 바라무

◯◯○○◯ 나모라 다나 다라 야야 나막 알약 바

로 기제 새바라야 ◯◯○○◯ 모지 사다 바야 마

하 사다 바야 마하가로 니가야 옴 살바 바예수 다

라나 가라야 다사명 나막 가리 다바 이맘 알야 바

로기제 새바라 다바 니라간타 나막 하리나야 마발

다 이사미 살발타 사다남수반 아예염살바 보다남

바바 말아 미수다감 다냐타오옴 아로계 아로가 마

지 로가 지가 란제 혜혜 하례 마하모지 사다바 삼

마라 삼마라 하리 나야 구로 구로갈마 사다야 사

다야 도로도로 미연제마하 미연제 다라 다라 다린

나례 새바라 자라 자라마라 미마라 아마라몰제 예

혜혜로계 새바라라아 미사미 나사야 나베 사미사
●●●• ●●●●• ○○ ○○ ○ ●●●

미 나사야 모하자라 미사미 나사야 호로 호로 마
• ○○ ●–●• ○○ ○○ ○ ○◦ ○

라 호로하례 바나마 나바 사라 사라 시리 시리 소
◦ ●●●• ○○ ○ ○◦ ○◦ ○◦ ○◦ ○

로 소로 못쟈못쟈 모다야 모다야 매다 리야 니라
◦ ○◦ ●●●• ○○ ○○ ○ ○◦ ●●

간타 가마사 날사남 바라 하리 나야마낙 사바하
●• ○○ ○○ ○ ○◦ ●●●• ○○

싯다야 사바하마하 싯다야 사바하 싯다 유예 새바
○○ ●●●●• ○○ ○○ ○ ○◦ ●●

라야 사바하니라 간타야 사바하 바라하 목카싱하
●• ●●●●• ○○ ○○ ○○ ●–●•

목카야 사바하 바나마 하따야 사바하 자가라 욕다
○○ ○○ ○○ ○○ ○○ ○○ ○○

야 사바하상카 섭나네 모다나야 사바하 마하라구
●●●●• ○○ ●–●• ○○ ●●●●

타 다라야 사바하바마 사간타니사 시체다 가릿나
• ○○ ●●●●• ●●●●• ○○ ○○

이나야 사바하 먀가라 잘마이바 사나야 사바하 나
○○ ○○ ○○ ●–●• ○○ ○○ ○

모라 다나 다라 야야 나막 알야 바로 기제 새바라
○ ○ ○◦ ○◦ ○◦ ○◦ ○◦ ○◦ ●●●

야 사바하 ◌◌◦◦◌
•

四方讚 *홋소리-獨唱 〈범패채보 p.281〉
사 방 찬 독창

一灑東方潔道場 二灑南方得清凉
일 쇄 동 방 결 도 량 이 쇄 남 방 득 청 량

三灑西方俱淨土 四灑北方永安康
삼 쇄 서 방 구 정 토 사 쇄 북 방 영 안 강

道場偈(嚴淨偈) *홋소리-大衆唱 나비무 〈범패채보 p.283〉
도 량 게 엄 정 게 대중창

道場清淨無瑕穢 三寶天龍降此地
도 량 청 정 무 하 례 삼 보 천 룡 강 차 지

我今持誦妙眞言 願賜慈悲密加護
아 금 지 송 묘 진 언 원 사 자 비 밀 가 호

*大衆은 圓을 그리며 돌고 나비무를 하고 나면 鈸羅舞, 法鼓舞를 한다.
대중 원 바라무 법고무

懺悔偈 *홋소리-1句 先唱하면 2句 大衆 後唱 〈범패채보 p.289〉
참 회 게 구 선창 구 대중 후창

我昔所造諸惡業 皆由無始貪瞋痴
아 석 소 조 제 악 업 개 유 무 시 탐 진 치

從身口意之所生 一切我今皆懺悔
종 신 구 의 지 소 생 일 체 아 금 개 참 회

懺悔皆懺悔 懺悔悉懺悔 懺悔皆悉永懺悔
참 회 개 참 회 참 회 실 참 회 참 회 개 실 영 참 회

懺悔大發願已 終身歸命禮三寶
참 회 대 발 원 이 종 신 귀 명 례 삼 보

懺悔眞言 *平念佛 大衆唱
참 회 진 언 평염불 대중창

唵 薩婆 沒多 母地 娑多野 娑婆訶(3번)
옴 살바 못다 모지 사다야 사바하

*懺悔偈후 法門을 들을 경우, 設主移運(證師移運) 및 擧揚 혹은 請法偈 說法偈를
참회게 법문 설주이운 증사이운 거량 청법게 설법게

하며, 法門 후에 補闕眞言 收經偈 四無量偈 歸命偈 準提功德聚~淨法界眞言까지
법문 보궐진언 수경게 사무량게 귀명게 준제공덕취 정법계진언

平念佛로 大衆唱한다.
평염불 대중창

【設主移運節次】
설주이운절차

降生偈 *平念佛
강생게 평염불

纔降王宮示本緣 周行七步又重宣
재강왕궁시본연 주행칠보우중선

指天指地無人會 獨震雷音徧大千
지천지지무인회 독진뇌음변대천

入山偈 *平念佛
입산게 평염불

世尊當入雪山中 一坐不知經六年
세존당입설산중 일좌부지경육년

因見明星云悟道 言詮消息遍三千
인견명성운오도 언전소식변삼천

歌詠 *平念佛-大衆唱
가영 평염불 대중창

法身遍滿百億界 普放金色照人天
법신변만백억계 보방금색조인천

應物現形潭底月 體圓正坐寶蓮臺
응물현형담저월 체원정좌보연대

獻座偈/獻座眞言 *1/3句 獨唱, 2/4句 大衆唱
헌좌게 헌좌진언 구 독창 구 대중창

我今敬說寶嚴座 奉獻諸大法師前
아금경설보엄좌 봉헌제대법사전

願滅塵勞忘想心 速圓解脫菩提果
원멸진노망상심 속원해탈보리과

唵 迦摩羅 僧賀 娑婆訶(3번)
옴 가마라 승하 사바하

茶偈 *홋소리시 나비무-大衆唱. 平念佛시 나비무 省略.
다게 대중창 평염불 생략

今將甘露茶 奉獻法師前 鑑察虔懇心
금장감로다 봉헌법사전 감찰건간심

願垂哀納受 願垂哀納受 願垂慈悲哀納受
원수애납수 원수애납수 원수자비애납수

出山偈 *平念佛-大衆唱
출산게 평염불 대중창

巍巍落落淨裸裸 獨步乾坤誰伴我
외외락락정나나 독보건곤수반아

若也山中逢子期 豈將黃葉下山下
약야산중봉자기 기장황엽하산하

靈鷲偈 *平念佛-大衆唱
영축게 평염불 대중창

靈鷲拈花示上機 肯同浮木接盲龜
영축염화시상기 긍동부목접맹귀

飮光不是微微笑 無限淸風付與誰
음광불시미미소 무한청풍부여수

散花落(3번)
산 화 락

南無靈山會上佛菩薩(三說) * 짓소리-大衆唱
나 무 영 산 회 상 불 보 살 삼 설 대중창

登床偈 * 平念佛
등 상 게 평염불

遍登獅子座 共臨十方界 蠢蠢諸衆生 引導蓮華界
변 등 사 자 좌 공 림 시 방 계 준 준 제 중 생 인 도 연 화 계

座佛偈 * 平念佛
좌 불 게 평염불

世尊座道場 清淨大光明 比於千日出 照耀大千界
세 존 좌 도 량 청 정 대 광 명 비 어 천 일 출 조 요 대 천 계

* 法門을 모실 경우, 頂戴偈부터~歸命偈까지 한다.
법문 정대게 귀명게

* 法門을 하지 않을 경우, 經을 補充하는 補厥眞言을 한다.
법문 경 보충 보궐진언

頂戴偈 * 平念佛-大衆唱
정 대 게 평염불 대중창

題目未唱傾釗樹 非揚一句折刀山
제 목 미 창 경 쇠 수 비 양 일 구 절 도 산

運心消盡千生業 何況拈來頂戴人
운 심 소 진 천 생 업 하 황 념 래 정 대 인

開經偈 * 平念佛
개 경 게 평염불

無上甚深微妙法 百千萬劫難遭遇
무 상 심 심 미 묘 법 백 천 만 겁 난 조 우

我今聞見得受持 願解如來眞實意
아 금 문 견 득 수 지 원 해 여 래 진 실 의

開法藏眞言(三喃太) * 짓소리-大衆唱 홋소리-大衆唱 나비무
개 법 장 진 언 삼 남 태 대중창 대중창

唵 阿羅南 阿羅馱(3번)
옴 아 라 남 아 라 다

* '唵 阿羅南 阿羅馱 唵 阿羅南'까지 짓소리로 하고, '阿羅馱 唵 阿羅南 阿羅馱'는
옴 아라남 아라다 옴 아라남 아라다 옴 아라남 아라다

茶偈聲으로 作法舞가 이어지고 鐃匝鈸羅로 이어지나 近來들어 略禮로 한다.
다게성 작법무 요잡바라 근래 약례

十念 * 平念佛-大衆唱
십 념 평염불 대중창

清淨法身毘盧遮那佛
청 정 법 신 비 로 자 나 불

圓滿報身盧舍那佛
원 만 보 신 노 사 나 불

千百億化身釋迦牟尼佛
천 백 억 화 신 석 가 모 니 불

九品導師阿彌陀佛
구 품 도 사 아 미 타 불

當來下生彌勒尊佛
당 래 하 생 미 륵 존 불

十方三世一切諸佛
시 방 삼 세 일 체 제 불

十方三世一切尊法
시 방 삼 세 일 체 존 법

大聖文殊舍利菩薩
대 성 문 수 사 리 보 살

大行普賢菩薩
대 행 보 현 보 살

大悲觀世音菩薩
대 비 관 세 음 보 살

大願本尊地藏菩薩
대 원 본 존 지 장 보 살

諸尊菩薩摩訶薩
제 존 보 살 마 하 살

摩訶般若婆羅密
마 하 반 야 바 라 밀

擧揚 *안채비-獨唱
거 량 독 창

據 娑婆世界 此四天下 南贍部洲 東洋 大韓民國 某
거 사바세계 차사천하 남섬부주 동양 대한민국 모

山 某寺 淸淨水月道場 今此至極之虔誠 生前孝行
산 모사 청정수월도량 금차지극지건성 생전효행

亡靈死後 某日齋 薦魂齋者 某處 居住 行孝子 某生
망령사후 모일재 천혼재자 모처 거주 행효자 모생

某人 伏爲(요령) 所薦先 某貫 某人 靈駕(요령) 爲薦
모인 복위 소천선 모관 모인 영가 위천

請法齋者 時會大衆 老少比丘 沙彌行者 信男信女
청법재자 시회대중 노소비구 사미행자 신남신녀

各各等伏爲 所薦 上世先亡 師尊父母 各列位靈駕
각각등복위 소천 상세선망 사존부모 각열위영가

乃至 鐵圍山間 五無間獄 一日一夜 萬死萬生 受苦
내지 철위산간 오무간옥 일일일야 만사만생 수고

含靈 諸佛子等 各列名靈駕(요령)
함령 제불자등 각열명영가

我有一卷經 不因紙墨成 展開無一字 常放大光明 諸
아유일권경 불인지묵성 전개무일자 상방대광명 제

佛子 還會得 此一 卷經麽(良久) 如未會得 爲汝宣
불자 환회득 차일 권경마 양구 여미회득 위여선

揚 一乘圓敎 大方廣佛 大藏經 至心諦聽 至心諦受
양 일승원교 대방광불 대장경 지심제청 지심제수

受位安座眞言
수위안좌진언

唵 摩尼 軍茶尼 吽吽 娑婆訶(3번)
옴 마니 군다니 훔훔 사바하

*法師스님이 法床에 오르면 한 스님이 木鐸을 치며 請法偈 說法偈를 朗誦하고,
법사 법상 목탁 청법게 설법게 낭송

大衆은 三拜로 禮敬후 坐定한다. 혹은 擧揚 대신 請法偈만 하기도 한다.
대중 삼배 예경 좌정 거량 청법게

請法偈 *平念佛-大衆唱
청 법 게 평염불 대중창

此經甚深意 大衆心渴仰
차 경 심 심 의 대 중 심 갈 앙

唯願大法師 廣爲衆生說(三說)
유 원 대 법 사 광 위 중 생 설 삼설

說法偈 *平念佛-大衆唱
설 법 게 평염불 대중창

爲汝宣揚勝會儀 阿難創設爲神飢
위 여 선 양 승 회 의 아 난 창 설 위 신 기

若非梁武重陳設 鬼趣何緣得便宜
약 비 양 무 중 진 설 귀 취 하 연 득 편 의

*法門이 끝나면 '南無阿彌陀佛'을 10번 念한 후, 經을 補充하는 의미로 補厥眞言
법문 나무아미타불 염 경 보충 보궐진언

을 하고 受經偈를 唱한다.
수경게 창

南無 西方大敎主 無量壽如來佛『南無阿彌陀佛』(10번)
나 무 서 방 대 교 주 무 량 수 여 래 불 나 무 아 미 타 불

補厥眞言 *平念佛-大衆唱
보 궐 진 언 평염불 대중창

唵 戶魯戶魯 舍野謨契 娑婆訶(3번)
옴 호 로 호 로 사 야 모 계 사 바 하

受經偈 *平念佛-大衆唱
수경게 평염불 대중창

聞經開悟意超然 演處分明衆口宣
문경개오의초연 연처분명중구선

取捨由來元不動 方知月落不離天 몰아뛰기 후
취사유래원부동 방지월락불리천

思無量偈 *平念佛-大衆唱
사무량게 평염불 대중창

大慈大悲愍衆生 大喜大捨濟含識
대자대비민중생 대희대사제함식

相好光明以莊嚴 衆等至心歸命禮
상호광명이장엄 중등지심귀명례

歸命偈 *平念佛-大衆唱
귀명게 평염불 대중창

十方盡歸命 滅罪生淨信 願生華藏界 極樂淨土中
시방진귀명 멸죄생정신 원생화장계 극락정토중

準提功德聚부터~淨法界眞言까지 하고 마친다.
준제공덕취 정법계진언

第六 上壇勸供
제육 상단권공

*『천수경』을 淨口業眞言부터~神妙章句大陀羅尼까지 하여, 神妙章句大陀羅尼를
정구업진언 신묘장구대다라니 신묘장구대다라니
二片 후 伏請偈, 千手鈸羅 一片 혹은 神妙章句大陀羅尼 一片 후 伏請偈, 千手鈸
이편 복청게 천수바라 일편 신묘장구대다라니 일편 복청게 천수바
羅 二片을 한다.
라 이편

【天手經】
천수경

普禮眞言
보례진언

我今一身中 卽現無盡身 遍在諸佛前 一一無數禮
아금일신중 즉현무진신 변재제불전 일일무수례

『옴 바아라 믹』(3번)

淨口業眞言
정구업진언

修里修里 摩訶修里 修修里 娑婆訶(3번)
수리수리 마하수리 수수리 사바하

五方內外安慰諸神眞言
오방내외안위제신진언

南無 三滿多 沒馱喃 唵 度魯度魯 地尾 娑婆訶
나무 삼만다 못다남 옴 도로도로 지미 사바하

(3번)

開經偈
개 경 게

無上甚深微妙法 百千萬劫難遭遇
무 상 심 심 미 묘 법 백 천 만 겁 난 조 우

我今聞見得受持 願解如來眞實意
아 금 문 견 득 수 지 원 해 여 래 진 실 의

開法藏眞言 唵 阿羅南 阿羅駄(3번)
개 법 장 진 언 옴 아 라 남 아 라 다

千手千眼 觀自在菩薩 廣大圓滿無碍大悲心
천 수 천 안 관 자 재 보 살 광 대 원 만 무 애 대 비 심

大陀羅尼 啓請
대 다 라 니 계 청

稽首觀音大悲呪 願力弘深相好身 千臂莊嚴普護持
계 수 관 음 대 비 주 원 력 홍 심 상 호 신 천 비 장 엄 보 호 지

天眼光明遍觀照 眞實語中宣密語 無爲心內起悲心
천 안 광 명 변 관 조 진 실 어 중 선 밀 어 무 위 심 내 기 비 심

速令滿足諸希求 令使滅除諸罪業 天龍衆聖同慈護
속 령 만 족 제 희 구 영 사 멸 제 제 죄 업 천 룡 중 성 동 자 호

百千三昧頓勳修 受持身是光明幢 受持心是神通藏
백 천 삼 매 돈 훈 수 수 지 신 시 광 명 당 수 지 심 시 신 통 장

洗滌塵勞願濟海 超證菩提方便門 我今稱誦誓歸依
세 척 진 로 원 제 해 초 증 보 리 방 편 문 아 금 칭 송 서 귀 의

所願從心悉圓滿 南無大悲觀世音 願我速知一切法
소 원 종 심 실 원 만 나 무 대 비 관 세 음 원 아 속 지 일 체 법

南無大悲觀世音 願我早得智慧眼 南無大悲觀世音
나 무 대 비 관 세 음 원 아 조 득 지 혜 안 나 무 대 비 관 세 음

願我速度一切衆 南無大悲觀世音 願我早得善方便
원 아 속 도 일 체 중 나 무 대 비 관 세 음 원 아 조 득 선 방 편

南無大悲觀世音 願我速乘般若船 南無大悲觀世音
나 무 대 비 관 세 음 원 아 속 승 반 야 선 나 무 대 비 관 세 음

願我早得越苦海 南無大悲觀世音 願我速得戒定道
원아조득월고해 나무대비관세음 원아속득계정도

南無大悲觀世音 願我早登圓寂山 南無大悲觀世音
나무대비관세음 원아조등원적산 나무대비관세음

願我速會無爲舍 南無大悲觀世音 願我早同法性身
원아속회무위사 나무대비관세음 원아조동법성신

我若向刀山 刀山自摧折 我若向火湯 火湯自枯渴
아약향도산 도산자최절 아약향화탕 화탕자고갈

我若向地獄 地獄自消滅 我若向餓鬼 餓鬼自飽滿
아약향지옥 지옥자소멸 아약향아귀 아귀자포만

我若向修羅 惡心自調伏 我若向畜生 自得大智慧
아약향수라 악심자조복 아약향축생 자득대지혜

南無觀世音菩薩摩訶薩 南無大勢至菩薩摩訶薩
나무관세음보살마하살 나무대세지보살마하살

南無千手菩薩摩訶薩 南無如意輪菩薩摩訶薩
나무천수보살마하살 나무여의륜보살마하살

南無大輪菩薩摩訶薩 南無觀自在菩薩摩訶薩
나무대륜보살마하살 나무관자재보살마하살

南無正趣菩薩摩訶薩 南無滿月菩薩摩訶薩
나무정취보살마하살 나무만월보살마하살

南無水月菩薩摩訶薩 南無軍茶利菩薩摩訶薩
나무수월보살마하살 나무군다리보살마하살

南無十一面菩薩摩訶薩 南無諸大菩薩摩訶薩
나무십일면보살마하살 나무제대보살마하살

『南無本師阿彌陀佛』(3번)
나무본사아미타불

神妙章句大陀羅尼
신 묘 장 구 대 다 라 니

나모라 다나다라 야야 나막알약 바로기제 새바라야 모지 사다바야 마하 사다바야 마하가로 니가야 옴 살바 바예수 다라나 가라야 다사명 나막 가리다바 이맘 알야 바로기제 새바라 다바 니라간타 나막 하리나야 마발다 이사미 살발타 사다남 수반 아예염살바 보다남 바바말아 미수다감 다냐타 옴 아로계 아로가 마지로가 지가란제 혜혜하례 마하 모지 사다바 삼마라 삼마라 하리나야 구로구로 갈마 사다야 사다야 도로도로 미연제 마하 미연제 다라다라 다린나례 새바라 자라자라 마라 미마라 아마라 몰제 예혜혜 로계 새바라 라아 미사미 나사야 나베 사미사미 나사야 모하자라 미사미 나사야 호로호로 마라호로 하례 바나마 나바 사라사라 시리시리 소로소로 못쟈못쟈 모다야 모다야 매다리야 니라간타 가마사 날사남 바라 하리나야 마낙 사바하 싯다야 사바하 마하 싯다야 사바하 싯다유예 새바라야 사바하 니라간타야 사바하 바라하 목카싱하 목카야 사바하 바나마 하따야 사바하 자가라 욕다야 사바하 상카섭나네 모다나야 사바하 마

하라 구타다라야 사바하 바마사간타 니사 시체다 가릿나 이나야 사바하 먀가라 잘마이바 사나야 사바하 『나모라 다나다라 야야 나막알야 바로기제 새바라야 사바하』(3번)

四方讚
사 방 찬

一灑東方潔道場 二灑南方得淸涼
일 쇄 동 방 결 도 량 이 쇄 남 방 득 청 량

三灑西方俱淨土 四灑北方永安康
삼 쇄 서 방 구 정 토 사 쇄 북 방 영 안 강

道場讚
도 량 찬

道場淸淨無瑕穢 三寶天龍降此地
도 량 청 정 무 하 예 삼 보 천 룡 강 차 지

我今持誦妙眞言 願賜慈悲密加護
아 금 지 송 묘 진 언 원 사 자 비 밀 가 호

懺悔偈
참 회 게

我昔所造諸惡業 皆由無始貪瞋痴
아 석 소 조 제 악 업 개 유 무 시 탐 진 치

從身口意之所生 一切我今皆懺悔
종 신 구 의 지 소 생 일 체 아 금 개 참 회

懺除業障十二尊佛
참 제 업 장 십 이 존 불

南無懺除業障寶勝藏佛 寶光王火焰照佛
나 무 참 제 업 장 보 승 장 불 보 광 왕 화 렴 조 불

一切香花自在力王佛
일 체 향 화 자 재 력 왕 불

百億恒河沙決定佛
백 억 항 하 사 결 정 불

振威德佛
진 위 덕 불

金剛堅强消伏壞散佛
금 강 견 강 소 복 괴 산 불

寶光月殿妙音尊王佛
보 광 월 전 묘 음 존 왕 불

歡喜藏摩尼寶積佛
환 희 장 마 니 보 적 불

無盡香勝王佛
무 진 향 승 왕 불

獅子月佛
사 자 월 불

歡喜莊嚴珠王佛
환 희 장 엄 주 왕 불

帝寶幢摩尼勝光佛
제 보 당 마 니 승 광 불

十惡懺悔
십 악 참 회

殺生重罪今日懺悔 偸盜重罪今日懺悔
살 생 중 죄 금 일 참 회 투 도 중 죄 금 일 참 회

邪淫重罪今日懺悔 妄語重罪今日懺悔
사 음 중 죄 금 일 참 회 망 어 중 죄 금 일 참 회

綺語重罪今日懺悔 兩舌重罪今日懺悔
기 어 중 죄 금 일 참 회 양 설 중 죄 금 일 참 회

惡口重罪今日懺悔 貪愛重罪今日懺悔
악 구 중 죄 금 일 참 회 탐 애 중 죄 금 일 참 회

瞋恚重罪今日懺悔 痴暗重罪今日懺悔
진 에 중 죄 금 일 참 회 치 암 중 죄 금 일 참 회

百劫積集罪 一念頓蕩盡
백 겁 적 집 죄 일 념 돈 탕 진

如火焚枯草 滅盡無有餘
여 화 분 고 초 멸 진 무 유 여

罪無自性從心起 心若滅時罪亦亡
죄 무 자 성 종 심 기 심 약 멸 시 죄 역 망

罪亡心滅兩俱空 是則名爲眞懺悔
죄 망 심 멸 양 구 공 시 즉 명 위 진 참 회

懺悔眞言
참 회 진 언

唵 薩婆 沒多 母地 娑多野 娑婆訶(3번)
옴 살 바 못 자 모 지 사 다 야 사 바 하

准提功德聚 寂靜心常誦 一切諸大難 無能侵是人
준 제 공 덕 취 적 정 심 상 송 일 체 제 대 난 무 능 침 시 인

天上及人間 受福如佛等 遇此如意珠 定獲無等等
천 상 급 인 간 수 복 여 불 등 우 차 여 의 주 정 획 무 등 등

南無七俱胝佛母大准提菩薩(3번)
나 무 칠 구 지 불 모 대 준 제 보 살

淨法界眞言 唵 喃(3번)
정 법 계 진 언 옴 남

護身眞言 唵 齒臨(3번)
호 신 진 언 옴 치 림

觀世音菩薩 本心微妙 六字大明王眞言
관 세 음 보 살 본 심 미 묘 육 자 대 명 왕 진 언

唵 摩尼 叭迷 吽(3번)
옴 마 니 반 메 훔

准提眞言
준 제 진 언

曩謨 薩陀喃 三藐三沒駄 鳩致喃 怛野他『唵 左隷
나 모 사 다 남 삼 먁 삼 못 다 구 치 남 다 냐 타 옴 자 례

主隷 准提 娑婆訶 部臨』(3번)
주 례 준 제 사 바 하 부 림

我今持誦大准提 卽發菩提廣大願 願我定慧速圓明
아 금 지 송 대 준 제 즉 발 보 리 광 대 원 원 아 정 혜 속 원 명

願我功德皆成就 願我勝福遍莊嚴 願共衆生成佛道
원아공덕개성취 원아승복변장엄 원공중생성불도

如來十大發願文
여래십대발원문

願我永離三惡道 願我速斷貪瞋痴 願我常聞佛法僧
원아영리삼악도 원아속단탐진치 원아상문불법승

願我勤修戒定慧 願我恒隨諸佛學 願我不退菩提心
원아근수계정혜 원아항수제불학 원아불퇴보리심

願我決定生安養 願我速見阿彌陀 願我分身遍塵刹
원아결정생안양 원아속견아미타 원아분신변진찰

願我廣度諸衆生
원아광도제중생

發四弘誓願
발사홍서원

衆生無邊誓願度 煩惱無盡誓願斷
중생무변서원도 번뇌무진서원단

法門無量誓願學 佛道無上誓願成
법문무량서원학 불도무상서원성

自性衆生誓願度 自性煩惱誓願斷
자성중생서원도 자성번뇌서원단

自性法門誓願學 自性佛道誓願成
자성법문서원학 자성불도서원성

發願已 歸命禮三寶
발원이 귀명례삼보

南無常住十方佛
나무상주시방불

南無常住十方法
나무상주시방법

南無常住十方僧(3번)
나 무 상 주 시 방 승

淨三業眞言
정 삼 업 진 언

唵 娑縛婆嚩 修多薩婆 達摩 娑縛婆嚩 修度咸(3번)
옴 사 바 바 바 수 다 살 바 달 마 사 바 바 바 수 도 함

開壇眞言
개 단 진 언

唵 跋折羅 糯魯 特加陀耶 三摩耶 入羅呔 舍耶 吽(3번)
옴 바 아 라 놔 로 다 가 다 야 삼 마 야 바 라 베 사 야 훔

建壇眞言
건 단 진 언

唵 難多難多 那地那地 難多婆哩 娑婆訶(3번)
옴 난 다 난 다 나 지 나 지 난 다 바 리 사 바 하

淨法界眞言
정 법 계 진 언

羅字色鮮白 空點以嚴之 如彼髻明珠 置之於頂上 眞
나 자 색 선 백 공 점 이 엄 지 여 피 계 명 주 치 지 어 정 상 진

言同法界 無量重罪除 一切觸穢處 當加此字門 南無
언 동 법 계 무 량 중 죄 제 일 체 촉 예 처 당 가 차 자 문 나 무

三滿多 沒多喃 覽(3번)
사 만 다 못 다 남 남

【地藏請】
지 장 청

擧佛 *혼소리-大衆唱 〈범패채보 p.292〉
거 불 대중창

南無 幽冥敎主 地藏菩薩
나 무 유 명 교 주 지 장 보 살

南無 南方化主 地藏菩薩
나 무 남 방 화 주 지 장 보 살

南無 大願本尊 地藏菩薩
나 무 대 원 본 존 지 장 보 살

普召請眞言 *搖鈴, 法主獨唱 〈범패채보 p.223〉
보 소 청 진 언 요령 법주독창

南謨 步步諦哩 迦哩多哩 多陀揭多野(3번)
나 무 보 보 제 리 가 리 다 리 다 타 아 다 야

由致 *由致聲-法主獨唱 〈범패채보 p.293〉
유 치 유치성 법주독창

仰唯 地藏大聖者 滿月眞容 澄江淨眼 掌 摩尼而示
앙 유 지 장 대 성 자 만 월 진 용 징 강 정 안 장 마 니 이 시

圓果位 蹲菡萏而 猶躡因門 普放慈光 常揮慧劍 照
원 과 위 제 함 담 이 유 섭 인 문 보 방 자 광 상 휘 혜 검 조

明陰路 斷滅罪根 倘切歸依 奚遲感應 是以 娑婆世
명 음 로 단 멸 죄 근 당 절 귀 의 해 지 감 응 시 이 사 바 세

界 南贍部洲 東洋 大韓民國 某山 某寺 淸淨水月道
계 남 섬 부 주 동 양 대 한 민 국 모 산 모 사 청 정 수 월 도

場 今此至極之精誠 生前孝行 亡靈死後 某日齋 薦
량 금 차 지 극 지 정 성 생 전 효 행 망 령 사 후 모 일 재 천

魂齋者 某處 居住 行孝子某生 某人 伏爲 所薦先
혼재자 모처 거주 행효자모생 모인 복위 소천선

某貫 某人 靈駕 以此因緣功德 永離三界之苦惱 卽
모관 모인 영가 이차인연공덕 영리삼계지고뇌 즉

往極樂世界 上品上生之大願 以 今月今日 虔設法筵
왕극락세계 상품상생지대원 이 금월금일 건설법연

淨饌供養 南方化主 地藏大聖 庶回慈鑑 曲照微誠
정찬공양 남방화주 지장대성 서회자감 곡조미성

仰表一心 先陳三請
앙표일심 선진삼청

南無一心奉請 慈因積善 誓救衆生 手中金錫 振開地
나무일심봉청 자인적선 서구중생 수중금석 진개지

獄之門 掌上明珠 光攝大千之界 閻王殿上 業鏡臺前
옥지문 장상명주 광섭대천지계 염왕전상 업경대전

爲 南閻浮提衆生 作個證明 功德主 大悲大願 大聖
위 남염부제중생 작개증명 공덕주 대비대원 대성

大慈 本尊地藏王菩薩摩訶薩 唯願慈悲 降臨道場 受
대자 본존지장왕보살마하살 유원자비 강림도량 수

此供養
차공양

南無一心奉請 閻摩羅 幽冥界 毳衣圓頂 示相沙門
나무일심봉청 염마라 유명계 취의원정 시상사문

執錫持珠 顔如秋月 齒排珂雪 眉秀垂楊 悲心而長救
집석지주 안여추월 치배가설 미수수양 비심이장구

三途 弘願而每遊六趣 衆生度盡 方證菩提 地獄未除
삼도 홍원이매유육취 중생도진 방증보리 지옥미제

誓不成佛 大悲大願 大聖大慈 本尊地藏王菩薩摩訶
서불성불 대비대원 대성대자 본존지장왕보살마하

薩 唯願慈悲 降臨道場 受此供養
살 유원자비 강림도량 수차공양

南無一心奉請 回向法界 畢竟成佛 誓願無塵 地藏菩
나 무 일 심 봉 청 회 향 법 계 필 경 성 불 서 원 무 진 지 장 보

薩 悲增示蹟 苦趣留形 救 六途之群生 滿 四弘之誓
살 비 증 시 적 고 취 유 형 구 육 도 지 군 생 만 사 홍 지 서

願 大悲大願 大聖大慈 本尊地藏王菩薩摩訶薩 唯願
원 대 비 대 원 대 성 대 자 본 존 지 장 왕 보 살 마 하 살 유 원

慈悲 降臨道場 受此供養
자 비 강 림 도 량 수 차 공 양

* '散花落' 願降道場 受此供養 후 '來臨偈' 鈸羅를 친 후 '香花請'을 할 수도 있다.
산 화 락 원 강 도 량 수 차 공 양 내 림 게 바 라 향 화 청

香花請(3번) * 홋소리-大衆唱 〈범패채보 p.296〉
향 화 청 대 중 창

歌詠/故我偈 * 홋소리-바라지獨唱 〈범패채보 p.297〉
가 영 고 아 게 독 창

掌上明珠一顆寒 自然隨色辨來端
장 상 명 주 일 과 한 자 연 수 색 변 래 단

幾回提起親分付 暗室兒孫向外看
기 회 제 기 친 분 부 암 실 아 손 향 외 간

故我一心歸命頂禮 * 홋소리-大衆唱 〈범패채보 p.298〉
고 아 일 심 귀 명 정 례 대 중 창

獻座眞言 * 1/3句 法主獨唱, 2/4句 大衆唱 〈범패채보 p.299〉
헌 좌 진 언 구 법 주 독 창 구 대 중 창

妙菩提座勝莊嚴 諸佛坐已成正覺
묘 보 리 좌 승 장 엄 제 불 좌 이 성 정 각

我今獻座亦如是 自他一時成佛道
아 금 헌 좌 역 여 시 자 타 일 시 성 불 도

唵 縛阿羅 彌那耶 娑婆訶(3번)
옴 바아라 미나야 사바하

欲建而 *홋소리-獨唱 나비무-大衆唱. 欲建而를 홋소리로 獨唱하고, 唵 喃
욕건이 독창 대중창 욕건이 독창 옴 남

소리에 맞춰 나비무作法을 한다. 〈범패채보 p.307〉
작법

欲建曼拏羅先誦 淨法界眞言 唵 喃 *〈범패채보 p.309〉
욕건만나라선송 정법계진언 옴 남

茶偈 *大衆이 圓을 그리며 道場을 돌며 作法舞와 鈸羅舞를 하고, '願垂哀納
다게 대중 원 도량 작법무 바라무 원수애납

受'는 大衆이 同音으로 한다. 〈범패채보 p.310〉
수 대중 동음

今將甘露茶 奉獻地藏前 鑑察虔懇心
금장감로다 봉헌지장전 감찰건간심

願垂哀納受 願垂哀納受 願垂慈悲哀納受
원수애납수 원수애납수 원수자비애납수

*香羞羅列은 홋소리 獨唱. 特賜加持는 大衆이 일어나 홋소리 혹은 짓소리로 한
향수나열 독창 특사가지 대중

다. 〈범패채보 p.314〉

香羞羅列 齋者虔誠 欲求供養之周圓
향수나열 재자건성 욕구공양지주원

須仗加持之變化 仰惟三寶 特賜加持
수장가지지변화 앙유삼보 특사가지

『南無十方佛 南無十方法 南無十方僧』(3번)
나무시방불 나무시방법 나무시방승

四陀羅尼 *홋소리-大衆唱 鈸羅舞 〈범패채보 p.317〉
사 다 라 니 대중창 바라무

無量威德自在光明勝妙力 變食眞言
무 량 위 덕 자 재 광 명 승 묘 력 변 식 진 언

那莫 薩婆多陀 我多 婆路其帝 唵 三婆羅 三婆羅
나 막 살 바 다 타 아 다 바 로 기 제 옴 삼 바 라 삼 바 라

吽(3번)
훔

施甘露水眞言
시 감 로 수 진 언

南無 素魯縛耶 怛他揭多耶 怛姪他 唵 素魯素魯 縛
나 무 소 로 바 야 다 타 아 다 야 다 냐 타 옴 소 로 소 로 바

羅素魯 縛羅素魯 娑婆訶(3번)
라 소 로 바 라 소 로 사 바 하

一字水輪觀眞言
일 자 수 륜 관 진 언

唵 鑁 鑁 鑁鑁(3번)
옴 밤 밤 밤 밤

乳海眞言
유 해 진 언

南無 三滿多 沒陀喃 唵 鑁(3번)
나 무 사 만 다 못 다 남 옴 밤

四陀羅尼鈸羅
사 다 라 니 바 라

나무시방불 법 승
○ ○ ○ ○ ○

나무시방불 법 승

나무시방불 법 승

무량 위덕 자재 광명 승묘력 변식시 다라니

나막 살바 다타 아다야 바로 기제 오옴 삼마 라아

삼마 라아 후움

나막 살바다타 아다야 바로 기제 오옴 삼마 라아

삼마 라아 후움

나막 살바다타 아다야 바로 기제 오옴 삼마 라아

삼마 라아후움

시감로수진언

나무소로 바아야 다타 아다 혜혜 다냐 타아오옴

소로오 소로바라 소로오 바라 소로 사바하

나무소로 바아야 다타 아다 혜혜 다냐 타아오옴

소로오 소로바라 소로오 바라 소로 사바하

나무소로 바아야 다타 아다 혜혜 다냐 타아오옴
●●●• ○○ ○ ○○ ○○ ○○ ●●●•

소로오 소로바라 소로오 바라 소로 사바하
○○ ●–●• ○○ ○ ○○ ○○∞○

일자수륜관진언
○

옴 바흠바흠 밤바흠 옴 바흠바흠 밤바흠 옴 바흠
○ ●●●• ○○ ○ ●●●• ○○ ○ ●●

바흠 밤바흠
●• ○○∞○

유해진언
○

나무 사만다 못다남오옴 바예염나무 사만다 못다
○○ ○○ ●●●●• ●●●●• ○○ ●●

남오옴 바예염나무 사만다 못다남오옴 바예염--
●●• ●●●●• ○○ ●●●●• ●●●●•

◯◯○○◯

運心偈/運心供養眞言 *홋소리 獨唱 나비무 〈범패채보 p.319〉
운심게 운심공양진언 독창

願此香供遍法界 普供無盡三寶海
원차향공변법계 보공무진삼보해

慈悲受供增善根 令法住世報佛恩
자비수공증선근 영법주세보불은

那莫 薩婆怛他 我帝毗尾 薩縛慕契 毗藥 薩婆他坎
나막 살바다타 아제뱌미 새바모계 배약 살바다캄

烏那我帝 頗羅惠麻暗 唵 我我那釼 娑婆訶(3번)
오나아제 바라혜마암 옴 아아나캄 사바하

加持偈 *홋소리-앞구절 先唱, 뒷구절 大衆 同音. 〈범패채보 p.322〉
가 지 게 선창 대중 동음

願此香供遍法界 供養十方諸佛陀
원 차 향 공 변 법 계 공 양 시 방 제 불 타

願此燈供遍法界 供養十方諸達磨
원 차 등 공 변 법 계 공 양 시 방 제 달 마

願此香燈茶米供遍法界 供養十方諸僧伽
원 차 향 등 다 미 공 변 법 계 공 양 시 방 제 승 가

悉皆受供發菩提 始作佛事度衆生
실 개 수 공 발 보 리 시 작 불 사 도 중 생

*홋소리 獨唱. 〈범패채보 p.324〉
독창

普供養眞言 *홋소리 獨唱 혹은 平念佛-大衆唱 〈범패채보 p.324〉
보 공 양 진 언 독창 평염불 대중창

唵 哦哦那 三婆婆 婆我羅 吽(3번)
옴 아 아 나 삼 바 바 바 아 라 훔

普回向眞言 *〈범패채보 p.325〉
보 회 향 진 언

唵 舍摩羅 舍摩羅 尾摩羅 舍羅摩訶 左佉羅縛 吽(3번)
옴 삼 마 라 삼 마 라 미 마 나 사 라 마 하 자 거 라 바 훔

四大呪 *平念佛-大衆唱
사 대 주 평염불 대중창

南無大佛頂 如來密因 修證了義 諸菩薩萬行 首楞嚴
나 무 대 불 정 여 래 밀 인 수 증 요 의 제 보 살 만 행 수 능 엄

神呪
신 주

怛也他 唵 阿曩黎 尾捨帝 吠羅 縛日羅 馱隷滿馱
다 냐 타 옴 아 나 례 비 사 제 비 라 바 아 라 다 리 반 다

滿馱隸 縛日羅 播尼發 呼吽 納魯唵發 娑縛賀(3번)
반다니 바아라 바니반 호훔 다로옴박 사바하

正本 觀自在菩薩 如意輪呪
정본 관자재보살 여의륜주

那謨 富陀野 那謨 達摩野 那謨 僧伽野 那謨 阿里
나무 붓다야 나무 달마야 나무 승가야 나무 아리

夜 縛路枳帝 莎羅野 普致 薩多野 摩訶 薩多野 沙
야 바로기제 사라야 모지 사다야 마하 사다야 사

迦羅 摩訶迦路 尼迦野 訖里多野 曼多羅 怛也他 迦
가라 마하가로 니가야 하리다야 만다라 다냐타 가

迦那 鉢羅地晋多 摩尼 摩賀舞怛隸 婁婁婁婁 地吒
가나 바라지진다 마니 마하무다례 루로루로 지따

訖里多曳 比沙曳 唵 富陀那 富陀尼 野登(3번)
하리다예 비사예 옴 부다나 부다니 야등

佛頂心 觀世音菩薩 姥陀羅尼
불정심 관세음보살 모다라니

那謨羅 怛那怛羅 夜野 那莫 阿利野 婆路吉帝 濕伐
나모라 다나다라 야야 나막 아리야 바로기제 새바

羅野 菩提 薩多跛野 摩賀 薩多跛野 摩訶迦蘆 尼迦
라야 모지 사다바야 마하 사다바야 마하가로 니가

野 怛姪他 阿婆陀 阿婆陀 跛利跛帝 堙醯醯 怛姪他
야 다냐타 아바다 아바다 바리바제 인혜혜 다냐타

薩婆陀羅尼 曼茶羅野 堙醯醯 鉢羅摩輸馱 菩多野
살바다라니 만다라야 인혜혜 바라마수다 못다야

唵 薩婆 斫數伽野 陀羅尼 因地利野 怛姪他 婆盧枳
옴 살바 작수가야 다라니 인지리야 다냐타 바로기

帝 濕縛羅野 薩婆咄吒 烏訶耶彌 娑婆訶(3번)
제 새바라야 살바도따 오하야미 사바하

佛說 消災吉祥陀羅尼
불설 소재길상다라니

曩謨 三滿多 母駄喃 阿鉢羅底 賀多舍 娑曩喃 怛姪
나모 사만다 못다남 아바라지 하다사 사나남 다냐

他 唵 佉 佉 佉惠 佉惠 吽 吽 入縛囉 入縛囉 縛囉
타 옴 카 카 카혜 카혜 훔 훔 아바라 아바라 바라

入縛囉 縛囉入縛囉 底吒 底吒 致理 致理 婆吒 婆
아바라 바라아바라 지따 지따 지리 지리 빠다 빠

吒 扇底迦 室哩曳 娑婆訶(3번)
다 선지가 시리예 사바하

願成就眞言 *平念佛-大衆唱
원성취진언 평염불 대중창

唵 阿暮佉 薩婆多羅 舍多野 始吠吽(3번)
옴 아모카 살바다라 사다야 시베훔

補闕眞言 *平念佛-大衆唱
보궐진언 평염불 대중창

唵 戶魯戶魯 舍野謨契 娑婆訶(3번)
옴 호로호로 사야모계 사바하

*시간에 따라 禮懺 및 精勤/歎白을 한다.
예참 정근 탄백

南無 南方化主 大願本尊『地藏菩薩』
나무 남방화주 대원본존 지장보살

地藏菩薩滅定業眞言
지장보살멸정업진언

唵 縛羅 摩尼 茶尼 娑婆訶(3번)
옴 바라 마니 다니 사바하

歎白
탄 백

地藏大聖威神力 恒河沙劫說難盡
지 장 대 성 위 신 력 항 하 사 겁 설 난 진

見聞瞻禮一念間 利益人天無量事
견 문 첨 례 일 념 간 이 익 인 천 무 량 사

* 和請에 앞서 '願我偈'를 홋소리로 한다. 和請은 辭說形式의 글을 각기 독특한 소리로 부른다. 和請을 한 다음 靈駕 祝願을 한다.
화 청 원 아 게 화 청 사 설 형 식 화 청 영 가 축 원

和請(回心曲)
화 청 회 심 곡

◎○◎ ◎○◎ ◎

至心乞請 至心乞請 一會大衆 一心奉請
지 심 걸 청 지 심 걸 청 일 회 대 중 일 심 봉 청

◎○◎ ◎○◎ ◎

今日靈駕 先(嚴父) ○○靈駕 人間世上 나왔다가
금 일 영 가 선 엄 부 영 가 인 간 세 상

娑婆世界 여의시고 冥府世界 돌아간지 어언간에
사 바 세 계 명 부 세 계

○○齋 돌아와서 大願地藏 菩薩님께 茶菓供養
재 대 원 지 장 보 살 다 과 공 양

陳設하고 往生極樂 하시라고 至誠으로 發願하니
진 설 왕 생 극 락 지 성 발 원

좋은念佛 많이듣고 上品蓮臺 가옵소서.
염 불 상 품 연 대

◎○◎ ◎○◎ ◎

一家眷屬 함께모여 至極하신 精誠으로 冥府上壇
일가권속 지극 정성 명부상단

불을밝혀 七寶大床 모셔놓고 極樂世界 가시라고
칠보대상 극락세계

祝願하고 發願하니 三千大千 佛菩薩이 이會上에
축원 발원 삼천대천 불보살 회상

降臨하여 孤魂靈駕 引導하네. ◎○◎ ◎○◎ ◎
강림 고혼영가 인도

今日靈駕 薦魂靈駕 智慧光明 빛을받아 三界火宅
금일영가 천혼영가 지혜광명 삼계화택

永離하여 生死苦海 건너갈때 般若龍船 빌어타고
영리 생사고해 반야용선

仁義禮智 양돛달고 孝子忠臣 노를젓고 烈女孝婦
인의예지 효자충신 열녀효부

닻을감아 한가운데 極樂導師 阿彌陀佛 獅子座上
극락도사 아미타불 사자좌상

正坐하고 左右補處 兩大菩薩 觀音勢至 侍衛로다
정좌 좌우보처 양대보살 관음세지 시위

◎○◎ ◎○◎ ◎

이물에는 引路王菩薩 千疊寶蓋 손에들고 華鬘瓔珞
인로왕보살 천첩보개 화만영락

몸에걸고 그물에는 地藏菩薩 掌上明珠 大千世界
지장보살 장상명주 대천세계

비추시고 下壇에는 娑婆世界 念佛衆生 가득싣고
하단 사바세계 염불중생

茫茫蒼海 넓은바다 건너갈때 八部神將 擁護하고
망망창해 팔부신장 옹호

天童天女 侍衛하네. ◎○◎ ◎○◎ ◎
천동천녀 시위

어느仙女 鶴을타고 어느仙女 蓮花들고 어느仙女
선녀 학 선녀 연화 선녀

甘露들고 어느童子 獅子타고 어느童子 소라불고
감로 동자 사자 동자

어느童子 香火들며 갖추갖추 風樂잡혀 無邊大海
동자 향화 풍악 무변대해

건너가니 부는바람 堯風이요 돗는달은 舜月이라
요풍 순월

堯風舜月 짝을지어 阿彌陀佛 大願품에 들어가니
요풍순월 아미타불 대원

極樂世界 여길네라. ◎○◎ ◎○◎ ◎
극락세계

우리世尊 大法王이 彌陀經에 이르기를 極樂이라
세존 대법왕 미타경 극락

하는나라 이世上과 전혀달라 黃金으로 땅이되고
세상 황금

白銀으로 城을쌓고 七重欄楯 들러있고 七寶羅網
백은 성 칠중난순 칠보라망

덮였는데 無比上妙 寶貝로다. ◎○◎ ◎○◎ ◎
무비상묘 보배

한~편을 바라보니 온갖새가 날아든다 무슨새가

날아드나 靑鶴白鶴 飛禽走獸 鸚鵡孔雀 杜鵑鳥와
청학백학 비금주수 앵무공작 두견조

迦陵頻伽 共鳴鳥도 새소리로 아니울고 阿彌陀佛
가릉빈가 공명조 아미타불

四十八願 六字念佛 노래하며 法性圓融 넓은뜰을
사십팔원 육자염불 법성원융

自由自在 노닐면서 쌍~쌍이 날아드니 極樂世界
자유자재 극락세계

분명구나. ◎○◎ ◎○◎ ◎

또한편을 바라보니 麝香水~ 맑은연못 五色蓮花
사향수 오색연화

가득한데 蓮花마다 光明이요 光明쫓아 香내나고
연화 광명 광명 향

香내따라 瑞氣돈다 今日靈駕 薦魂靈駕 瑞氣放光
향 서기 금일영가 천혼영가 서기방광

다리놓아 八功德水 沐浴하니 精~神이 快樂구나
팔공덕수 목욕 정신 쾌락

阿彌陀佛 큰願力에 摩頂受記 證得하고 蓮花世界
아미타불 원력 마정수기 증득 연화세계

誕生하여 無盡福樂 받으시니 佛菩薩님 威神力과
탄생 무진복락 불보살 위신력

行~孝子 (OOO) 功德이고 OO某寺 住持스님
행 효자 공덕 모사 주지

誠心일세. ◎○◎ ◎○◎ ◎
성심

이세상에 나올적에 男女老少 막론하고 빈손빈몸
남녀노소

들고나와 物慾貪心 너무마오 三日修心 千載寶요
물욕탐심 삼일수심 천재보

百年貪物 一朝塵데 三日동안 닦은마음 一千年에
백년탐물 일조진 삼일 일천년

寶貝되고 百年동안 貪한財物 하루아침 티끌이라
보배 백년 탐 재물

草露같은 우리人生 渭水中에 浮萍같고 풀~끝에
초로 인생 위수중 부평

이슬같고 바람앞에 燈불같고 단불에든 나비같고
등

하루살이 같은목숨 百年살며 千年사나.
백년 천년

◎○◎ ◎○◎ ◎

이歲月이 堅固한줄 泰山같이 믿으면서 人間世上
세월 견고 태산 인간세상

살았건만 百年光陰 못다가서 저승길로 돌아가니
백년광음

애~닯은 이길이라 이제한번 돌아가면 언제다시

돌아와서 妻子眷屬 손을잡고 萬端說話 나눠볼까
처자권속 만단설화

◎○◎ ◎○◎ ◎

春~草는 年年綠요 王~孫은 歸不歸라 一百年을
춘 초 연년록 왕 손 귀불귀 일백년

산다해도 一場春夢 꿈이로다 우리人生 한번가면
일장춘몽 인생

다시오기 어려워라 人生不得 恒少年은 風月中에
인생부득 항소년 풍월중

名談이요 三千甲子 東方朔은 前生後生 初聞이라
명담 삼천갑자 동방삭 전생후생 초문

八百年을 살던彭祖 古聞今聞 또있을까 浮雲같은
팔백년 팽조 고문금문 부운

이世上에 草露같은 우리人生 暫時暫間 나왔다가
세상 초로 인생 잠시잠간

속절없이 돌아가니 슬프고도 애닯도다.

◎○◎ ◎○◎ ◎

今日靈駕 薦魂靈駕 人間世上 태어나서 한平生을
금일영가 천혼영가 인간세상 평생

살아갈제 기쁜날이 몇날이며 좋은일이 얼마든고

世上因緣 다마치고 저世上에 돌아갈제 愛之重之
세상인연 세상 애지중지

기른子孫 어느子孫 代身가며 죽자살자 하든親舊
자손 자손 대신 친구

어느親舊 함께가나 速節春光 地部黃泉 免치못할
친구 속절춘광 지부황천 면

이길이라 해와달이 空하거늘 歲月믿고 무엇하며
공 세월

妻子眷屬 空하거늘 黃泉길에 만날손가.
처자권속 공 황천

◎○◎ ◎○◎ ◎

梨花桃花 곱다마소 꽃이피면 몇일가며 孔明吉祥
이화도화 공명길상

豪傑보소 富貴榮華 虛事로다 죽음길에 老少있나
호걸 부귀영화 허사 노소

金銀七寶 소용없네 富貴貧賤 돌고돌아 北忙山川
금은칠보 부귀빈천 북망산천

무덤되고 茶毘場의 연기된다 동쪽에서 솟는해가
다비장

西山落日 되었으니 밤이되고 닭이운다 靑春歲月
서산낙일 청춘세월

믿지말고 虛送歲月 하지마소. ◎○◎ ◎○◎ ◎
허송세월

無明業力 깊은밤에 길밝히는 燈불이요 生死苦海
무명업력 등 생사고해

넓은바다 건너가는 돗대로다 念佛精進 懈怠하고
염불정진 해태

極樂世界 어찌가나 念佛이라 하는것은 善한맘도
극락세계 염불 선

念佛이요 어진맘도 念佛이며 父母님께 孝道함도
염불 염불 부모 효도

念佛이요 一家親戚 和睦함도 念佛이라 念佛하면
염불 일가친척 화목 염불 염불

佛法이요 佛法하면 堯舜이라 내맘내뜻 모르거든
불법 불법 요순

남을보아 깨치시오. ◎○◎ ◎○◎ ◎

이몸받아 나온사람 男女老少 尊卑貴賤 莫論하고
남녀노소 존비귀천 막론

一生一死 있는거요 人間世上 살아갈제 惡한業을
일생일사 인간세상 악 업

짓지마소 惡한業을 짓고보면 閻羅大王 親舊라도
악 업 염라대왕 친구

北忙山川 모셔갈때 人情없고 事情없네.
북망산천 인정 사정

◎○◎ ◎○◎ ◎

어찌하면 이세상에 죽지않고 오래남아 長生不死
장생불사

하여보나 勢道좋면 산다드니 堯舜禹湯 文武周公
세도 요순우탕 문무주공

聖德없어 崩御시며 글잘하면 산다드니 孔孟같은
성덕 붕어 공맹

聖賢네는 글못하여 돌아갔나 財産많아 산다드니
성현 재산

萬古一富 石崇이는 財物없어 죽었으며 藥잘쓰면
만고일부 석숭 재물 약

산다드니 華陀扁鵲 名醫術은 藥名몰라 죽었는가
화타편작 명의술 약명

말잘하면 산다드니 구변좋은 蘇秦張儀 六國帝王
소진장의 육국제왕

다달래고 閻羅王만 못달래고 죽었으니 그도또한
염라왕

하사로다. ◎○◎ ◎○◎ ◎

賓客三千 孟嘗君도 죽고나니 간곳없고 百子千孫
빈객삼천 맹상군 백자천손

郭汾陽도 죽고나니 자취없네 萬古英雄 秦始皇도
곽분양 만고영웅 진시황

驪山秋草 잠들었고 글잘하든 李太白도 騎鯨上天
여산추초 이태백 기경상천

하여있네 天下名將 楚覇王도 烏江月夜 흔적없고
천하명장 초패왕 오강월야

求仙하던 漢武帝도 汾水秋風 恨歎이라.
구선 한무제 분수추풍 한탄

◎○◎ ◎○◎ ◎

이世上에 나온사람 英雄이라 말을말고 豪傑이라
세상 영웅 호걸

자랑마소 英雄인들 죽지않고 豪傑인들 늙지않나
영웅 호걸

萬古英雄 秦始皇도 不死藥을 찾았건만 해와달이
만고영웅 진시황 불사약

가로막혀 못구하고 말았으니 그도또한 虛事로다
허사

◎○◎ ◎○◎ ◎

이世上에 나왔다가 黃泉길을 돌아갈때 十大王의
세 상 황 천 십 대 왕

命을받아 日直使者 月直使者 한~손에 槍劍들고
명 일 직 사 자 월 직 사 자 창 검

또한손에 姓名三字 적어들고 쇠사슬을 비껴차고
성 명 삼 자

활등같이 굽은길을 살대같이 달려와서 닫은門을
문

걷어차고 어서나오 바삐나오 뉘令이라 拒逆하며
령 거 역

뉘분부라 어길소냐 팔뚝같은 쇠사슬로 結縛하고
결 박

끌어내어 실낱같은 이내목숨 魂飛魄散 叱責하니
혼 비 백 산 질 책

日月조차 無光구나. ◎○◎ ◎○◎ ◎
일 월 무 광

明沙十里 海棠花야 꽃진다고 설워마라 明年三月
명 사 십 리 해 당 화 명 년 삼 월

봄이되면 너는다시 피련만은 草露같은 우리人生
초 로 인 생

이世上을 下直하면 움이나나 싹이나나 永訣終天
세 상 하 직 영 결 종 천

가고만다. ◎○◎ ◎○◎ ◎

北忙山川 돌아갈제 어찌갈고 險山險路 限定없는
북 망 산 천 험 산 험 로 한 정

길이로다 萬端說話 다못하여 妻子眷屬 손을잡고
만 단 설 화 처 자 권 속

精神차려 살펴보니 이내肉身 살린손가 舊祠堂에
정 신 육 신 구 사 당

하직하고 新祠堂에 虛拜한후 大門밖을 썩나서서
신사당 허배 대문

赤杉내어 손에들고 魂魄불러 招魂하니 없든哭聲
적삼 혼백 초혼 곡성

狼藉구나. ◎○◎ ◎○◎ ◎
낭자

日直使者 앞을서고 月直使者 등을밀고 風雨같이
일직사자 월직사자 풍우

재촉하여 天方地軸 모셔갈때 높은데는 낮아지고
천방지축

낮은곳은 높아진다 그렁저렁 여러날에 두使者와
사자

벗을삼아 저승原門 當到하니 牛頭羅刹 馬頭鬼卒
원문 당도 우두나찰 마두귀졸

門前門前 늘어서서 人情달라 비는구나 무엇으로
문전문전 인정

人情쓸가 人情쓸돈 반푼없다 惡意惡食 모은財産
인정 인정 악의악식 재산

먹고가며 쓰고가나 남았으면 가절가나 못다먹고

못다쓰고 人情한번 못써볼때 今日아래 ○○寺
인정 금일 사

法堂에서 ○○齋를 베풀어사 그功德에 人情쓰며
법당 재 공덕 인정

以此因緣 功德으로 열두大門 들어가서 上~壇을
이차인연 공덕 대문 상 단

바라보니 南方化主 孤魂薦度 地藏菩薩 계시옵고
남방화주 고혼천도 지장보살

左右補處 道明尊者 無毒鬼王 侍衛로다.
좌우보처 도명존자 무독귀왕 시위

◎○◎ ◎○◎ ◎

十大王을 모셔보세 第一殿에 秦廣大王 第二殿에
십대왕 제일전 진광대왕 제이전

初江大王 第三殿에 宋帝大王 第四殿에 五官大王
초강대왕 제삼전 송제대왕 제사전 오관대왕

第五殿에 閻羅大王 第六殿에 變成大王 第七殿에
제오전 염라대왕 제육전 변성대왕 제칠전

泰山大王 第八殿에 平等大王 第九殿에 都市大王
태산대왕 제팔전 평등대왕 제구전 도시대왕

第十殿에 轉輪大王. ◎○◎ ◎○◎ ◎
제십전 전륜대왕

十大王의 命을받아 今日靈駕 薦魂靈駕 姓名三字
십대왕 명 금일영가 천혼영가 성명삼자

불러내어 人間世上 살아갈때 좋은因緣 善行功德
인간세상 인연 선행공덕

惡漢行實 낱낱이도 가려낼때 배고픈이 밥을주어
악한행실

餓死救濟 하였느냐 목마른이 물을주어 給水功德
아사구제 급수공덕

하였느냐 헐벗은이 옷을주어 救難功德 하였느냐
구난공덕

微物이라도 아껴주어 放生功德 하였느냐 兄弟間에
미물 방생공덕 형제간

友愛하고 父母님前 孝道하고 이웃간에 和睦하며
우애 부모 전 효도 화목

나라에는 忠誠하며 낱낱히도 가려내여 業鏡台로
충성 업경대

비춰보니 今日今時 OO寺 法堂에서 行~孝子
금일금시 사 법당 행 효자

○○○ 一門들의 至極하신 精誠으로 ○○齋를
일 문 지 극 정 성 재

베풀으사 그功德이 壯하다고 極樂世界 引導하니
공 덕 장 극 락 세 계 인 도

이도또한 快樂이라. ◎○◎ ◎○◎ ◎
쾌 락

今日靈駕 薦魂靈駕 九品蓮台 모셔놓고 無盡法門
금 일 영 가 천 혼 영 가 구 품 연 대 무 진 법 문

說하시니 그도또한 快樂이라 大明天地 밝은달은
설 쾌 락 대 명 천 지

높은산에 먼저돋고 大慈大悲 부처님은 精誠心을
대 자 대 비 정 성 심

먼저보네 精誠이면 至誠이요 至誠이면 感應인데
정 성 지 성 지 성 감 응

無量無邊 世界中에 極樂世界 第一이라 因緣따라
무 량 무 변 세 계 중 극 락 세 계 제 일 인 연

生滅하는 娑婆世界 執着말고 부지런히 마음닦아
생 멸 사 바 세 계 집 착

極樂世界 가옵소서. ◎○◎ ◎○◎ ○◎ ○○○○○∨
극 락 세 계

◎○◎ ◎

上壇祝願和請
상단축원화청

◎功德功德 上來所修 佛功德 ◎◎◎◎
공덕공덕 상래소수 불공덕

◎圓滿圓滿 回向三處 聖悉圓滿 ◎◎◎◎
원만원만 회향삼처 성실원만

◎淨琉璃光 上德紅蓮 ◎◎◎◎
정유리광 상덕홍연

◎隆宮現前 攀枝受依 諸天入極 聖德大夫 ◎◎◎◎
융궁현전 반지수의 제천입극 성덕대부

◎伏願 聖恩以廣大 爲萬乘之尊 道眼圓明 永作 千秋之寶甘 ◎◎◎◎
복원 성은이광대 위만승지존 도안원명 영작 천추지보감

◎向脫根塵涑證樂邦 無量壽了明心地 該通華藏 釋迦尊 ◎◎◎◎
향탈근진속증락방 무량수요명심지 해통화장 석가존

◎紫薇長詔於深宮 玉葉恒敷於上願 ◎◎◎◎
자미장조어심궁 옥엽항부어상원

◎千和地利 物物時康 萬像含春 花卉敷茂 ◎◎◎◎
천화지리 물물시강 만상함춘 화훼부무

◎鴦鳴御苑 瑞謁皇圖 風以調雨以順 禾登九紹 麥琇二枝 ◎◎◎◎
앙명어원 서알황도 풍이조우이순 화등구소 맥수이지

◎官以慶民以 歡文致昇平 武願干快 ◎◎◎◎
관이경민이 환문치승평 무원간쾌

◎億兆蒼生 苦復於環中 廣大佛法 弘揚於世外
억조창생 고복어환중 광대불법 홍양어세외

◎◎◎◎

◎三千界內 無非禮儀之江山 大韓民國內 盡是 慈悲
삼천계내 무비예의지강산 대한민국내 진시 자비

之道場 ◎◎◎◎
지도량

◎所有十方 世界中三世 一切人獅子 ◎◎◎◎
소유시방 세계중삼세 일체인사자

◎我以淸淨身語意 一一徧禮盡無餘 八荒泰平 四夷
아이청정신어의 일일편례진무여 팔황태평 사이

不侵 國泰民安 法輪轉 法輪常轉於 無窮國界 恒
불침 국태민안 법륜전 법륜상전어 무궁국계 항

安於萬歲 ◎◎◎◎
안어만세

◎願我 今有此日 娑婆世界 南贍部洲 東洋 大韓民
원아 금유차일 사바세계 남섬부주 동양 대한민

國 某山 某寺 淸淨水月道場 今此至極之精誠 生
국 모산 모사 청정수월도량 금차지극지정성 생

前孝行 亡靈死後 某日齋 薦魂齋者 某處 居住 行
전효행 망령사후 모일재 천혼재자 모처 거주 행

孝子 某生 某人 伏爲 所薦先 某貫 某人 靈駕
효자 모생 모인 복위 소천선 모관 모인 영가

◎◎◎◎

◎當靈 伏爲 上世先亡 師尊父母 多生師長 累代宗
당령 복위 상세선망 사존부모 다생사장 누대종

親 遠近親戚 弟兄叔伯 姉妹姪孫 一切無盡 諸佛
친 원근친척 제형숙백 자매질손 일체무진 제불

子等 各列位列名靈駕 ◎◎◎◎
자등 각열위열명영가

◎以此因緣功德 速離三界之火宅 不踏冥路 卽往極
이 차 인 연 공 덕 속 이 삼 계 지 화 택 부 답 명 로 즉 왕 극

樂世界 親見彌陀 蒙佛授記 九品阿耨多羅三藐三
락 세 계 친 견 미 타 몽 불 수 기 구 품 아 뇩 다 라 삼 먁 삼

菩提之大願 ◎◎◎◎
보 리 지 대 원

◎抑願 今日 同供發心 禮敬齋者(生祝)各各等保體
억 원 금 일 동 공 발 심 예 경 재 자 생 축 각 각 등 보 체

命長 命長 壽命長 壽命則 歲月無窮快樂則 盡沙
명 장 명 장 수 명 장 수 명 즉 세 월 무 궁 쾌 락 즉 진 사

莫有 供養者 何福以 不成禮拜者 何灾而不滅
막 유 공 양 자 하 복 이 불 성 예 배 자 하 재 이 불 멸

◎◎◎◎

◎一日有千祥之慶 時時無百害之殃 相逢吉慶 不逢
일 일 유 천 상 지 경 시 시 무 백 해 지 앙 상 봉 길 경 불 봉

灾害 雪散福德雲興 土地伽藍護道場 世世常行菩
재 해 설 산 복 덕 운 흥 토 지 가 람 호 도 량 세 세 상 행 보

薩道 究竟願成薩婆耶 摩訶般若婆羅蜜 摩訶般若
살 도 구 경 원 성 살 바 야 마 하 반 야 바 라 밀 마 하 반 야

婆羅蜜 摩訶般若婆羅蜜 ○◎ ○○○○○∨ ◎ ◎ ◎
바 라 밀 마 하 반 야 바 라 밀

中壇地藏祝願和請
중단지장축원화청

◎願力願力 地藏大聖誓願力 ◎◎◎◎
원력원력 지장대성서원력

◎苦海苦海 恒沙衆生出苦海 ◎◎◎◎
고해고해 항사중생출고해

◎玉空玉空 十殿調律地獄空 ◎◎◎◎
옥공옥공 십전조율지옥공

◎人間人間 業盡衆生放人間 ◎◎◎◎
인간인간 업진중생방인간

◎願我 今有此日 娑婆世界 南贍部洲 東洋 大韓民
원아 금유차일 사바세계 남섬부주 동양 대한민

國 某山 某寺 淸淨水月道場 今此至極之精誠 生
국 모산 모사 청정수월도량 금차지극지정성 생

前孝行 亡靈死後 某日齋 薦魂齋者 某處 居住 行
전효행 망령사후 모일재 천혼재자 모처 거주 행

孝子 某生 某人 伏爲 所薦先 某貫 某人 靈駕
효자 모생 모인 복위 소천선 모관 모인 영가

◎◎◎◎

◎當靈 伏爲 上世先亡 師尊父母 多生師長 累代宗
당령 복위 상세선망 사존부모 다생사장 누대종

親 遠近親戚 弟兄叔伯 姉妹姪孫 一切無盡 諸佛
친 원근친척 제형숙백 자매질손 일체무진 제불

子等 各列位列名靈駕 ◎◎◎◎
자등 각열위열명영가

◎以此因緣功德 速離三界之火宅 不踏冥路 卽往極
이차인연공덕 속이삼계지화택 부답명로 즉왕극

樂世界 親見彌陀 夢佛授記 九品阿耨多羅三藐三
락세계 친견미타 몽불수기 구품아뇩다라삼먁삼

菩提之大願 ◎◎◎◎
보리지대원

◎抑願 今日 同供發心 禮敬齋者(生祝)各各等保體
억원 금일 동공발심 예경재자 생축 각각등보체

命長 命長 壽命長 壽命則 歲月無窮快樂則 盡沙
명장 명장 수명장 수명즉 세월무궁쾌락즉 진사

莫有 供養者 何福以 不成禮拜者 何灾而不滅
막유 공양자 하복이 불성예배자 하재이불멸

◎◎◎◎

◎一日有千祥之慶 時時無百害之殃 相逢吉慶 不逢
일일유천상지경 시시무백해지앙 상봉길경 불봉

灾害 雪散福德雲興 土地伽藍護道場 世世常行菩
재해 설산복덕운흥 토지가람호도량 세세상행보

薩道 究竟願成薩婆耶 摩訶般若婆羅蜜 摩訶般若
살도 구경원성살바야 마하반야바라밀 마하반야

婆羅蜜 摩訶般若婆羅蜜 ○◎ ○○○○○∨ ◎ ◎ ◎
바라밀 마하반야바라밀

【三寶通請】
삼 보 통 청

*三寶通請은 佛供이 있을 時에 모시고, 예전에는 摩旨만 올리는 '巳時摩旨'를 모
삼보통청 불공 시 마지 사시마지

셨다고 한다. 巳時摩旨順序:摩旨쇠(禮佛쇠와 同一)-淨法界眞言-茶偈-三頂禮-祝
사시마지순서 마지 예불 동일 정법계진언 다게 삼정례 축

願으로 한다.
원

擧佛 *홋소리, 平念佛-大衆唱 〈범패채보 p.301〉
거 불 평염불 대중창

南無 佛陀部衆 光臨法會
나무 불타부중 광림법회

南無 達摩部衆 光臨法會
나무 달마부중 광림법회

南無 僧伽部衆 光臨法會
나무 승가부중 광림법회

普召請眞言 *搖鈴, 法主獨唱 〈범패채보 p.223〉
보 소 청 진 언 요령 법주독창

南謨 步步諦哩 迦哩多哩 多陀 揭多野(3번)
나무 보보제리 가리다리 다타 아다야

由致 *由致聲-法主獨唱 〈범패채보 p.302)
유 치 유치성 법주독창

仰惟 三寶大聖者 從 眞淨界 興 大悲雲 非身現身
앙유 삼보대성자 종 진정계 흥 대비운 비신현신

布 身雲於 三千世界 無法說法 灑 法雨於 八萬塵勞
포 신운어 삼천세계 무법설법 쇄 법우어 팔만진로

開 種種方便之門 導 茫茫沙界之衆 有求皆遂 如 空
계 종종방편지문 도 망망사계지중 유구개수 여 공

谷之傳聲 無願不從 若 澄潭之印月 是以 娑婆世界
곡지전성 무원부종 약 징담지인월 시이 사바세계

南贍部洲 東洋 大韓民國 某山 某寺 淸淨水月道場
남섬부주 동양 대한민국 모산 모사 청정수월도량

今此至極之精誠 今日獻供 發願齋者
금차지극지정성 금일헌공 발원재자

(住所)某處 居住 淸信士 某生 某人 淸信女 某生
주소 모처 거주 청신사 모생 모인 청신녀 모생

某人 一門 家族等保體 四大强健 六根淸淨 壽命長
모인 일문 가족등보체 사대강건 육근청정 수명장

壽 安過太平 家內和合 富貴榮華 子孫昌盛 無病長
수 안과태평 가내화합 부귀영화 자손창성 무병장

壽 財數大通 萬事如意圓滿 成就之大發願 以 今月
수 재수대통 만사여의원만 성취지대발원 이 금월

今日 虔設法筵 淨饌供養 帝網重重 無盡三寶慈尊
금일 건설법연 정찬공양 제망중중 무진삼보자존

薰懃作法 仰祈妙援者 右伏以 爇 茗香以禮請 呈玉
훈근작법 앙기묘원자 우복이 설 명향이예청 정옥

粒而修齋 齋體雖微 虔誠可愍 冀回慈鑑 曲照微誠
립이수재 재체수미 건성가민 기회자감 곡조미성

謹秉一心 先陳三請
근병일심 선진삼청

*'先陳謹請'을 하여 請詞를 한 번만 할 수도 있다.
선진근청 청사

請詞 *請詞聲-法主獨唱. 搖鈴
청 사 청사성 법주독창 요령

『南無一心奉請 以大慈悲 而爲體故 救護衆生 以爲
나무일심봉청 이대자비 이위체고 구호중생 이위

資糧 於諸病苦 爲作良醫 於 失道者 示其正路 於
자량 어제병고 위작양의 어 실도자 시기정로 어

闇夜中 爲作光明 於 貧窮者 永得伏藏 平等饒益 一
암야중 위작광명 어 빈궁자 영득복장 평등요익 일

切衆生 清淨法身 毘盧遮那佛 圓滿報身 盧舍那佛
체중생 청정법신 비로자나불 원만보신 노사나불

千百億化身 釋迦牟尼佛 西方敎主 阿彌陀佛 當來敎
천백억화신 석가모니불 서방교주 아미타불 당래교

主 彌勒尊佛 十方常住 眞如佛寶 一乘圓敎 大華嚴
주 미륵존불 시방상주 진여불보 일승원교 대화엄

經 大乘實敎 妙法華經 三處傳心 格外禪詮 十方常
경 대승실교 묘법화경 삼처전심 격외선전 시방상

住 甚深法寶 大智文殊菩薩 大行普賢菩薩 大悲觀世
주 심심법보 대지문수보살 대행보현보살 대비관세

音菩薩 大願地藏菩薩 傳佛心燈 迦葉尊者 流通敎海
음보살 대원지장보살 전불심등 가섭존자 유통교해

阿難尊者 十方常住 清淨僧寶 如是三寶 無量無邊
아난존자 시방상주 청정승보 여시삼보 무량무변

一一周徧 一一塵刹 唯願慈悲 憐愍有情 降臨道場
일일주변 일일진찰 유원자비 연민유정 강림도량

受此供養』(三說)
수차공양 삼설

香花請(3번) *홋소리-大衆唱
향화청 대중창

歌詠/故我偈 *홋소리-獨唱 〈범패채보 p.306)
가영 고아게 독창

佛身普遍十方中 三世如來一體同
불신보변시방중 삼세여래일체동

廣大願雲恒不盡 汪洋覺海渺難窮
광대원운항부진 왕양각해묘난궁

故我一心歸命頂禮 *홋소리-大衆唱 〈범패채보 p.298)
고아일심귀명정례 대중창

獻座眞言 *1/3句 法主獨唱, 2/4句 大衆唱 〈범패채보 p.299)
헌좌진언 구 법주독창 구 대중창

妙菩提座勝莊嚴 諸佛坐已成正覺
묘보리좌승장엄 제불좌이성정각

我今獻座亦如是 自他一時成佛道
아금헌좌역여시 자타일시성불도

唵 縛阿羅 彌那耶 娑婆訶(3번)
옴 바아라 미나야 사바하

*'獻座眞言'을 할 때 摩旨뚜껑을 열고 摩旨쇠를 친다.
헌좌진언 마지 마지

欲建曼拏羅 先誦 淨法界眞言 唵 喃
욕건만나라 선송 정법계진언 옴 남

*'欲建而'를 홋소리로 獨唱하고, '唵 喃' 소리에 나비무作法을 할 수 있으나 略禮
욕건이 독창 옴 남 작법 약례

로 欲建曼拏羅 先誦 淨法界眞言 '唵 喃'을 平念佛로 21번(7번, 3번) 한다.
욕건만나라 선송 정법계진언 옴 남 평염불

茶偈 *平念佛-獨唱, 大衆唱
다게 평염불 독창 대중창

今將甘露茶 奉獻三寶前 鑑察虔懇心
금장감로다 봉헌삼보전 감찰건간심

願垂哀納受 願垂哀納受 願垂慈悲哀納受
원수애납수 원수애납수 원수자비애납수

*大雄殿이나 큰法堂에서 法會를 할 경우, 上壇茶偈 '供養十方調御士 演揚淸淨微
대웅전 법당 법회 상단다게 공양시방조어사 연양청정미

妙法 三乘四果解脫僧 願垂哀納受 願垂哀納受 願垂慈悲哀納受'를 할 수 있다.
묘법 삼승사과해탈승 원수애납수 원수애납수 원수자비애납수

眞言勸供
진언권공

*'香羞羅列'을 소리하지 않을 경우, 搖鈴을 세 번 내린 후 '香羞羅列~特賜加持'를
향수나열 요령 향수나열 특사가지

외우고, '南無十方佛 南無十方法 南無十方僧'을 세 번 讀誦한다.
나무시방불 나무시방법 나무시방승 독송

香羞羅列 齋者虔誠 欲求供養之周圓
향수나열 재자건성 욕구공양지주원

須仗加持之變化 仰惟三寶 特賜加持
수장가지지변화 앙유삼보 특사가지

『南無十方佛 南無十方法 南無十方僧』(3번)
나무시방불 나무시방법 나무시방승

四陀羅尼
사다라니

*平念佛-法主獨唱 搖鈴. 各眞言을 5번, 7번을 할 수 있다.
평염불 법주독창 요령 각진언

無量威德自在光明勝妙力 變食眞言
무량위덕자재광명승묘력 변식진언

那莫 薩婆多陀 我多 婆路其帝 唵 三婆羅 三婆羅
나막 살바다타 아다 바로기제 옴 삼바라 삼바라

吽(3번)
훔

施甘露水眞言
시감로수진언

南無 素魯縛耶 怛他揭多耶 怛姪他 唵 素魯素魯 縛
나무 소로바야 다타아다야 다냐타 옴 소로소로 바

羅素魯 縛羅素魯 娑婆訶(3번)
라소로 바라소로 사바하

一字水輪觀眞言
일자수륜관진언

唵 鑁 鑁 鑁鑁(3번)
옴 밤 밤 밤밤

乳海眞言
유해진언

南無 三滿多 沒陀喃 唵 鑁(3번)
나무 사만다 못다남 옴 밤

* 四陀羅尼 후 三頂禮나 七頂禮를 省略할 수 있다.
사다라니 삼정례 칠정례 생략

運心偈/運心供養眞言 * 平念佛-大衆唱
운심게 운심공양진언 평염불 대중창

願此香供遍法界 普供無盡三寶海
원차향공변법계 보공무진삼보해

慈悲受供增善根 令法住世報佛恩
자비수공증선근 영법주세보불은

那莫 薩婆怛他 我帝毗尾 薩縛慕契 毗藥 薩婆他坎
나막 살바다타 아제뱌미 새바모계 배약 살바다캄

烏那我帝 頗羅惠麻暗 唵 我我那鈒 娑婆訶(3번)
오나아제 바라혜마암 옴 아아나캄 사바하

普供養眞言 *平念佛-大衆唱
보공양진언 평염불 대중창

唵 哦哦那 三婆婆 婆我羅 吽(3번)
옴 아아나 삼바바 바아라 훔

普回向眞言 *平念佛-大衆唱
보회향진언 평염불 대중창

唵 舍摩羅 舍摩羅 尾摩羅 舍羅摩訶 左佉羅縛 吽(3번)
옴 삼마라 삼마라 미마나 사라마하 자거라바 훔

*普供養眞言 普回向眞言 후 四大呪를 省略하고, 願成就眞言 補闕眞言을 할 수 있다.
보공양진언 보회향진언 사대주 생략 원성취진언 보궐진언

四大呪 *平念佛-大衆唱
사대주 평염불 대중창

南無大佛頂 如來密因 修證了義 諸菩薩萬行 首楞嚴
나무대불정 여래밀인 수증요의 제보살만행 수능엄

神呪
신주

怛也他 唵 阿曩黎 尾捨帝 吠羅 縛日羅 馱隷滿馱
다냐타 옴 아나례 비사제 비라 바아라 다리반다

滿馱隷 縛日羅 播尼發 呼吽 納魯唵發 娑縛賀(3번)
반다니 바아라 바니반 호훔 다로옴박 사바하

正本 觀自在菩薩 如意輪呪
정본 관자재보살 여의륜주

那謨 富陀野 那謨 達摩野 那謨 僧伽野 那謨 阿里
나무 붓다야 나무 달마야 나무 승가야 나무 아리

夜 縛路枳帝 莎羅野 普致 薩多野 摩訶 薩多野 沙
야 바로기제 사라야 모지 사다야 마하 사다야 사

迦羅 摩訶迦路 尼迦野 訖里多野 曼多羅 怛也他 迦
가라 마하가로 니가야 하리다야 만다라 다냐타 가

迦那 鉢羅地晉多 摩尼 摩賀舞怛隷 婁婁婁婁 地吒
가나 바라지진다 마니 마하무다례 루로루로 지따

訖里多曳 比沙曳 唵 富陀那 富陀尼 野登(3번)
하리다예 비사예 옴 부다나 부다니 야등

佛頂心 觀世音菩薩 姥陀羅尼
불정심 관세음보살 모다라니

那謨羅 怛那怛羅 夜野 那莫 阿利野 婆路吉帝 濕伐
나모라 다나다라 야야 나막 아리야 바로기제 새바

羅野 菩提 薩多跛野 摩賀 薩多跛野 摩訶迦蘆 尼迦
라야 모지 사다바야 마하 사다바야 마하가로 니가

野 怛姪他 阿婆陀 阿婆陀 跛利跛帝 堙醯醯 怛姪他
야 다냐타 아바다 아바다 바리바제 인혜혜 다냐타

薩婆陀羅尼 曼茶羅野 堙醯醯 鉢羅摩輸馱 菩多野
살바다라니 만다라야 인혜혜 바라마수다 못다야

唵 薩婆 斫藪伽野 陀羅尼 因地利野 怛姪他 婆盧枳
옴 살바 작수가야 다라니 인지리야 다냐타 바로기

帝 濕縛羅野 薩婆咄吒 烏訶耶彌 娑婆訶(3번)
제 새바라야 살바도따 오하야미 사바하

佛說 消災吉祥陀羅尼
불설 소재길상다라니

曩謨 三滿多 母馱喃 阿鉢羅底 賀多舍 娑曩喃 怛姪
나모 사만다 못다남 아바라지 하다사 사나남 다냐

他 唵 佉 佉 佉惠 佉惠 吽 吽 入縛囉 入縛囉 縛囉
타 옴 카 카 카혜 카혜 훔 훔 아바라 아바라 바라

入縛囉 縛囉入縛囉 底吒 底吒 致理 致理 婆吒 婆
아바라 바라아바라 지따 지따 지리 지리 빠다 빠

吒 扇底迦 室哩曳 娑婆訶(3번)
다 선지가 시리예 사바하

願成就眞言 *平念佛-大衆唱
원 성 취 진 언　평염불 대중창

唵 阿暮伕 薩婆多羅 舍多野 始吠吽(3번)
옴 아모카 살바다라 사다야 시베훔

補闕眞言 *平念佛-大衆唱
보 궐 진 언　평염불 대중창

唵 戶魯戶魯 舍野謨契 娑婆訶(3번)
옴 호로호로 사야모계 사바하

刹塵心念可數知 大海中水可飮盡
찰진심념가수지 대해중수가음진

虛空可量風可繫 無能盡說佛功德
허공가량풍가계 무능진설불공덕

*시간에 따라 禮懺 및 精勤/歎白을 한다.
예참 정근 탄백

南無 三界導師 四生慈父 是我本師『釋迦牟尼佛』
나무 삼계도사 사생자부 시아본사 석가모니불

歎白
탄 백

天上天下無如佛 十方世界亦無比
천상천하무여불 시방세계역무비

世間所有我盡見 一切無有如佛者
세간소유아진견 일체무유여불자

祝願
축 원

仰告 十方三世 帝網重重 無盡三寶慈尊 不捨慈悲
앙고 시방삼세 제망중중 무진삼보자존 불사자비

許垂朗鑑 上來所修功德海 回向三處悉圓滿 是以 娑
허수낭감 상래소수공덕해 회향삼처실원만 시이 사

婆世界 南贍部洲 東洋 大韓民國 某山下 某寺 淸淨
바세계 남섬부주 동양 대한민국 모산하 모사 청정

水月道場 今此至極之精誠 今日獻供 發願齋者 (住
수월도량 금차지극지정성 금일헌공 발원재자 주

所) 居住 淸信士 某生 某人 淸信女 某生 某人 一門
소 거주 청신사 모생 모인 청신녀 모생 모인 일문

家族等保體 以此因緣功德 仰蒙 三寶大聖尊 加被之
가족등보체 이차인연공덕 앙몽 삼보대성존 가피지

妙力 一切病苦厄難 永爲消滅 四大强健 六根淸淨
묘력 일체병고액난 영위소멸 사대강건 육근청정

壽命長壽 安過太平 家內和合 富貴榮華 子孫昌盛
수명장수 안과태평 가내화합 부귀영화 자손창성

無病長壽 財數大通 事業繁昌 成就之大願
무병장수 재수대통 사업번창 성취지대원

(再告祝) 今此至極之精誠 今日獻供 同參發願齋者
재고축 금차지극지정성 금일헌공 동참발원재자

各各等保體 東西四方 出入往還 常逢吉慶 不逢災害
각각등보체 동서사방 출입왕환 상봉길경 불봉재해

官災口舌 三災八難 四百四病 一時消滅 各其心中所
관재구설 삼재팔난 사백사병 일시소멸 각기심중소

求 所望 萬事如意圓滿 亨通之大願
구 소망 만사여의원만 형통지대원

(三告祝) 今此至極之精誠 今日獻供 發願齋者 各各
삼고축 금차지극지정성 금일헌공 발원재자 각각

等保體 參禪者 疑團獨露 念佛者 三昧現前 看經者
등보체 참선자 의단독로 염불자 삼매현전 간경자

慧眼通透 薄福者 福德具足 短命者 壽命長遠 病苦
혜안통투 박복자 복덕구족 단명자 수명장원 병고

者 卽得快差 事業者 事業繁昌 職務者 隨分成就 農
자 즉득쾌차 사업자 사업번창 직무자 수분성취 농

業者 五穀豊年 無職者 就業成就 運轉者 安全運行
업자 오곡풍년 무직자 취업성취 운전자 안전운행

學業者 一聞千悟 試驗者 卽得合格 無緣者 善人相
학업자 일문천오 시험자 즉득합격 무연자 선인상

逢 無子者 速得生男 祈禱者 祈禱成就 家內幸福 安
봉 무자자 속득생남 기도자 기도성취 가내행복 안

過太平 心中所求所望 萬事如意圓滿 成就之大願
과태평 심중소구소망 만사여의원만 성취지대원

然後願 恒沙法界 無量佛子等 同遊華藏莊嚴海
연후원 항사법계 무량불자등 동유화장장엄해

同入菩提大道場 常逢華嚴佛菩薩 恒蒙諸佛大光明
동입보리대도량 상봉화엄불보살 항몽제불대광명

消滅無量衆罪障 獲得無量大智慧 頓成無上最正覺
소멸무량중죄장 획득무량대지혜 돈성무상최정각

廣度法界諸衆生 以報諸佛莫大恩 世世常行菩薩道
광도법계제중생 이보제불막대은 세세상행보살도

究竟圓成薩婆若 『摩訶般若波羅蜜』(3번)
구경원성살바야 마하반야바라밀

第七 中壇勸供(神衆退供)
제칠 중단권공 신중퇴공

*神衆님들께 齋者의 이름으로 供養을 올리며, 今日法會의 圓滿한 回向과 同參大衆들에게 福德을 내려 주실 것을 祝願하는 것으로 時間이 없을 때에는 '般若心經'이나 '略纂偈'로 簡單히 할 수 있다.
신중 재자 공양 금일법회 원만 회향 동참대 중 복덕 축원 시간 반야심 경 약찬게 간단

茶偈
다게

以此淸淨香雲供 奉獻擁護聖衆前 鑑察齋者虔懇心
이차청정향운공 봉헌옹호성중전 감찰재자건간심

願垂哀納受 願垂哀納受 願垂慈悲哀納受
원수애납수 원수애납수 원수자비애납수

三頂禮
삼정례

至心頂禮供養 盡法界 虛空界 華嚴會上 欲色諸天衆
지심정례공양 진법계 허공계 화엄회상 욕색제천중

至心頂禮供養 盡法界 虛空界 華嚴會上 八部四王衆
지심정례공양 진법계 허공계 화엄회상 팔부사왕중

至心頂禮供養 盡法界 虛空界 華嚴會上 護法善神衆
지심정례공양 진법계 허공계 화엄회상 호법선신중

上來加持已訖 供養將進 以此香羞 特伸供養
상래가지이흘 공양장진 이차향수 특신공양

香供養 燃香供養 燈供養 燃燈供養
향공양 연향공양 등공양 연등공양

茶供養 仙茶供養 果供養 仙果供養
다공양 선다공양 과공양 선과공양

米供養 香米供養
미공양 향미공양

唯願神將 哀降道場 不捨慈悲 受此供養
유원신장 애강도량 불사자비 수차공양

普供養眞言
보공양진언

唵 哦哦那 三婆婆 縛日羅 吽(3번)
옴 아아나 삼바바 바아라 훔

普回向眞言
보회향진언

唵 舍摩羅 舍摩羅 尾摩羅 舍羅摩訶 左佉羅縛 吽(3번)
옴 삼마라 삼마라 미마나 사라마하 자거라바 훔

金剛心眞言
금강심진언

唵 烏倫伊 娑婆訶(3번)
옴 오륜이 사바하

穢跡大圓滿陀羅尼
예적대원만다라니

稽首穢跡金剛部 釋迦化現金剛身 三頭努目牙如劒
계수예적금강부 석가화현금강신 삼두노목아여검

八臂皆執降魔具 毒蛇瓔珞繞身臂 三昧火輪自隨身
팔비개집항마구 독사영락요신비 삼매화륜자수신

天魔外道及魍魎 聞說神呪皆怖走 願承加持大威力
천마외도급망량 문설신주개포주 원승가지대위력

速成佛事無上道
속성불사무상도

唵 佛舌屈律 摩訶鉢羅 恨那 勿汁勿 醯摩尼 微吉微
옴 빌실구리 마하바라 한내 믹집믹 혜마니 미길미

摩那洗 唵 斫急那 烏深慕屈律 吽吽吽 泮泮 泮泮泮
마나세 옴 자가나 오심모구리 훔훔훔 박박 박박박

娑婆訶(3번)
사바하

降魔眞言
항마진언

我以金剛三等方便 身乘金剛半月風輪
아이금강삼등방편 신승금강반월풍륜

壇上口放喃字光明 燒汝無明所積之身
단상구방남자광명 소여무명소적지신

亦勅天上空中地下 所有一切作諸障難
역칙천상공중지하 소유일체작제장난

不善心者皆來胡跪 聽我所說加持法音
불선심자개래호괴 청아소설가지법음

捨諸暴惡悖逆之心 於佛法中咸起信心
사제포악패역지심 어불법중함기신심

擁護道場亦護施主 降福消災
옹호도량역호시주 강복소재

唵 素摩尼 素摩尼 吽 訖哩恨那 訖哩恨那 吽 訖哩恨
옴 소마니 소마니 훔 하리한나 하리한나 훔 하리한

那 縛那野 吽 阿那野斛 縛我鑁 縛日羅 吽 潑吒(3번)
나 바나야 훔 아나야혹 바아밤 바아라 훔 바탁

帝釋天王除垢穢眞言
제 석 천 왕 제 구 예 진 언

若支不 帝利那 阿支不 帝利那 彌阿帝利那 烏蘇帝
아 지 부 제 리 나 아 지 부 제 리 나 미 아 제 리 나 오 소 제

利那 若富陀 帝利那 區蘇帝利那 娑婆訶(3번)
리 나 아 부 다 제 리 나 구 소 제 리 나 사 바 하

十大明王本尊眞言
십 대 명 왕 본 존 진 언

唵 戶盧戶盧 底陀底陀 盤陀盤陀 何那何那 阿密哩
옴 호 로 호 로 지 따 지 따 반 다 반 다 하 나 하 나 아 미 리

帝 吽 縛(3번)
제 옴 박

召請八部眞言
소 청 팔 부 진 언

唵 薩婆 提婆那 伽阿那利 娑婆訶(3번)
옴 살 바 디 바 나 가 아 나 리 사 바 하

摩訶般若波羅蜜多心經
마 하 반 야 바 라 밀 다 심 경

觀自在菩薩 行深般若波羅蜜多時 照見五蘊皆空 度
관 자 재 보 살 행 심 반 야 바 라 밀 다 시 조 견 오 온 개 공 도

一切苦厄 舍利子 色不異空 空不異色 色則是空 空
일 체 고 액 사 리 자 색 불 이 공 공 불 이 색 색 즉 시 공 공

則是色 受想行識 亦復如是 舍利子 是諸法空相 不
즉 시 색 수 상 행 식 역 부 여 시 사 리 자 시 제 법 공 상 불

生不滅 不垢不淨 不增不減 是故 空中無色 無 受想
생 불 멸 불 구 부 정 부 증 불 감 시 고 공 중 무 색 무 수 상

行識 無眼耳鼻舌身意 無色聲香味觸法 無眼界 乃至
행 식 무 안 이 비 설 신 의 무 색 성 향 미 촉 법 무 안 계 내 지

無意識界 無無明 亦無無明盡 乃至 無老死 亦無老
무의식계 무무명 역무무명진 내지 무노사 역무노

死盡 無苦集滅道 無智亦無得 以無所得故 菩提薩埵
사진 무고집멸도 무지역무득 이무소득고 보리살타

依般若波羅蜜多故 心無罣礙 無罣礙故 無有恐怖 遠
의반야바라밀다고 심무가애 무가애고 무유공포 원

離顚倒夢想 究竟涅槃 三世諸佛 依般若波羅蜜多故
리전도몽상 구경열반 삼세제불 의반야바라밀다고

得阿耨多羅三藐三菩提 故知般若波羅蜜多 是大神
득아뇩다라삼먁삼보리 고지반야바라밀다 시대신

呪 是大明呪 是無上呪 是無等等呪 能除一切苦 眞
주 시대명주 시무상주 시무등등주 능제일체고 진

實不虛 故說般若波羅蜜多呪 卽說呪曰 『揭諦揭諦
실불허 고설반야바라밀다주 즉설주왈 아제아제

婆羅揭諦 婆羅僧揭諦 菩提 娑婆訶』(3번)
바라아제 바라승아제 모지 사바하

佛說消災吉祥陀羅尼
불설소재길상다라니

曩謨 三滿多 母馱喃 阿鉢羅底 賀多舍 娑曩喃 怛姪
나모 사만다 못다남 아바라지 하다사 사나남 다냐

他 唵 佉 佉 佉惠 佉惠 吽 吽 入縛囉 入縛囉 縛囉
타 옴 카 카 카혜 카혜 훔 훔 아바라 아바라 바라

入縛囉 縛囉入縛囉 底吒 底吒 致理 致理 婆吒 婆
아바라 바라아바라 지따 지따 지리 지리 빠다 빠

吒 扇底迦 室哩曳 娑婆訶(3번)
다 선지가 시리예 사바하

華嚴經略纂偈
화엄경약찬게

大方廣佛華嚴經 龍樹菩薩略纂偈 南無華藏世界海
대방광불화엄경 용수보살약찬게 나무화장세계해

毘盧遮那眞法身 現在說法盧舍那 釋迦牟尼諸如來
비로자나진법신 현재설법노사나 석가모니제여래

過去現在未來世 十方一切諸大聖 根本華嚴轉法輪
과거현재미래세 시방일체제대성 근본화엄전법륜

海印三昧勢力故 普賢菩薩諸大衆 執金剛神身衆神
해인삼매세력고 보현보살제대중 집금강신신중신

足行神衆道場神 主城神衆主地神 主山神衆主林神
족행신중도량신 주성신중주지신 주산신중주림신

主藥神衆主稼神 主河神衆主海神 主水神衆主火神
주약신중주가신 주하신중주해신 주수신중주화신

主風神衆主空神 主方神衆主夜神 主晝神衆阿修羅
주풍신중주공신 주방신중주야신 주주신중아수라

迦樓羅王緊那羅 摩睺羅伽夜叉王 諸大龍王鳩槃茶
가루라왕긴나라 마후라가야차왕 제대용왕구반다

乾闥婆王月天子 日天子衆忉利天 夜摩天王兜率天
건달바왕월천자 일천자중도리천 야마천왕도솔천

化樂天王他化天 大梵天王光音天 遍淨天王廣果天
화락천왕타화천 대범천왕광음천 변정천왕광과천

大自在王不可說 普賢文殊大菩薩 法慧功德金剛幢
대자재왕불가설 보현문수대보살 법혜공덕금강당

金剛藏及金剛慧 光焰幢及須彌幢 大德聲聞舍利子
금강장급금강혜 광염당급수미당 대덕성문사리자

及與比丘海覺等 優婆塞長優婆夷 善財童子童男女
급여비구해각등 우바새장우바이 선재동자동남녀

其數無量不可說 善財童子善知識 文殊師利最第一
기수무량불가설 선재동자선지식 문수사리최제일

德雲海雲善住僧　彌伽解脫與海幢　休舍毘目瞿沙仙
덕운해운선주승　미가해탈여해당　휴사비목구사선

勝熱婆羅慈行女　善見自在主童子　具足優婆明智士
승열바라자행녀　선견자재주동자　구족우바명지사

法寶髻長與普眼　無厭足王大光王　不動優婆遍行外
법보계장여보안　무염족왕대광왕　부동우바변행외

優婆羅華長者人　婆施羅船無上勝　獅子嚬伸婆須蜜
우바라화장자인　바시라선무상승　사자빈신바수밀

毘瑟祇羅居士人　觀自在尊與正趣　大天安住主地神
비슬지라거사인　관자재존여정취　대천안주주지신

婆珊婆演主夜神　普德淨光主夜神　喜目觀察衆生神
바산바연주야신　보덕정광주야신　희목관찰중생신

普救衆生妙德神　寂靜音海主夜神　守護一切主夜神
보구중생묘덕신　적정음해주야신　수호일체주야신

開敷樹華主夜神　大願精進力救護　妙德圓滿瞿婆女
개부수화주야신　대원정진력구호　묘덕원만구바녀

摩耶夫人天主光　遍友童子衆藝覺　賢勝堅固解脫長
마야부인천주광　변우동자중예각　현승견고해탈장

妙月長者無勝軍　最寂靜婆羅門者　德生童子有德女
묘월장자무승군　최적정바라문자　덕생동자유덕녀

彌勒菩薩文殊等　普賢菩薩微塵衆　於此法會雲集來
미륵보살문수등　보현보살미진중　어차법회운집래

常隨毘盧遮那佛　於蓮華藏世界海　造化莊嚴大法輪
상수비로자나불　어련화장세계해　조화장엄대법륜

十方虛空諸世界　亦復如是常說法　六六六四及與三
시방허공제세계　역부여시상설법　육육육사급여삼

一十一一亦復一　世主妙嚴如來相　普賢三昧世界成
일십일일역부일　세주묘엄여래상　보현삼매세계성

華藏世界盧舍那　如來名號四聖諦　光明覺品問明品
화장세계노사나　여래명호사성제　광명각품문명품

淨行賢首須彌頂 須彌頂上偈讚品 菩薩十住梵行品
정 행 현 수 수 미 정 수 미 정 상 게 찬 품 보 살 십 주 범 행 품

發心功德明法品 佛昇夜摩天宮品 夜摩天宮偈讚品
발 심 공 덕 명 법 품 불 승 야 마 천 궁 품 야 마 천 궁 게 찬 품

十行品與無盡藏 佛昇兜率天宮品 兜率天宮偈讚品
십 행 품 여 무 진 장 불 승 도 솔 천 궁 품 도 솔 천 궁 게 찬 품

十廻向及十地品 十定十通十忍品 阿僧祇品與壽量
십 회 향 급 십 지 품 십 정 십 통 십 인 품 아 승 지 품 여 수 량

菩薩住處佛不思 如來十身相海品 如來隨好功德品
보 살 주 처 불 부 사 여 래 십 신 상 해 품 여 래 수 호 공 덕 품

普賢行及如來出 離世間品入法界 是爲十萬偈頌經
보 현 행 급 여 래 출 이 세 간 품 입 법 계 시 위 십 만 게 송 경

三十九品圓滿敎 諷誦此經信受持 初發心時便正覺
삼 십 구 품 원 만 교 풍 송 차 경 신 수 지 초 발 심 시 변 정 각

安坐如是國土海 是名毘盧遮那佛
안 좌 여 시 국 토 해 시 명 비 로 자 나 불

願成就眞言
원 성 취 진 언

唵 阿暮佉 薩婆多羅 舍多野 始吠吽(3번)
옴 아모카 살바다라 사다야 시베훔

補闕眞言
보 궐 진 언

唵 戶魯戶魯 舍野謨契 娑婆訶(3번)
옴 호로호로 사야모계 사바하

精勤
정 근

南無 一百四位 正法擁護『華嚴聖衆』
나무 일백사위 정법옹호 화엄성중

歎白
탄백

華嚴聖衆慧鑑明 四洲人事一念知
화엄성중혜감명 사주인사일념지

哀愍衆生如赤子 是故我今恭敬禮
애민중생여적자 시고아금공경례

祝願
축원

切以 華嚴會上 諸大賢聖 僉垂憐愍之至情 各放神通
절이 화엄회상 제대현성 첨수연민지지정 각방신통

之妙力 今此至極之精誠 今日獻供 發願齋者 (住
지묘력 금차지극지정성 금일헌공 발원재자 주

所) 居住 淸信士 某生 某人 淸信女 某生 某人 一門
소 거주 청신사 모생 모인 청신녀 모생 모인 일문

家族等保體 仰蒙 諸大聖衆 加護之妙力 所伸情願則
가족등보체 앙몽 제대성중 가호지묘력 소신정원직

日日有千祥之慶 時時無百害之災 心中所求 所望 萬
일일유천상지경 시시무백해지재 심중소구 소망 만

事如意圓滿 亨通之大願 六根淸淨 四大强健 身無一
사여의원만 형통지대원 육근청정 사대강건 신무일

切 病苦厄難 心無一切 貪戀迷惑 各其心中 所求所
체 병고액난 심무일체 탐연미혹 각기심중 소구소

望 萬事如意圓滿 亨通之大願 參禪者 疑團獨露 念
망 만사여의원만 형통지대원 참선자 의단독로 염

佛者 三昧現前 看經者 慧眼通透 病苦者 卽得快差
불자 삼매현전 간경자 혜안통투 병고자 즉득쾌차

職務者 隨分成就之大願 抑願 東西四方 出入往還
직무자 수분성취지대원 억원 동서사방 출입왕환

常逢吉慶 不逢災害 官災口舌 三災八難 四百四病
상봉길경 불봉재해 관재구설 삼재팔난 사백사병

一時消滅 財數大通 富貴榮華 萬事如意圓滿 亨通之
일시소멸 재수대통 부귀영화 만사여의원만 형통지

大願 然後願 處世間 如虛空 如蓮花 不着水 心淸淨
대원 연후원 처세간 여허공 여연화 불착수 심청정

超於彼 稽首禮 無上尊 俱護吉祥 摩訶般若波羅蜜
초어피 계수례 무상존 구호길상 마하반야바라밀

第八 觀音施食
제 팔 관 음 시 식

*觀音施食은 阿彌陀佛의 願力을 받들어 觀世音菩薩님이 衆生들을 極樂世界로 이
관음시식 아미타불 원력 관세음보살 중생 극락세계

끌어주는 儀式으로 無明에 가려 生死界에 떨어진 靈駕에게 諸法의 實相을 알려
의식 무명 생사계 영가 제법 실상

주어 輪廻하는 마음을 씻어버리도록 하는 데 目的이 있다.
윤회 목적

擧佛
거 불

*홋소리-大衆唱〈범패채보 p.213〉 擧佛을 소리짓지 않고, 略禮로 '南無阿彌陀佛 南無觀世音菩薩 南無大勢至菩薩'로 할 수 있다.
대중창 거불 약례 나무 아미타불 나무관세음보살 나무대세지보살

南無極樂導師阿彌陀佛　南無阿彌陀佛
나 무 극 락 도 사 아 미 타 불　나 무 아 미 타 불

南無左右補處兩大菩薩　南無觀世音菩薩
나 무 좌 우 보 처 양 대 보 살　나 무 관 세 음 보 살

南無接引亡靈引路王菩薩　南無大勢至菩薩(三說)
나 무 접 인 망 령 인 로 왕 보 살　나 무 대 세 지 보 살 삼 설

唱魂
창 혼

*搖鈴三下, 法主獨唱〈범패채보 p.218〉
요령삼하 법주독창

據 娑婆世界 南贍部洲 東洋 大韓民國 某山 某寺
거 사바세계 남섬부주 동양 대한민국 모산 모사

淸淨水月道場『今此至極之精誠 生前孝行 亡靈死
청정수월도량 금차지극지정성 생전효행 망령사

後 某日齋 薦魂齋者 某處 居住 行孝子 某生 某人
후 모일재 천혼재자 모처 거주 행효자 모생 모인

伏爲 所薦先 某貫 某人 靈駕』(三說)
복위 소천선 모관 모인 영가 삼설

當靈 伏爲 上世先亡 師尊父母 多生師長 累代宗親
당령 복위 상세선망 사존부모 다생사장 누대종친

遠近親戚 弟兄叔伯 姉妹姪孫 一切無盡 諸佛子等
원근친척 제형숙백 자매질손 일체무진 제불자등

各列位列名靈駕 此道場內外 洞上洞下 有主無主 雲
각열위열명영가 차도량내외 동상동하 유주무주 운

集孤魂 諸佛子等 各列位列名靈駕
집고혼 제불자등 각열위열명영가

着語 *着語聲-法主獨唱 〈범패채보 p.326〉 *良久는 搖鈴을 세 번 흔들어준다.
착어 착어성 법주독창 양구 요령

靈源湛寂 無古無今 妙體圓明 何生何死 便是 釋迦
영원담적 무고무금 묘체원명 하생하사 변시 석가

世尊 摩竭掩關之時節 達摩大師 少林面壁之家風 所
세존 마갈엄관지시절 달마대사 소림면벽지가풍 소

以 泥蓮河側 槨示雙趺 葱嶺途中 手携隻履 諸佛子
이 니련하측 곽시쌍부 총령도중 수휴척리 제불자

還會得 湛寂圓明底 一句麽(良久) 俯仰隱玄玄 視
환회득 담적원명저 일구마 양구 부앙은현현 시

聽明歷歷 若也會得 頓證法身 永滅飢虛 其或未然
청명력력 약야회득 돈증법신 영멸기허 기혹미연

承佛神力 仗法加持 赴此香壇 受我妙供 證悟無生
승불신력 장법가지 부차향단 수아묘공 증오무생

振鈴偈 *搖鈴. 1/3句 法主獨唱 2/4句 同音唱 〈범패채보 p.221〉
진령게 요령 구 법주독창 구 동음창

以此振鈴伸召請 今日靈駕普聞知
이차진령신소청 금일영가보문지

願承三寶力加持 今日今時來赴會
원 승 삼 보 력 가 지 금 일 금 시 래 부 회

上來召請 諸佛子等 各列位靈駕
상 래 소 청 제 불 자 등 각 열 위 영 가

着語 * 着語聲-法主獨唱 〈범패채보 p.328〉
착 어 착 어 성 법 주 독 창

慈光照處蓮花出 慧眼觀時地獄空
자 광 조 처 연 화 출 혜 안 관 시 지 옥 공

又況大悲神呪力 衆生成佛刹那中
우 황 대 비 신 주 력 중 생 성 불 찰 나 중

千手一片爲孤魂 志心諦聽 志心諦受
천 수 일 편 위 고 혼 지 심 제 청 지 심 제 수

* 神妙章句大陀羅尼부터~南無大方廣佛華嚴經까지 平念佛로 大衆이 同音한다.
신 묘 장 구 대 다 라 니 나 무 대 방 광 불 화 엄 경 평 염 불 대 중 동 음

神妙章句大陀羅尼 * 平念佛-大衆唱
신 묘 장 구 대 다 라 니 평 염 불 대 중 창

나모라 다나다라 야야 나막알약 바로기제 새바라 야 모지 사다바야 마하 사다바야 마하가로 니가야 옴 살바 바예수 다라나 가라야 다사명 나막 가리 다바 이맘 알야 바로기제 새바라 다바 니라간타 나막 하리나야 마발다 이사미 살발타 사다남 수반 아예염살바 보다남 바바말아 미수다감 다냐타 옴 아로계 아로가 마지로가 지가란제 혜혜하례 마하 모지 사다바 삼마라 삼마라 하리나야 구로구로 갈 마 사다야 사다야 도로도로 미연제 마하 미연제

다라다라 다린나례 새바라 자라자라 마라 미마라 아마라 몰제 예혜혜 로계 새바라 라아 미사미 나사야 나베 사미사미 나사야 모하자라 미사미 나사야 호로호로 마라호로 하례 바나마 나바 사라사라 시리시리 소로소로 못쟈못쟈 모다야 모다야 매다리야 니라간타 가마사 날사남 바라 하리나야 마낙사바하 싯다야 사바하 마하 싯다야 사바하 싯다유예 새바라야 사바하 니라간타야 사바하 바라하 목카싱하 목카야 사바하 바나마 하따야 사바하 자가라 욕다야 사바하 상카섭나네 모다나야 사바하 마하라 구타다라야 사바하 바마사간타 니사 시체다가릿나 이나야 사바하 먀가라 잘마이바 사나야 사바하『나모라 다나다라 야야 나막알야 바로기제 새바라야 사바하』(3번)

破地獄偈
파 지 옥 게

若人欲了知 三世一切佛 應觀法界性 一切唯心造(3번)
약 인 욕 료 지 삼 세 일 체 불 응 관 법 계 성 일 체 유 심 조

破地獄眞言
파 지 옥 진 언

唵 迦羅地野 娑婆訶(3번)
옴 가 라 지 야 사 바 하

解寃結眞言
해 원 결 진 언

唵 三多羅 加多 娑婆訶(3번)
옴 삼다라 가닥 사바하

普召請眞言
보 소 청 진 언

南謨 步步諦哩 迦哩多哩 多陀揭多野(3번)
나무 보보제리 가리다리 다타아다야

南無常住十方佛 南無常住十方法 南無常住十方僧
나무상주시방불 나무상주시방법 나무상주시방승

(3번)

南無大慈大悲救苦觀世音菩薩(3번)
나무대자대비구고관세음보살

南無大方廣佛華嚴經(3번)
나무대방광불화엄경

證明請
증명청

*搖鈴, 請詞聲-法主獨唱
요령 청사성 법주독창

*證明請은 '南無一心奉請에서~普供養眞言'까지 一般的으로 省略하고, 孤魂請부터 한다. 證明請을 할 때는 上壇에 茶器를 새로 올리고 上壇을 向해 한다.
증명청 나무일심봉청 보공양진언 일반적 생략 고혼청 증명청 상단 다기 상단 향

南無一心奉請 手擎千層之寶盖 身掛百福之華鬘 導
나무일심봉청 수경천층지보개 신괘백복지화만 도

淸魂於極樂界中 引亡靈向碧蓮臺畔 大聖引路王菩
청혼어극락계중 인망령향벽연대반 대성인로왕보

薩摩訶薩 唯願慈悲 降臨道場 證明功德(三請)
살마하살 유원자비 강림도량 증명공덕 삼청

香花請(3번) *바라지獨唱
향화청 독창

歌詠/故我偈 *바라지獨唱, 大衆唱
가영 고아게 독창 대중창

修仁蘊德龍神喜 念佛看經業障消
수인온덕용신희 염불간경업장소

如是聖賢來接引 庭前高步上金橋
여시성현래접인 정전고보상금교

故我一心歸命頂禮
고아일심귀명정례

獻座眞言 *1/3句 法主獨唱, 2/4句 大衆唱 〈범패채보 p.299)
헌좌진언 구 법주독창 구 대중창

妙菩提座勝莊嚴 諸佛坐已成正覺
묘보리좌승장엄 제불좌이성정각

我今獻座亦如是 自他一時成佛道
아금헌좌역여시 자타일시성불도

唵 婆阿羅 尾那耶 娑婆訶(3번)
옴 바아라 미나야 사바하

茶偈 *바라지獨唱
다게 독창

今將甘露茶 奉獻證明前 鑑察虔懇心
금장감로다 봉헌증명전 감찰건간심

願垂哀納受 願垂哀納受 願垂慈悲哀納受
원수애납수 원수애납수 원수자비애납수

普供養眞言 *平念佛-大衆唱
보공양진언 평염불 대중창

唵 我我那 三婆婆 婆我羅 吽(3번)
옴 아아나 삼바바 바아라 훔

孤魂請 *搖鈴, 請詞聲-法主獨唱
고혼청 요령 청사성 법주독창

一心奉請 實相離名 法身無跡 從緣隱現 若 鏡像之
일심봉청 실상이명 법신무적 종연은현 약 경상지

有無 隨業昇沈 如 井輪之高下 妙變莫測 幻來何難
유무 수업승침 여 정륜지고하 묘변막측 환래하난

今此至極之精誠 生前孝行 亡靈死後 第當 某日齋
금차지극지정성 생전효행 망령사후 제당 모일재

設香壇前 奉請齋者 某處 居住 行孝子 某生 某人
설향단전 봉청재자 모처 거주 행효자 모생 모인

伏爲 所薦先 某貫 某人 靈駕 承佛威光 來詣香壇
복위 소천선 모관 모인 영가 승불위광 내례향단

受霑法供
수첨법공

一心奉請 因緣聚散 今古如然 虛徹廣大 靈通往來
일심봉청 인연취산 금고여연 허철광대 영통왕래

自在無碍 今此至極之精誠 生前孝行 亡靈死後 第當
자재무애 금차지극지정성 생전효행 망령사후 제당

某日齋 設香壇前 奉請齋者 某處 居住 行孝子 某生
모일재 설향단전 봉청재자 모처 거주 행효자 모생

某人 伏爲 所薦先 某貫 某人 靈駕 承佛威光 來詣
모인 복위 소천선 모관 모인 영가 승불위광 내례

香壇 受霑香供
향단 수첨향공

一心奉請 生從何處來 死向何處去 生也一片浮雲起
일심봉청 생종하처래 사향하처거 생야일편부운기

死也一片浮雲滅 浮雲自體本無實 生死去來亦如然
사야일편부운멸 부운자체본무실 생사거래역여연

獨有一物常獨露 湛然不隨於生死 今此至極之精誠
독유일물상독로 담연불수어생사 금차지극지정성

生前孝行 亡靈死後 第當 某日齋 設香壇前 奉請齋
생전효행 망령사후 제당 모일재 설향단전 봉청재

者 某處 居住 行孝子 某生 某人 伏爲 所薦先 某貫
자 모처 거주 행효자 모생 모인 복위 소천선 모관

某人 靈駕 當靈 伏爲 上世先亡 師尊父母 多生師長
모인 영가 당령 복위 상세선망 사존부모 다생사장

累代宗親 遠近親戚 弟兄叔伯 姉妹姪孫 一切無盡
누대종친 원근친척 제형숙백 자매질손 일체무진

諸佛子等 各列位列名靈駕 乃至 此道場內外 洞上洞
제불자등 각열위열명영가 내지 차도량내외 동상동

下 有主無主 雲集孤魂 諸佛子等 各列位列名靈駕
하 유주무주 운집고혼 제불자등 각열위열명영가

承佛威光 來詣香壇 受霑香燈茶米供
승불위광 내례향단 수첨향등다미공

香烟請(3번) *바라지獨唱, 大衆唱
향연청 독창 대중창

歌詠 *歌詠聲-바라지獨唱 〈범패채보 p.225〉
가영 가영성 독창

諸靈限盡致身亡 石火光陰夢一場
제령한진치신망 석화광음몽일장

三魂杳杳歸何處 七魄茫茫去遠鄕
삼혼묘묘귀하처 칠백망망거원향

上來召請 諸佛子等 各列位靈駕 *法主獨唱
상래소청 제불자등 각열위영가 법주독창

受位安座眞言
수위안좌진언

唵 摩尼 軍茶利 吽吽 娑婆訶(3번)
옴 마니 군다니 훔훔 사바하

茶偈 *바라지獨唱, 大衆唱 〈범패채보 p.250〉
다 게 독창 대중창

百草林中一味新 趙州常勸幾千人 烹將石鼎江心水
백 초 임 중 일 미 신 조 주 상 권 기 천 인 팽 장 석 정 강 심 수

願使亡靈歇苦輪 願使孤魂歇苦輪 願使諸靈歇苦輪
원 사 망 령 헐 고 륜 원 사 고 혼 헐 고 륜 원 사 제 령 헐 고 륜

*'百草林中一味新 趙州常勸幾千人 烹將石鼎江心水'를 바라지가 獨唱하면, '願使亡靈歇苦輪~' 法主와 大衆이 同音唱한다.
백 초 임 중 일 미 신 조 주 상 권 기 천 인 팽 장 석 정 강 심 수 독창 원사 망 령 헐 고 륜 법주 대중 동음창

宣密偈
선 밀 게

*法主가 '宣密加持'를 唱하면 '身田潤澤부터~莊嚴念佛'까지 法主와 大衆이 同音唱한다.
법주 선 밀 가 지 창 신 전 윤 택 장 엄 염 불 법주 대중 동음창

宣密加持 身田潤澤 業火淸凉 各求解脫
선 밀 가 지 신 전 윤 택 업 화 청 량 각 구 해 탈

變食眞言
변 식 진 언

那莫 薩婆多陀 我多 婆路其帝 唵 三婆羅 三婆羅
나 막 살 바 다 타 아 다 바 로 기 제 옴 삼 바 라 삼 바 라

吽(3번)
훔

施甘露水眞言
시 감 로 수 진 언

南無 素魯縛耶 怛他揭多耶 怛姪他 唵 素魯素魯 縛
나 무 소 로 바 야 다 타 아 다 야 다 냐 타 옴 소 로 소 로 바

羅素魯 縛羅素魯 娑婆訶(3번)
라 소 로 바 라 소 로 사 바 하

一字水輪観眞言
일 자 수 륜 관 진 언

唵 鍐 鍐 鍐鍐(3번)
옴 밤 밤 밤밤

乳海眞言
유 해 진 언

南無 三滿多 沒陀喃 唵 鍐(3번)
나무 사만다 못다남 옴 밤

稱揚聖號
칭 양 성 호

南無多寶 如來 願諸孤魂 破除慳貪 法財具足
나무다보 여래 원제고혼 파제간탐 법재구족

南無妙色身如來 願諸孤魂 離醜陋形 相好圓滿
나무묘색신여래 원제고혼 이추루형 상호원만

南無廣博身如來 願諸孤魂 捨六凡身 悟虛空身
나무광박신여래 원제고혼 사륙범신 오허공신

南無離怖畏如來 願諸孤魂 離諸怖畏 得涅槃樂
나무이포외여래 원제고혼 이제포외 득열반락

南無甘露王如來 願我各各 列名靈駕 咽喉開通
나무감로왕여래 원아각각 열명영가 인후개통

獲甘露味(3번) *名號만 두 번 唱하고, 세 번째 全部를 唱한다.
획감로미 명호 창 전부 창

나무 다보 여래 원제고혼 파제간탐 법재구족
○ ● ○ ● ○ ● ○ ● ○ ○ ○

나무 묘색신여래 원제고혼 이추루형 상호원만
○ ● ○ ○ ● ○ ● ○ ● ○ ○ ○

나무 광박신여래 원제고혼 사륙범신 오허공신
○ ● ○ ○ ● ○ ● ○ ● ○ ○ ○

나무 이포외여래 원제고혼 이제포외 득열반락
○ ● ○ ○ ● ○ ● ○ ● ○ ○ ○

나무 감로왕여래 원아각각 열명영가 인후개통
○ ● ○ ○ ● ○ ● ○ ● ○ ●

획감로미
○ ○ ○ ●

施食偈
시 식 게

願此加持食 普遍滿十方 食者除飢渴 得生安養國(3번)
원 차 가 지 식 보 변 만 시 방 식 자 제 기 갈 득 생 안 양 국

施鬼食眞言
시 귀 식 진 언

唵 尾其尾其 野野尾其 娑婆訶(3번)
옴 미 기 미 기 야 야 미 기 사 바 하

普供養眞言
보 공 양 진 언

唵 我我那 三婆婆 婆我羅 吽(3번)
옴 아 아 나 삼 바 바 바 아 라 훔

普回向眞言
보 회 향 진 언

唵 舍摩羅 舍摩羅 尾摩羅 舍羅摩訶 左佉羅縛 吽(3번)
옴 삼 마 라 삼 마 라 미 마 나 사 라 마 하 자 거 라 바 훔

勸飯偈
권 반 게

受我此法食 何異阿難饌 飢腸咸飽滿 業火頓淸凉
수 아 차 법 식 하 이 아 난 찬 기 장 함 포 만 업 화 돈 청 량

頓捨貪瞋痴　常歸佛法僧　念念菩提心　處處安樂國
돈 사 탐 진 치　상 귀 불 법 승　염 념 보 리 심　처 처 안 락 국

(3번)

般若偈
반 야 게

凡所有相　皆是虛妄　若見諸相非相　卽見如來(3번)
범 소 유 상　개 시 허 망　약 견 제 상 비 상　즉 견 여 래

如來十號
여 래 십 호

如來　應供　正遍知　明行足　善逝　世間解　無上士
여 래　응 공　정 변 지　명 행 족　선 서　세 간 해　무 상 사

調御丈夫　天人師　佛世尊(3번)
조 어 장 부　천 인 사　불 세 존

法華偈
법 화 게

諸法從本來　常自寂滅相　佛子行道已　來世得作佛
제 법 종 본 래　상 자 적 멸 상　불 자 행 도 이　내 세 득 작 불

(3번)

無常偈
무 상 게

諸行無常　是生滅法　生滅滅已　寂滅爲樂(3번)
제 행 무 상　시 생 멸 법　생 멸 멸 이　적 멸 위 락

莊嚴念佛
장 엄 염 불

願我盡生無別念　阿彌陀佛獨相隨
원 아 진 생 무 별 념　아 미 타 불 독 상 수

心心常係玉毫光 念念不離金色相
심 심 상 계 옥 호 광 염 념 불 리 금 색 상

我執念珠法界觀 虛空爲繩無不貫
아 집 염 주 법 계 관 허 공 위 승 무 불 관

平等舍那無何處 觀求西方阿彌陀
평 등 사 나 무 하 처 관 구 서 방 아 미 타

南無西方大敎主 無量壽如來佛 南無阿彌陀佛(10번)
나 무 서 방 대 교 주 무 량 수 여 래 불 나 무 아 미 타 불

阿彌陀佛在何方 着得心頭切莫忘
아 미 타 불 재 하 방 착 득 심 두 절 막 망

念到念窮無念處 六門常放紫金光 南無阿彌陀佛
염 도 염 궁 무 념 처 육 문 상 방 자 금 광 나 무 아 미 타 불

極樂世界十種莊嚴 法藏誓願修因莊嚴
극 락 세 계 십 종 장 엄 법 장 서 원 수 인 장 엄

四十八願願力莊嚴 彌陀名號壽光莊嚴
사 십 팔 원 원 력 장 엄 미 타 명 호 수 광 장 엄

三大士觀寶像莊嚴 彌陀國土安樂莊嚴
삼 대 사 관 보 상 장 엄 미 타 국 토 안 락 장 엄

寶河淸淨德水莊嚴 寶殿如意樓閣莊嚴
보 하 청 정 덕 수 장 엄 보 전 여 의 누 각 장 엄

晝夜長遠時分莊嚴 二十四樂淨土莊嚴
주 야 장 원 시 분 장 엄 이 십 사 락 정 토 장 엄

三十種益功德莊嚴 南無阿彌陀佛
삼 십 종 익 공 덕 장 엄 나 무 아 미 타 불

靑山疊疊彌陀窟 蒼海茫茫寂滅宮
청 산 첩 첩 미 타 굴 창 해 망 망 적 멸 궁

物物拈來無罣碍 幾看松亭鶴頭紅 南無阿彌陀佛
물 물 염 래 무 가 애 기 간 송 정 학 두 홍 나 무 아 미 타 불

極樂堂前滿月容 玉毫金色照虛空
극 락 당 전 만 월 용 옥 호 금 색 조 허 공

若人一念稱名號 頃刻圓成無量功 南無阿彌陀佛
약인일념칭명호 경각원성무량공 나무아미타불

三界猶如汲井輪 百千萬劫歷微塵
삼계유여급정륜 백천만겁역미진

此身不向今生度 更待何生度此身 南無阿彌陀佛
차신불향금생도 갱대하생도차신 나무아미타불

天上天下無如佛 十方世界亦無比
천상천하무여불 시방세계역무비

世間所有我盡見 一切無有如佛者 南無阿彌陀佛
세간소유아진견 일체무유여불자 나무아미타불

刹塵心念可數知 大海中水可飮盡
찰진심념가수지 대해중수가음진

虛空可量風可繫 無能盡說佛功德 南無阿彌陀佛
허공가량풍가계 무능진설불공덕 나무아미타불

假使頂戴經塵劫 身爲牀座遍三千
가사정대경진겁 신위상좌변삼천

若不傳法度衆生 畢竟無能報恩者 南無阿彌陀佛
약불전법도중생 필경무능보은자 나무아미타불

報化非眞了妄緣 法身淸淨廣無邊
보화비진요망연 법신청정광무변

千江有水千江月 萬里無雲萬里天 南無阿彌陀佛
천강유수천강월 만리무운만리천 나무아미타불

山堂靜夜坐無言 寂寂寥寥本自然
산당정야좌무언 적적요요본자연

何事西風動林野 一聲寒鴈唳長天 南無阿彌陀佛
하사서풍동림야 일성한안여장천 나무아미타불

圓覺山中生一樹 開花天地未分前
원각산중생일수 개화천지미분전

非靑非白亦非黑 不在春風不在天 南無阿彌陀佛
비청비백역비흑 부재춘풍부재천 나무아미타불

四大各離如夢中 六塵心識本來空
사 대 각 리 여 몽 중 육 진 심 식 본 래 공

欲識佛祖回光處 日落西山月出東 南無阿彌陀佛
욕 식 불 조 회 광 처 일 락 서 산 월 출 동 나 무 아 미 타 불

十念往生願 往生極樂願
십 념 왕 생 원 왕 생 극 락 원

上品上生願 廣度衆生願 南無阿彌陀佛
상 품 상 생 원 광 도 중 생 원 나 무 아 미 타 불

願共法界諸衆生 同入彌陀大願海
원 공 법 계 제 중 생 동 입 미 타 대 원 해

盡未來際度衆生 自他一時成佛道 南無阿彌陀佛
진 미 래 제 도 중 생 자 타 일 시 성 불 도 나 무 아 미 타 불

總觀想
총 관 상

南無 西方淨土 極樂世界 三十六萬億 一十一萬 九
나 무 서 방 정 토 극 락 세 계 삼 십 육 만 억 일 십 일 만 구

千五百 同名同號 大慈大悲 阿彌陀佛
천 오 백 동 명 동 호 대 자 대 비 아 미 타 불

南無 西方淨土 極樂世界 佛身長廣 相好無邊 金色
나 무 서 방 정 토 극 락 세 계 불 신 장 광 상 호 무 변 금 색

光明 遍照法界 四十八願 度脫衆生 不可說 不可說
광 명 변 조 법 계 사 십 팔 원 도 탈 중 생 불 가 설 불 가 설

轉 不可說 恒河沙 佛刹微塵數 稻麻竹葦 無限極數
전 불 가 설 항 하 사 불 찰 미 진 수 도 마 죽 위 무 한 극 수

三百六十萬億 一十一萬 九千五百 同名同號 大慈大
삼 백 육 십 만 억 일 십 일 만 구 천 오 백 동 명 동 호 대 자 대

悲 我等導師 金色如來 阿彌陀佛
비 아 등 도 사 금 색 여 래 아 미 타 불

別觀想
별 관 상

南無文殊菩薩 南無普賢菩薩 南無觀世音菩薩
나 무 문 수 보 살 나 무 보 현 보 살 나 무 관 세 음 보 살

南無大勢至菩薩 南無金剛藏菩薩 南無除障碍菩薩
나 무 대 세 지 보 살 나 무 금 강 장 보 살 나 무 제 장 애 보 살

南無彌勒菩薩 南無地藏菩薩 南無一切淸淨大海衆
나 무 미 륵 보 살 나 무 지 장 보 살 나 무 일 체 청 정 대 해 중

菩薩摩訶薩 願共法界諸衆生 同入彌陀大願海
보 살 마 하 살 원 공 법 계 제 중 생 동 입 미 타 대 원 해

發願偈
발 원 게

十方三世佛 阿彌陀第一 九品度衆生 威德無窮極 我
시 방 삼 세 불 아 미 타 제 일 구 품 도 중 생 위 덕 무 궁 극 아

今大歸依 懺悔三業罪 凡有諸福善 至心用廻向 願同
금 대 귀 의 참 회 삼 업 죄 범 유 제 복 선 지 심 용 회 향 원 동

念佛人 盡生極樂國 見佛了生死 如佛度一切
염 불 인 진 생 극 락 국 견 불 요 생 사 여 불 도 일 체

往生偈
왕 생 게

願我臨欲命終時 盡除一切諸障碍
원 아 임 욕 명 종 시 진 제 일 체 제 장 애

面見彼佛阿彌陀 卽得往生安樂刹
면 견 피 불 아 미 타 즉 득 왕 생 안 락 찰

功德偈
공 덕 게

*法主(법주)-앞구절 先唱(선창), 바라지, 大衆(대중)-뒷구절 同音唱(동음창) 〈범패채보 p.329〉

願以此功德 普及於一切 我等與衆生
원 이 차 공 덕 보 급 어 일 체 아 등 여 중 생

當生極樂國 同見無量壽 皆共成佛道
당 생 극 락 국 동 견 무 량 수 개 공 성 불 도

*靈駕位牌, 奠, 位目을 들고 功德偈(願以此功德~皆共成佛道,奉送孤魂洎有情~不
영 가 위 패 전 위 목 공 덕 게 원 이 차 공 덕 개 공 성 불 도 봉 송 고 혼 계 유 정 불

違本誓還來赴)를 하면서 道場을 돈다. *奉送偈 p.191
위 본 서 환 래 부 도 량 봉 송 게

*位牌奉安시 奉安偈를 하고 마친다.
위 패 봉 안 봉 안 게

上來召請 諸佛子等 各列位列名靈駕
상 래 소 청 제 불 자 등 각 열 위 열 명 영 가

旣來華筵 飽饌禪悅 放下身心 安過而住
기 래 화 연 포 찬 선 열 방 하 신 심 안 과 이 주

奉安偈
봉 안 게

生前有形質 死後無蹤跡 請入法王宮 安心坐道場
생 전 유 형 질 사 후 무 종 적 청 입 법 왕 궁 안 심 좌 도 량

【常用靈飯】
상 용 영 반

*常用靈飯은 日常的으로 靈駕에 供養을 올린다는 意味이며 忌日齋, 名節齋, 返魂齋, 49齋(初齋~六齋) 등 比較的 簡單한 施食을 할 때 하는 儀式이다.
상용영반 일상적 영가 공양 의미 기일재 명절재 반혼 재 재 초재 육재 비교적 간단 시식 의식

擧佛 *平念佛-大衆唱
거 불 평염불 대중창

『南無阿彌陀佛
나 무 아 미 타 불

南無觀世音菩薩
나 무 관 세 음 보 살

南無大勢至菩薩』(三說)
나 무 대 세 지 보 살 삼 설

唱魂 *搖鈴三下, 法主獨唱 <범패채보 p.218>
창 혼 요령삼하 법주독창

據 娑婆世界 南贍部洲 東洋 大韓民國 某山下 某寺
거 사바세계 남섬부주 동양 대한민국 모산하 모사

清淨水月道場 『今此至極之精誠 生前孝行 亡靈死
청정수월도량 금차지극지정성 생전효행 망령사

後 今日 某日齋 薦魂齋者 某處 居住 行孝子 某生
후 금일 모일재 천혼재자 모처 거주 행효자 모생

某人 伏爲 所薦先 某貫 某人 靈駕』(三說)
모인 복위 소천선 모관 모인 영가 삼설

靈駕爲主 上世先亡 師尊父母 遠近親戚 累代宗親
영가위주 상세선망 사존부모 원근친척 누대종친

弟兄叔伯 姉妹姪孫 一切無盡 諸佛子等 各列位列
제형숙백 자매질손 일체무진 제불자등 각열위열

名靈駕 此道場內外 洞上洞下 有主無主 雲集孤魂
명 영 가 차 도 량 내 외 동 상 동 하 유 주 무 주 운 집 고 혼

諸佛子等 各列位列名靈駕
제 불 자 등 각 열 위 열 명 영 가

着語 *着語聲-法主獨唱
착 어 착 어 성 법 주 독 창

靈明性覺妙難思 月墮秋潭桂影寒
영 명 성 각 묘 난 사 월 타 추 담 계 영 한

今鐸數聲開覺路 暫辭眞界下香壇
금 탁 수 성 개 각 로 잠 사 진 계 하 향 단

振鈴偈 *搖鈴. 1/3句 法主獨唱 2/4句 同音唱 〈범패채보 p.221〉
진 령 게 요 령 구 법 주 독 창 구 동 음 창

以此振鈴伸召請 今日靈駕普聞知
이 차 진 령 신 소 청 금 일 영 가 보 문 지

願承三寶力加持 今日今時來赴會
원 승 삼 보 력 가 지 금 일 금 시 래 부 회

普召請眞言 *搖鈴, 法主獨唱 〈범패채보 p.223〉
보 소 청 진 언 요 령 법 주 독 창

南謨 步步諦哩 迦哩多哩 多陀揭多野(3번)
나 무 보 보 제 리 가 리 다 리 다 타 아 다 야

孤魂請 *搖鈴, 請詞聲-法主獨唱
고 혼 청 요 령 청 사 성 법 주 독 창

一心奉請 生緣已盡 大命俄遷 旣作黃泉之客 已爲追
일 심 봉 청 생 연 이 진 대 명 아 천 기 작 황 천 지 객 이 위 추

薦之魂 彷彿形容 依俙面目 今此至極之精誠 生前孝
천 지 혼 방 불 형 용 의 희 면 목 금 차 지 극 지 정 성 생 전 효

行 亡靈死後 今日 某日齋 薦魂齋者 某處 居住 行
행 망 령 사 후 금 일 모 일 재 천 혼 재 자 모 처 거 주 행

孝子 某生 某人 伏爲 所薦先 某貫 某人 靈駕 承佛
효자 모생 모인 복위 소천선 모관 모인 영가 승불

威光 來詣香壇 受霑法供
위광 내례향단 수첨법공

一心奉請 若人欲識佛境界 當淨其意如虛空 遠離妄
일심봉청 약인욕식불경계 당정기의여허공 원리망

相及諸趣 令心所向皆無碍 今此至極之精誠 生前孝
상급제취 영심소향개무애 금차지극지정성 생전효

行 亡靈死後 今日 某日齋 薦魂齋者 某處 居住 行
행 망령사후 금일 모일재 천혼재자 모처 거주 행

孝子 某生 某人 伏爲 所薦先 某貫 某人 靈駕 承佛
효자 모생 모인 복위 소천선 모관 모인 영가 승불

威光 來詣香壇 受霑香供
위광 내례향단 수첨향공

一心奉請 生從何處來 死向何處去 生也一片浮雲起
일심봉청 생종하처래 사향하처거 생야일편부운기

死也一片浮雲滅 浮雲自體本無實 生死去來亦如然
사야일편부운멸 부운자체본무실 생사거래역여연

獨有一物常獨露 湛然不隨於生死 今此至極之精誠
독유일물상독로 담연불수어생사 금차지극지정성

生前孝行 亡靈死後 今日 某日齋 薦魂齋者 某處 居
생전효행 망령사후 금일 모일재 천혼재자 모처 거

住 行孝子 某生 某人 伏爲 所薦先 某貫 某人 靈駕
주 행효자 모생 모인 복위 소천선 모관 모인 영가

上世先亡 師尊父母 多生師長 累代宗親 遠近親戚
상세선망 사존부모 다생사장 누대종친 원근친척

弟兄叔伯 姉妹姪孫 一切無盡 諸佛子等 各列位列名
제형숙백 자매질손 일체무진 제불자등 각열위열명

靈駕 乃至 此道場內外 洞上洞下 有主無主 雲集孤
영가 내지 차도량내외 동상동하 유주무주 운집고

魂 諸佛子等 各列位列名靈駕 承佛威光 來詣香壇
혼 제불자등 각열위열명영가 승불위광 내례향단

受霑香燈茶米供
수첨향등다미공

香烟請(3번) *바라지獨唱, 大衆唱
향연청 독창 대중창

歌詠 *歌詠聲-바라지獨唱 〈범패채보 p.225〉
가영 가영성 독창

諸靈限盡致身亡 石火光陰夢一場
제령한진치신망 석화광음몽일장

三魂杳杳歸何處 七魄茫茫去遠鄕
삼혼묘묘귀하처 칠백망망거원향

受位安座眞言 *法主獨唱
수위안좌진언 법주독창

唵 摩尼 軍茶利 吽吽 娑婆訶(3번)
옴 마니 군다니 훔훔 사바하

茶偈 *바라지獨唱, 大衆唱 〈범패채보 p.250〉
다게 독창 대중창

百草林中一味新 趙州常勸幾千人 烹將石鼎江心水
백초임중일미신 조주상권기천인 팽장석정강심수

願使亡靈歇苦輪 願使孤魂歇苦輪 願使諸靈歇苦輪
원사망령헐고륜 원사고혼헐고륜 원사제령헐고륜

*'百草林中一味新 趙州常勸幾千人 烹將石鼎江心水'를 바라지가 獨唱하면, '願使
백초임중일미신 조주상권기천인 팽장석정강심수 독창 원사

亡靈歇苦輪~' 法主와 大衆이 同音唱한다.
망령헐고륜 법주 대중 동음창

上來召請 諸佛子等 各列位靈駕 *法主獨唱
상래소청 제불자등 각열위영가 법주독창

香爇五分之眞香 勳發大智
향 설 오 분 지 진 향 훈 발 대 지

燈燃般若之明燈 照破昏衢
등 연 반 야 지 명 등 조 파 혼 구

茶獻趙州之淸茶 頓息渴情
다 헌 조 주 지 청 다 돈 식 갈 정

『果獻仙都之眞品 常助一味』 *省略하기도 함.
과 헌 선 도 지 진 품 상 조 일 미 생략

食進香積之珍羞 永絶飢虛
식 진 향 적 지 진 수 영 절 기 허

於此物物 種種珍羞 不從天降 非從地聳 但從齋者
어 차 물 물 종 종 진 수 부 종 천 강 비 종 지 용 단 종 재 자

(行孝子 某生 某人)之一片 誠心流出 羅列(所薦先
행 효 자 모 생 모 인 지 일 편 성 심 유 출 나 열 소 천 선

某貫 某人)靈前 伏惟尙饗
모 관 모 인 영 전 복 유 상 향

摩訶般若波羅蜜多心經 *平念佛-大衆唱
마 하 반 야 바 라 밀 다 심 경 평염불 대중창

觀自在菩薩 行深般若波羅蜜多時 照見五蘊皆空 度
관 자 재 보 살 행 심 반 야 바 라 밀 다 시 조 견 오 온 개 공 도

一切苦厄 舍利子 色不異空 空不異色 色則是空 空
일 체 고 액 사 리 자 색 불 이 공 공 불 이 색 색 즉 시 공 공

則是色 受想行識 亦復如是 舍利子 是諸法空相 不
즉 시 색 수 상 행 식 역 부 여 시 사 리 자 시 제 법 공 상 불

生不滅 不垢不淨 不增不減 是故 空中無色 無 受想
생 불 멸 불 구 부 정 부 증 불 감 시 고 공 중 무 색 무 수 상

行識 無眼耳鼻舌身意 無色聲香味觸法 無眼界 乃至
행 식 무 안 이 비 설 신 의 무 색 성 향 미 촉 법 무 안 계 내 지

無意識界 無無明 亦無無明盡 乃至 無老死 亦無老
무의식계 무무명 역무무명진 내지 무노사 역무노

死盡 無苦集滅道 無智亦無得 以無所得故 菩提薩埵
사진 무고집멸도 무지역무득 이무소득고 보리살타

依般若波羅蜜多故 心無罣礙 無罣礙故 無有恐怖 遠
의반야바라밀다고 심무가애 무가애고 무유공포 원

離顚倒夢想 究竟涅槃 三世諸佛 依般若波羅蜜多故
리전도몽상 구경열반 삼세제불 의반야바라밀다고

得阿耨多羅三藐三菩提 故知般若波羅蜜多 是大神
득아뇩다라삼먁삼보리 고지반야바라밀다 시대신

呪 是大明呪 是無上呪 是無等等呪 能除一切苦 眞
주 시대명주 시무상주 시무등등주 능제일체고 진

實不虛 故說般若波羅蜜多呪 卽說呪曰 『揭諦揭諦
실불허 고설반야바라밀다주 즉설주왈 아제아제

婆羅揭諦 婆羅僧揭諦 菩提 娑婆訶』(3번)
바라아제 바라승아제 모지 사바하

施食偈 *'願此加持食부터~莊嚴念佛'까지 法主와 大衆이 同音唱한다.
시식게 원차가지식 장엄염불 법주 대중 동음창

願此加持食 普遍滿十方 食者除飢渴 得生安養國(3번)
원차가지식 보변만시방 식자제기갈 득생안양국

施鬼食眞言
시귀식진언

唵 尾其尾其 野野尾其 娑婆訶(3번)
옴 미기미기 야야미기 사바하

普供養眞言
보공양진언

唵 我我那 三婆婆 婆我羅 吽(3번)
옴 아아나 삼바바 바아라 훔

普回向眞言
보 회 향 진 언

唵 舍摩羅 舍摩羅 尾摩羅 舍羅摩訶 左佉羅縛 吽(3번)
옴 삼마라 삼마라 미마나 사라마하 자거라바 훔

勸飯偈
권 반 게

受我此法食 何異阿難饌 飢腸咸飽滿 業火頓淸凉
수아차법식 하이아난찬 기장함포만 업화돈청량

頓捨貪瞋痴 常歸佛法僧 念念菩提心 處處安樂國
돈사탐진치 상귀불법승 염념보리심 처처안락국

(3번)

般若偈
반 야 게

凡所有相 皆是虛妄 若見諸相非相 卽見如來(3번)
범소유상 개시허망 약견제상비상 즉견여래

如來十號
여 래 십 호

如來 應供 正遍知 明行足 善逝 世間解 無上士 調
여래 응공 정변지 명행족 선서 세간해 무상사 조

御丈夫 天人師 佛世尊(3번)
어장부 천인사 불세존

法華偈
법 화 게

諸法從本來 常自寂滅相 佛子行道已 來世得作佛
제법종본래 상자적멸상 불자행도이 내세득작불

(3번)

無常偈
무 상 게

諸行無常 是生滅法 生滅滅已 寂滅爲樂(3번)
제 행 무 상 시 생 멸 법 생 멸 멸 이 적 멸 위 락

莊嚴念佛
장 엄 염 불

願我盡生無別念 阿彌陀佛獨相隨
원 아 진 생 무 별 념 아 미 타 불 독 상 수

心心常係玉毫光 念念不離金色相
심 심 상 계 옥 호 광 염 념 불 리 금 색 상

我執念珠法界觀 虛空爲繩無不貫
아 집 염 주 법 계 관 허 공 위 승 무 불 관

平等舍那無何處 觀求西方阿彌陀
평 등 사 나 무 하 처 관 구 서 방 아 미 타

南無西方大教主 無量壽如來佛 南無阿彌陀佛(10번)
나 무 서 방 대 교 주 무 량 수 여 래 불 나 무 아 미 타 불

阿彌陀佛在何方 着得心頭切莫忘
아 미 타 불 재 하 방 착 득 심 두 절 막 망

念到念窮無念處 六門常放紫金光 南無阿彌陀佛
염 도 염 궁 무 념 처 육 문 상 방 자 금 광 나 무 아 미 타 불

極樂世界十種莊嚴 法藏誓願修因莊嚴
극 락 세 계 십 종 장 엄 법 장 서 원 수 인 장 엄

四十八願願力莊嚴 彌陀名號壽光莊嚴
사 십 팔 원 원 력 장 엄 미 타 명 호 수 광 장 엄

三大士觀寶像莊嚴 彌陀國土安樂莊嚴
삼 대 사 관 보 상 장 엄 미 타 국 토 안 락 장 엄

寶河淸淨德水莊嚴 寶殿如意樓閣莊嚴
보 하 청 정 덕 수 장 엄 보 전 여 의 누 각 장 엄

晝夜長遠時分莊嚴 二十四樂淨土莊嚴
주 야 장 원 시 분 장 엄 이 십 사 락 정 토 장 엄

三十種益功德莊嚴 南無阿彌陀佛
삼 십 종 익 공 덕 장 엄 나 무 아 미 타 불

青山疊疊彌陀窟 蒼海茫茫寂滅宮
청 산 첩 첩 미 타 굴 창 해 망 망 적 멸 궁

物物拈來無罣碍 幾看松亭鶴頭紅 南無阿彌陀佛
물 물 염 래 무 가 애 기 간 송 정 학 두 홍 나 무 아 미 타 불

極樂堂前滿月容 玉毫金色照虛空
극 락 당 전 만 월 용 옥 호 금 색 조 허 공

若人一念稱名號 頃刻圓成無量功 南無阿彌陀佛
약 인 일 념 칭 명 호 경 각 원 성 무 량 공 나 무 아 미 타 불

三界猶如汲井輪 百千萬劫歷微塵
삼 계 유 여 급 정 륜 백 천 만 겁 역 미 진

此身不向今生度 更待何生度此身 南無阿彌陀佛
차 신 불 향 금 생 도 갱 대 하 생 도 차 신 나 무 아 미 타 불

天上天下無如佛 十方世界亦無比
천 상 천 하 무 여 불 시 방 세 계 역 무 비

世間所有我盡見 一切無有如佛者 南無阿彌陀佛
세 간 소 유 아 진 견 일 체 무 유 여 불 자 나 무 아 미 타 불

刹塵心念可數知 大海中水可飮盡
찰 진 심 념 가 수 지 대 해 중 수 가 음 진

虛空可量風可繫 無能盡說佛功德 南無阿彌陀佛
허 공 가 량 풍 가 계 무 능 진 설 불 공 덕 나 무 아 미 타 불

假使頂戴經塵劫 身爲牀座遍三千
가 사 정 대 경 진 겁 신 위 상 좌 변 삼 천

若不傳法度衆生 畢竟無能報恩者 南無阿彌陀佛
약 불 전 법 도 중 생 필 경 무 능 보 은 자 나 무 아 미 타 불

報化非眞了妄緣 法身淸淨廣無邊
보 화 비 진 요 망 연 법 신 청 정 광 무 변

千江有水千江月 萬里無雲萬里天 南無阿彌陀佛
천 강 유 수 천 강 월 만 리 무 운 만 리 천 나 무 아 미 타 불

山堂靜夜坐無言 寂寂寥寥本自然
산 당 정 야 좌 무 언 적 적 요 요 본 자 연

何事西風動林野 一聲寒鴈唳長天 南無阿彌陀佛
하 사 서 풍 동 림 야 일 성 한 안 여 장 천 나 무 아 미 타 불

圓覺山中生一樹 開花天地未分前
원 각 산 중 생 일 수 개 화 천 지 미 분 전

非青非白亦非黑 不在春風不在天 南無阿彌陀佛
비 청 비 백 역 비 흑 부 재 춘 풍 부 재 천 나 무 아 미 타 불

四大各離如夢中 六塵心識本來空
사 대 각 리 여 몽 중 육 진 심 식 본 래 공

欲識佛祖回光處 日落西山月出東 南無阿彌陀佛
욕 식 불 조 회 광 처 일 락 서 산 월 출 동 나 무 아 미 타 불

十念往生願 往生極樂願
십 념 왕 생 원 왕 생 극 락 원

上品上生願 廣度衆生願 南無阿彌陀佛
상 품 상 생 원 광 도 중 생 원 나 무 아 미 타 불

願共法界諸衆生 同入彌陀大願海
원 공 법 계 제 중 생 동 입 미 타 대 원 해

盡未來際度衆生 自他一時成佛道 南無阿彌陀佛
진 미 래 제 도 중 생 자 타 일 시 성 불 도 나 무 아 미 타 불

總觀想
총 관 상

南無 西方淨土 極樂世界 三十六萬億 一十一萬 九
나 무 서 방 정 토 극 락 세 계 삼 십 육 만 억 일 십 일 만 구

千五百 同名同號 大慈大悲 阿彌陀佛
천 오 백 동 명 동 호 대 자 대 비 아 미 타 불

南無 西方淨土 極樂世界 佛身長廣 相好無邊 金色
나무 서방정토 극락세계 불신장광 상호무변 금색

光明 遍照法界 四十八願 度脫衆生 不可說 不可說
광명 변조법계 사십팔원 도탈중생 불가설 불가설

轉 不可說 恒河沙 佛刹微塵數 稻麻竹葦 無限極數
전 불가설 항하사 불찰미진수 도마죽위 무한극수

三百六十萬億 一十一萬 九千五百 同名同號 大慈大
삼백육십만억 일십일만 구천오백 동명동호 대자대

悲 我等導師 金色如來 阿彌陀佛
비 아등도사 금색여래 아미타불

別觀想
별관상

南無文殊菩薩 南無普賢菩薩 南無觀世音菩薩
나무문수보살 나무보현보살 나무관세음보살

南無大勢至菩薩 南無金剛藏菩薩 南無除障碍菩薩
나무대세지보살 나무금강장보살 나무제장애보살

南無彌勒菩薩 南無地藏菩薩 南無一切淸淨大海衆
나무미륵보살 나무지장보살 나무일체청정대해중

菩薩摩訶薩 願共法界諸衆生 同入彌陀大願海
보살마하살 원공법계제중생 동입미타대원해

發願偈
발원게

十方三世佛 阿彌陀第一 九品度衆生 威德無窮極 我
시방삼세불 아미타제일 구품도중생 위덕무궁극 아

今大歸依 懺悔三業罪 凡有諸福善 至心用廻向 願同
금대귀의 참회삼업죄 범유제복선 지심용회향 원동

念佛人 盡生極樂國 見佛了生死 如佛度一切 往生偈
염불인 진생극락국 견불요생사 여불도일체 왕생게

願我臨欲命終時 盡除一切諸障碍
원 아 임 욕 명 종 시 진 제 일 체 제 장 애

面見彼佛阿彌陀 卽得往生安樂刹
면 견 피 불 아 미 타 즉 득 왕 생 안 락 찰

功德偈
공 덕 게

願以此功德 普及於一切 我等與衆生
원 이 차 공 덕 보 급 어 일 체 아 등 여 중 생

當生極樂國 同見無量壽 皆共成佛道
당 생 극 락 국 동 견 무 량 수 개 공 성 불 도

* 位牌奉安시 奉安偈를 하고 마친다.
위 패 봉 안 봉 안 게

上來召請 諸佛子等 各列位列名靈駕
상 래 소 청 제 불 자 등 각 열 위 열 명 영 가

旣來華筵 飽饌禪悅 放下身心 安過而住
기 래 화 연 포 찬 선 열 방 하 신 심 안 과 이 주

奉安偈
봉 안 게

生前有形質 死後無蹤跡 請入法王宮 安心坐道場
생 전 유 형 질 사 후 무 종 적 청 입 법 왕 궁 안 심 좌 도 량

【宗師靈飯】
종 사 영 반

*宗師靈飯은 宗師, 大宗師, 大禪師인 스님들에게 하는 靈飯으로 法名은 부르지
종사영반 종사 대종사 대선사 영반 법명
않고, 堂號만 부른다. 上壇佛供후 祝願시 堂號와 大宗師, 大禪師, 覺靈 등은 쓰
당호 상단불공 축원 당호 대종사 대선사 각령
지 않고, 沙彌戒名으로 부른다. 一般스님일 경우는 宗師靈飯 代身 觀音施食으로
사미계명 일반 종사영반 대신 관음시식
한다.

擧佛 *擧佛쇠, 梵唄聲-大衆唱
거 불 거불 범패성 대중창

『南無十方佛
나 무 시 방 불

南無十方法
나 무 시 방 법

南無十方僧』(三說)
나 무 시 방 승 삼 설

唱魂 *搖鈴三下, 法主獨唱
창 혼 요령삼하 법주독창

據 娑婆世界 南贍部洲 東洋 大韓民國 某山下 某寺
거 사바세계 남섬부주 동양 대한민국 모산하 모사
清淨水月道場 今此至極之精誠 今日 茶禮齋者 行孝
청정수월도량 금차지극지정성 금일 다례재자 행효
上佐 某人 伏爲 所薦 先恩法戒禪師 某堂 大宗師
상좌 모인 복위 소천 선은법계선사 모당 대종사
覺靈 (三說)
각령 삼설

着語 *着語聲-法主獨唱
착어 착어성 법주독창

一段眞身觸處通 本無南北與西東
일단진신촉처통 본무남북여서동

振鈴正坐蒲團上 奉重威音那畔容
진령정좌포단상 봉중위음나반용

振鈴偈 *1/3句 法主獨唱 2/4句 同音唱 〈범패채보 p.221〉
진령게 구 법주독창 구 동음창

以此振鈴伸召請 今日覺靈普聞知
이차진령신소청 금일각령보문지

願承三寶力加持 今日今時來赴會
원승삼보력가지 금일금시래부회

普召請眞言 *法主獨唱, 搖鈴 〈범패채보 p.223〉
보소청진언 법주독창 요령

南謨 步步諦哩 迦哩多哩 多陀揭多野(3번)
나무 보보제리 가리다리 다타아다야

一心奉請 智冥眞諦 桂輪孤朗於碧天 悲化含生 寶筏
일심봉청 지명진제 계륜고랑어벽천 비화함생 보벌

妙浮於蒼海 禪門影響 佛法笙簧 今此至極之精誠 今
묘부어창해 선문영향 불법생황 금차지극지정성 금

日 茶禮齋者 行孝上佐 某人 伏爲 所薦 先恩法戒禪
일 다례재자 행효상좌 모인 복위 소천 선은법계선

師 某堂 大宗師 覺靈 唯願慈悲 光臨道場 受霑法供
사 모당 대종사 각령 유원자비 광림도량 수첨법공

(三請)
삼청

香花請(3번) *바라지獨唱
향화청 독창

歌詠/故我偈 *바라지獨唱, 大衆唱
가영 고아게 독창 대중창

禪旨西天爲骨髓 敎談東土作笙簧
선지서천위골수 교담동토작생황

摧邪顯正歸黃道 五葉一花啓萬邦
최사현정귀황도 오엽일화계만방

故我一心歸命頂禮
고아일심귀명정례

茶偈 *바라지獨唱, 大衆唱
다게 독창 대중창

今將甘露茶 奉獻證師前 鑑察虔懇心
금장감로다 봉헌증사전 감찰건간심

願垂哀納受 願垂哀納受 願垂慈悲哀納受(몰아뛰기)
원수애납수 원수애납수 원수자비애납수

今日 先師 某堂 ○○覺靈 *着語聲-法主獨唱
금일 선사 모당 각령 착어성 법주독창

無底鉢擎禪悅味 穿心椀貯趙州茶
무저발경선열미 천심완저조주다

慇懃奉勸禪陀客 『薦取南泉玩月華』(三說)
은근봉권선다객 천취남천완월화 삼설

今日 先師 某堂 ○○覺靈 *法主獨唱
금일 선사 모당 각령 법주독창

香爇五分之眞香 勳發大智
향설오분지진향 훈발대지

燈燃般若之明燈 照破昏衢
등연반야지명등 조파혼구

茶獻趙州之淸茶 頓息渴情
다헌조주지청다 돈식갈정

『果獻仙都之眞品 常助一味』 *省略하기도 함.
과 헌 선 도 지 진 품 상 조 일 미 생략

食進香積之珍羞 永絶飢虛
식 진 향 적 지 진 수 영 절 기 허

於此物物 種種珍羞 不從天降 非從地聳 但從齋者
어 차 물 물 종 종 진 수 부 종 천 강 비 종 지 룡 단 종 재 자

(行孝上佐 某人)之一片 誠心流出 羅列(所薦 先 師
행 효 상 좌 모 인 지 일 편 성 심 유 출 나 열 소 천 선 사

某堂 OO覺靈)靈前 伏惟尙饗
모 당 각 령 영 전 복 유 상 향

摩訶般若波羅蜜多心經 *平念佛-大衆唱
마 하 반 야 바 라 밀 다 심 경 평염불 대중창

觀自在菩薩 行深般若波羅蜜多時 照見五蘊皆空 度
관 자 재 보 살 행 심 반 야 바 라 밀 다 시 조 견 오 온 개 공 도

一切苦厄 舍利子 色不異空 空不異色 色則是空 空
일 체 고 액 사 리 자 색 불 이 공 공 불 이 색 색 즉 시 공 공

則是色 受想行識 亦復如是 舍利子 是諸法空相 不
즉 시 색 수 상 행 식 역 부 여 시 사 리 자 시 제 법 공 상 불

生不滅 不垢不淨 不增不減 是故 空中無色 無 受想
생 불 멸 불 구 부 정 부 증 불 감 시 고 공 중 무 색 무 수 상

行識 無眼耳鼻舌身意 無色聲香味觸法 無眼界 乃至
행 식 무 안 이 비 설 신 의 무 색 성 향 미 촉 법 무 안 계 내 지

無意識界 無無明 亦無無明盡 乃至 無老死 亦無老
무 의 식 계 무 무 명 역 무 무 명 진 내 지 무 노 사 역 무 노

死盡 無苦集滅道 無智亦無得 以無所得故 菩提薩埵
사 진 무 고 집 멸 도 무 지 역 무 득 이 무 소 득 고 보 리 살 타

依般若波羅蜜多故 心無罣礙 無罣礙故 無有恐怖 遠
의 반 야 바 라 밀 다 고 심 무 가 애 무 가 애 고 무 유 공 포 원

離顚倒夢想 究竟涅槃 三世諸佛 依般若波羅蜜多故
리전도몽상 구경열반 삼세제불 의반야바라밀다고

得阿耨多羅三藐三菩提 故知般若波羅蜜多 是大神
득아뇩다라삼먁삼보리 고지반야바라밀다 시대신

呪 是大明呪 是無上呪 是無等等呪 能除一切苦 眞
주 시대명주 시무상주 시무등등주 능제일체고 진

實不虛 故說般若波羅蜜多呪 卽說呪曰 『揭諦揭諦
실불허 고설반야바라밀다주 즉설주왈 아제아제

婆羅揭諦 婆羅僧揭諦 菩提 娑婆訶』(3번)
바라아제 바라승아제 모지 사바하

歸靈篇 *法主獨唱
귀령편 법주독창

OO山下 佛祖之心 太古門中 永作人天之眼目
산하 불조지심 태고문중 영작인천지안목

不忘本誓 速還娑婆 再明大事 普利群生
불망본서 속환사바 재명대사 보리군생

十念 *平念佛-大衆唱
십념 평염불 대중창

清淨法身毘盧遮那佛
청정법신비로자나불

圓滿報身盧舍那佛
원만보신노사나불

千百億化身釋迦牟尼佛
천백억화신석가모니불

九品導師阿彌陀佛
구품도사아미타불

當來下生彌勒尊佛
당래하생미륵존불

十方三世一切諸佛
시방삼세일체제불

十方三世一切尊法
시방삼세일체존법

大聖文殊舍利菩薩
대성문수사리보살

大行普賢菩薩
대행보현보살

大悲觀世音菩薩
대비관세음보살

大願本尊地藏菩薩　　諸尊菩薩摩訶薩
대 원 본 존 지 장 보 살　　제 존 보 살 마 하 살

摩訶般若婆羅密
마 하 반 야 바 라 밀

*'十念'을 할 때 位牌를 사르며, '佛說消災吉祥陀羅尼'를 할 수도 있다.
십 념　　위 패　　불 설 소 재 길 상 다 라 니

罷散偈 *'罷散偈'를 하고, 몰아뛰기 후 마친다.
파 산 게　파 산 게

十方諸佛刹 莊嚴悉圓滿 願須歸淨土 哀念忍界人
시 방 제 불 찰　장 엄 실 원 만　원 수 귀 정 토　애 념 인 계 인

【華嚴施食】
화엄시식

*華嚴施食은 齋者와 靈駕가 特別히 定해져 있지 않은 一切靈駕를 薦度할 때 하
화엄시식 재자 영가 특별 정 일체영가 천도

는 靈壇施食이다. 點眼法會, 千日祈禱, 百日祈禱, 三夏·三冬結制 후 簡單한 施
영단시식 점안법회 천일기도 백일기도 삼하 삼동결제 간단 시

食을 한다.
식

擧佛 *平念佛-大衆唱. 擧佛을 省略하고 佛身偈부터 하기도 함.
거불 평염불 대중창 거불 생략 불신게

『南無阿彌陀佛
나무아미타불

南無觀世音菩薩
나무관세음보살

南無大勢至菩薩』(三說)
나무대세지보살 삼설

佛身偈 *法主獨唱-偏偈聲.
불신게 법주독창 편게성

『佛身充滿於法界 普現一切衆生前
불신충만어법계 보현일체중생전

隨緣赴感靡不周 而恒處此菩提座』(三說)
수연부감미부주 이항처차보리좌 삼설

唱魂 *搖鈴三下, 法主獨唱
창혼 요령삼하 법주독창

據 娑婆世界 南贍部洲 東洋 大韓民國 某山下 某寺
거 사바세계 남섬부주 동양 대한민국 모산하 모사

水月道場 今此至極之精誠 (三冬結制) 同修淨業齋
수월도량 금차지극지정성 삼동결제 동수정업재

者 住持 與 時會合院大衆等 淸信士 淸信女 乾坤命
자 주지 여 시회합원대중등 청신사 청신녀 건곤명

童男童女 白衣檀越 各各等伏爲 所薦先 上世先亡
동남동녀 백의단월 각각등복위 소천선 상세선망

師尊父母 遠近親戚 累代宗親 弟兄叔伯 姉妹姪孫
사존부모 원근친척 누대종친 제형숙백 자매질손

一切無盡 諸佛子等 各列位列名靈駕 此寺最初 創建
일체무진 제불자등 각열위열명영가 차사최초 창건

以來至於 重建重修 造佛造塔 化主施主 都監別座
이래지어 중건중수 조불조탑 화주시주 도감별좌

佛前內外 日用凡諸汁物 助緣良工 四事施主等 各列
불전내외 일용범제집물 조연양공 사사시주등 각열

位列名靈駕 此道場內外 洞上洞下 有主無主 雲集孤
위열명영가 차도량내외 동상동하 유주무주 운집고

魂 諸佛子等 各列位列名靈駕 鐵圍山間 五無間獄
혼 제불자등 각열위열명영가 철위산간 오무간옥

一日一夜 萬死萬生 受苦含靈等 各列名靈駕 乃至
일일일야 만사만생 수고함령등 각열명영가 내지

兼及法界 四生七趣 三途八難 四恩三有 有情無情
겸급법계 사생칠취 삼도팔난 사은삼유 유정무정

哀魂佛子等 各列位列名靈駕
애혼불자등 각열위열명영가

普放光明香莊嚴 種種妙香集爲帳
보방광명향장엄 종종묘향집위장

普散十方諸國土 供養一切大德尊.
보산시방제국토 공양일체대덕존

又放光明茶莊嚴 種種妙茶集爲帳
우방광명다장엄 종종묘다집위장

普散十方諸國土 供養一切靈駕衆.
보산시방제국토 공양일체영가중

又放光明米莊嚴 種種妙米集爲帳
우 방 광 명 미 장 엄 종 종 묘 미 집 위 장

普散十方諸國土 供養一切孤魂衆.
보 산 시 방 제 국 토 공 양 일 체 고 혼 중

又放光明法自在 此光能覺一切衆
우 방 광 명 법 자 재 차 광 능 각 일 체 중

令得無盡陀羅尼 悉持一切諸佛法
영 득 무 진 다 라 니 실 지 일 체 제 불 법

法力難思議 大悲無障礙 粒粒遍十方 普施周法界
법 력 난 사 의 대 비 무 장 애 입 립 변 시 방 보 시 주 법 계

今以所修福 普沾於鬼趣 食已免極苦 捨身生樂處
금 이 소 수 복 보 첨 어 귀 취 식 이 면 극 고 사 신 생 락 처

* 普放光明香莊嚴~供養一切大德尊, 又放光明茶莊嚴~供養一切靈駕衆, 又放光明米
보 방 광 명 향 장 엄 공 양 일 체 대 덕 존 우 방 광 명 다 장 엄 공 양 일 체 영 가 중 우 방 광 명 미

莊嚴~供養一切孤魂衆을 法主가 獨唱하고, 又放光明法自在부터~普回向眞言까지
장 엄 공 양 일 체 고 혼 중 법주 독 창 우 방 광 명 법 자 재 보 회 향 진 언

法主와 大衆이 同音唱한다.
법주 대 중 동 음 창

無量威德自在光明勝妙力 變食眞言
무 량 위 덕 자 재 광 명 승 묘 력 변 식 진 언

那莫 薩婆多陀 我多 婆路其帝 唵 三婆羅 三婆羅
나 막 살 바 다 타 아 다 바 로 기 제 옴 삼 바 라 삼 바 라

吽(3번)
훔

施甘露水眞言
시 감 로 수 진 언

南無 素魯縛耶 怛他揭多耶 怛姪他 唵 素魯素魯 縛
나 무 소 로 바 야 다 타 아 다 야 다 냐 타 옴 소 로 소 로 바

羅素魯 縛羅素魯 娑婆訶(3번)
라 소 로 바 라 소 로 사 바 하

一字水輪觀眞言
일 자 수 륜 관 진 언

唵 鍐 鍐 鍐鍐(3번)
옴 밤 밤 밤밤

乳海眞言
유 해 진 언

南無 三滿多 沒陀喃 唵 鍐(3번)
나무 사만다 못다남 옴 밤

稱揚聖號
칭 양 성 호

南無多寶 如來 願諸孤魂 破除慳貪 法財具足
나무다보 여래 원제고혼 파제간탐 법재구족

南無妙色身如來 願諸孤魂 離醜陋形 相好圓滿
나무묘색신여래 원제고혼 이추루형 상호원만

南無廣博身如來 願諸孤魂 捨六凡身 悟虛空身
나무광박신여래 원제고혼 사륙범신 오허공신

南無離怖畏如來 願諸孤魂 離諸怖畏 得涅槃樂
나무이포외여래 원제고혼 이제포외 득열반락

南無甘露王如來 願我各各 列名靈駕 咽喉開通
나무감로왕여래 원아각각 열명영가 인후개통

獲甘露味(3번) *名號만 두 번 唱하고, 세 번째 全部를 唱함.
획감로미 명호 창 전부 창

施食偈
시 식 게

願此加持食 普遍滿十方 食者除飢渴 得生安養國(3번)
원차가지식 보변만시방 식자제기갈 득생안양국

施鬼食眞言
시 귀 식 진 언

唵 尾其尾其 野野尾其 娑婆訶(3번)
옴 미기미기 야야미기 사바하

施無遮法食眞言
시 무 차 법 식 진 언

唵 穆力能 娑婆訶(3번)
옴 목역능 사바하

發菩提心眞言
발 보 리 심 진 언

唵 母地卽多 沒怛 縛那野 弭(3번)
옴 모지짓다 못다 바나야 믹

普供養眞言
보 공 양 진 언

唵 我我那 三婆婆 婆我羅 吽(3번)
옴 아아나 삼바바 바아라 훔

普回向眞言
보 회 향 진 언

唵 舍摩羅 舍摩羅 尾摩羅 舍羅摩訶 左佉羅縛 吽(3번)
옴 삼마라 삼마라 미마나 사라마하 자거라바 훔

安過篇 *位牌奉安시 奉安偈를 하고 마친다.
안 과 편 위패봉안 봉안게

上來召請 諸佛子等 各列位列名靈駕
상래소청 제불자등 각열위열명영가

旣來華筵 飽饌禪悅 放下身心 安過而住
기래화연 포찬선열 방하신심 안과이주

奉安偈
봉 안 게

生前有形質 死後無蹤跡 請入法王宮 安心坐道場
생전유형질 사후무종적 청입법왕궁 안심좌도량

勸飯偈
*位牌奉送시 勸飯偈부터~莊嚴念佛까지 한다.
권 반 게 위패봉송 권반게 장엄염불

受我此法食 何異阿難饌 飢腸咸飽滿 業火頓清凉
수아차법식 하이아난찬 기장함포만 업화돈청량

頓捨貪瞋痴 常歸佛法僧 念念菩提心 處處安樂國
돈사탐진치 상귀불법승 염념보리심 처처안락국

(3번)

般若偈
반 야 게

凡所有相 皆是虛妄 若見諸相非相 卽見如來(3번)
범소유상 개시허망 약견제상비상 즉견여래

如來十號
여 래 십 호

如來 應供 正遍知 明行足 善逝 世間解 無上士 調
여래 응공 정변지 명행족 선서 세간해 무상사 조

御丈夫 天人師 佛世尊(3번)
어장부 천인사 불세존

法華偈
법 화 게

諸法從本來 常自寂滅相 佛子行道已 來世得作佛
제법종본래 상자적멸상 불자행도이 내세득작불

(3번)

無常偈
무 상 게

諸行無常 是生滅法 生滅滅已 寂滅爲樂(3번)
제 행 무 상 시 생 멸 법 생 멸 멸 이 적 멸 위 락

莊嚴念佛
장 엄 염 불

願我盡生無別念 阿彌陀佛獨相隨
원 아 진 생 무 별 념 아 미 타 불 독 상 수

心心常係玉毫光 念念不離金色相
심 심 상 계 옥 호 광 염 념 불 리 금 색 상

我執念珠法界觀 虛空爲繩無不貫
아 집 염 주 법 계 관 허 공 위 승 무 불 관

平等舍那無何處 觀求西方阿彌陀
평 등 사 나 무 하 처 관 구 서 방 아 미 타

南無西方大敎主 無量壽如來佛 南無阿彌陀佛(10번)
나 무 서 방 대 교 주 무 량 수 여 래 불 나 무 아 미 타 불

阿彌陀佛在何方 着得心頭切莫忘
아 미 타 불 재 하 방 착 득 심 두 절 막 망

念到念窮無念處 六門常放紫金光 南無阿彌陀佛
염 도 염 궁 무 념 처 육 문 상 방 자 금 광 나 무 아 미 타 불

極樂世界十種莊嚴 法藏誓願修因莊嚴
극 락 세 계 십 종 장 엄 법 장 서 원 수 인 장 엄

四十八願願力莊嚴 彌陀名號壽光莊嚴
사 십 팔 원 원 력 장 엄 미 타 명 호 수 광 장 엄

三大士觀寶像莊嚴 彌陀國土安樂莊嚴
삼 대 사 관 보 상 장 엄 미 타 국 토 안 락 장 엄

寶河淸淨德水莊嚴 寶殿如意樓閣莊嚴
보 하 청 정 덕 수 장 엄 보 전 여 의 누 각 장 엄

晝夜長遠時分莊嚴 二十四樂淨土莊嚴
주 야 장 원 시 분 장 엄 이 십 사 락 정 토 장 엄

三十種益功德莊嚴 南無阿彌陀佛
삼 십 종 익 공 덕 장 엄 나 무 아 미 타 불

靑山疊疊彌陀窟 蒼海茫茫寂滅宮
청 산 첩 첩 미 타 굴 창 해 망 망 적 멸 궁

物物拈來無罣碍 幾看松亭鶴頭紅 南無阿彌陀佛
물 물 염 래 무 가 애 기 간 송 정 학 두 홍 나 무 아 미 타 불

極樂堂前滿月容 玉毫金色照虛空
극 락 당 전 만 월 용 옥 호 금 색 조 허 공

若人一念稱名號 頃刻圓成無量功 南無阿彌陀佛
약 인 일 념 칭 명 호 경 각 원 성 무 량 공 나 무 아 미 타 불

三界猶如汲井輪 百千萬劫歷微塵
삼 계 유 여 급 정 륜 백 천 만 겁 역 미 진

此身不向今生度 更待何生度此身 南無阿彌陀佛
차 신 불 향 금 생 도 갱 대 하 생 도 차 신 나 무 아 미 타 불

天上天下無如佛 十方世界亦無比
천 상 천 하 무 여 불 시 방 세 계 역 무 비

世間所有我盡見 一切無有如佛者 南無阿彌陀佛
세 간 소 유 아 진 견 일 체 무 유 여 불 자 나 무 아 미 타 불

刹塵心念可數知 大海中水可飮盡
찰 진 심 념 가 수 지 대 해 중 수 가 음 진

虛空可量風可繫 無能盡說佛功德 南無阿彌陀佛
허 공 가 량 풍 가 계 무 능 진 설 불 공 덕 나 무 아 미 타 불

假使頂戴經塵劫 身爲牀座遍三千
가 사 정 대 경 진 겁 신 위 상 좌 변 삼 천

若不傳法度衆生 畢竟無能報恩者 南無阿彌陀佛
약 불 전 법 도 중 생 필 경 무 능 보 은 자 나 무 아 미 타 불

報化非眞了妄緣 法身淸淨廣無邊
보 화 비 진 요 망 연 법 신 청 정 광 무 변

千江有水千江月 萬里無雲萬里天 南無阿彌陀佛
천 강 유 수 천 강 월 만 리 무 운 만 리 천 나 무 아 미 타 불

山堂靜夜坐無言 寂寂寥寥本自然
산 당 정 야 좌 무 언 적 적 요 요 본 자 연

何事西風動林野 一聲寒鴈唳長天 南無阿彌陀佛
하 사 서 풍 동 림 야 일 성 한 안 여 장 천 나 무 아 미 타 불

圓覺山中生一樹 開花天地未分前
원 각 산 중 생 일 수 개 화 천 지 미 분 전

非青非白亦非黑 不在春風不在天 南無阿彌陀佛
비 청 비 백 역 비 흑 부 재 춘 풍 부 재 천 나 무 아 미 타 불

四大各離如夢中 六塵心識本來空
사 대 각 리 여 몽 중 육 진 심 식 본 래 공

欲識佛祖回光處 日落西山月出東 南無阿彌陀佛
욕 식 불 조 회 광 처 일 락 서 산 월 출 동 나 무 아 미 타 불

十念往生願 往生極樂願
십 념 왕 생 원 왕 생 극 락 원

上品上生願 廣度衆生願 南無阿彌陀佛
상 품 상 생 원 광 도 중 생 원 나 무 아 미 타 불

願共法界諸衆生 同入彌陀大願海
원 공 법 계 제 중 생 동 입 미 타 대 원 해

盡未來際度衆生 自他一時成佛道 南無阿彌陀佛
진 미 래 제 도 중 생 자 타 일 시 성 불 도 나 무 아 미 타 불

總觀想
총 관 상

南無 西方淨土 極樂世界 三十六萬億 一十一萬 九
나 무 서 방 정 토 극 락 세 계 삼 십 육 만 억 일 십 일 만 구

千五百 同名同號 大慈大悲 阿彌陀佛
천 오 백 동 명 동 호 대 자 대 비 아 미 타 불

南無 西方淨土 極樂世界 佛身長廣 相好無邊 金色
나 무 서 방 정 토 극 락 세 계 불 신 장 광 상 호 무 변 금 색

光明 遍照法界 四十八願 度脫衆生 不可說 不可說
광명 변조법계 사십팔원 도탈중생 불가설 불가설

轉 不可說 恒河沙 佛刹微塵數 稻麻竹葦 無限極數
전 불가설 항하사 불찰미진수 도마죽위 무한극수

三百六十萬億 一十一萬 九千五百 同名同號 大慈大
삼백육십만억 일십일만 구천오백 동명동호 대자대

悲 我等導師 金色如來 阿彌陀佛
비 아등도사 금색여래 아미타불

別觀想
별관상

南無文殊菩薩 南無普賢菩薩 南無觀世音菩薩
나무문수보살 나무보현보살 나무관세음보살

南無大勢至菩薩 南無金剛藏菩薩 南無除障碍菩薩
나무대세지보살 나무금강장보살 나무제장애보살

南無彌勒菩薩 南無地藏菩薩 南無一切淸淨大海衆
나무미륵보살 나무지장보살 나무일체청정대해중

菩薩摩訶薩 願共法界諸衆生 同入彌陀大願海
보살마하살 원공법계제중생 동입미타대원해

發願偈
발원게

十方三世佛 阿彌陀第一 九品度衆生 威德無窮極 我
시방삼세불 아미타제일 구품도중생 위덕무궁극 아

今大歸依 懺悔三業罪 凡有諸福善 至心用廻向 願同
금대귀의 참회삼업죄 범유제복선 지심용회향 원동

念佛人 盡生極樂國 見佛了生死 如佛度一切 往生偈
염불인 진생극락국 견불요생사 여불도일체 왕생게

願我臨欲命終時 盡除一切諸障碍
원아임욕명종시 진제일체제장애

面見彼佛阿彌陀 卽得往生安樂刹
면 견 피 불 아 미 타 즉 득 왕 생 안 락 찰

功德偈
공 덕 게

願以此功德 普及於一切 我等與衆生
원 이 차 공 덕 보 급 어 일 체 아 등 여 중 생

當生極樂國 同見無量壽 皆共成佛道
당 생 극 락 국 동 견 무 량 수 개 공 성 불 도

【九病施食】
구 병 시 식

*九病施食은 有主無主孤魂靈駕가 侵責되어서 몸이 아플 때 하는 施食이다. 神衆
구병시식 유주무주고혼영가 침책 시식 신중

佛供을 올린 후 法堂에서 하지 않고, 別途의 場所(큰방, 樓閣, 寮舍채 등)에 屛
불공 법당 별도 장소 누각 요사 병

風을 치고 한다.
풍

擧佛 *平念佛-大衆唱
거 불 평염불 대중창

『南無常住十方佛
나 무 상 주 시 방 불

南無常住十方法
나 무 상 주 시 방 법

南無常住十方僧
나 무 상 주 시 방 승

南無大慈大悲救苦 觀世音菩薩摩訶薩』(三說)
나 무 대 자 대 비 구 고 관 세 음 보 살 마 하 살 삼 설

唱魂 *搖鈴三下, 法主獨唱
창 혼 요령삼하 법주독창

據 娑婆世界 南贍部洲 東洋 大韓民國 某山下 某寺
거 사 바 세 계 남 섬 부 주 동 양 대 한 민 국 모 산 하 모 사

淸淨水月道場 某處 居住 今日(今夜) 特爲 淸信士
청 정 수 월 도 량 모 처 거 주 금 일 금 야 특 위 청 신 사

某生 某人 嘖主鬼神靈駕 承佛威神 仗法加持 就此
모 생 모 인 책 주 귀 신 영 가 승 불 위 신 장 법 가 지 취 차

淸淨之寶座 飽饌禪悅之法供
청 정 지 보 좌 포 찬 선 열 지 법 공

振鈴偈 *搖鈴 1/3句 法主獨唱 2/4句 同音唱 〈범패채보 p.221〉
진령게 요령 구 법주독창 구 동음창

以此振鈴伸召請 冥途鬼界普聞知
이차진령신소청 명도귀계보문지

願承三寶力加持 今夜今時來赴會
원승삼보력가지 금야금시내부회

着語 *着語聲-法主獨唱 〈범패채보 p.328〉
착어 착어성 법주독창

慈光照處蓮花出 慧眼觀時地獄空
자광조처연화출 혜안관시지옥공

又況大悲神呪力 衆生成佛刹那中
우황대비신주력 중생성불찰나중

千手一片爲孤魂 至心諦聽 至心諦受
천수일편위고혼 지심제청 지심제수

*神妙章句大陀羅尼부터~普召請眞言까지 平念佛로 大衆이 同音한다.
신묘장구대다라니 보소청진언 평염불 대중 동음

神妙章句大陀羅尼 *平念佛-大衆唱
신묘장구대다라니 평염불 대중창

나모라 다나다라 야야 나막알약 바로기제 새바라야 모지 사다바야 마하 사다바야 마하가로 니가야 옴 살바 바예수 다라나 가라야 다사명 나막 가리다바 이맘 알야 바로기제 새바라 다바 니라간타 나막 하리나야 마발다 이사미 살발타 사다남 수반 아예염살바 보다남 바바말아 미수다감 다냐타 옴 아로계 아로가 마지로가 지가란제 혜혜하례 마하 모지 사다바 삼마라 삼마라 하리나야 구로구로 갈마 사다야 사다야 도로도로 미연제 마하 미연제 다라다라 다린나례 새바라 자라자라 마라 미마라 아마라 몰제 예혜혜 로계 새바라 라아 미사미 나사야 나베 사미사미 나사야 모하자라 미사미 나사야 호로호로 마라호로 하례 바나마 나바 사라사라 시리시리 소로소로 못쟈못쟈 모다야 모다야 매다리야 니라간타 가마사 날사남 바라 하리나야 마낙사바하 싯다야 사바하 마하 싯다야 사바하 싯다유예 새바라야 사바하 니라간타야 사바하 바라하 목카싱하 목카야 사바하 바나마 하따야 사바하 자가라 욕다야 사바하 상카섭나네 모다나야 사바하 마하라 구타다라야 사바하 바마사간타 니사 시체다가릿나 이나야 사바하 먀가라 잘마이바 사나야 사바하 『나모라 다나다라 야야 나막알야 바로기제 새바라야 사바하』(3번)

破地獄偈
파 지 옥 게

若人欲了知 三世一切佛 應觀法界性 一切唯心造
약 인 욕 료 지 삼 세 일 체 불 응 관 법 계 성 일 체 유 심 조

(3번)

破地獄眞言
파 지 옥 진 언

唵 迦羅地野 娑婆訶(3번)
옴 가라지야 사바하

滅惡趣眞言
멸 악 취 진 언

唵 阿謨迦 尾魯左那 摩訶 母那羅 摩尼 婆那摩 阿
옴 아모가 미로자나 마하 모나라 마니 바나마 아

婆羅婆羅 密多野 吽(3번)
바라바라 밋다야 훔

召餓鬼眞言
소 아 귀 진 언

唵 卽那卽迦 曳醯醯 娑婆訶(3번)
옴 직나직가 예혜혜 사바하

普召請眞言
보 소 청 진 언

南謨 步步諦哩 迦哩多哩 多陀揭多野(3번)
나무 보보제리 가리다리 다타아다야

* 法主獨唱-編偈聲
법주독창 편게성

維歲次 某年 某月 某日 某處 居住 淸信士 某生 某
유세차 모년 모월 모일 모처 거주 청신사 모생 모

人 得病難除 撲床呻吟 謹備香燈飯餠錢馬 邀請嘖主
인 득병난제 박상신음 근비향등반병전마 요청책주

鬼神靈駕 及與五方諸位靈祇靈魂 以伸供養 伏願 某
귀신영가 급여오방제위영기영혼 이신공양 복원 모

生 某人 嘖主鬼神 諸位靈魂 來臨醮座 受霑法供 解
생 모인 책주귀신 제위영혼 내림초좌 수첨법공 해

冤釋結 病患消除 身强力足 所求如願 一一成就
원석결 병환소제 신강역족 소구여원 일일성취

切以 冥路茫茫 孤魂擾擾 或入幽關 永世楚毒 或處
절이 명로망망 고혼요요 혹입유관 영세초독 혹처

中陰 長劫飢虛 斯殃斯苦 難忍難當 千載未獲超昇之
중음 장겁기허 사앙사고 난인난당 천재미획초승지

路 四時永無享祭之儀 糊口四方 終無一飽 幸托財色
로 사시영무향제지의 호구사방 종무일포 행탁재색

而損物 亦付酒食而侵人 或 不忘情愛而追尋 或 未
이손물 역부주식이침인 혹 불망정애이추심 혹 미

釋冤憎而逼迫 或 因鼎釜槽甕出納而生禍 或 緣瓦石
석원징이핍박 혹 인정부조옹출납이생화 혹 연와석

土木犯動而流災 凡夫不知病根而痛傷 鬼神了知罪
토목범동이유재 범부부지병근이통상 귀신요지죄

相而侵嘖 鬼不知人之苦惱而妄怒 人不知鬼之飢虛
상이침책 귀부지인지고뇌이망로 인부지귀지기허

而徒憎 不假觀音之威神 寧釋人鬼之結恨 肆以 運心
이도징 불가관음지위신 영석인귀지결한 사이 운심

平等 設食無遮 願諸嘖主孤魂 仰仗觀音妙力 咸脫苦
평등 설식무차 원제책주고혼 앙장관음묘력 함탈고

趣 來赴法筵 謹秉一心 先陳三請
취 내부법연 근병일심 선진삼청

*證明請은 '南無一心奉請에서~普供養眞言'까지 茶器를 올리고, 上壇을 向해 한다.
증명청 나무일심봉청 보공양진언 다기 상단 향

證明請 *請詞聲-法主獨唱.搖鈴
증명청 청사성 법주독창 요령

南無一心奉請 乘權起敎 普濟飢虛 爲救於惡道衆生
나무일심봉청 승권기교 보제기허 위구어악도중생

故現此尫羸之相 大聖焦面鬼王 悲增菩薩摩訶薩 唯
고 현 차 왕 리 지 상 대 성 초 면 귀 왕 비 증 보 살 마 하 살 유

願 不違本誓 降臨道場 證明功德(三請)
원 불 위 본 서 강 림 도 량 증 명 공 덕 삼 청

香花請(3번) *바라지獨唱
향 화 청 독 창

歌詠/故我偈 *바라지獨唱, 大衆唱
가 영 고 아 게 독 창 대 중 창

悲增示跡大菩薩 權現有形是鬼王
비 증 시 적 대 보 살 권 현 유 형 시 귀 왕

尊貴位中留不住 蘆花明月自茫茫
존 귀 위 중 유 부 주 노 화 명 월 자 망 망

故我一心歸命頂禮
고 아 일 심 귀 명 정 례

獻座眞言 *1/3句 法主獨唱, 2/4句 大衆唱 〈범패채보 p.299〉
헌 좌 진 언 구 법 주 독 창 구 대 중 창

妙菩提座勝莊嚴 諸佛坐已成正覺
묘 보 리 좌 승 장 엄 제 불 좌 이 성 정 각

我今獻座亦如是 自他一時成佛道
아 금 헌 좌 역 여 시 자 타 일 시 성 불 도

唵 婆阿羅 尾那耶 娑婆訶(3번)
옴 바 아 라 미 나 야 사 바 하

茶偈 *바라지獨唱, 大衆唱
다 게 독 창 대 중 창

今將甘露茶 奉獻證明前 鑑察虔懇心
금 장 감 로 다 봉 헌 증 명 전 감 찰 건 간 심

願垂哀納受 願垂哀納受 願垂慈悲哀納受
원수애납수 원수애납수 원수자비애납수

普供養眞言 *平念佛-大衆唱
보공양진언 평염불 대중창

唵 我我那 三婆婆 婆我羅 吽(3번)
옴 아아나 삼바바 바아라 훔

孤魂請 *請詞聲-法主獨唱. 搖鈴 *九病施食壇을 向해 한다.
고혼청 청사성 법주독창 요령 구병시식단 향

一心奉請 淸信士 某生 某人 嘖主鬼神靈駕 爲主 先
일심봉청 청신사 모생 모인 책주귀신영가 위주 선

亡父母 多生師長 五族六親 列名靈駕 內護竈王大神
망부모 다생사장 오족육친 열명영가 내호조왕대신

外護山王大神 五方動土神 五方龍王 五方聖者 東方
외호산왕대신 오방동토신 오방용왕 오방성자 동방

甲乙靑色神 南方丙丁赤色神 西方庚辛白色神 北方
갑을청색신 남방병정적색신 서방경신백색신 북방

壬癸黑色神 中方戊己黃色神 第一夢陀羅尼等 七鬼
임계흑색신 중방무기황색신 제일몽다라니등 칠귀

神 東方靑殺神 南方赤殺神 西方白殺神 北方黑殺神
신 동방청살신 남방적살신 서방백살신 북방흑살신

中央黃殺神 五蘊行件鬼神 客件鬼神 近界土公神 近
중앙황살신 오온행건귀신 객건귀신 근계토공신 근

界砧鬼神 近界厠鬼神 近界道路神 近界庭中神 近界
계침귀신 근계칙귀신 근계도로신 근계정중신 근계

欄中神 天件鬼神都前 地件鬼神都前 人件鬼神都前
난중신 천건귀신도전 지건귀신도전 인건귀신도전

蘊件鬼神都前 行件鬼神都前 客件鬼神都前 路件鬼
온건귀신도전 행건귀신도전 객건귀신도전 노건귀

神都前 山件鬼神都前 水件鬼神都前 各並眷屬 唯願
신 도 전 산 건 귀 신 도 전 수 건 귀 신 도 전 각 병 권 속 유 원

承 三寶力 來臨醮座 受霑供養(三請)
승 삼 보 력 내 림 초 좌 수 첨 공 양 삼 청

香烟請(3번) *바라지獨唱
향 연 청 독 창

歌詠 *歌詠聲-바라지獨唱
가 영 가 영 성 독 창

債有主人寃有頭 只因憎愛未曾休
채 유 주 인 원 유 두 지 인 증 애 미 징 휴

如今設食兼揚法 頓悟無生解結讐
여 금 설 식 겸 양 법 돈 오 무 생 해 결 수

上來召請 嘖主鬼神 各列位靈駕 *法主獨唱
상 래 소 청 책 주 귀 신 각 열 위 영 가 법 주 독 창

受位安座眞言
수 위 안 좌 진 언

唵 摩尼 軍茶利 吽吽 娑婆訶(3번)
옴 마 니 군 다 니 훔 훔 사 바 하

茶偈 *바라지獨唱, 大衆唱 〈범패채보 p.250〉
다 게 독 창 대 중 창

百草林中一味新 趙州常勸幾千人 烹將石鼎江心水
백 초 임 중 일 미 신 조 주 상 권 기 천 인 팽 장 석 정 강 심 수

願使亡靈歇苦輪 願使孤魂歇苦輪 願使諸靈歇苦輪
원 사 망 령 헐 고 륜 원 사 고 혼 헐 고 륜 원 사 제 령 헐 고 륜

*'百草林中一味新 趙州常勸幾千人 烹將石鼎江心水'를 바라지가 獨唱하면, '願使
백 초 임 중 일 미 신 조 주 상 권 기 천 인 팽 장 석 정 강 심 수 독 창 원 사

亡靈歇苦輪~' 法主와 大衆이 同音唱한다.
망 령 헐 고 륜 법 주 대 중 동 음 창

宣蜜偈
선 밀 게

* 法主가 '宣蜜加持'를 唱하면 '身田潤澤부터~莊嚴念佛'까지 法主와 大衆이 同音唱
법주 선밀가지 창 신전윤택 장엄염불 법주 대중 동음창
한다.

宣蜜加持 身田潤澤 業火淸凉 各求解脫
선 밀 가 지 신 전 윤 택 업 화 청 량 각 구 해 탈

變食眞言
변 식 진 언

那莫 薩婆多陀 我多 婆路其帝 唵 三婆羅 三婆羅
나 막 살 바 다 타 아 다 바 로 기 제 옴 삼 바 라 삼 바 라

吽(3번)
훔

施甘露水眞言
시 감 로 수 진 언

南無 素嚕縛耶 怛他揭多耶 怛姪他 唵 素嚕素嚕 縛
나 무 소 로 바 야 다 타 아 다 야 다 냐 타 옴 소 로 소 로 바

羅素嚕 縛羅素嚕 娑婆訶(3번)
라 소 로 바 라 소 로 사 바 하

一字水輪觀眞言
일 자 수 륜 관 진 언

唵 鑁 鑁 鑁鑁(3번)
옴 밤 밤 밤 밤

乳海眞言
유 해 진 언

南無 三滿多 沒陀喃 唵 鑁(3번)
나 무 사 만 다 못 다 남 옴 밤

稱揚聖號
칭양성호

南無多寶　如來　願諸孤魂　破除慳貪　法財具足
나무다보　여래　원제고혼　파제간탐　법재구족

南無妙色身如來　願諸孤魂　離醜陋形　相好圓滿
나무묘색신여래　원제고혼　이추루형　상호원만

南無廣博身如來　願諸孤魂　捨六凡身　悟虛空身
나무광박신여래　원제고혼　사륙범신　오허공신

南無離怖畏如來　願諸孤魂　離諸怖畏　得涅槃樂
나무이포외여래　원제고혼　이제포외　득열반락

南無甘露王如來　願我各各　列名靈駕　咽喉開通
나무감로왕여래　원아각각　열명영가　인후개통

獲甘露味(3번)　*名號만 두 번 唱하고, 세 번째 全部를 唱함.
획감로미　명호　창　전부　창

施食偈
시식게

願此加持食　普遍滿十方　食者除飢渴　得生安養國(3번)
원차가지식　보변만시방　식자제기갈　득생안양국

施鬼食眞言
시귀식진언

唵　尾其尾其　野野尾其　娑婆訶(3번)
옴　미기미기　야야미기　사바하

普供養眞言
보공양진언

唵　我我那　三婆婆　婆我羅　吽(3번)
옴　아아나　삼바바　바아라　훔

普回向眞言
보 회 향 진 언

唵 舍摩羅 舍摩羅 尾摩羅 舍羅摩訶 左佉羅縛 吽(3번)
옴 삼 마 라 삼 마 라 미 마 나 사 라 마 하 자 거 라 바 훔

勸飯偈
권 반 게

受我此法食 何異阿難饌 飢腸咸飽滿 業火頓淸凉
수 아 차 법 식 하 이 아 난 찬 기 장 함 포 만 업 화 돈 청 량

頓捨貪瞋痴 常歸佛法僧 念念菩提心 處處安樂國
돈 사 탐 진 치 상 귀 불 법 승 염 념 보 리 심 처 처 안 락 국

(3번)

般若偈
반 야 게

凡所有相 皆是虛妄 若見諸相非相 卽見如來(3번)
범 소 유 상 개 시 허 망 약 견 제 상 비 상 즉 견 여 래

如來十號
여 래 십 호

如來 應供 正遍知 明行足 善逝 世間解 無上士 調
여 래 응 공 정 변 지 명 행 족 선 서 세 간 해 무 상 사 조

御丈夫 天人師 佛世尊(3번)
어 장 부 천 인 사 불 세 존

法華偈
법 화 게

諸法從本來 常自寂滅相 佛子行道已 來世得作佛
제 법 종 본 래 상 자 적 멸 상 불 자 행 도 이 내 세 득 작 불

(3번)

無常偈
무 상 게

諸行無常 是生滅法 生滅滅已 寂滅爲樂(3번)
제 행 무 상 시 생 멸 법 생 멸 멸 이 적 멸 위 락

莊嚴念佛
장 엄 염 불

願我盡生無別念 阿彌陀佛獨相隨
원 아 진 생 무 별 념 아 미 타 불 독 상 수

心心常係玉毫光 念念不離金色相
심 심 상 계 옥 호 광 염 념 불 리 금 색 상

我執念珠法界觀 虛空爲繩無不貫
아 집 염 주 법 계 관 허 공 위 승 무 불 관

平等舍那無何處 觀求西方阿彌陀
평 등 사 나 무 하 처 관 구 서 방 아 미 타

南無西方大敎主 無量壽如來佛『南無阿彌陀佛』(10번)
나 무 서 방 대 교 주 무 량 수 여 래 불 나 무 아 미 타 불

阿彌陀佛在何方 着得心頭切莫忘
아 미 타 불 재 하 방 착 득 심 두 절 막 망

念到念窮無念處 六門常放紫金光 南無阿彌陀佛
염 도 염 궁 무 념 처 육 문 상 방 자 금 광 나 무 아 미 타 불

極樂世界十種莊嚴 法藏誓願修因莊嚴
극 락 세 계 십 종 장 엄 법 장 서 원 수 인 장 엄

四十八願願力莊嚴 彌陀名號壽光莊嚴
사 십 팔 원 원 력 장 엄 미 타 명 호 수 광 장 엄

三大士觀寶像莊嚴 彌陀國土安樂莊嚴
삼 대 사 관 보 상 장 엄 미 타 국 토 안 락 장 엄

寶河淸淨德水莊嚴 寶殿如意樓閣莊嚴
보 하 청 정 덕 수 장 엄 보 전 여 의 누 각 장 엄

晝夜長遠時分莊嚴 二十四樂淨土莊嚴
주야장원시분장엄 이십사락정토장엄

三十種益功德莊嚴 南無阿彌陀佛
삼십종익공덕장엄 나무아미타불

靑山疊疊彌陀窟 蒼海茫茫寂滅宮
청산첩첩미타굴 창해망망적멸궁

物物拈來無罣碍 幾看松亭鶴頭紅 南無阿彌陀佛
물물염래무가애 기간송정학두홍 나무아미타불

極樂堂前滿月容 玉毫金色照虛空
극락당전만월용 옥호금색조허공

若人一念稱名號 頃刻圓成無量功 南無阿彌陀佛
약인일념칭명호 경각원성무량공 나무아미타불

三界猶如汲井輪 百千萬劫歷微塵
삼계유여급정륜 백천만겁역미진

此身不向今生度 更待何生度此身 南無阿彌陀佛
차신불향금생도 갱대하생도차신 나무아미타불

天上天下無如佛 十方世界亦無比
천상천하무여불 시방세계역무비

世間所有我盡見 一切無有如佛者 南無阿彌陀佛
세간소유아진견 일체무유여불자 나무아미타불

刹塵心念可數知 大海中水可飮盡
찰진심념가수지 대해중수가음진

虛空可量風可繫 無能盡說佛功德 南無阿彌陀佛
허공가량풍가계 무능진설불공덕 나무아미타불

假使頂戴經塵劫 身爲牀座遍三千
가사정대경진겁 신위상좌변삼천

若不傳法度衆生 畢竟無能報恩者 南無阿彌陀佛
약불전법도중생 필경무능보은자 나무아미타불

報化非眞了妄緣 法身淸淨廣無邊
보화비진요망연 법신청정광무변

千江有水千江月 萬里無雲萬里天 南無阿彌陀佛
천강유수천강월 만리무운만리천 나무아미타불

山堂靜夜坐無言 寂寂寥寥本自然
산당정야좌무언 적적요요본자연

何事西風動林野 一聲寒鴈唳長天 南無阿彌陀佛
하사서풍동림야 일성한안여장천 나무아미타불

圓覺山中生一樹 開花天地未分前
원각산중생일수 개화천지미분전

非青非白亦非黑 不在春風不在天 南無阿彌陀佛
비청비백역비흑 부재춘풍부재천 나무아미타불

四大各離如夢中 六塵心識本來空
사대각리여몽중 육진심식본래공

欲識佛祖回光處 日落西山月出東 南無阿彌陀佛
욕식불조회광처 일락서산월출동 나무아미타불

十念往生願 往生極樂願
십념왕생원 왕생극락원

上品上生願 廣度衆生願 南無阿彌陀佛
상품상생원 광도중생원 나무아미타불

願共法界諸衆生 同入彌陀大願海
원공법계제중생 동입미타대원해

盡未來際度衆生 自他一時成佛道 南無阿彌陀佛
진미래제도중생 자타일시성불도 나무아미타불

總觀想
총관상

南無 西方淨土 極樂世界 三十六萬億 一十一萬 九
나무 서방정토 극락세계 삼십육만억 일십일만 구

千五百 同名同號 大慈大悲 阿彌陀佛
천오백 동명동호 대자대비 아미타불

南無 西方淨土 極樂世界 佛身長廣 相好無邊 金色
나무 서방정토 극락세계 불신장광 상호무변 금색

光明 遍照法界 四十八願 度脫衆生 不可說 不可說
광명 변조법계 사십팔원 도탈중생 불가설 불가설

轉 不可說 恒河沙 佛刹微塵數 稻麻竹葦 無限極數
전 불가설 항하사 불찰미진수 도마죽위 무한극수

三百六十萬億 一十一萬 九千五百 同名同號 大慈大
삼백육십만억 일십일만 구천오백 동명동호 대자대

悲 我等導師 金色如來 阿彌陀佛
비 아등도사 금색여래 아미타불

別觀想
별관상

南無文殊菩薩 南無普賢菩薩 南無觀世音菩薩
나무문수보살 나무보현보살 나무관세음보살

南無大勢至菩薩 南無金剛藏菩薩 南無除障碍菩薩
나무대세지보살 나무금강장보살 나무제장애보살

南無彌勒菩薩 南無地藏菩薩 南無一切淸淨大海衆
나무미륵보살 나무지장보살 나무일체청정대해중

菩薩摩訶薩 願共法界諸衆生 同入彌陀大願海
보살마하살 원공법계제중생 동입미타대원해

發願偈
발원게

十方三世佛 阿彌陀第一 九品度衆生 威德無窮極 我
시방삼세불 아미타제일 구품도중생 위덕무궁극 아

今大歸依 懺悔三業罪 凡有諸福善 至心用廻向 願同
금대귀의 참회삼업죄 범유제복선 지심용회향 원동

念佛人 盡生極樂國 見佛了生死 如佛度一切 往生偈
염불인 진생극락국 견불요생사 여불도일체 왕생게

願我臨欲命終時 盡除一切諸障碍
원아임욕명종시 진제일체제장애

面見彼佛阿彌陀 卽得往生安樂刹
면 견 피 불 아 미 타 즉 득 왕 생 안 락 찰

功德偈
공 덕 게

願以此功德 普及於一切 我等與衆生
원 이 차 공 덕 보 급 어 일 체 아 등 여 중 생

當生極樂國 同見無量壽 皆共成佛道
당 생 극 락 국 동 견 무 량 수 개 공 성 불 도

*莊嚴念佛이 끝나기 直前에 과일, 떡, 나물, 밥 등 施食床에 올린 것을 모두 쏟아
장엄염불 직전 시식상

붓고, 빈그릇은 엎어 놓는다.

至燒臺 *法主獨唱
지 소 대 법주독창

上來奉請 施食諷經 念佛功德 特爲 某人 嘖主鬼神
상 래 봉 청 시 식 풍 경 염 불 공 덕 특 위 모 인 책 주 귀 신

靈駕 爲首 一切親屬 列名靈駕 諸位靈祇靈魂佛子
영 가 위 수 일 체 친 속 열 명 영 가 제 위 영 기 영 혼 불 자

含寃而逼惱者則 速證法喜之妙果 因餓而侵嘖者則
함 원 이 핍 뇌 자 즉 속 증 법 희 지 묘 과 인 아 이 침 책 자 즉

永飽禪悅之珍羞 願承觀音大悲之威光 共入彌陀大
영 포 선 열 지 진 수 원 승 관 음 대 비 지 위 광 공 입 미 타 대

願之覺海
원 지 각 해

念願文 *平念佛-大衆唱
염 원 문 평염불 대중창

念十方三世一切諸佛 諸尊菩薩摩訶薩 摩訶般若波
염 시 방 삼 세 일 체 제 불 제 존 보 살 마 하 살 마 하 반 야 바

羅蜜
라 밀

願往偈 *平念佛-大衆唱
원 왕 게 평염불 대중창

願往生 願往生 願生極樂見彌陀 獲蒙摩頂授記莂
원 왕 생 원 왕 생 원 생 극 락 견 미 타 획 몽 마 정 수 기 별

願往生 願往生 願在彌陀會中座 手執香華常供養
원 왕 생 원 왕 생 원 재 미 타 회 중 좌 수 집 향 화 상 공 양

願往生 願往生 願生華藏蓮華界 自他一時成佛道
원 왕 생 원 왕 생 원 생 화 장 연 화 계 자 타 일 시 성 불 도

*馬字그림을 먼저 태우고, 七鬼神-奠-位牌-位目(南無大聖焦面鬼王 悲增菩薩摩
마 자 칠귀신 전 위패 위목 나무대성초면귀왕 비증보살마

訶薩) 順序로 사른다.
하살 순서

燒錢眞言
소 전 진 언

唵 毗魯旣帝 娑婆訶(3번)
옴 비 로 기 제 사 바 하

奉送眞言
봉 송 진 언

唵 縛日羅 薩陀 目叉目(3번)
옴 바 아 라 사 다 목 차 목

上品上生眞言
상 품 상 생 진 언

唵 摩尼陀尼 吽吽 縛吒 娑婆訶(3번)
옴 마 니 다 니 훔 훔 바 탁 사 바 하

稽首偈
계 수 게

處世間 如虛空 如蓮花 不着水
처 세 간 여 허 공 여 련 화 불 착 수

心淸淨 超於彼 稽首禮 無上尊
심 청 정 초 어 피 계 수 례 무 상 존

歸依佛 歸依法 歸依僧
귀 의 불 귀 의 법 귀 의 승

歸依佛 兩足尊 歸依法 離欲尊 歸依僧 衆中尊
귀 의 불 양 족 존 귀 의 법 리 욕 존 귀 의 승 중 중 존

歸依佛竟 歸依法竟 歸依僧竟 善步雲程 伏惟珍重
귀 의 불 경 귀 의 법 경 귀 의 승 경 선 보 운 정 복 유 진 중

普回向眞言
보 회 향 진 언

唵 舍摩羅 舍摩羅 尾摩羅 舍羅摩訶 左佉羅縛 吽(3번)
옴 삼마라 삼마라 미마나 사라마하 자거라바 훔

*불을 끄면서 붉은 팥을 던지고, '解百生寃家陀羅尼'(해백생원가다라니)를 108번 외운다.

解百生寃家陀羅尼
해 백 생 원 가 다 라 니

唵 阿阿暗 惡(108번)
옴 아아암 악

第九 奉送 및 燒臺儀式
제구 봉송 소대의식

奉送偈
봉송게

奉送孤魂洎有情 地獄餓鬼及傍生
봉송고혼계유정 지옥아귀급방생

我於他日建道場 不違本誓還來赴
아어타일건도량 불위본서환래부

*靈駕位牌, 奠, 位目을 들고 齋者와 同參大衆들 모두에게 上壇을 向하게 한다.
영가위패 전 위목 재자 동참대중 상단 향

今此至誠 某日齋 法堂普禮 奉送齋者 某處 居住 行
금차지성 모일재 법당보례 봉송재자 모처 거주 행

孝子 某生 某人 一門 家族等伏爲 所薦先 某貫 某
효자 모생 모인 일문 가족등복위 소천선 모관 모

人 靈駕
인 영가

靈駕爲主 上世先亡 師尊父母 多生師長 累代宗親
영가위주 상세선망 사존부모 다생사장 누대종친

遠近親戚 弟兄叔伯 姉妹姪孫 一切無盡 諸佛子等
원근친척 제형숙백 자매질손 일체무진 제불자등

各列位列名靈駕 此道場內外 洞上洞下 有主無主 雲
각열위열명영가 차도량내외 동상동하 유주무주 운

集孤魂 諸佛子等 各列位列名靈駕
집고혼 제불자등 각열위열명영가

加持奉謝
가 지 봉 사

既受香供 已聽法音 今當奉送 更宜虔誠 奉謝三寶
기 수 향 공 이 청 법 음 금 당 봉 송 갱 의 건 성 봉 사 삼 보

*'奉謝三寶'를 할 경우 '普禮三寶'는 省略한다. 法主가 搖鈴을 한 번 내린 후 '普禮三寶'
봉사삼보 보례삼보 생략 법주 요령 보례삼보

를 소리 지으면 '普禮十方常主佛,法,僧'을 大衆이 同音한다.
보례시방상주불 법 승 대중 동음

普禮三寶 *法主獨唱, 大衆唱 〈범패채보 p.212〉
보 례 삼 보 법주독창 대중창

普禮十方常住佛
보 례 시 방 상 주 불

普禮十方常住法
보 례 시 방 상 주 법

普禮十方常住僧
보 례 시 방 상 주 승

行步偈 *大衆唱 〈범패채보 p.208〉
행 보 게 대중창

移行千里滿虛空 歸道情忘到淨邦
이 행 천 리 만 허 공 귀 도 정 망 도 정 방

三業投誠三寶禮 聖凡同會法王宮
삼 업 투 성 삼 보 례 성 범 동 회 법 왕 궁

散花落(3번)
산 화 락

南無大聖引路王菩薩(3번)
나 무 대 성 인 로 왕 보 살

法性偈 *法性偈를 하면서 燒臺로 나간다.
법성게 법성게 소대

法性圓融無二相 諸法不動本來寂 無名無相絶一切
법성원융무이상 제법부동본래적 무명무상절일체

證智所知非餘境 眞性甚深極微妙 不守自性隨緣成
증지소지비여경 진성심심극미묘 불수자성수연성

一中一切多中一 一卽一切多卽一 一微塵中含十方
일중일체다중일 일즉일체다즉일 일미진중함시방

一切塵中亦如是 無量遠劫卽一念 一念卽時無量劫
일체진중역여시 무량원겁즉일념 일념즉시무량겁

九世十世互相卽 仍不雜亂隔別成 初發心時便正覺
구세십세호상즉 잉불잡란격별성 초발심시변정각

生死涅槃常共和 理事冥然無分別 十佛普賢大人境
생사열반상공화 이사명연무분별 십불보현대인경

能仁海印三昧中 繁出如意不思議 雨寶益生滿虛空
능인해인삼매중 번출여의부사의 우보익생만허공

衆生隨器得利益 是故行者還本際 叵息妄想必不得
중생수기득이익 시고행자환본제 파식망상필부득

無緣善巧捉如意 歸家隨分得資糧 以陀羅尼無盡寶
무연선교착여의 귀가수분득자량 이다라니무진보

莊嚴法界實寶殿 窮坐實際中道床 舊來不動名爲佛
장엄법계실보전 궁좌실제중도상 구래부동명위불

至燒臺 *法主獨唱
지소대 법주독창

今此門外 奉送齋者 某處 居住 行孝子 某生 某人
금차문외 봉송재자 모처 거주 행효자 모생 모인

伏爲 所薦先 某貫 某人 靈駕
복위 소천선 모관 모인 영가

上來 施食諷經 念佛功德 離妄緣耶 不離妄緣耶 離
상래 시식풍경 염불공덕 이망연야 불리망연야 이

妄緣則 天堂佛刹 任性逍遙 不離妄緣則 且聽山僧
망연즉 천당불찰 임성소요 불리망연즉 차청산승

末後一偈
말후일게

日月偈 *着語聲-法主獨唱
일월게 착어성 법주독창

四大各離如夢中 六塵心識本來空
사대각리여몽중 육진심식본래공

欲識佛祖回光處 日落西山月出東
욕식불조회광처 일낙서산월출동

*'念十方三世一切諸佛부터~南無回向藏菩薩摩訶薩까지 平念佛로 大衆이 同音한다.
염시방삼세일체제불 나무회향장보살마하살 평염불 대중 동음

念願文 *平念佛-大衆唱
염원문 평염불 대중창

念十方三世一切諸佛 諸尊菩薩摩訶薩 摩訶般若波
염시방삼세일체제불 제존보살마하살 마하반야바

羅蜜
라밀

願往偈 *平念佛-大衆唱
원왕게 평염불 대중창

願往生 願往生 願生極樂見彌陀 獲蒙摩頂授記莂
원왕생 원왕생 원생극락견미타 획몽마정수기별

願往生 願往生 願在彌陀會中座 手執香華常供養
원왕생 원왕생 원재미타회중좌 수집향화상공양

願往生 願往生 願生華藏蓮華界 自他一時成佛道
원왕생 원왕생 원생화장연화계 자타일시성불도

*奠-位牌-位目 順序로 사른다. 태우는 것이 많을 때는 各眞言을 7번~21번을 한
전 위패 위목 순서 각진언

다. (位目은 三身幡, 十王幡 등 各種 佛菩薩의 名號와 經典題目 및 眞言 등을 써
위목 삼신번 시왕번 각종 불보살 명호 경전제목 진언

서 道場莊嚴으로 모셨던 것을 말한다.)
도량장엄

燒錢眞言
소전진언

唵 毗盧旣帝 娑婆訶(3번)
옴 비로기제 사바하

奉送眞言
봉송진언

唵 縛日羅 薩陀 目叉目(3번)
옴 바아라 사다 목차목

上品上生眞言
상품상생진언

唵 摩尼陀尼 吽吽 縛吒 娑婆訶(3번)
옴 마니다니 훔훔 바탁 사바하

稽首偈
계수게

*平念佛-大衆唱
평염불 대중창

處世間 如虛空 如蓮花 不着水
처세간 여허공 여련화 불착수

心淸淨 超於彼 稽首禮 無上尊
심청정 초어피 계수례 무상존

歸依佛 歸依法 歸依僧
귀의불 귀의법 귀의승

歸依佛 兩足尊 歸依法 離欲尊 歸依僧 衆中尊
귀의불 양족존 귀의법 리욕존 귀의승 중중존

歸依佛竟 歸依法竟 歸依僧竟 善步雲程 伏惟珍重
귀 의 불 경 귀 의 법 경 귀 의 승 경 선 보 운 정 복 유 진 중

普回向眞言
보 회 향 진 언

唵 舍摩羅 舍摩羅 尾摩羅 舍羅摩訶 左佉羅縛 吽(3번)
옴 삼 마 라 삼 마 라 미 마 나 사 라 마 하 자 거 라 바 훔

破聲偈 *平念佛-大衆唱
파 성 게 평염불 대중창

火蕩風搖天地壞 寥寥長在白雲間
화 탕 풍 요 천 지 괴 요 요 장 재 백 운 간

一聲揮破金城壁 但向佛前七寶山
일 성 휘 파 금 성 벽 단 향 불 전 칠 보 산

告佛偈 *平念佛-大衆唱
고 불 게 평염불 대중창

南無 歡喜藏摩尼寶積佛
나 무 환 희 장 마 니 보 적 불

南無 圓滿藏菩薩摩訶薩
나 무 원 만 장 보 살 마 하 살

南無 回向藏菩薩摩訶薩
나 무 회 향 장 보 살 마 하 살

梵唄採譜

범 패 채 보

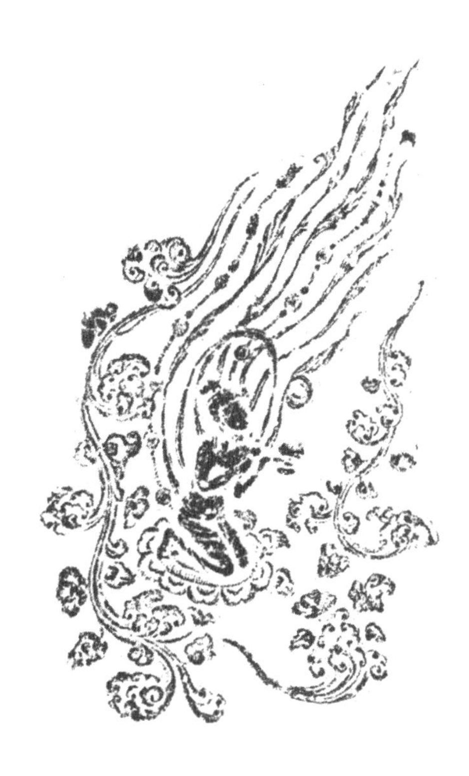

일러두기

1. Ⓛ는 소리를 길게 낼때의 표기이다. Ⓜ는 소리를 약간 길게 낼때의 표기이다.

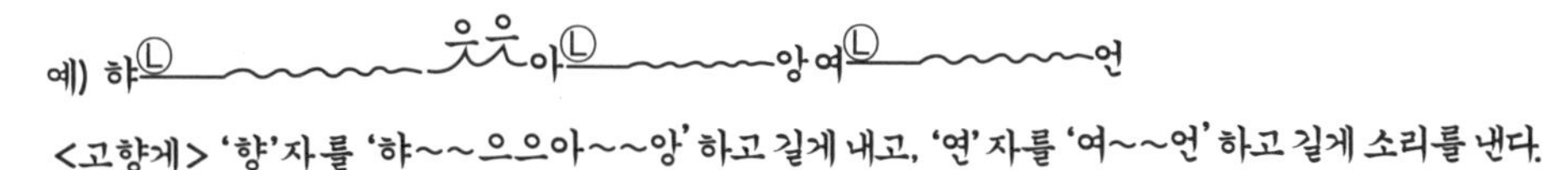

<고향게> '향'자를 '햐~~으으아~~앙' 하고 길게 내고, '연'자를 '여~~언' 하고 길게 소리를 낸다.

2. (2)는 2번 반복하고, (3)는 3번 반복한다는 표기이다.

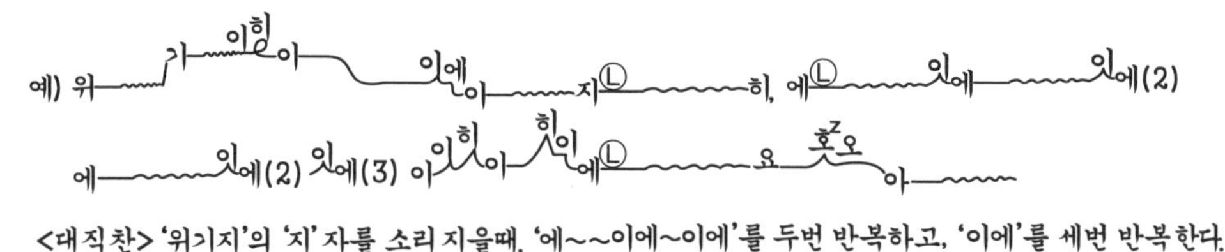

<대직찬> '위기지'의 '지'자를 소리 지을때, '에~~이에~이에'를 두번 반복하고, '이에'를 세번 반복한다.

3. 「 」(2)는 「이 부분에서 시작하여」이 부분까지 2번 반복 한다는 표기이다.
「 」(3)는 「이 부분에서 시작하여」이 부분까지 3번 반복 한다는 표기이다.

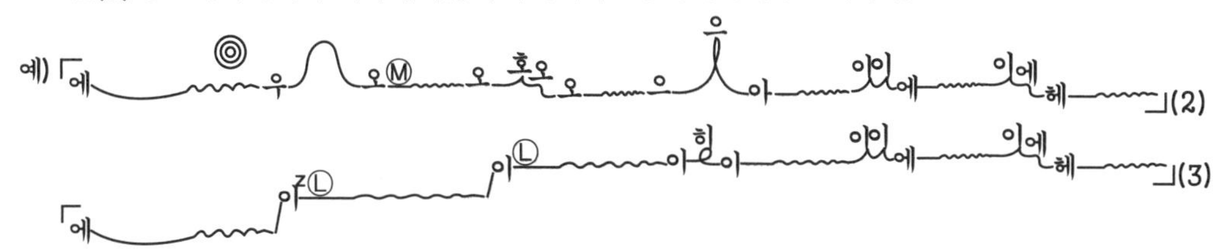

<나무대성인로왕보살>의 '이'자를 소리 짓는경우,
「에~~우오~~오호오~ 부터 시작 하여 이에~헤~」 까지 두번 반복 하며,
「에~~이~~부터 시작 하여 이에~헤~」 까지 세번 반복 한다.

4. 1) ╱ 는 글자를 높게 소리 낸다.

예) 라 아Ⓛ 흐아 아 지 이에Ⓛ

<옹호게>'함래집'의 '이에~~'를 높게 소리 낸다.

2) z 는 글자를 한번 꺾어서 소리 낸다.

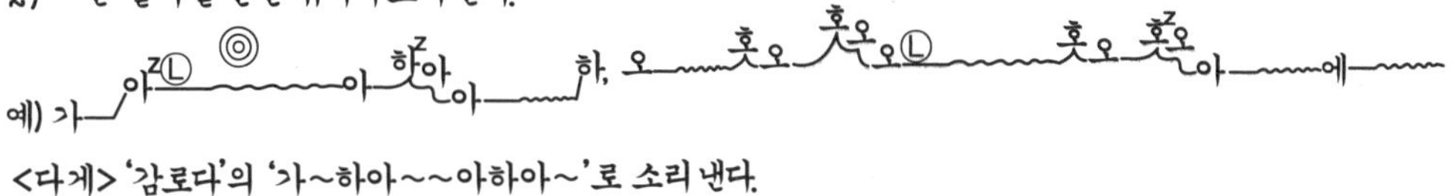

<다게> '감로다'의 '가~하아~~아하아~'로 소리 낸다.

3) ᄊ 는 글자를 두번 굴려 소리 낸다.

예) 이이에Ⓛ 우우어 허어Ⓛ 어허어 아 암

<다게>'감로다'의 '이에~~'와 '우어~~'를 '이이에~~우우어~~'로 두번 굴려 소리 낸다.

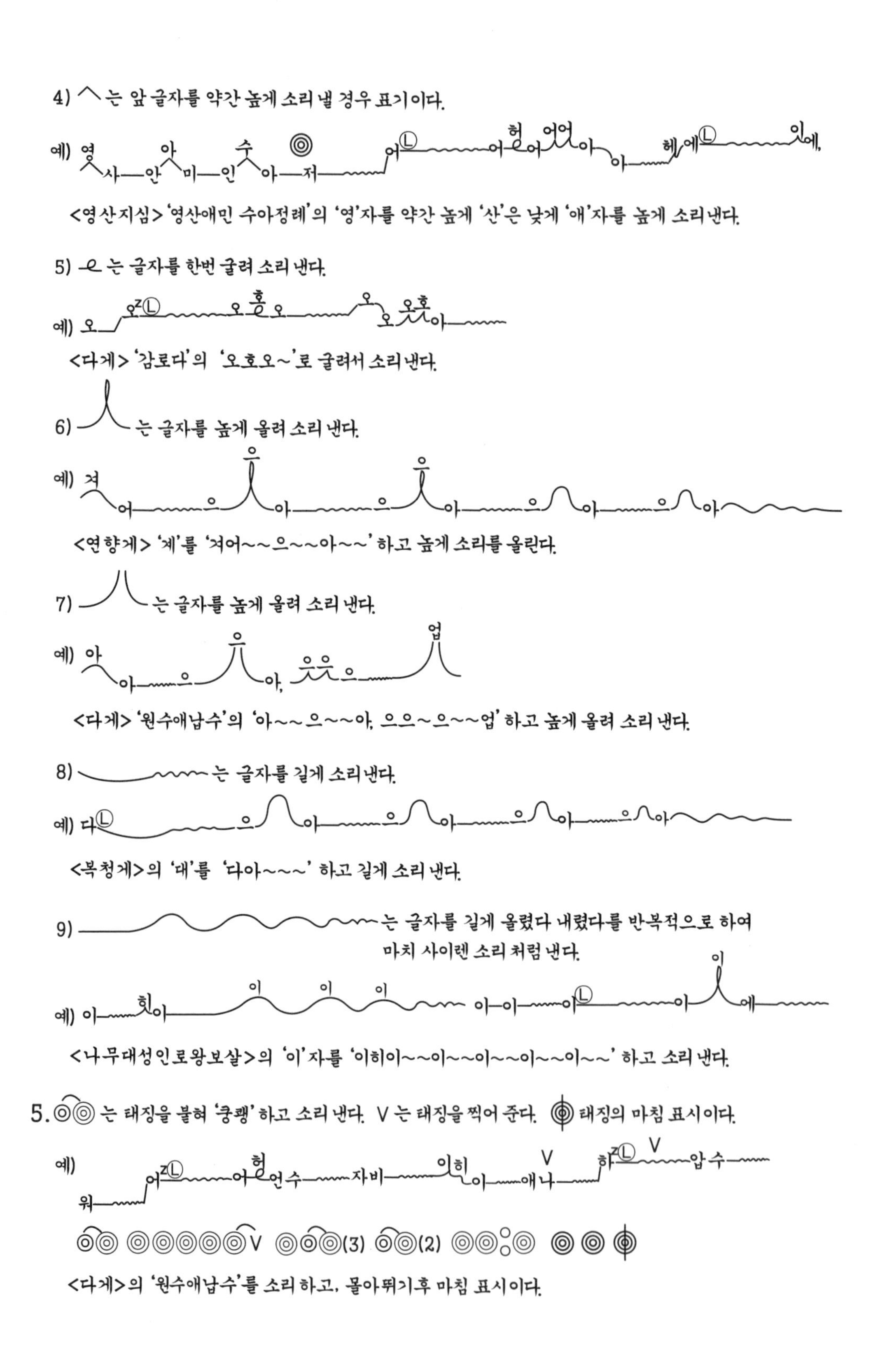
4) ⌃ 는 앞 글자를 약간 높게 소리 낼 경우 표기이다.
<영산지심> '영산애민 수아정례'의 '영'자를 약간 높게 '산'은 낮게 '애'자를 높게 소리낸다.
5) ℓ 는 글자를 한번 굴려 소리 낸다.
<다게> '감로다'의 '오호오~'로 굴려서 소리낸다.
6) 는 글자를 높게 올려 소리 낸다.
<연향게> '계'를 '겨어~~으~~아~~' 하고 높게 소리를 올린다.
7) 는 글자를 높게 올려 소리 낸다.
<다게> '원수애납수'의 '아~~으~~아, 으으~으~~업' 하고 높게 올려 소리 낸다.
8) 는 글자를 길게 소리낸다.
<복청게>의 '대'를 '다아~~~' 하고 길게 소리 낸다.
9) 는 글자를 길게 올렸다 내렸다를 반복적으로 하여
마치 사이렌 소리 처럼 낸다.
<나무대성인로왕보살>의 '이'자를 '이히이~~이~~이~~이~~이~~' 하고 소리 낸다.
5. 는 태징을 불혀 '쿵쾡' 하고 소리 낸다. V 는 태징을 찍어 준다. 태징의 마침 표시이다.
(3)
(2)
<다게>의 '원수애납수'를 소리 하고, 몰아쮜기후 마침 표시이다.

侍輦시련 (1) 擁護偈옹호게

1) ◎◎ ◎◎◎◎◎◎◎ ◎◎◎◎(4) ◎◎◎◎◎◎◎V ◎◎◎◎ ◎ ◎ ◎ (운집쇠)
2) ◎ ◎ ◎ ◎ ◎ ◎ ◎V (대삼소삼)
3) ◎◎ ◎◎◎◎◎◎◎V(3) ◎ ◎◎ ◎ ◎ ◎ (시작쇠)

奉봉 請청 十시 方방 ·諸제 賢현 ·聖성

봉 오Ⓛ 옹 처Ⓛ 엉
시 이이 아 히 이Ⓛ 바 아 아Ⓛ 흐 아 하 안 앙
제 에 혀 V 허z 어Ⓛ V 언성,
◎◎ ◎◎◎◎◎V ◎ ◎ ◎

梵범 王왕 帝제 釋석 ·四사 天천 ·王왕

벋 어Ⓛ 엄 와Ⓛ 앙
제Ⓜ 에에 에 헤 에 서 어Ⓛ 우 어 허 어 억
사 아 처 V 허z 어Ⓛ V 언왕,
◎◎ ◎◎◎◎◎V ◎ ◎ ◎

伽가 籃람 八팔 部부 神신 祇기 衆중

갓 아Ⓛ 라Ⓛ 암
파 아아 아 할 아Ⓜ 알 부
시 인 가 이이 아 히 이 주 웅

不불 捨사 慈자 悲비 ·願원 降강 ·臨림

부 우우 우 훌 울 사Ⓜ 하 안 아
자 았 비Ⓜ 히 인 이
워 언 가 V 하z 아Ⓛ V 앙림.
◎◎ ◎◎◎◎◎◎V ◎◎◎(3) ◎◎(2) ◎◎◎◎
◎◎〈요잡 ◎◎◎◎◎ ....〉◎◎◎◎◎◎V ◎◎◎

※"원강림"을 "임법회"으로 할 수도 있음.

(2) 獻座偈 헌좌게

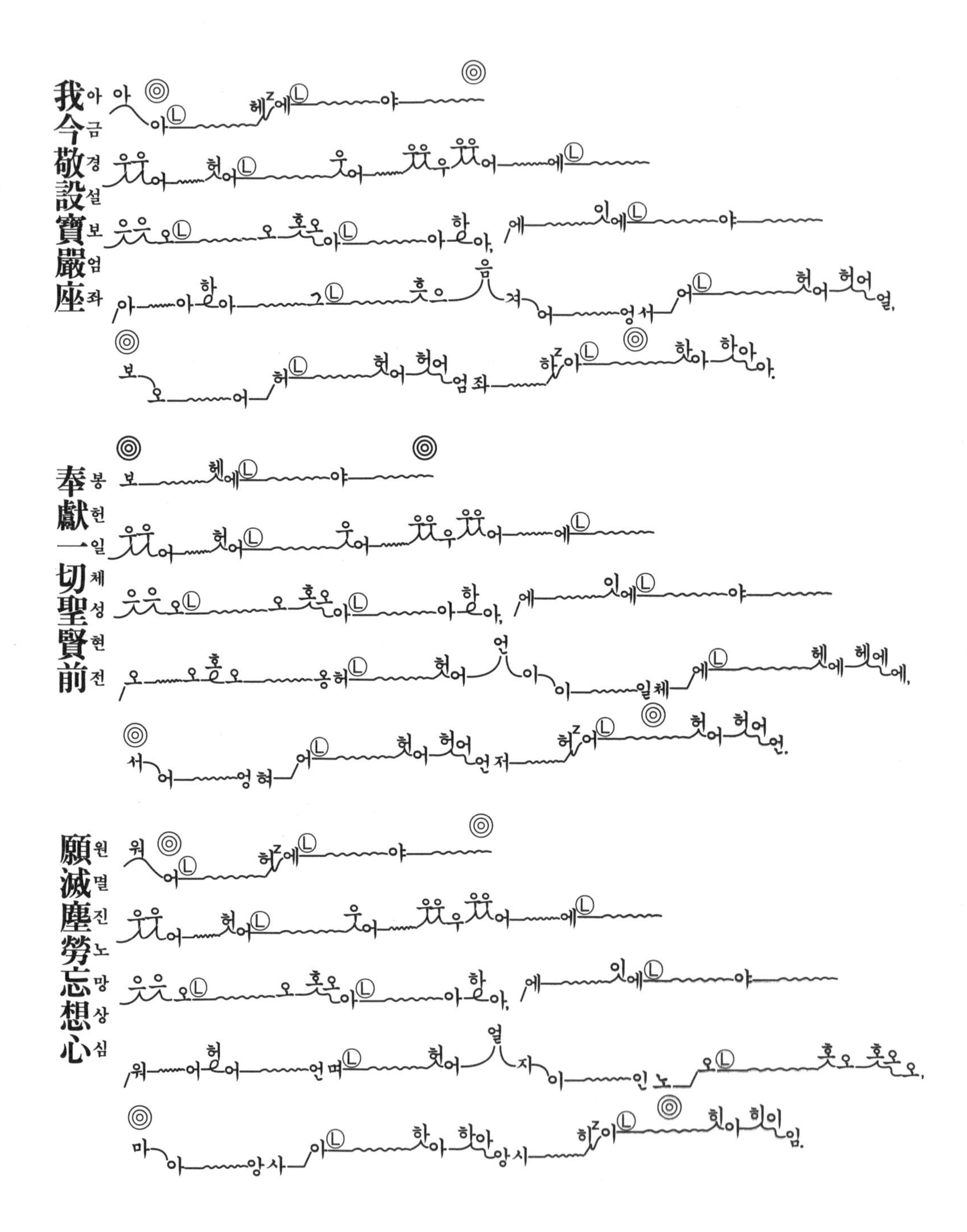

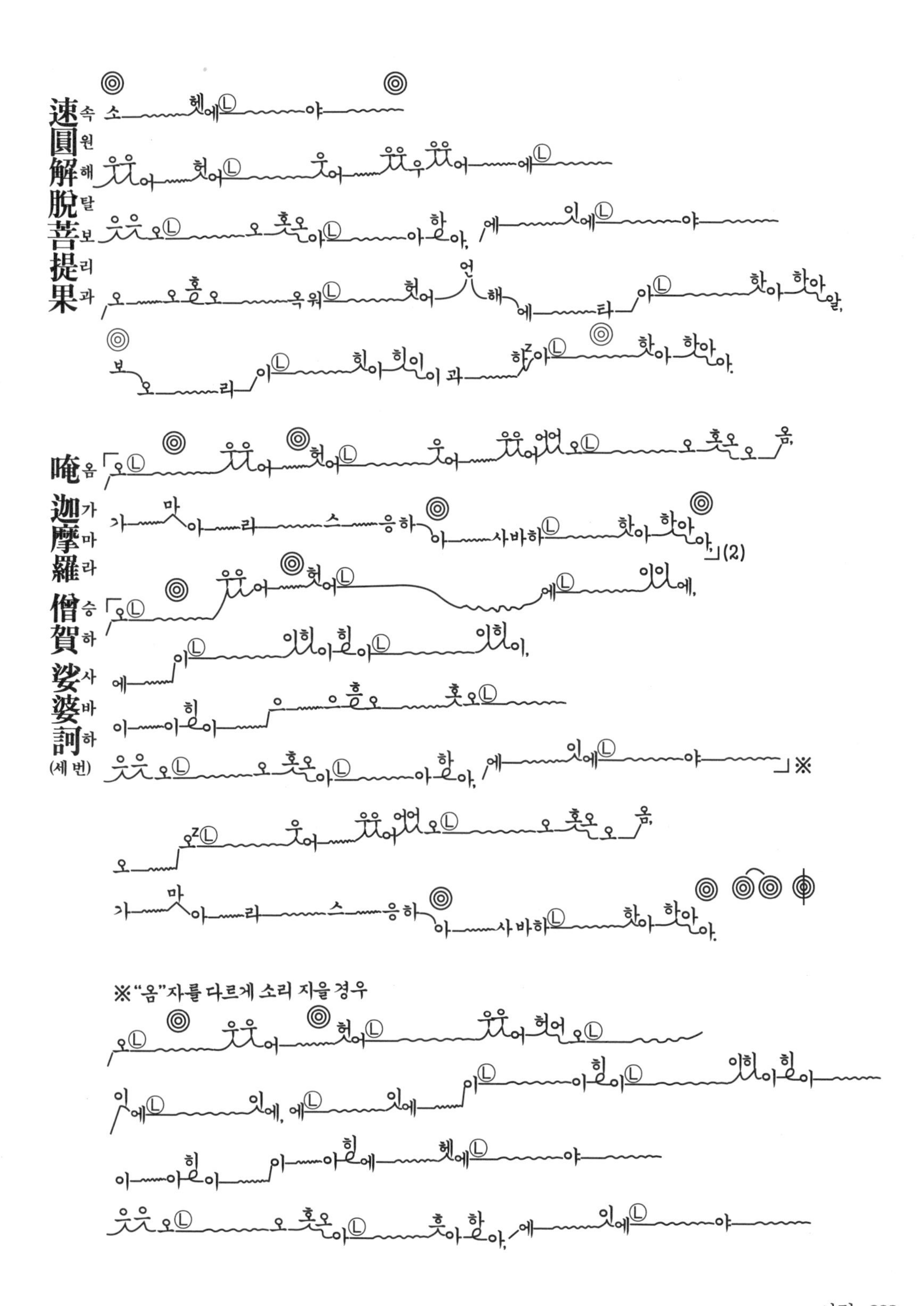
速圓解脫菩提果 속원해탈보리과
唵 옴
迦摩羅 가마라
僧賀 승하
娑婆訶 사바하
(세 번)
※"옴"자를 다르게 소리 지을 경우

(3) 茶偈 다게

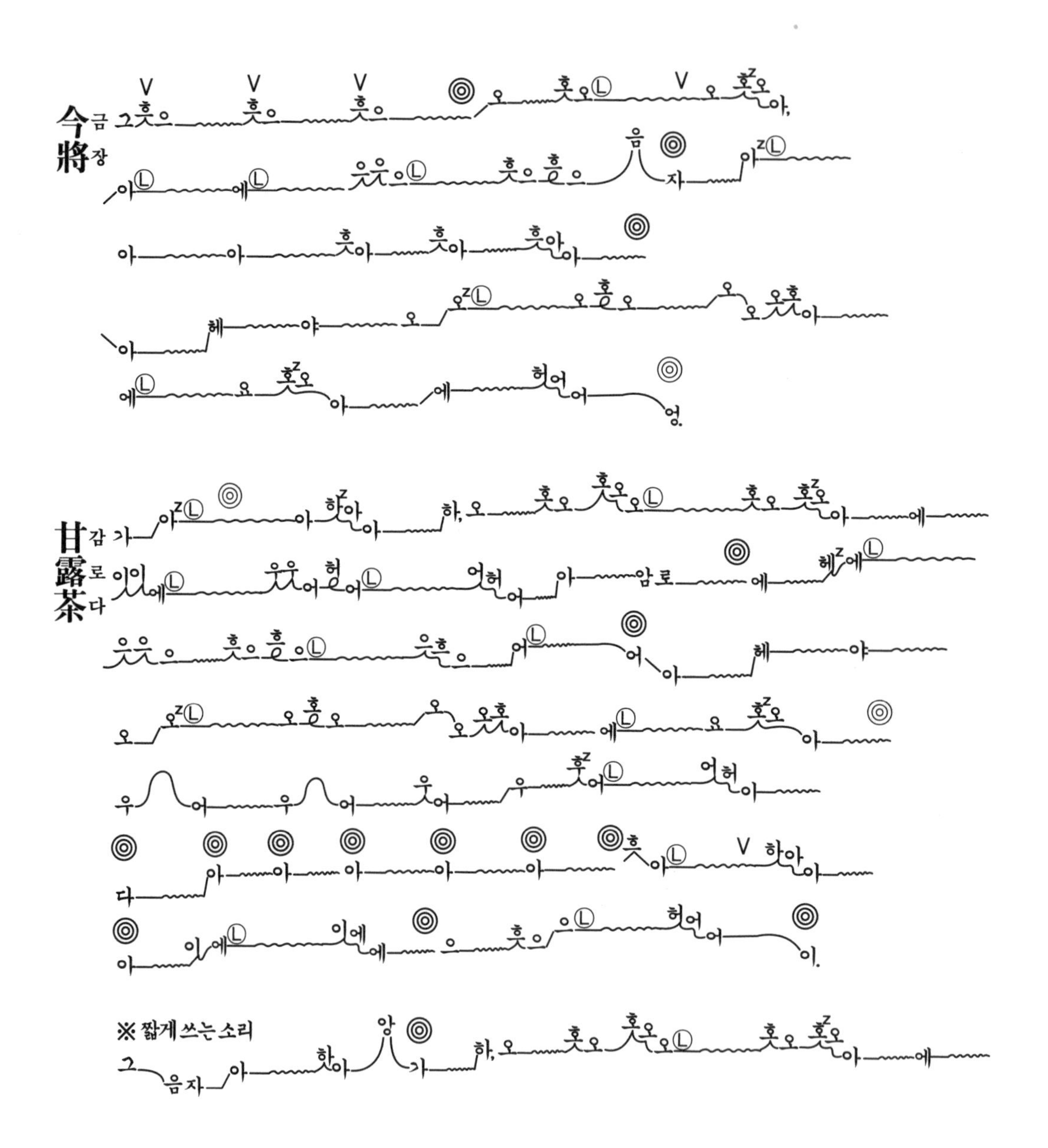

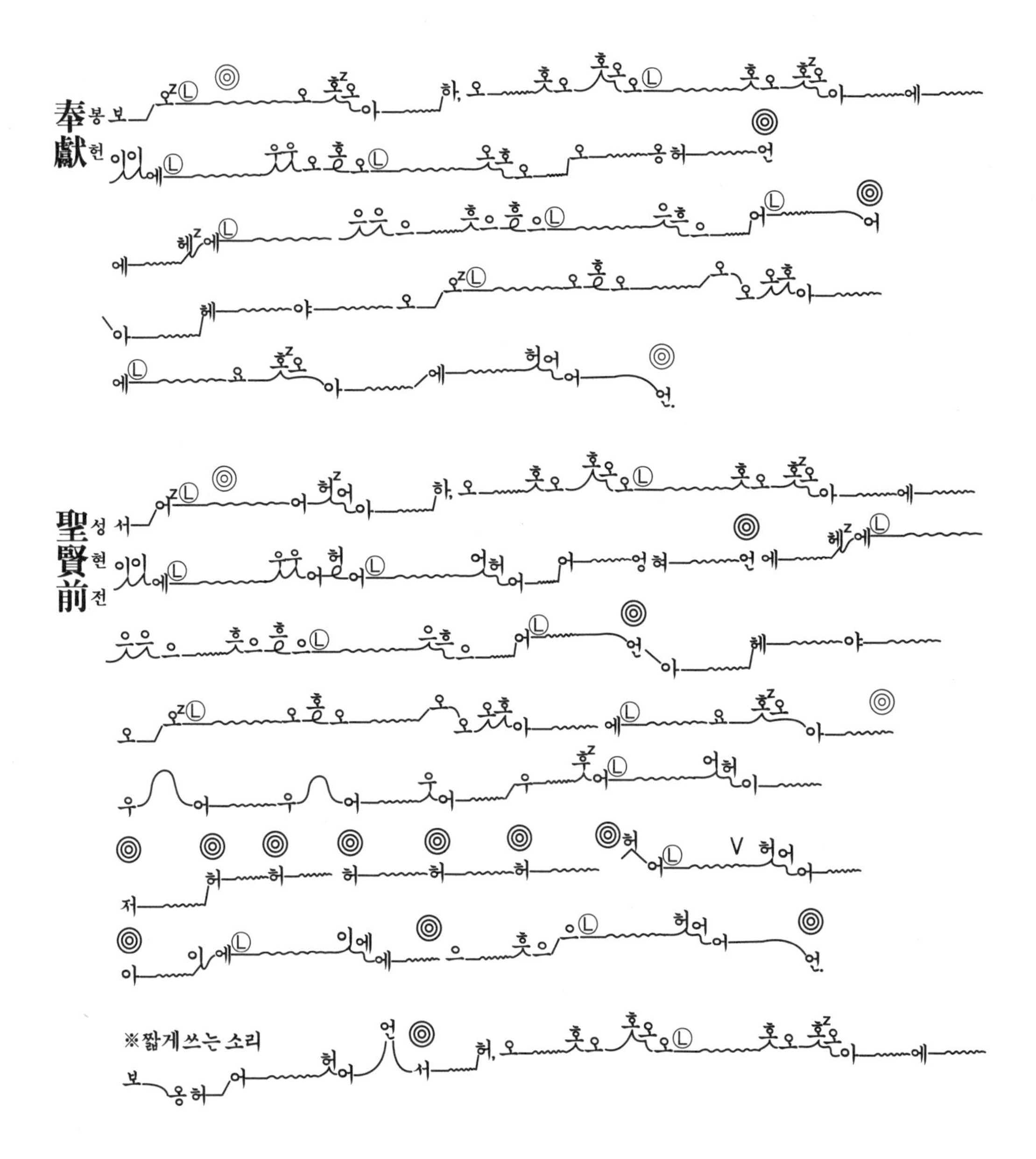

奉獻 봉헌
聖賢前 성현전
※짧게쓰는 소리

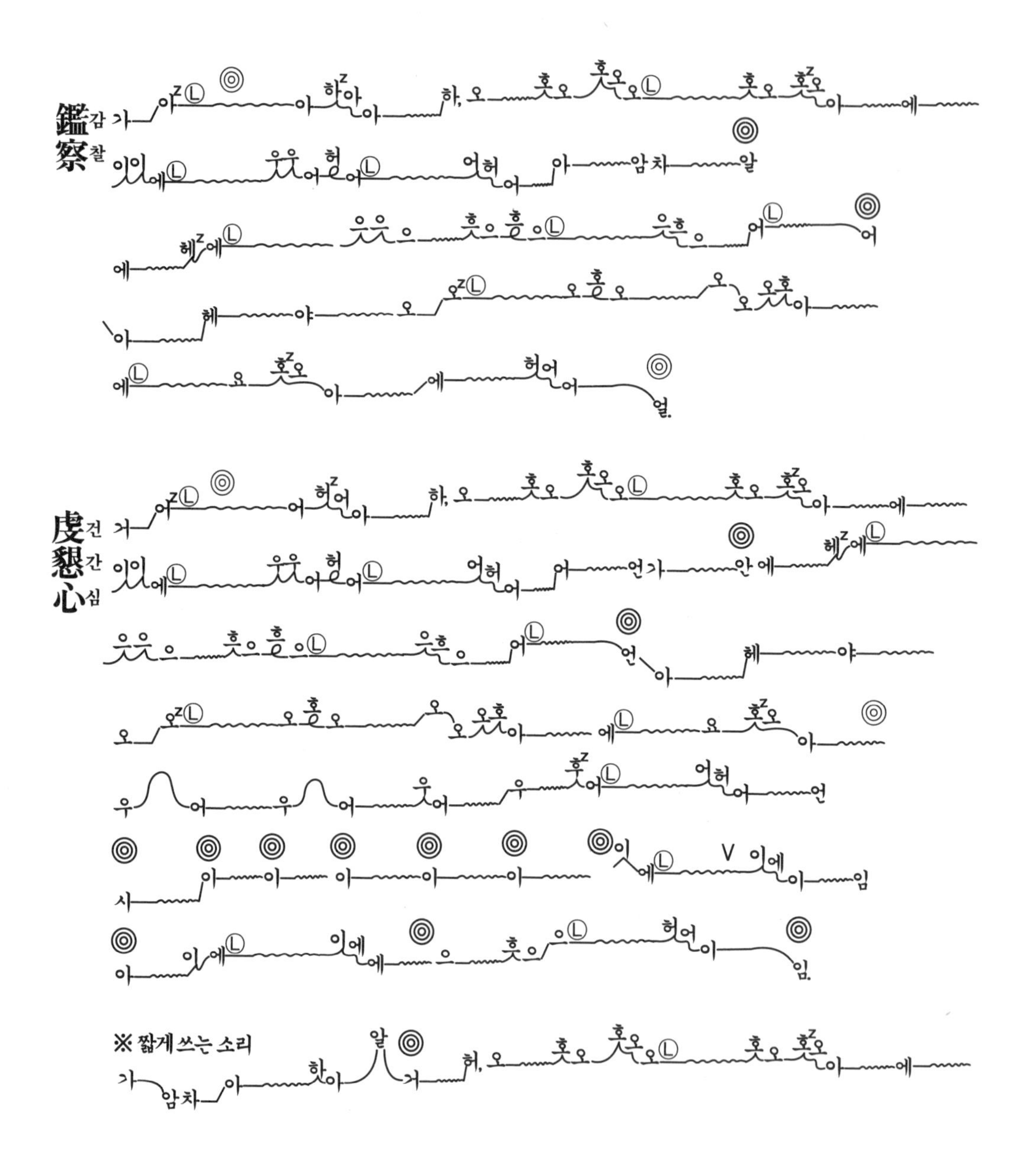
鑑察 감찰
虔懇心 건간심
※ 짧게 쓰는 소리

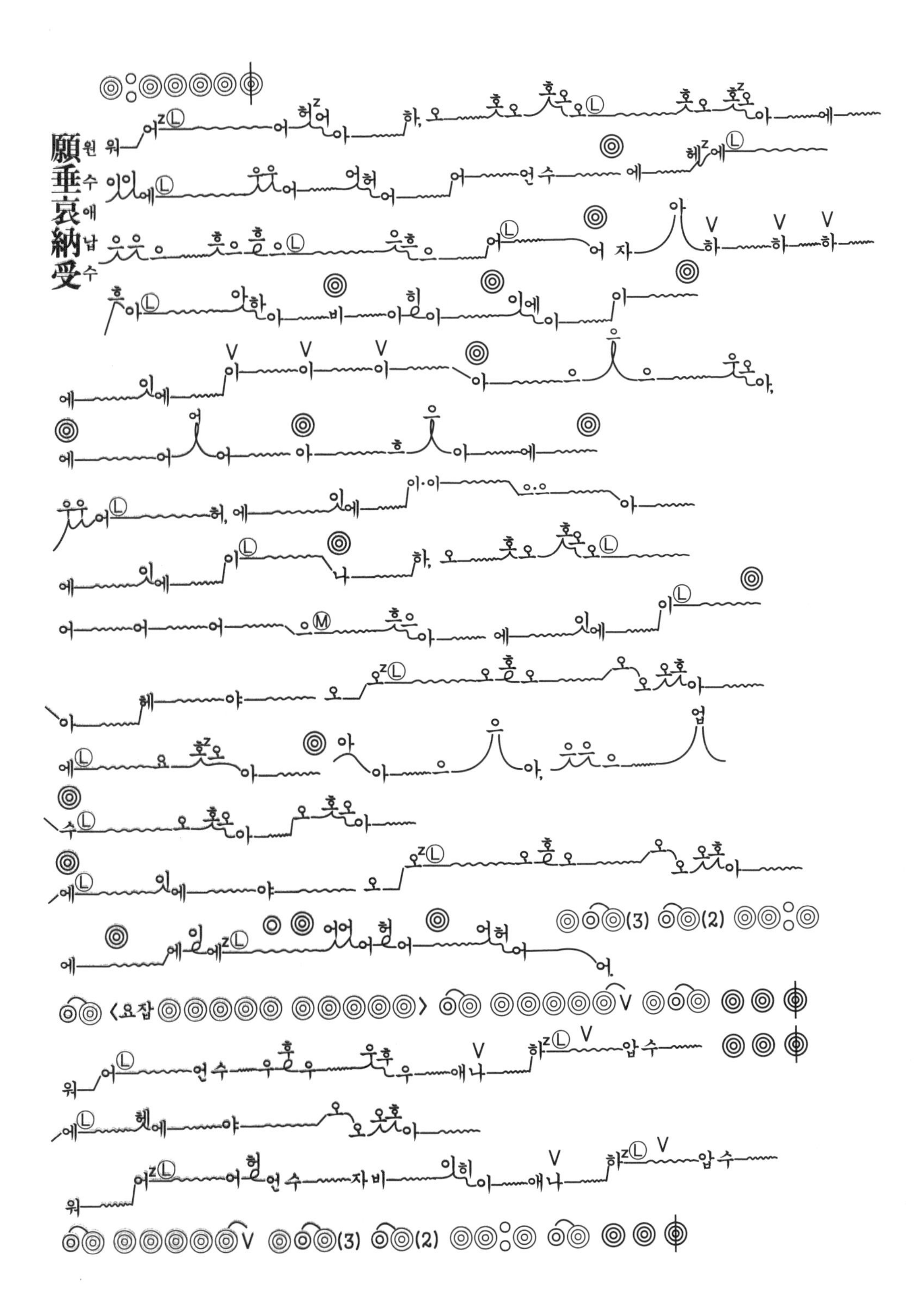
願垂哀納受
원수애납수
요잡

(4) 行步偈 행보게

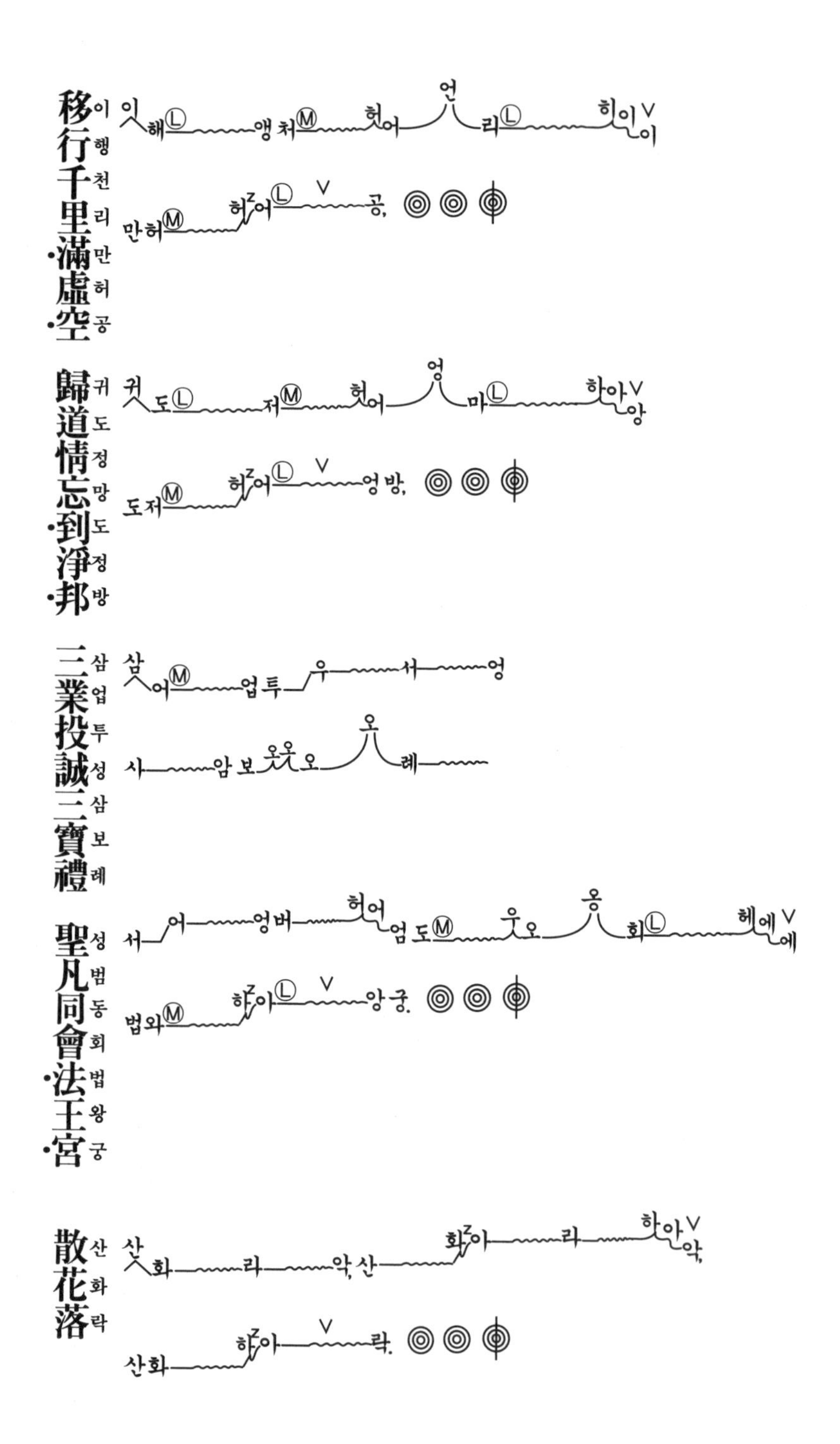

移行千里滿虛空
이행천리만허공
歸道情忘到淨邦
귀도정망도정방
三業投誠三寶禮
삼업투성삼보례
聖凡同會法王宮
성범동회법왕궁
散花落
산화락

(5) 引聲 인성

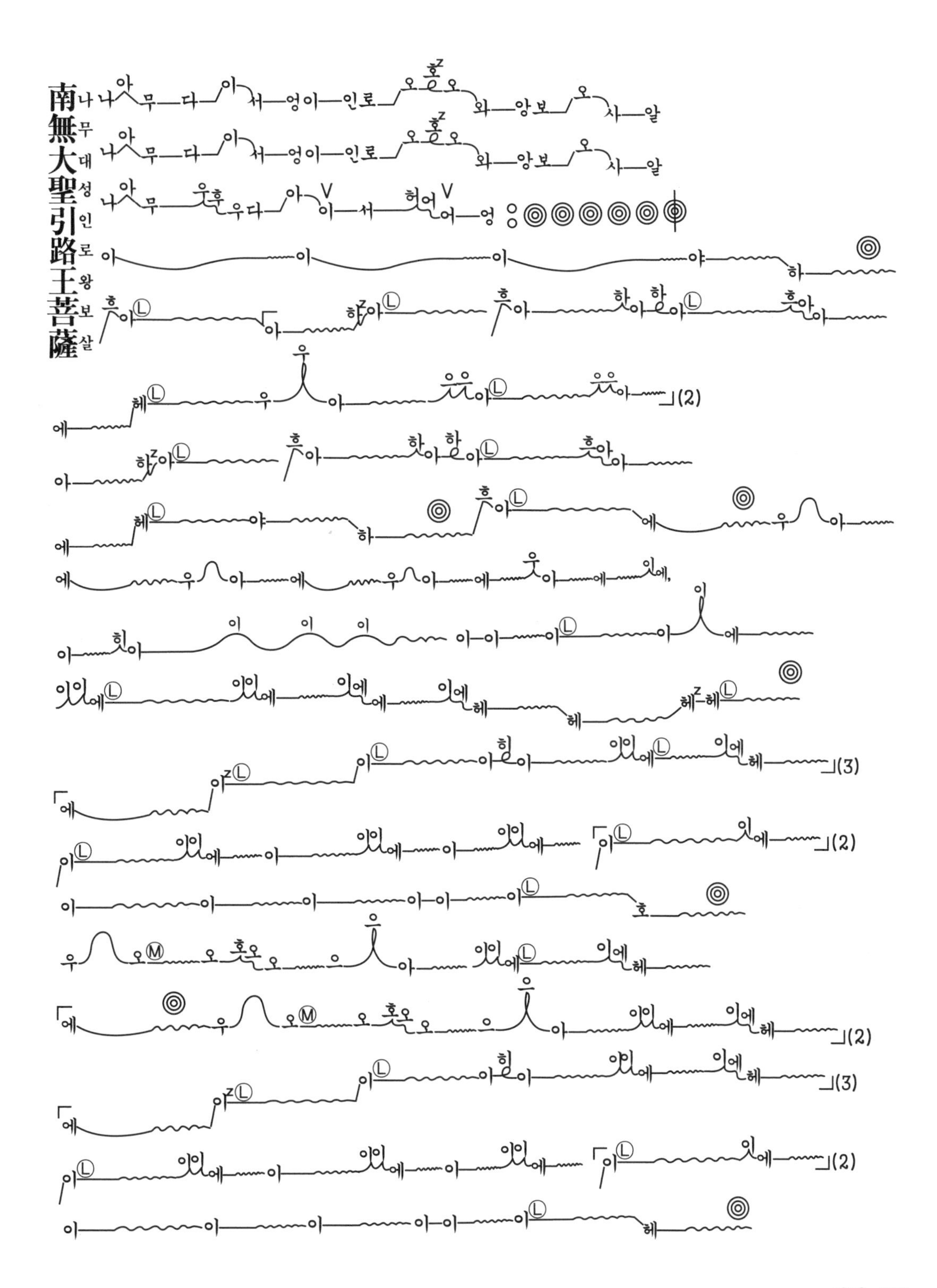

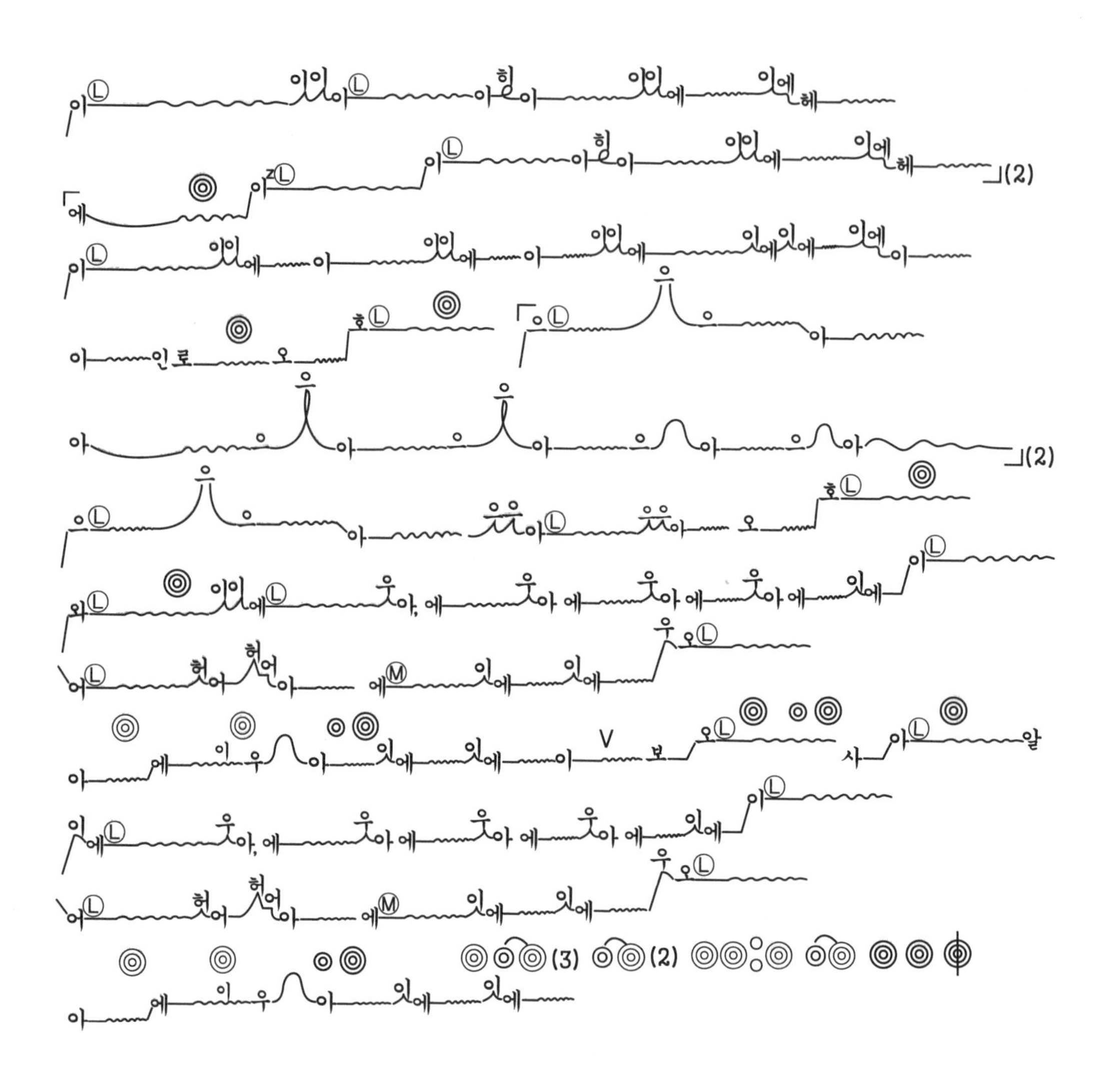

(6) 靈鷲偈 영축게

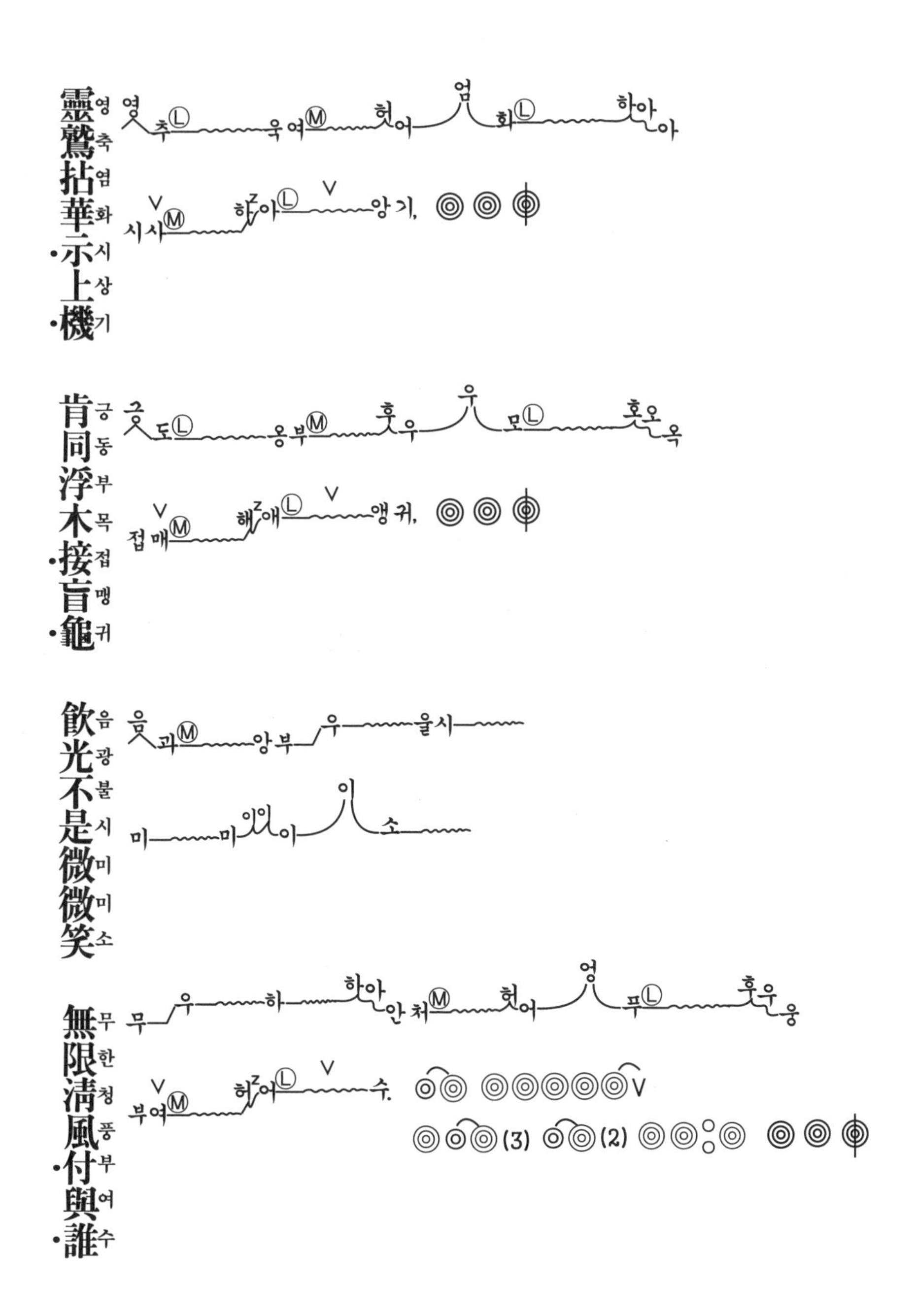

靈鷲拈華示上機
영축염화시상기
肯同浮木接盲龜
긍동부목접맹귀
飮光不是微微笑
음광불시미미소
無限淸風付與誰
무한청풍부여수

(7) 普禮三寶 보례삼보

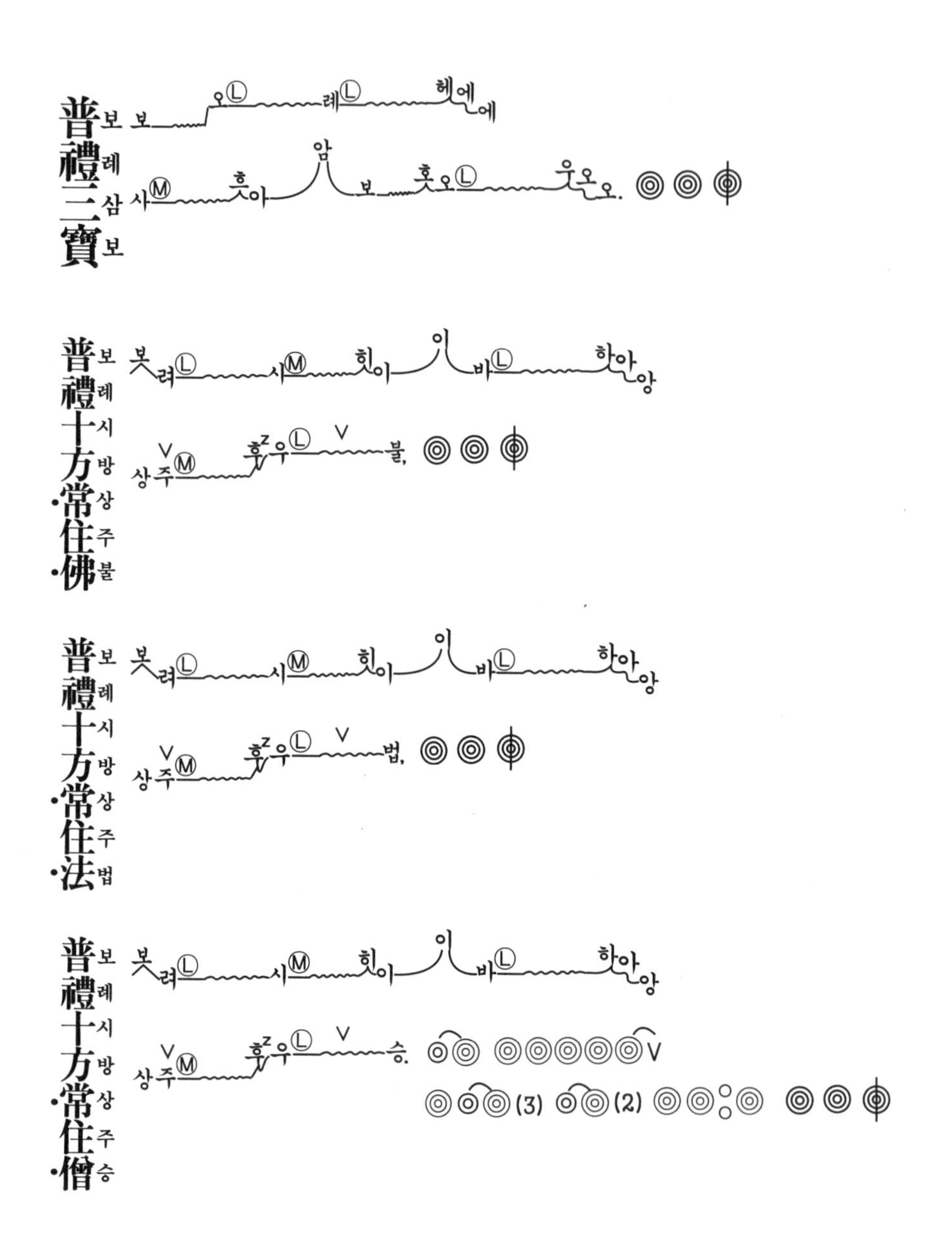

對靈대령 (1) 擧佛거불

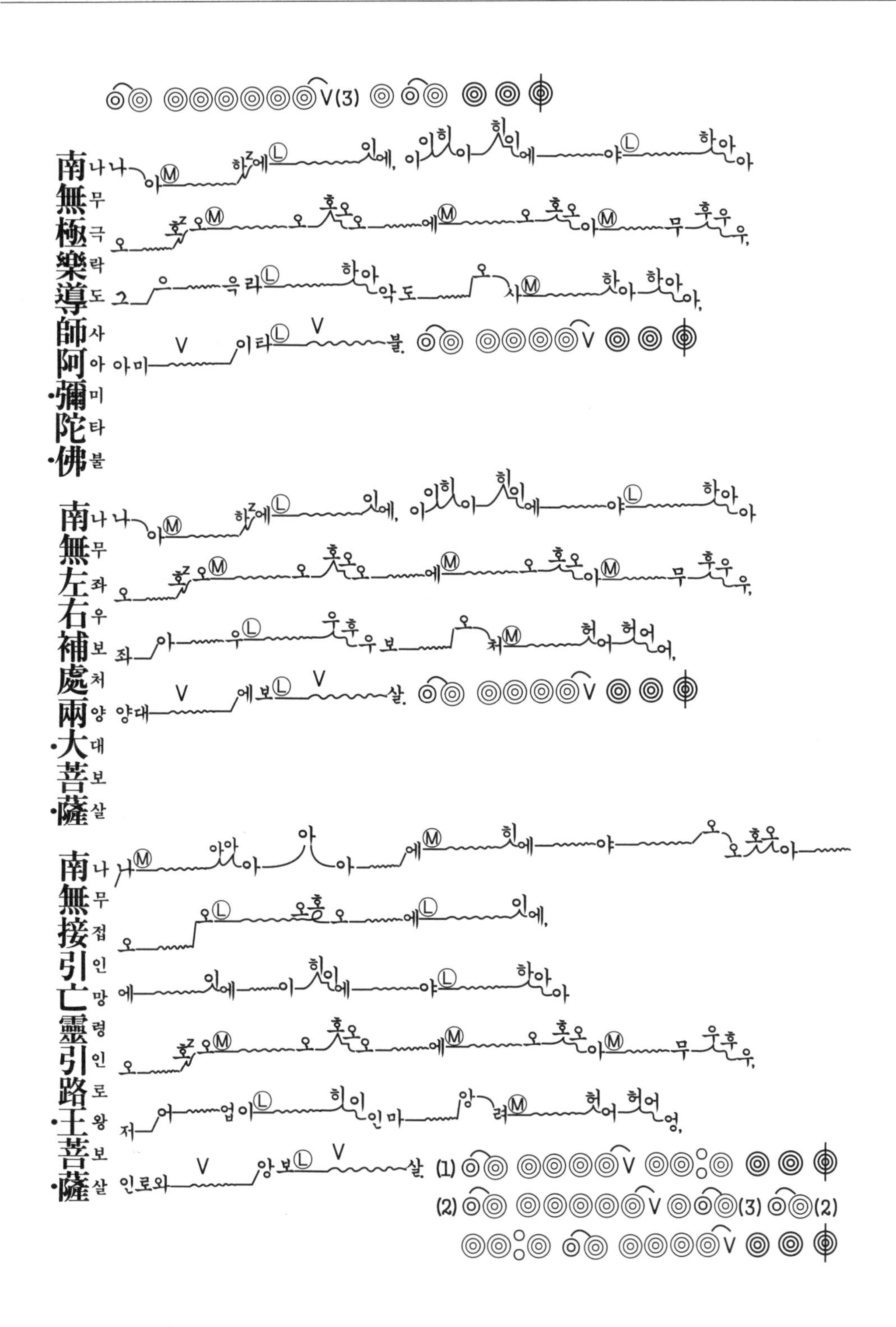

南無極樂導師阿彌陀佛
나무극락도사아미타불
南無左右補處兩大菩薩
나무좌우보처양대보살
南無接引亡靈引路王菩薩
나무접인망령인로왕보살

(2) 對靈疏 대령소

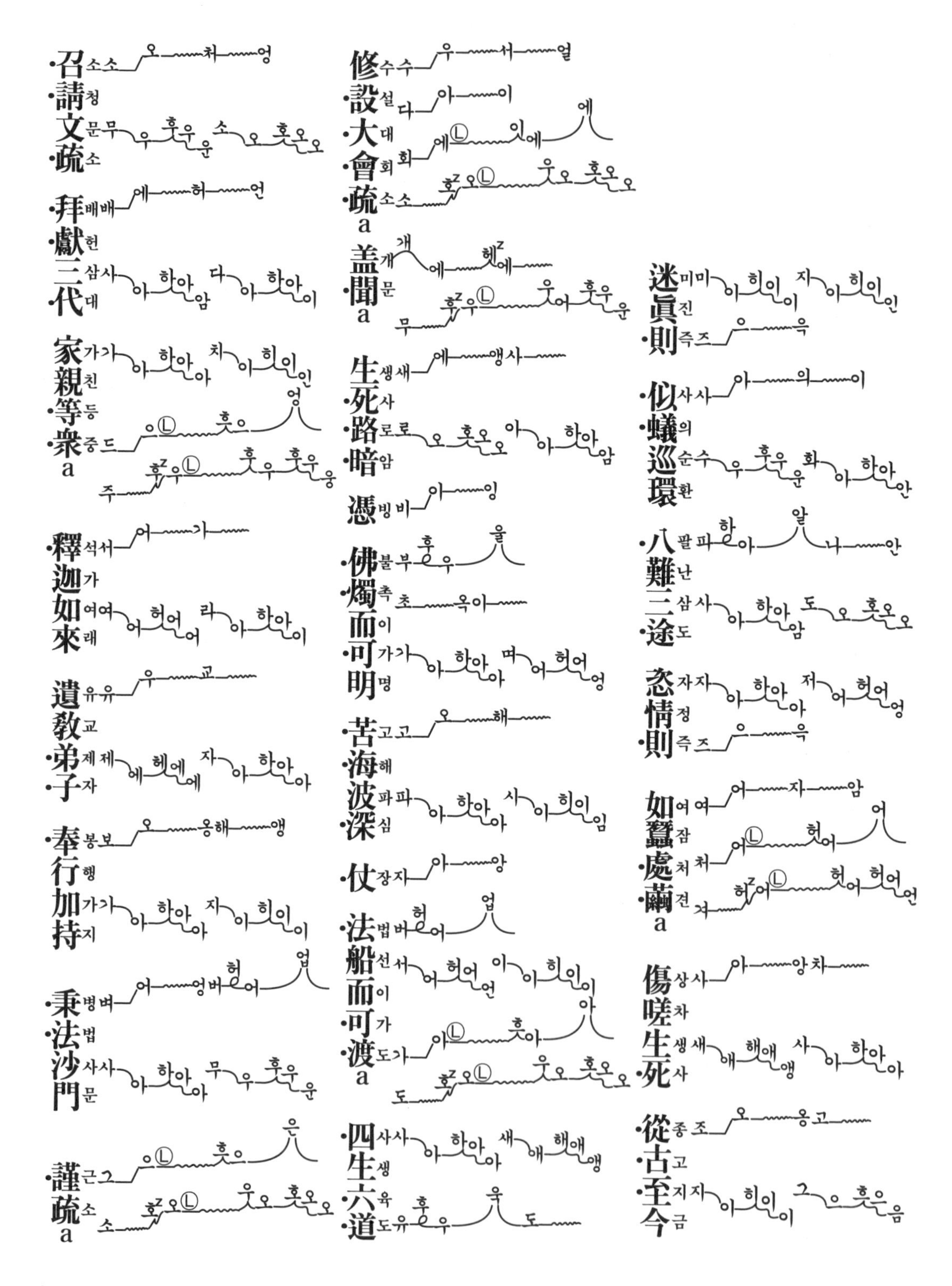

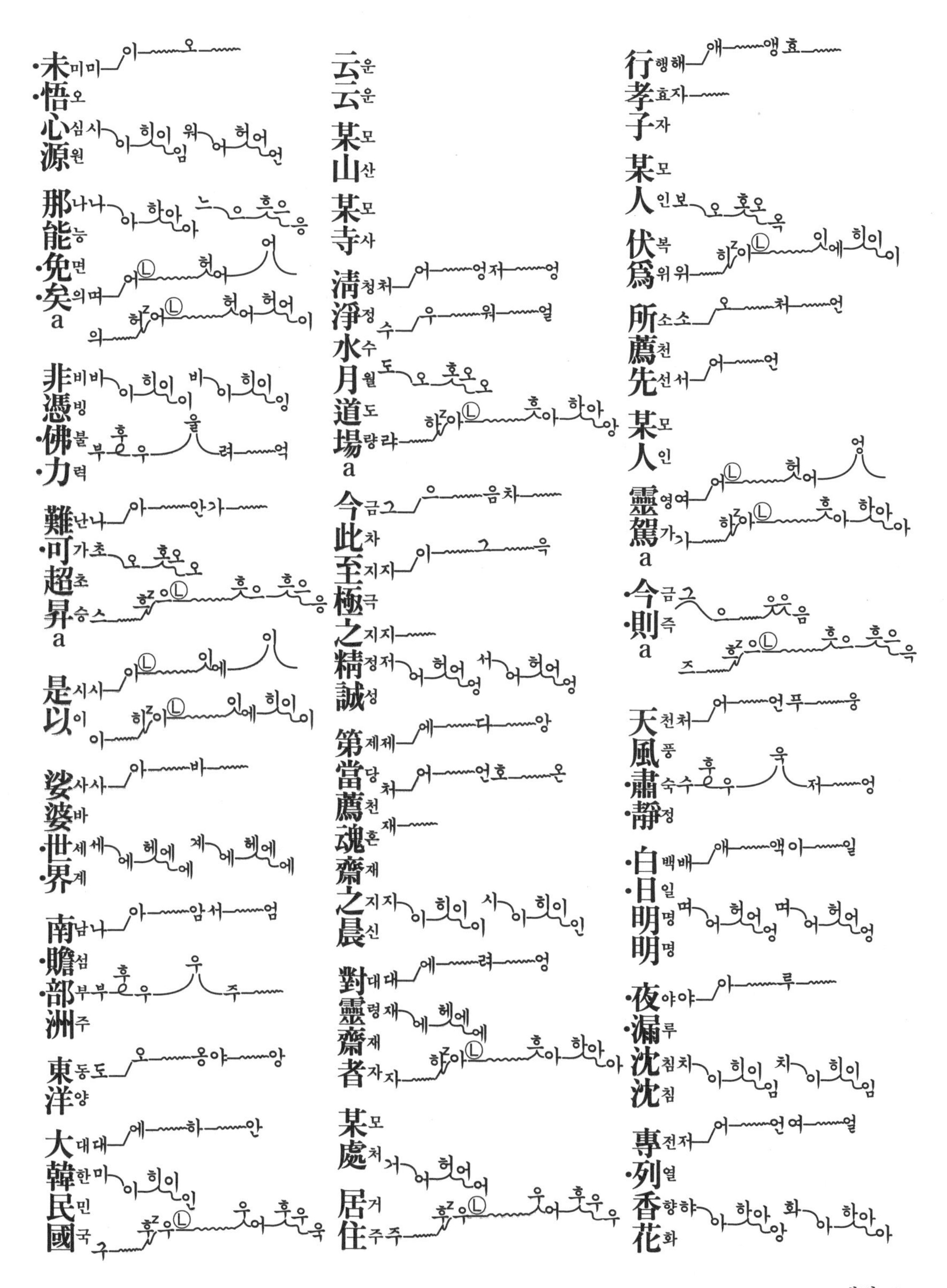
未悟心源 那能免矣 非憑佛力 難可超昇 是以 娑婆世界 南贍部洲 東洋 大韓民國
云云 某山 某寺 清淨水月道場 今此至極之精誠 第當薦魂齋之晨 對靈齋者 某處 居住
行孝子 某人 伏爲 所薦先 某人 靈駕 今則 天風肅靜 白日明明 夜漏沈沈 專列香花

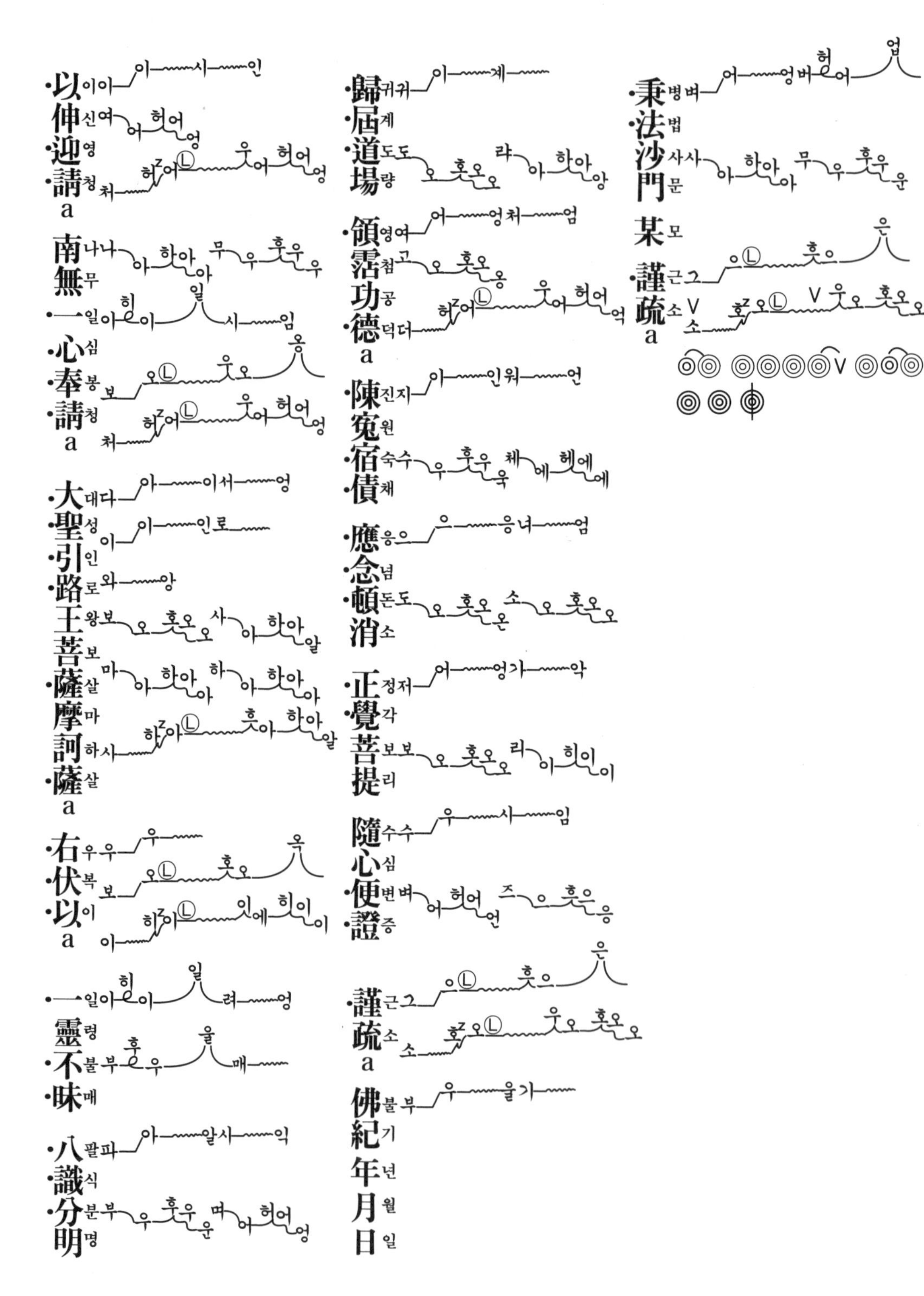

(3) 地獄偈지옥게

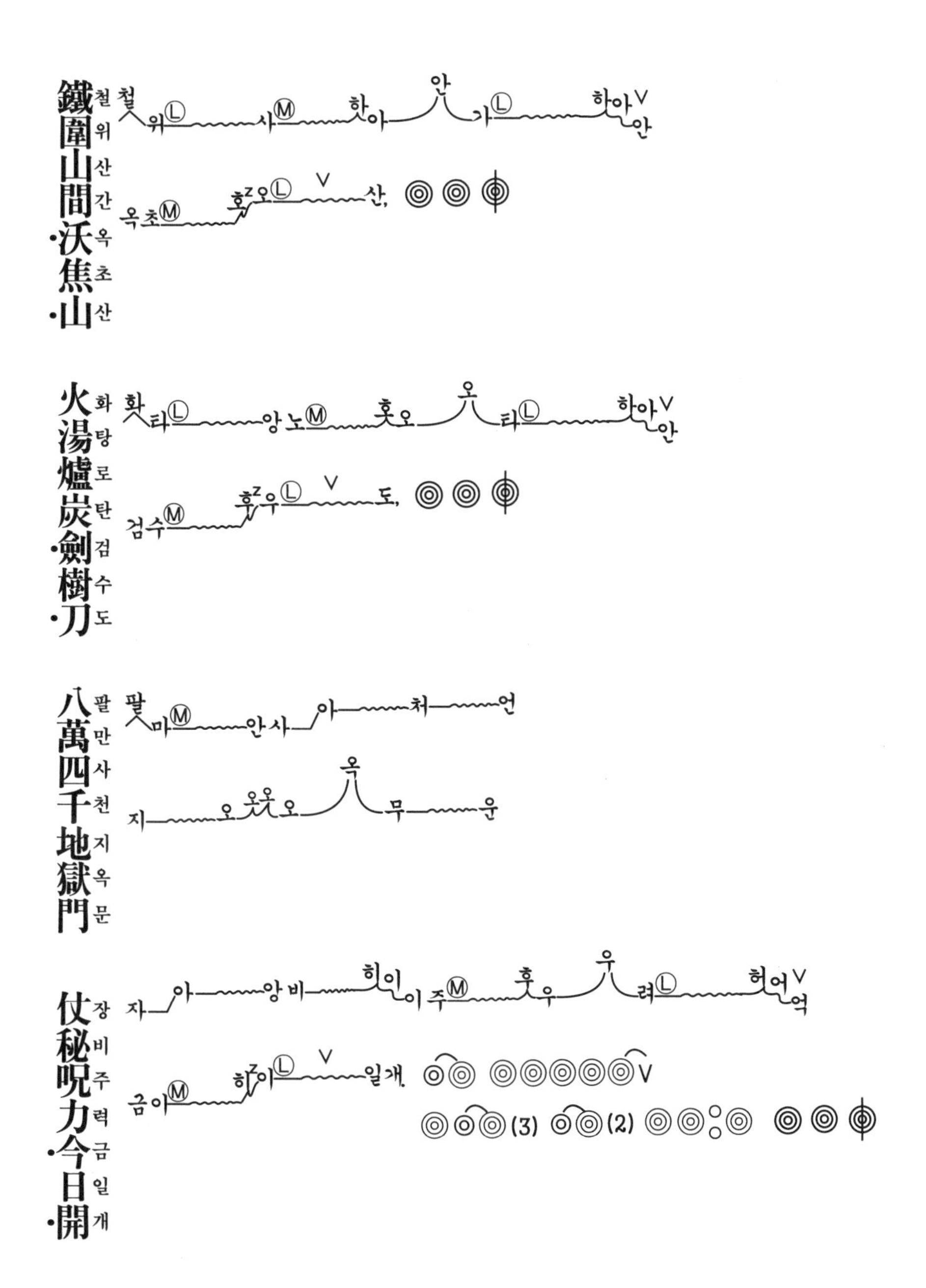

鐵圍山間沃焦山
철위산간옥초산
火湯爐炭劍樹刀
화탕로탄검수도
八萬四千地獄門
팔만사천지옥문
仗秘呪力今日開
장비주력금일개

(4) 唱魂 창혼

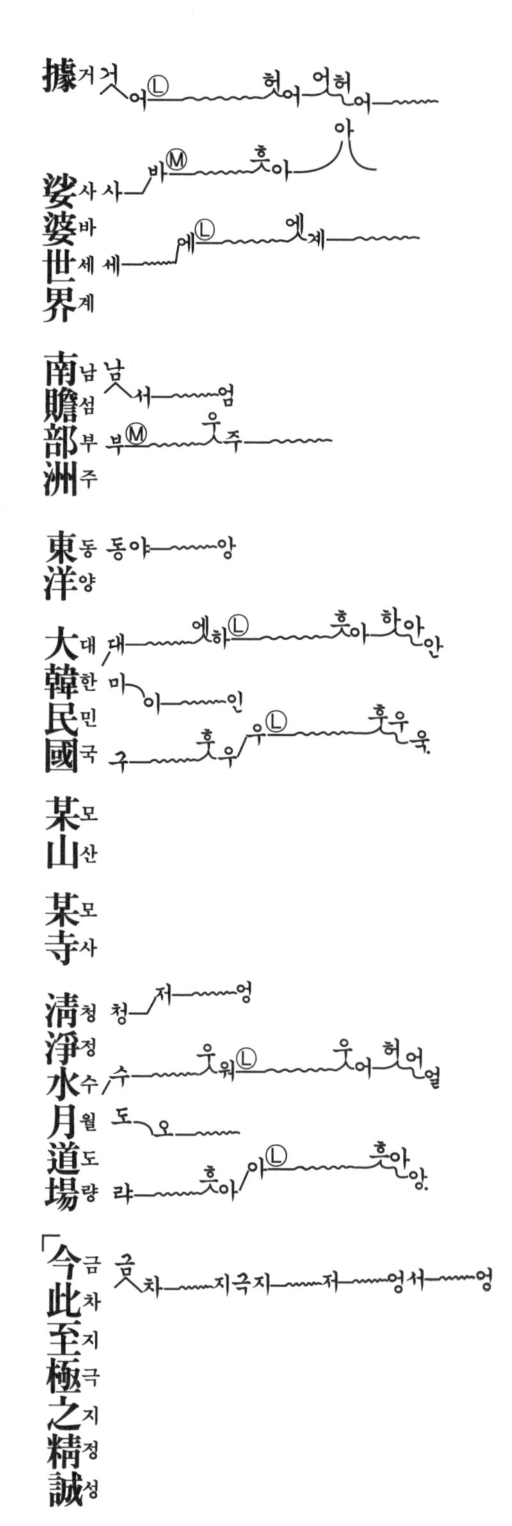

據거 娑사 婆바 世세 界계
南남 贍섬 部부 洲주
東동 洋양
大대 韓한 民민 國국
某모 山산
某모 寺사
淸청 淨정 水수 月월 道도 場량
「今금 此차 至지 極극 之지 精정 誠성

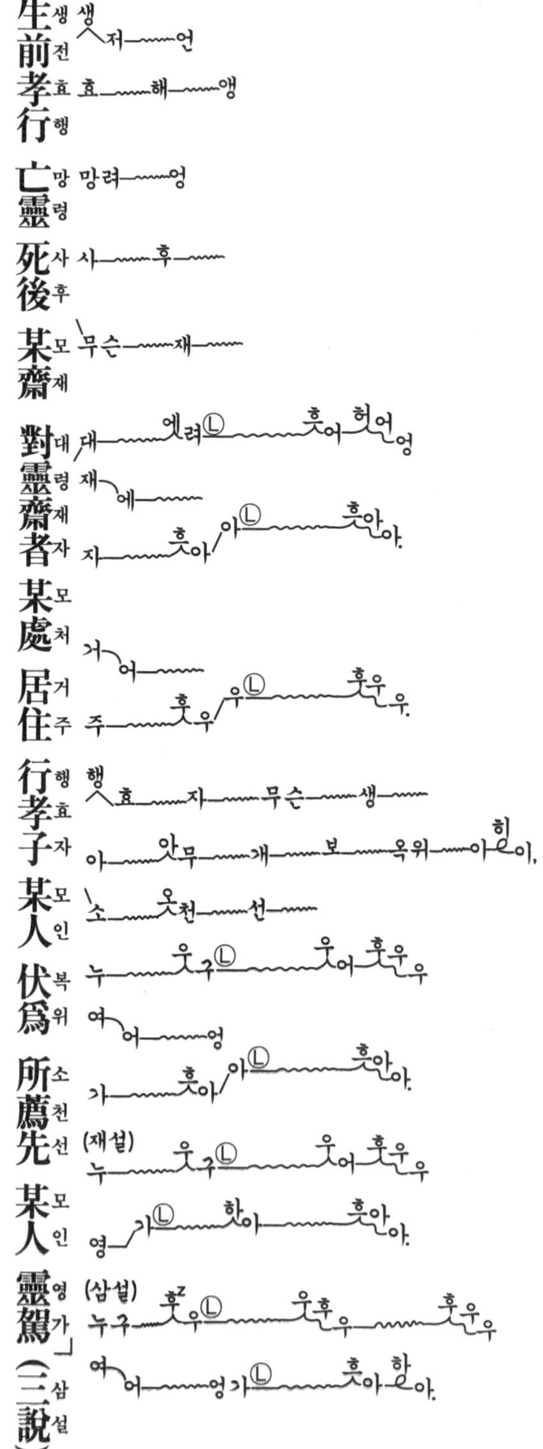

生생 前전 孝효 行행
亡망 靈령
死사 後후
某모 齋재
對대 靈령 齋재 者자
某모 處처 居거 住주
行행 孝효 子자
某모 人인 伏복 爲위
所소 薦천 先선
某모 人인 靈영 駕가」
(三삼 說설)
(재설)
(삼설)

(5) 着語 착어

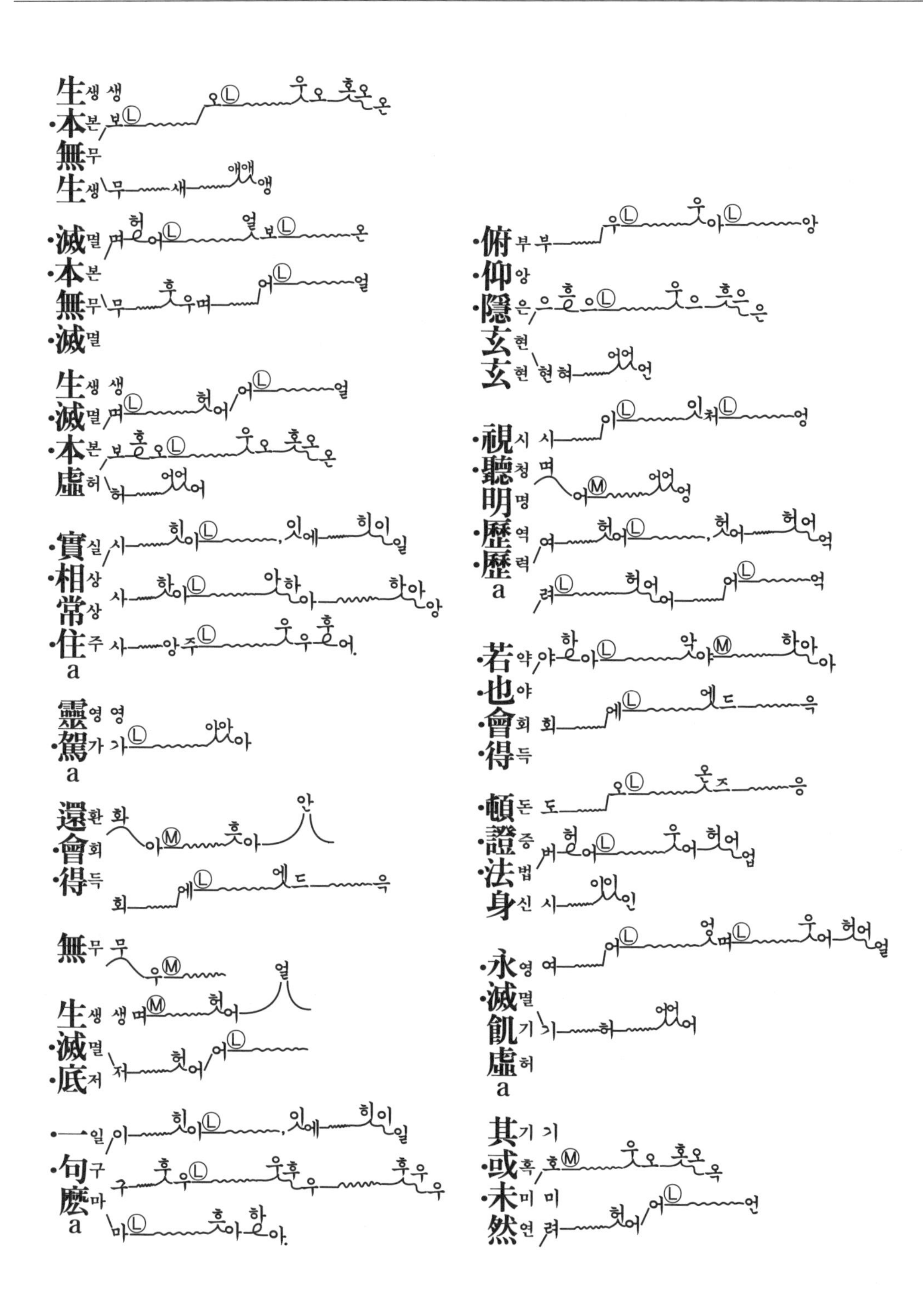

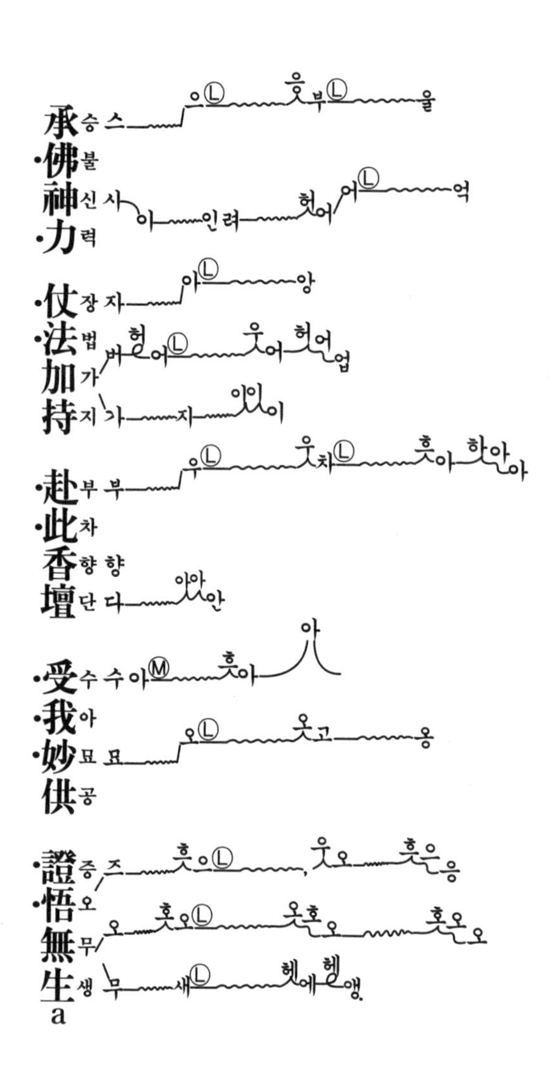

承승
佛불
神신
力력
仗장
法법
加가
持지
赴부
此차
香향
壇단
受수
我아
妙묘
供공
證증
悟오
無무
生생
a

(6) 振鈴偈 진령게

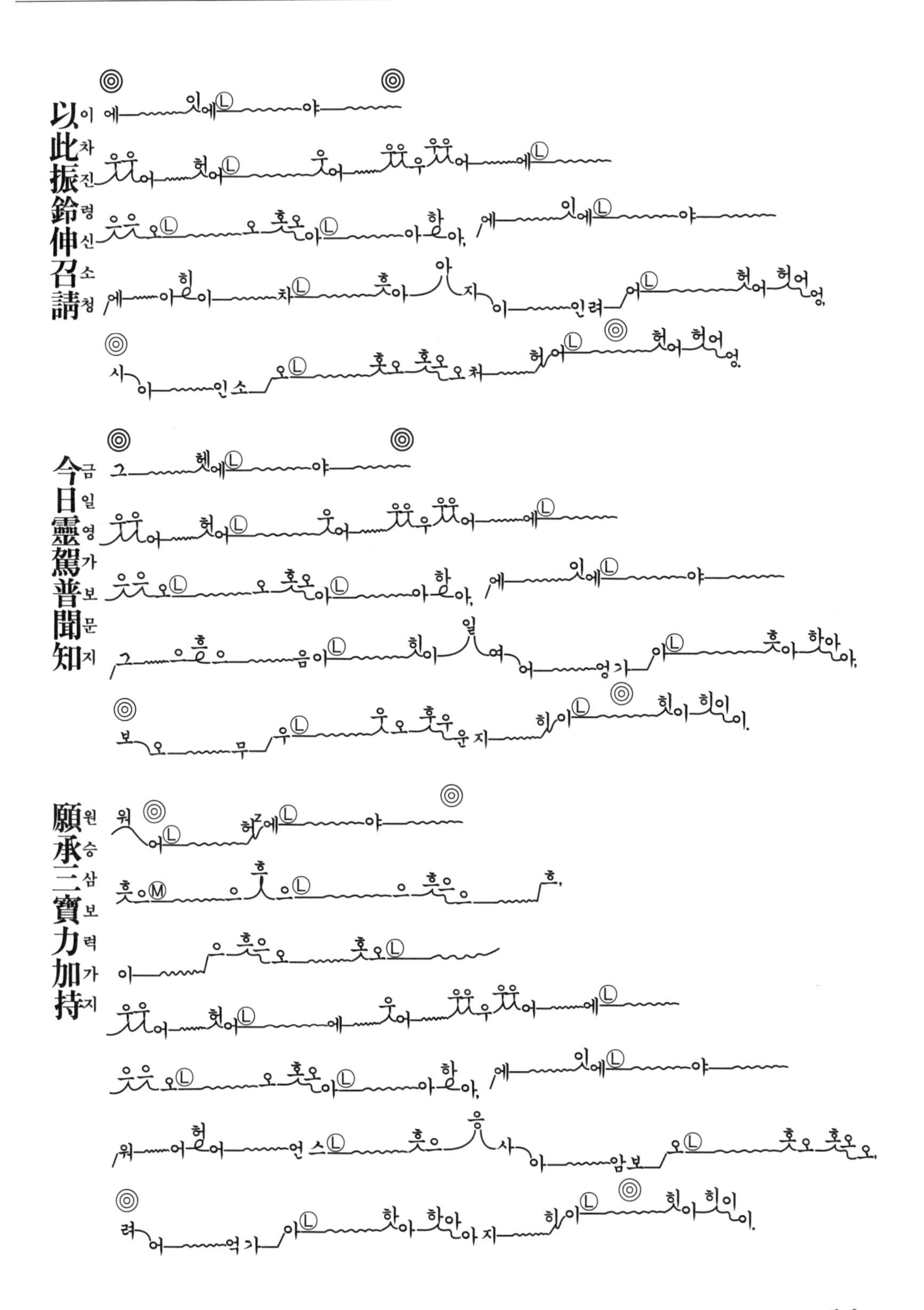

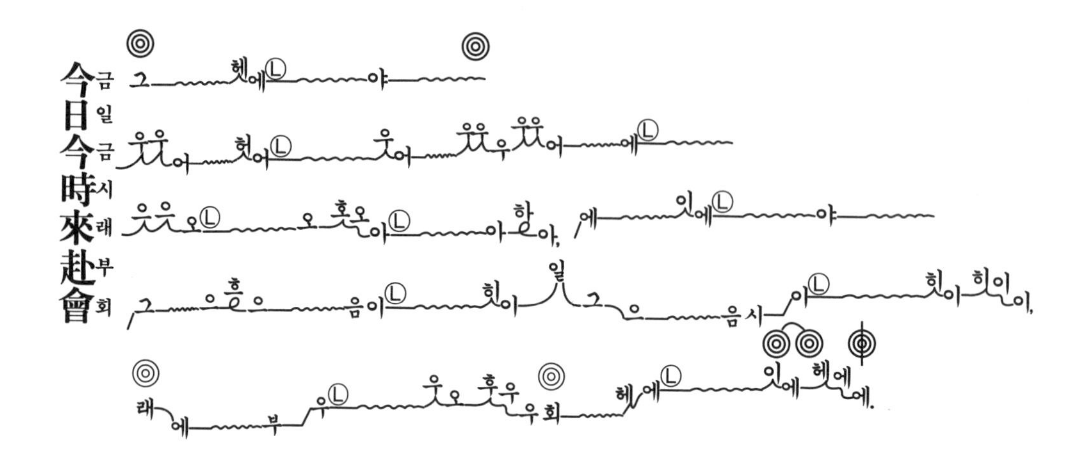
今 금
日 일
今 금
時 시
來 래
赴 부
會 회

(7) 普召請眞言 보소청진언

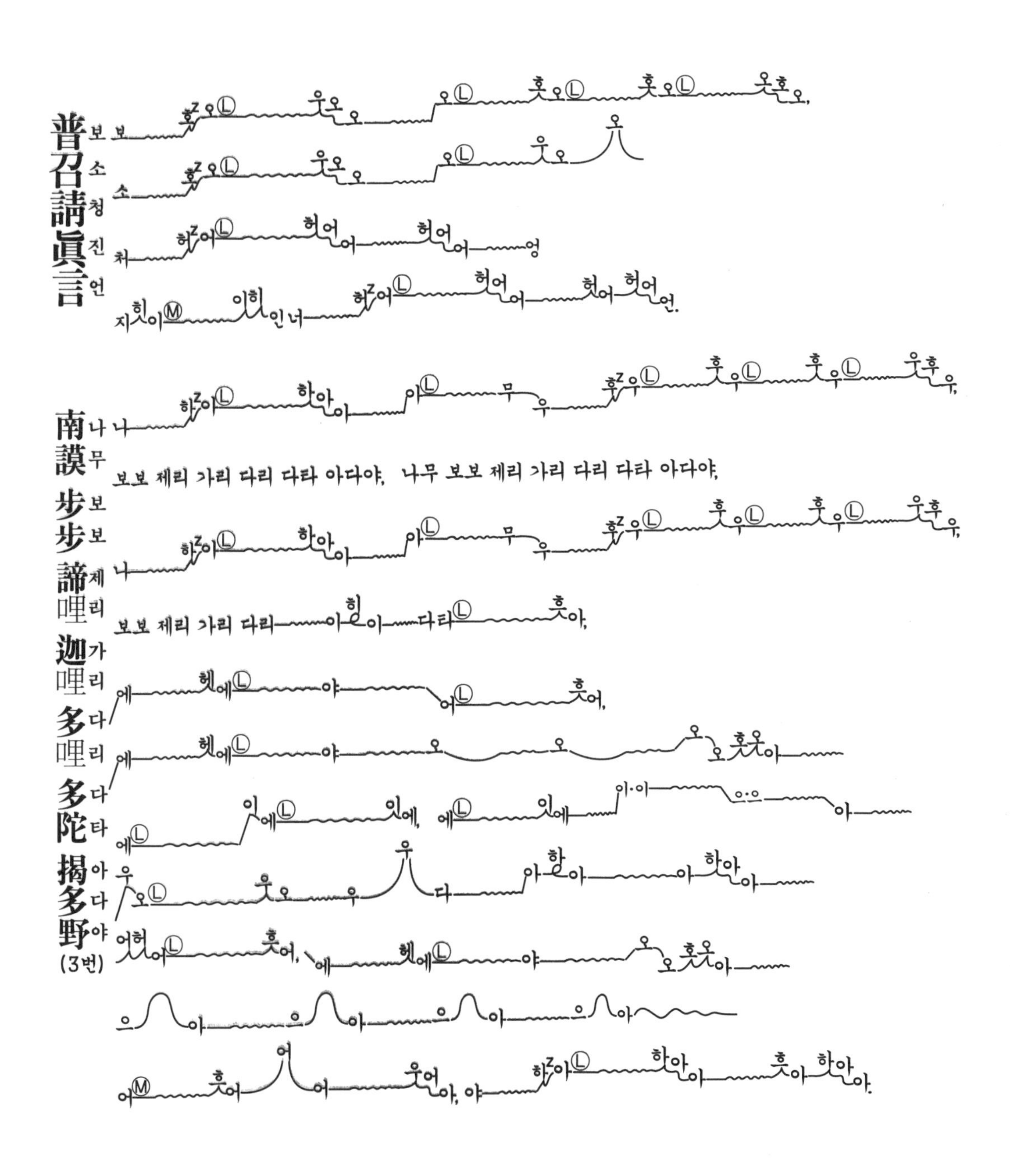

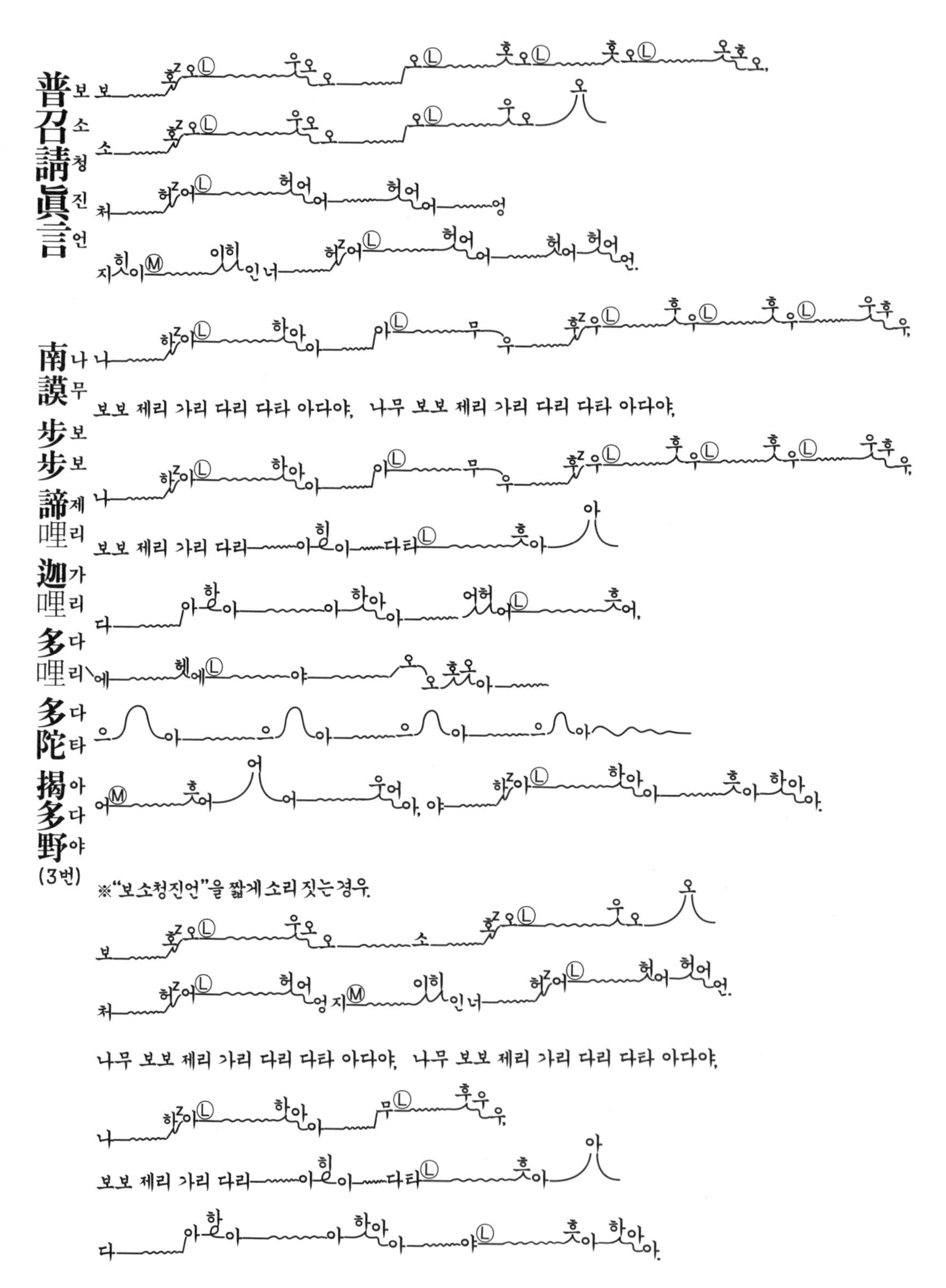

普召請眞言
보소청진언
南謨步步諦哩迦哩多哩多陀揭多野
나무보보제리가리다리다타아다야
(3번)
보보 제리 가리 다리 다타 아다야. 나무 보보 제리 가리 다리 다타 아다야.
※"보소청진언"을 짧게 소리 짓는 경우.
나무 보보 제리 가리 다리 다타 아다야. 나무 보보 제리 가리 다리 다타 아다야.

(8) 歌詠가영

諸제 제—에Ⓛ~~~~헤에에~~~려Ⓜ~~~~어어영
靈령
限한 한지—~~~인
盡진
致치 차—시—~~~인마—~~~앙
身신
網망

石석 석화—~~~~하아아
火화
光광 광으—~~~~흐으음
陰음
夢몽 모—오Ⓜ~~~~~옹이—~~~~이히이—~~~~~이—히일———장.
一일
場장

三삼 사—아Ⓛ~~~~~~하아암—~~~~호Ⓜ~~~~오오온
魂혼
渺묘 묘묘—~~~~
渺묘
歸귀 귀—하—~~~처—~~~
何하
處처

七칠 칠배—~~~~~해애액
魄백
茫망 망마—~~~~하아앙
茫망
去거 거—어Ⓜ~~~~~워—~~~~어허어—~~~~~~어—허언———향. ◎◎ ◎

(9) 加持勸飯 가지권반

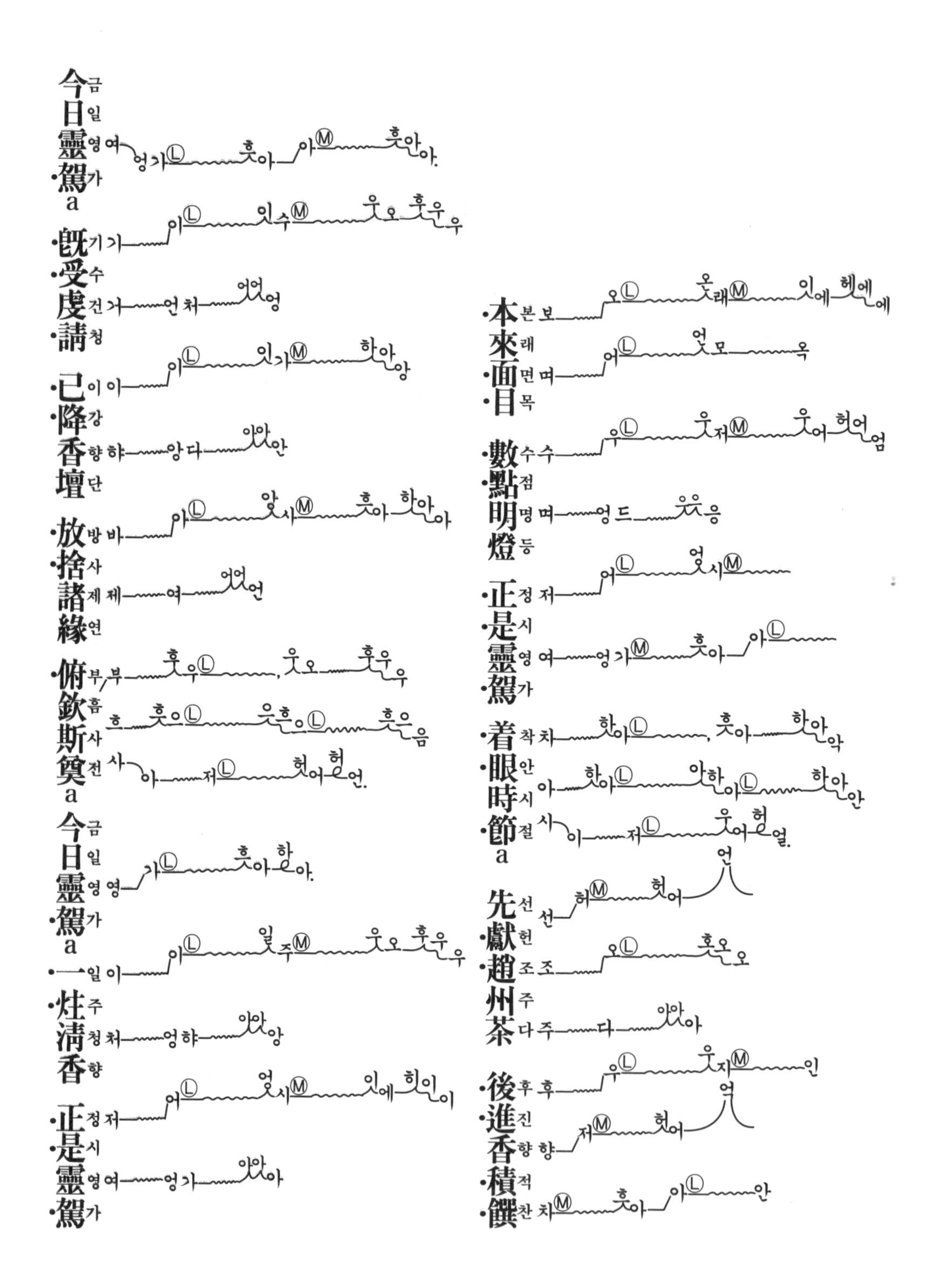

今금
日일
靈영
駕가
旣기
受수
虔건
請청
已이
降강
香향
壇단
放방
捨사
諸제
緣연
俯부
欽흠
斯사
奠전
今금
日일
靈영
駕가
一일
炷주
淸청
香향
正정
是시
靈영
駕가
本본
來래
面면
目목
數수
點점
明명
燈등
正정
是시
靈영
駕가
着착
眼안
時시
節절
先선
獻헌
趙조
州주
茶다
後후
進진
香향
積적
饌찬

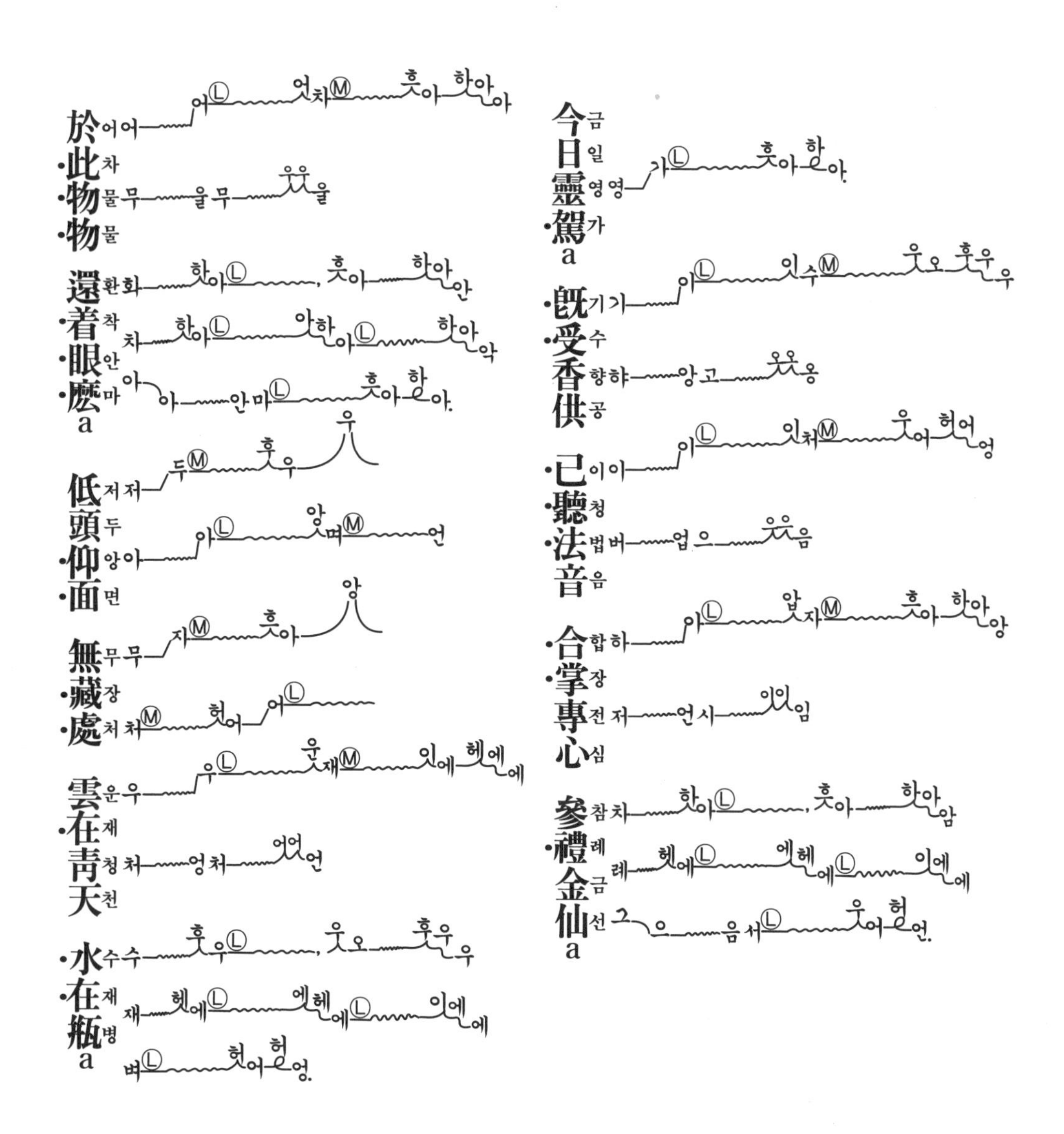

灌浴관욕 (1)引禮香浴인례향욕

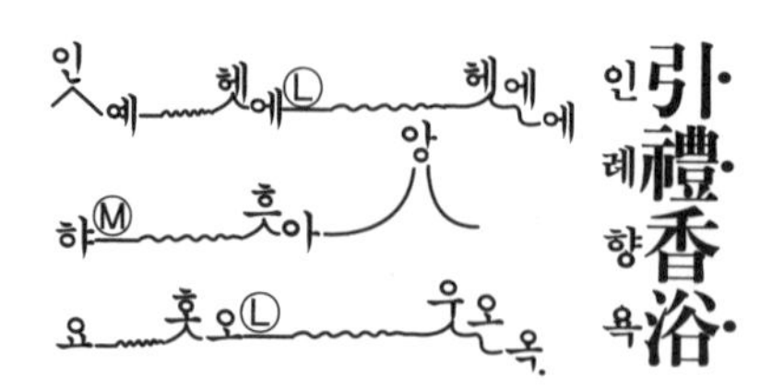

·上상 來래 a

已이 憑빙

·佛불 ·力력 ·法법 ·力력

三삼 ·寶보 威위 神신 之지 ·力력 a

·召소 ·請청 人인 ·道도

·一일 ·切체 人인 倫륜

·及급

無무 ·主주 孤고 魂혼

·洎계

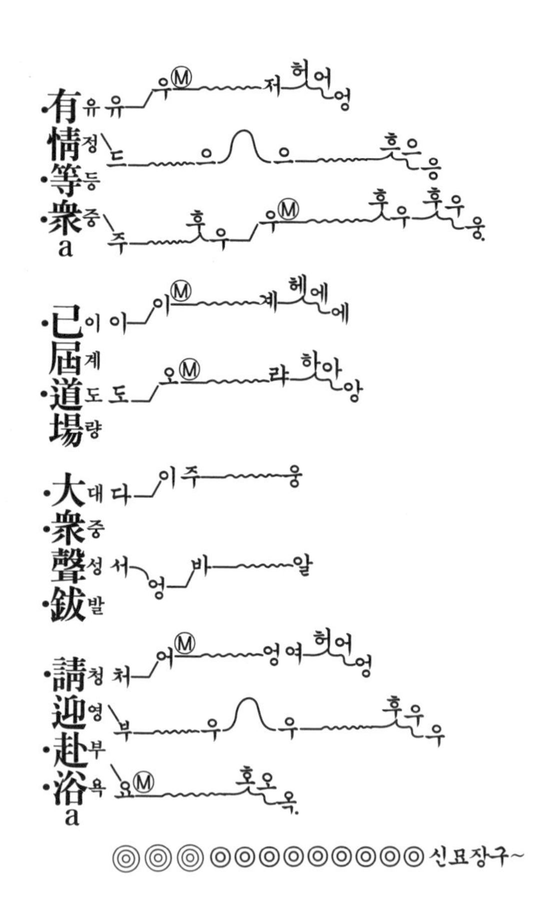

◎◎◎ ○○○○○○○○○○ 신묘장구~

(2) 入室偈 입실게

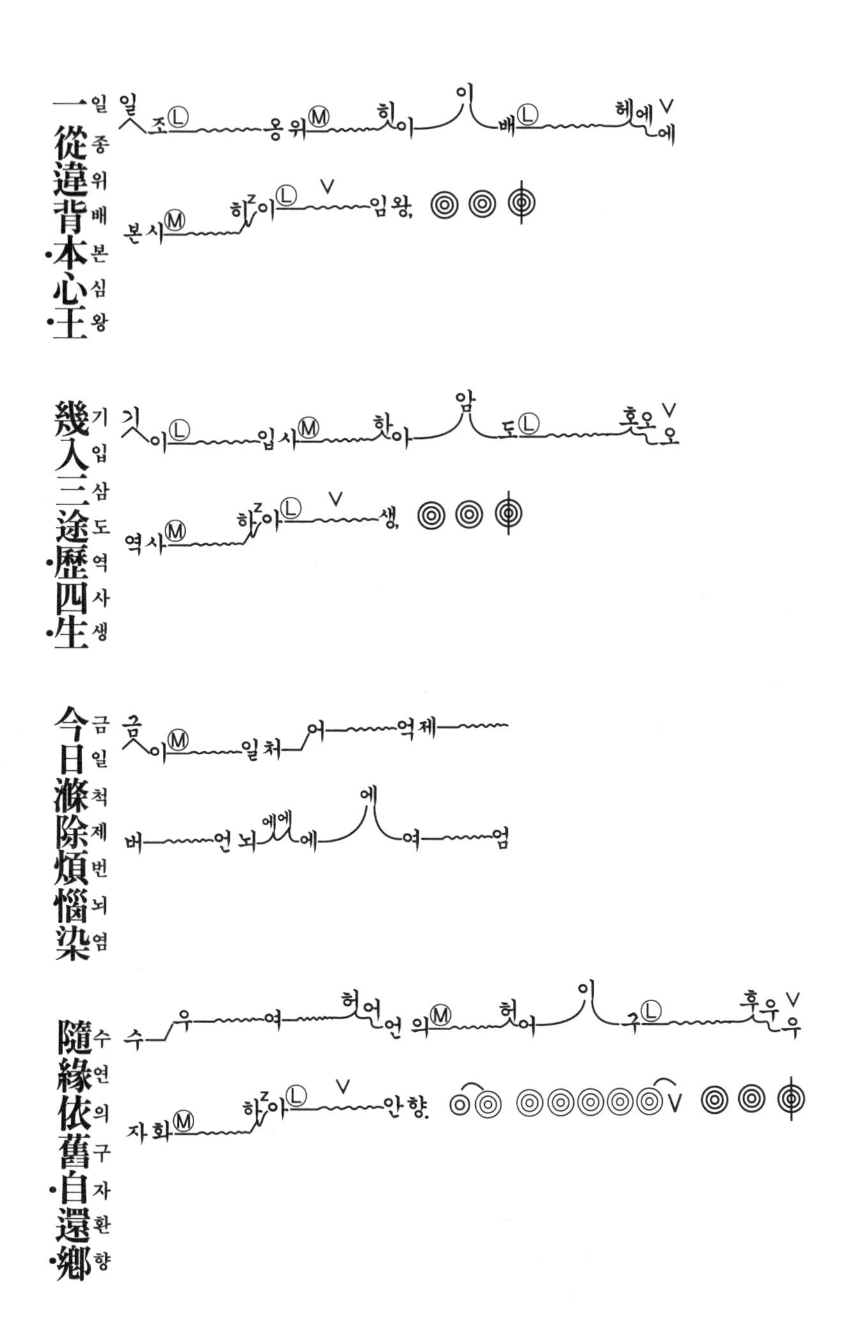

一從違背本心王
일종위배본심왕
幾入三途歷四生
기입삼도역사생
今日滌除煩惱染
금일척제번뇌염
隨緣依舊自還鄉
수연의구자환향

(3) 加持澡浴 가지조욕

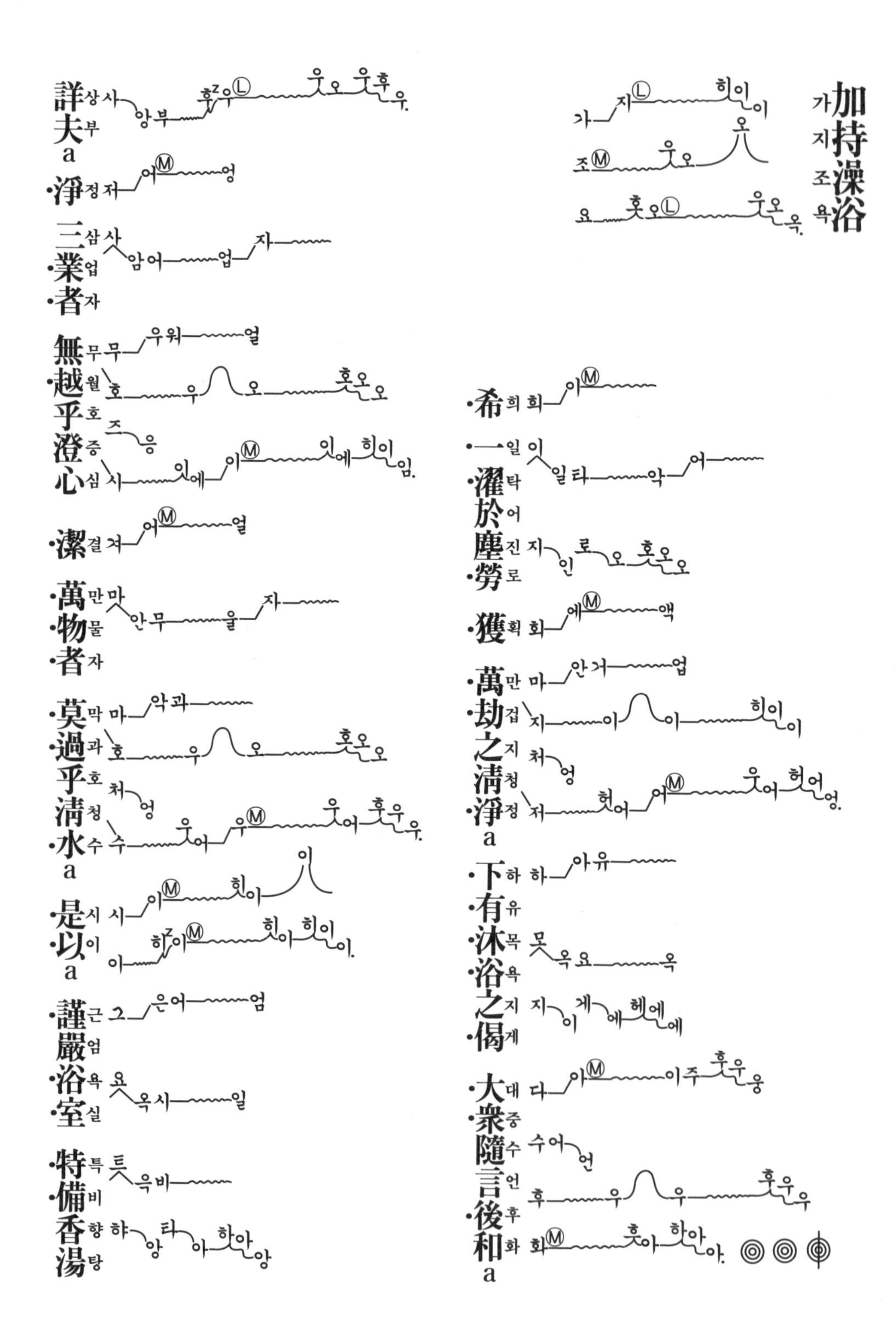

(4) 沐浴偈 목욕게

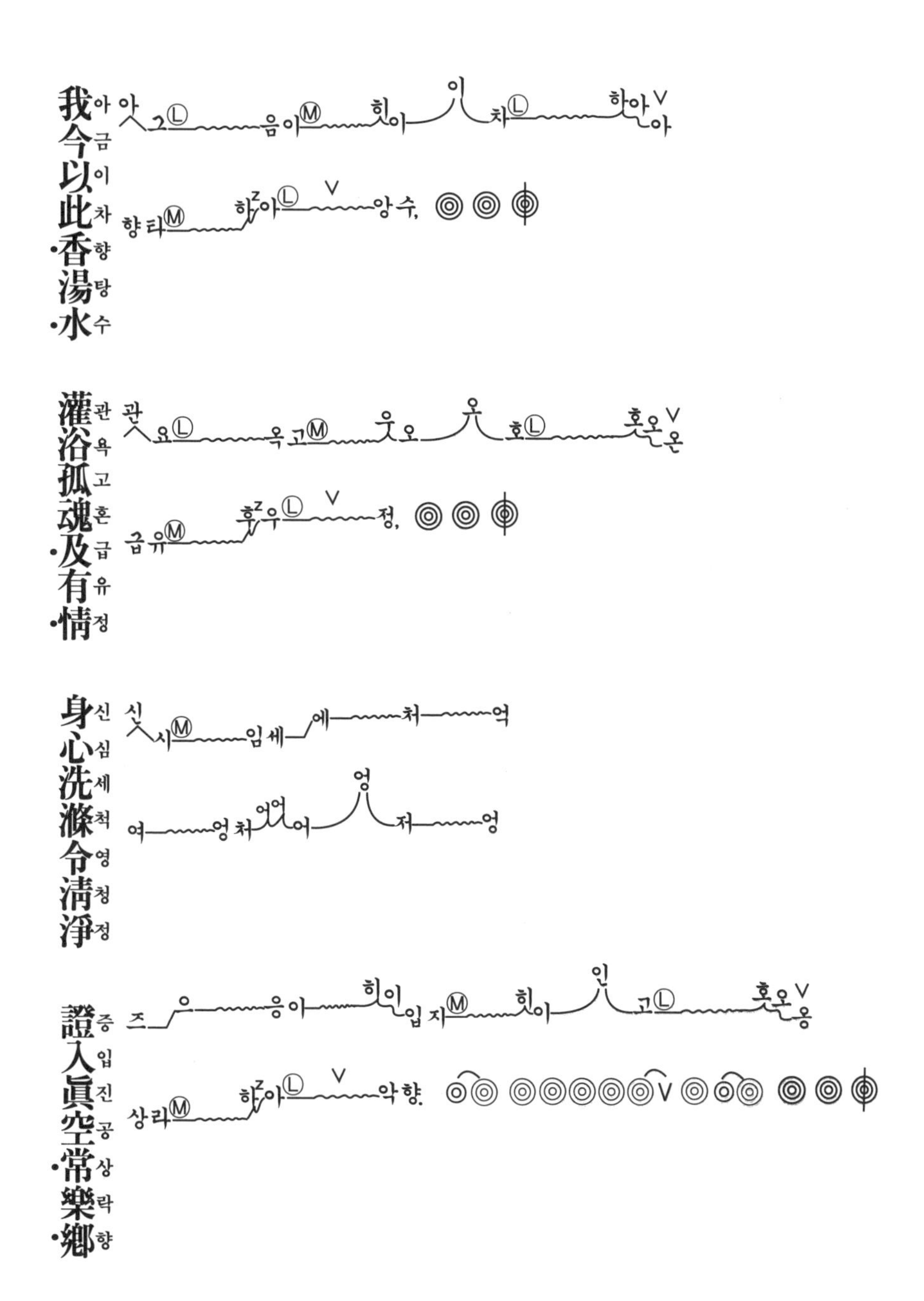

我今以此香湯水 아금이차향탕수
灌浴孤魂及有情 관욕고혼급유정
身心洗滌令清淨 신심세척영청정
證入眞空常樂鄕 증입진공상락향

(5) 沐浴眞言 목욕진언

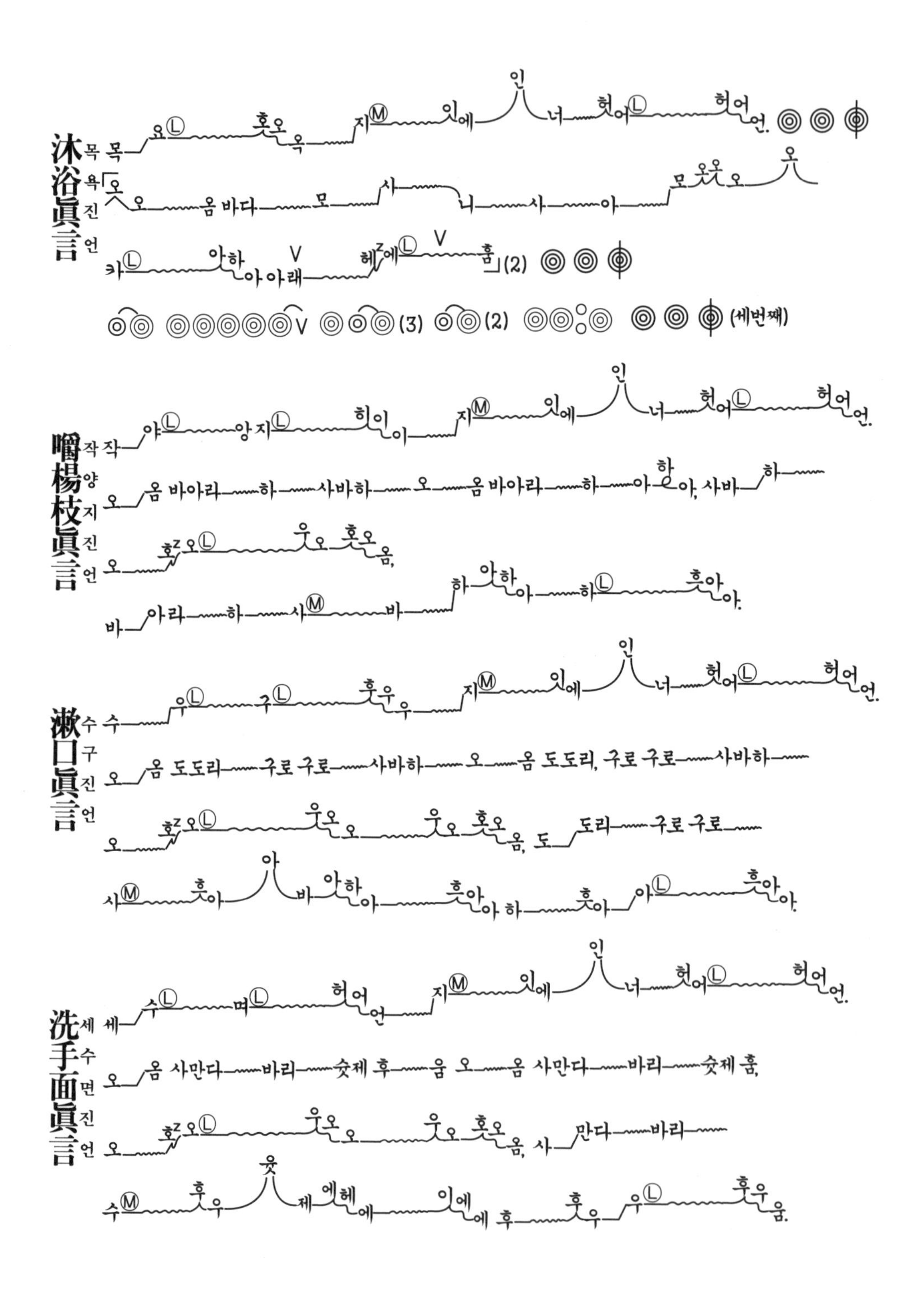

(6) 灌浴金 관욕쇠

1차 ◎ ◎ ◎ V V (세번)

2차 ◎◎ V V (세번)

3차 ◎ ◎◎ V V (세번)

4차 ◎ ◎◎ ◎ V V (세번)

5차 ◎ ◎◎◎ ◎ V V (세번)

6차 ◎◎◎ ◎◎◎ V V (세번)

(1)○○ ○○ ○○ ○○ ○○ ○○ ◎◎◎ ◎◎◎ (6망치)

(2)○○ ○○ ○○ ○○ ○○ ○○ ○○ ◎◎◎ ◎◎◎ (7망치)

(3)○○ ○○ ○○ ○○ ○○ ○○ ○○ ○○ ○○ ◎◎◎ ◎◎◎ (9망치)

(4)○○ ○○ ○○ ○○ ○○ ○○ ○○ ○○ ○○ ○○ ○○ ◎◎◎ ◎◎◎ (11망치)

(5)○○ ○○ ○○ ○○ ○○ ○○ ○○ ○○ ○○ ○○ ○○ ○○ ○○ ◎◎◎ ◎◎◎ (13망치)

(6)○○ ○○ ○○ ○○ ○○ ○○ ○○ ○○ ○○ ○○ ○○ ○○ ○○ ○○ ○○ ◎◎◎ ◎◎◎ (15망치)

(7)○○ ○○ ○○ ○○ ○○ ○○ ○○ ○○ ○○ ○○
○○ ○○ ○○ ○○ ○○ ○○ ○○ ◎◎◎ ◎◎◎ (17망치)

(8)○○ ○○ ○○ ○○ ○○ ○○ ○○ ○○ ○○ ○○
○○ ○○ ○○ ○○ ○○ ○○ ○○ ○○ ○○ ◎◎◎ ◎◎◎ (19망치)

(9)○○ ○○ ○○ ○○ ○○ ○○ ○○ ○○ ○○ ○○
○○ ○○ ○○ ○○ ○○ ○○ ○○ ○○ ○○ ○○ ○○ ◎◎◎ ◎◎◎ (21망치)

(10)○○ ○○ ○○ ○○ ○○ ○○ ○○ ○○ ○○ ○○
○○ ○○ ○○ ○○ ○○ ○○ ○○ ○○ ○○ ○○ ○○ ○○ ○○ ○ ◎◎ (23망치)

요잡바라 ◎◎◎◎◎ ◎◎◎◎◎ ◎◎

(6) 관욕쇠

(10)○○ ○○ ○○ ○○ ○○ ○○ ○○ ○○ ○○ ○○

○○ ○○ ○○ ○○ ○○ ○○ ○○ ○○ ○○ ○○ ○○ ○○ ○○ ◎ ◎ ◎ (23망치)

(9)○○ ○○ ○○ ○○ ○○ ○○ ○○ ○○ ○○ ○○

○○ ○○ ○○ ○○ ○○ ○○ ○○ ○○ ○○ ○○ ○○ ◎ ◎ ◎ (21망치)

(8)○○ ○○ ○○ ○○ ○○ ○○ ○○ ○○ ○○ ○○

○○ ○○ ○○ ○○ ○○ ○○ ○○ ○○ ○○ ◎ ◎ ◎ (19망치)

(7)○○ ○○ ○○ ○○ ○○ ○○ ○○ ○○ ○○ ○○

○○ ○○ ○○ ○○ ○○ ○○ ○○ ◎ ◎ ◎ (17망치)

(6)○○ ○○ ○○ ○○ ○○ ○○ ○○ ○○ ○○ ○○ ○○ ○○ ○○ ○○ ○○ ◎ ◎ ◎ (15망치)

(5)○○ ○○ ○○ ○○ ○○ ○○ ○○ ○○ ○○ ○○ ○○ ○○ ○○ ◎ ◎ ◎ (13망치)

(4)○○ ○○ ○○ ○○ ○○ ○○ ○○ ○○ ○○ ○○ ○○ ◎ ◎ ◎ (11망치)

(3)○○ ○○ ○○ ○○ ○○ ○○ ○○ ○○ ○○ ◎ ◎ ◎ (9망치)

(2)○○ ○○ ○○ ○○ ○○ ○○ ○○ ◎ ◎ ◎ (7망치)

(1)○○ ○○ ○○ ○○ ○○ ○○ ○ ○ ◎◎ (6망치)

◎◎◎◎◎◎V(3) ◎ ◎ ◎

(7) 加持化衣 가지화의

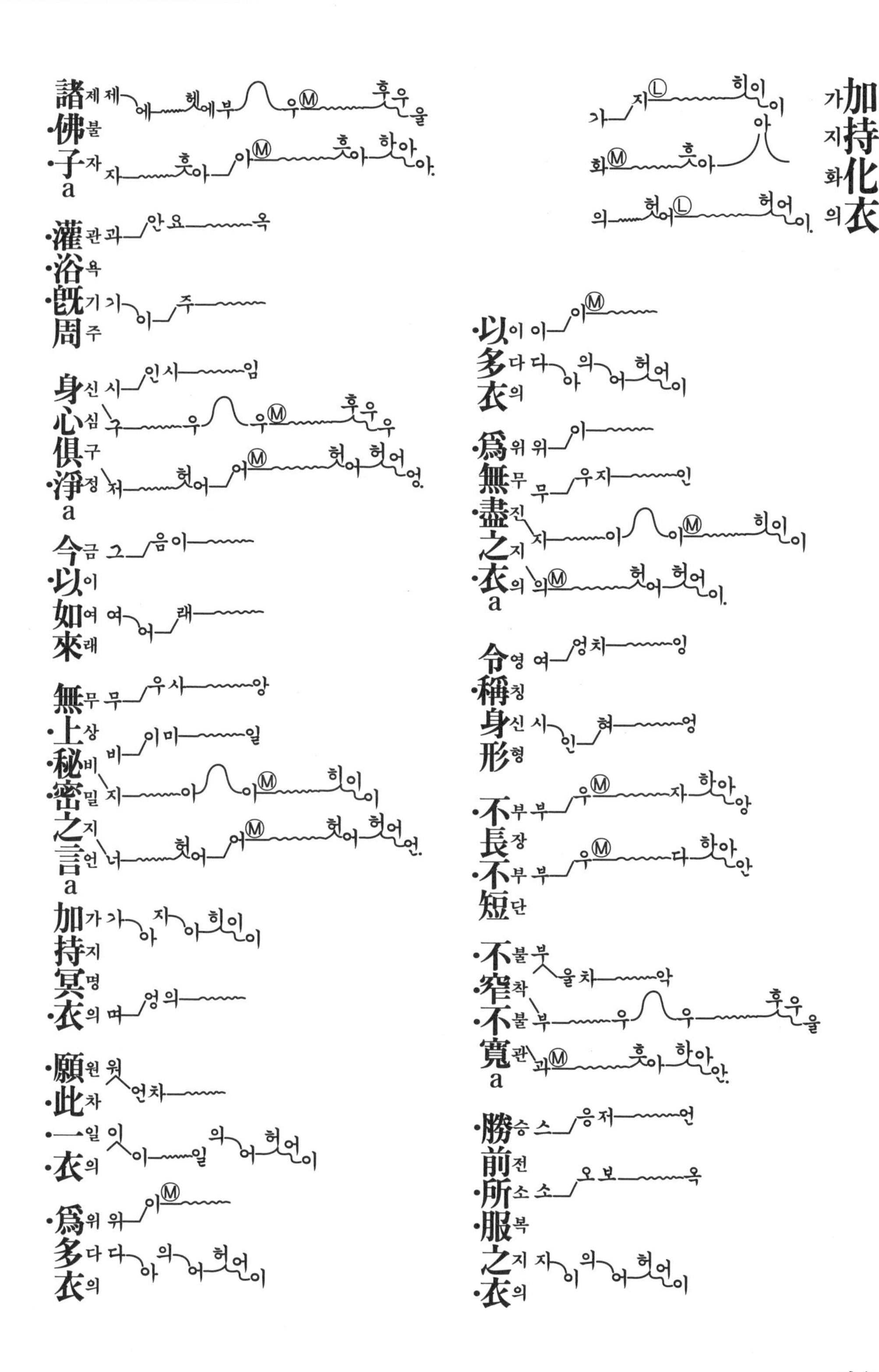

加 가
持 지
化 화
衣 의
諸 제
佛 불
子 자
a
灌 관
浴 욕
旣 기
周 주
身 신
心 심
俱 구
淨 정
a
今 금
以 이
如 여
來 래
無 무
上 상
秘 비
密 밀
之 지
言 언
a
加 가
持 지
冥 명
衣 의
願 원
此 차
一 일
衣 의
爲 위
多 다
衣 의
以 이
多 다
衣 의
爲 위
無 무
盡 진
之 지
衣 의
a
令 영
稱 칭
身 신
形 형
不 부
長 장
不 부
短 단
不 불
窄 착
不 불
寬 관
a
勝 승
前 전
所 소
服 복
之 지
衣 의

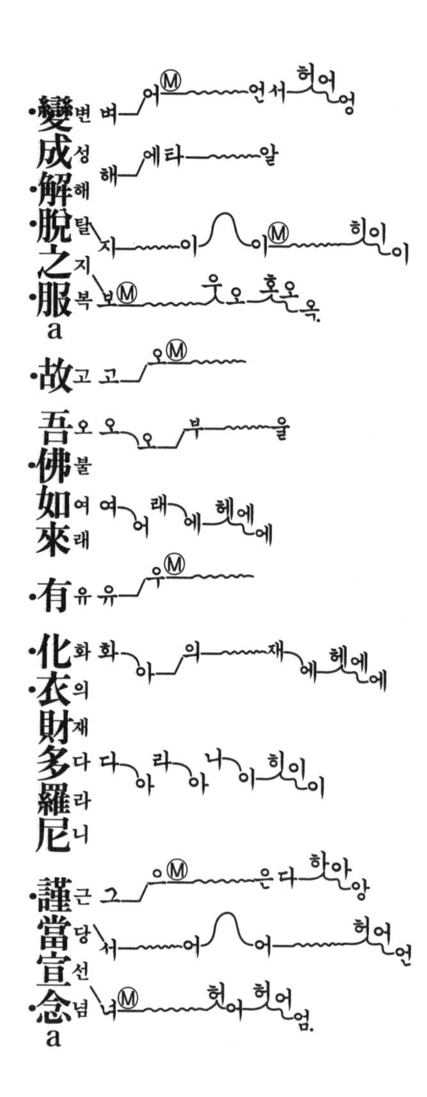
變成解脫之服
故吾佛如來有化衣財多羅尼
謹當宣念

(8) 授衣服飾 수의복식

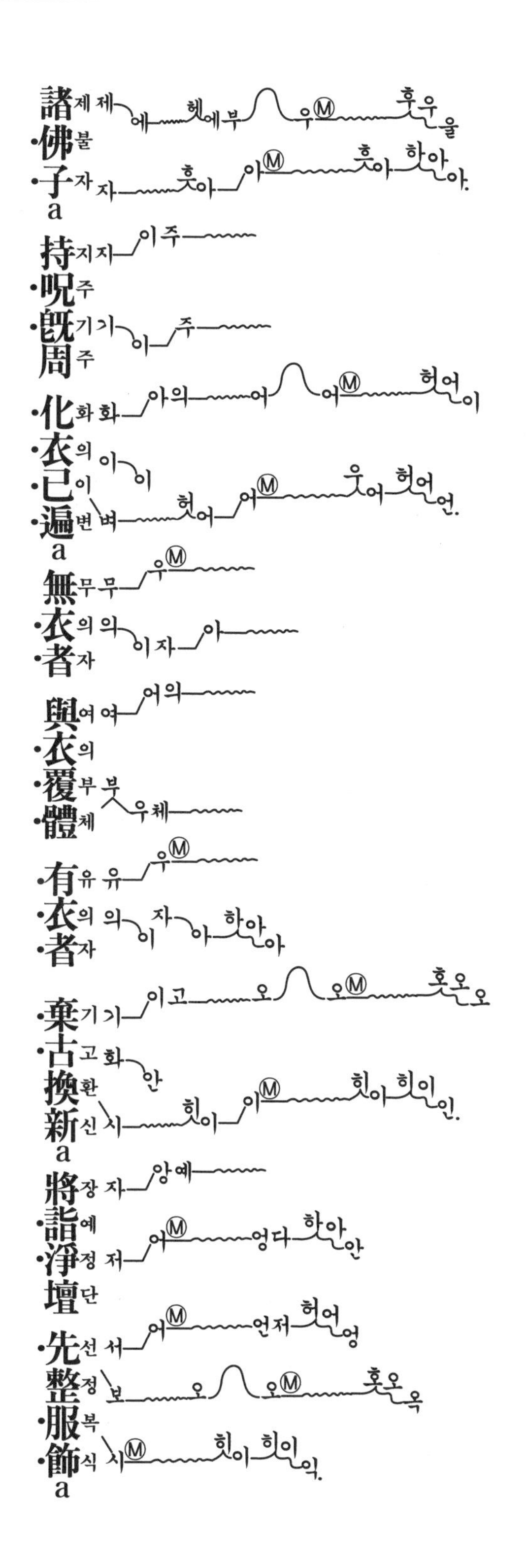

諸 제 佛 불 子 자
持 지 呪 주 旣 기 周 주
化 화 衣 의 已 이 遍 변
無 무 衣 의 者 자
與 여 衣 의 覆 부 體 체
有 유 衣 의 者 자
棄 기 古 고 換 환 新 신
將 장 詣 예 淨 정 壇 단
先 선 整 정 服 복 飾 식

(9) 授衣眞言 수의진언

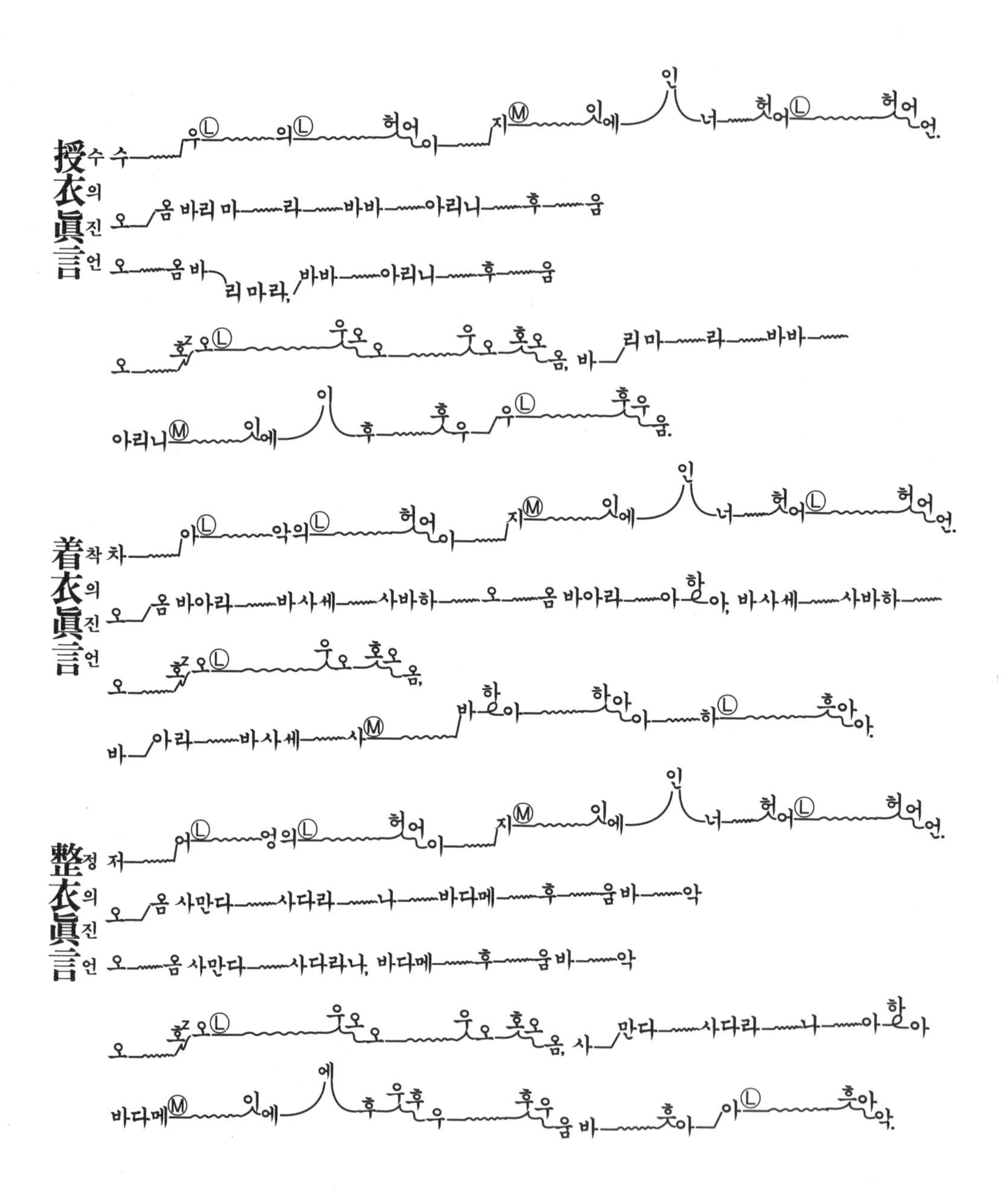

授衣眞言 수의진언
수 수 우Ⓛ 의Ⓛ 허어 이 지Ⓜ 잇에 인 너 헛어Ⓛ 허어 언.
오 옴 바리 마 라 바바 아리니 후 움
오 옴 바 리 마라, 바바 아리니 후 움
오 홋 오Ⓛ 우오 오 우 오 홋오 옴, 바 리 마 라 바바
아리니Ⓜ 잇에 이 후 홋 우 우Ⓛ 후우 움.
着衣眞言 착의진언
차 아Ⓛ 악의Ⓛ 허어 이 지Ⓜ 잇에 인 너 헛어Ⓛ 허어 언.
오 옴 바아라 바사세 사바하 오 옴 바아라 아 항 아, 바사세 사바하
오 홋 오Ⓛ 우오 홋오 옴,
바 아라 바사세 사Ⓜ 바 항 아 하아 아 하Ⓛ 흐아 아.
整衣眞言 정의진언
저 어Ⓛ 엉의Ⓛ 허어 이 지Ⓜ 잇에 인 너 헛어Ⓛ 허어 언.
오 옴 사만다 사다라 나 바다메 후 움바 악
오 옴 사만다 사다라나, 바다메 후 움바 악
오 홋 오Ⓛ 우오 오 우 오 홋오 옴, 사 만다 사다라 나 아 항 아
바다메Ⓜ 잇에 에 후 우후 우 후우 움 바 홋 아 아Ⓛ 흐아 악.

⑽ 出浴參聖 출욕참성

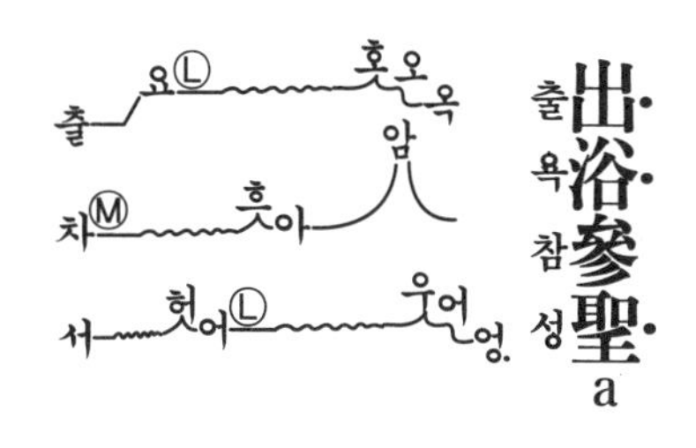

出 출
浴 욕
參 참
聖 성

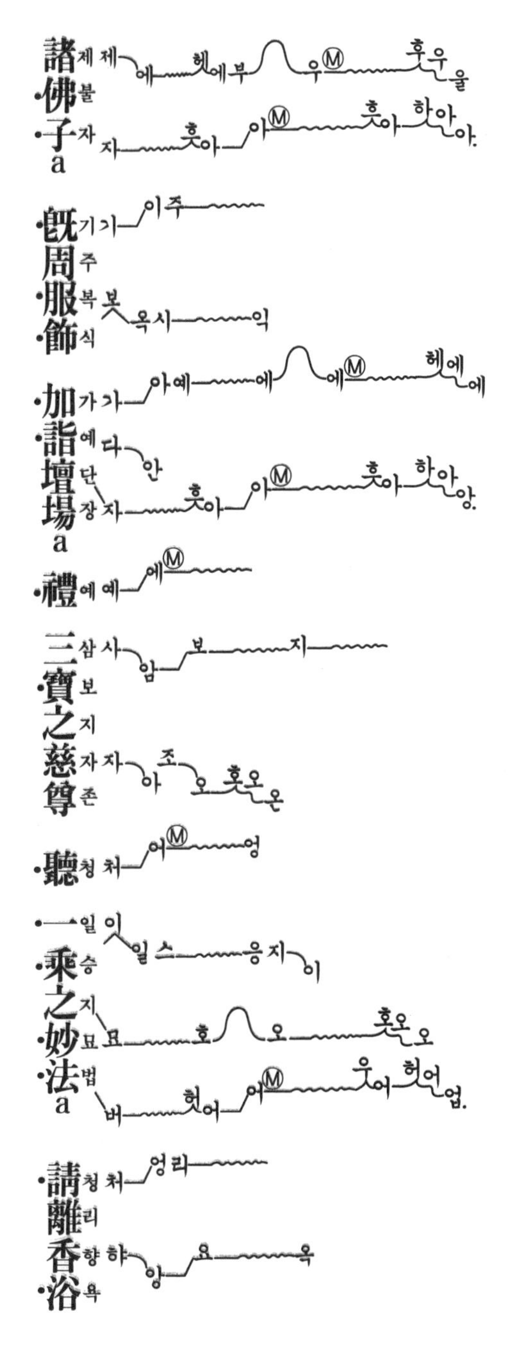

諸 제 佛 불 子 자
旣 기 周 주 服 복 飾 식
加 가 詣 예 壇 단 場 장
禮 예
三 삼 寶 보 之 지 慈 자 尊 존
聽 청
一 일 乘 승 之 지 妙 묘 法 법
請 청 離 리 香 향 浴 욕

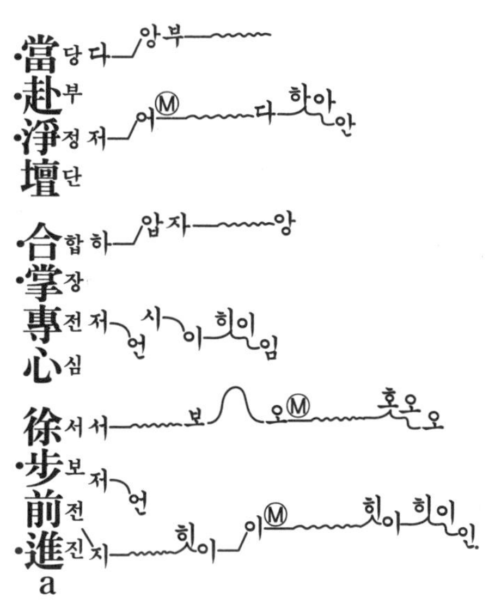

當 당 赴 부 淨 정 壇 단
合 합 掌 장 專 전 心 심
徐 서 步 보 前 전 進 진

(11) 法身偈 법신게

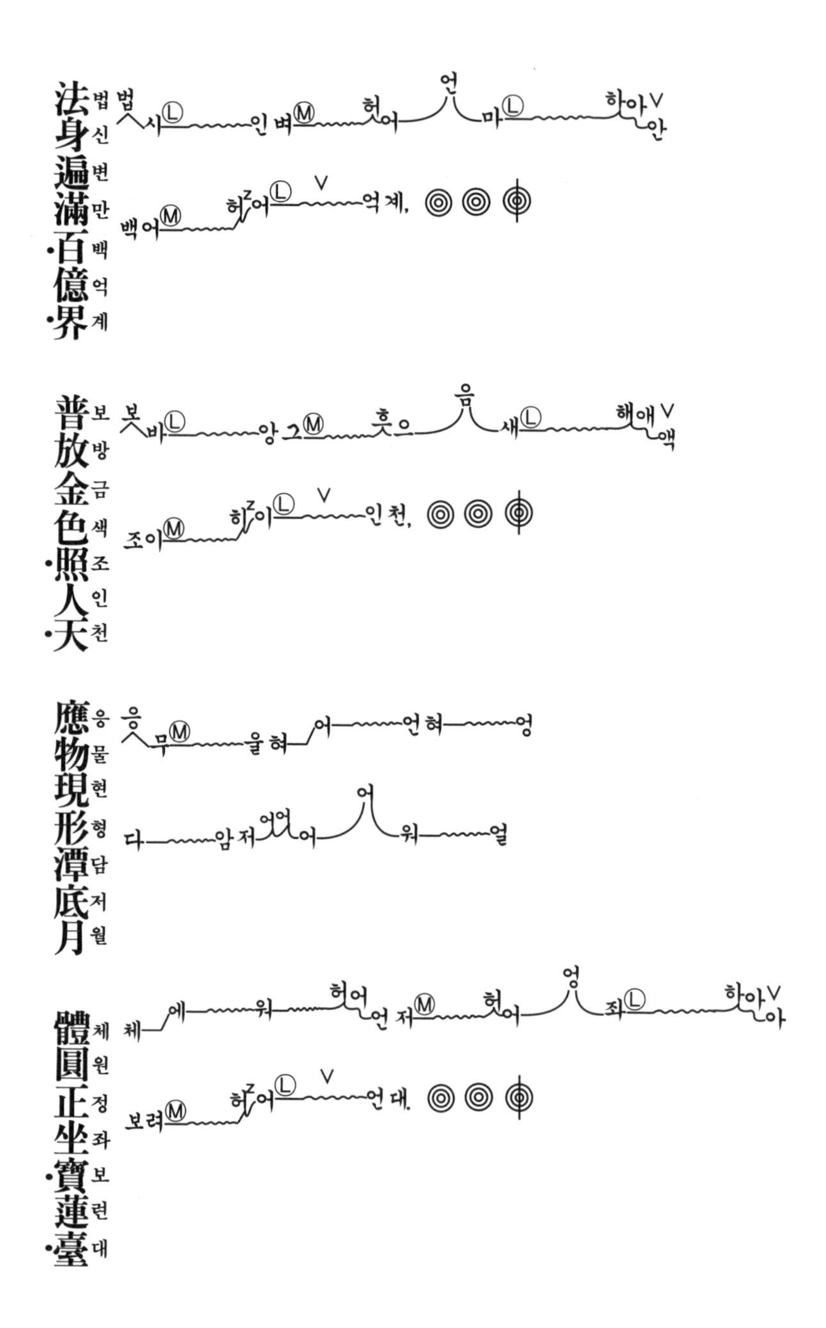

法身遍滿百億界
법신변만백억계
普放金色照人天
보방금색조인천
應物現形潭底月
응물현형담저월
體圓正坐寶蓮臺
체원정좌보련대

(12) 庭中偈 정중게　(13) 開門偈 개문게

庭中偈 정중게

庭(정) 中(중) 偈(게)

一(일) 步(보) 曾(증) 不(부) 動(동)

來(래) 向(향) 水(수) 雲(운) 間(간)

旣(기) 到(도) 阿(아) 練(련) 若(야)

入(입) 室(실) 禮(예) 金(금) 仙(선)

開門偈 개문게

開(개) 門(문) 偈(게)

捲(권) 箔(박) 逢(봉) 彌(미) 勒(륵)

開(개) 門(문) 見(견) 釋(석) 迦(가)

三(삼) 三(삼) 禮(예) 無(무) 上(상)

遊(유) 戲(희) 法(법) 王(왕) 家(가)

⑭ 加持禮聖 가지예성

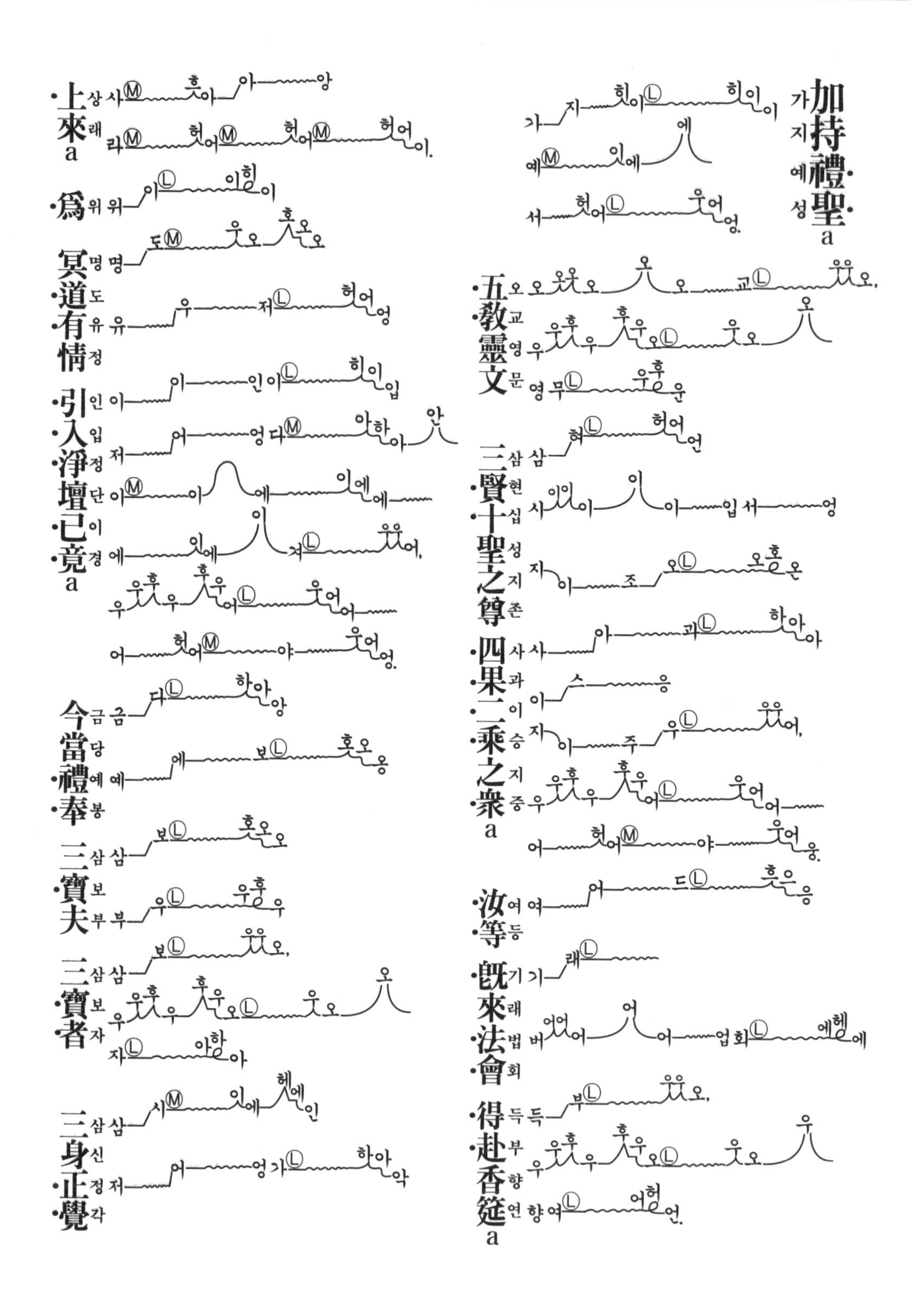

加持禮聖 가지예성
上來 상래
爲 위
冥道有情 명도유정
引入淨壇已竟 인입정단이경
今當禮奉 금당예봉
三寶夫 삼보부
三寶者 삼보자
三身正覺 삼신정각
五教靈文 오교영문
三賢十聖之尊 삼현십성지존
四果二乘之衆 사과이승지중
汝等 여등
旣來法會 기래법회
得赴香筵 득부향연

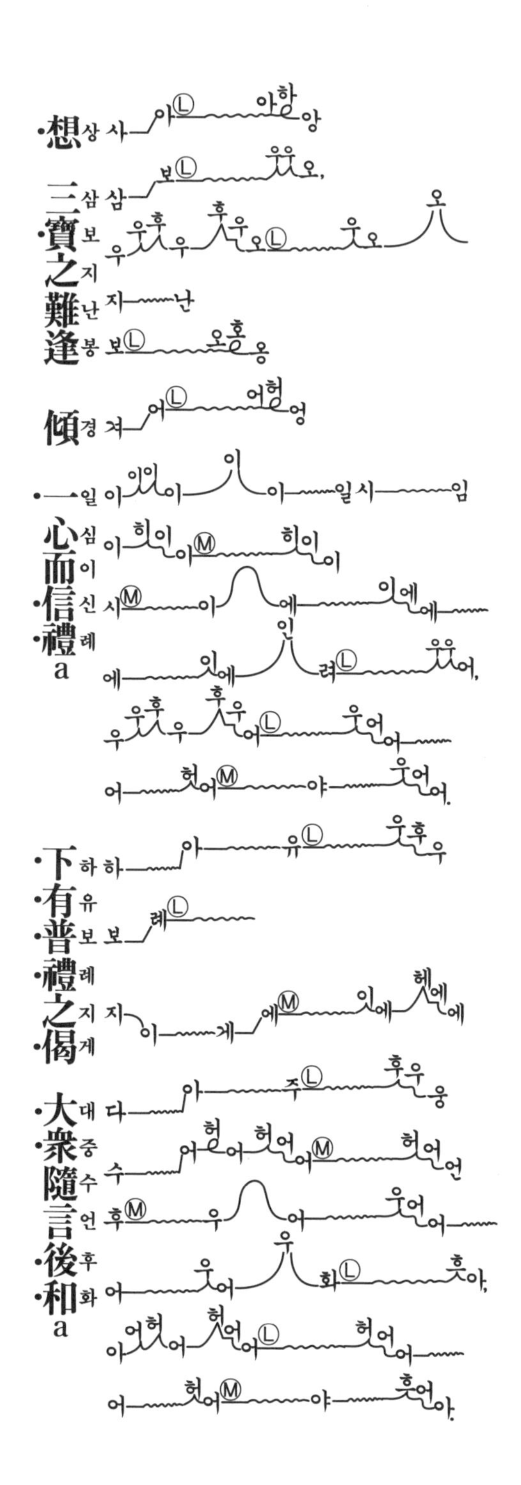

·想상 三삼 ·寶보 之지 難난 逢봉
傾경 ·一일 心심 而이 ·信신 ·禮례 a
·下하 ·有유 ·普보 ·禮례 之지 ·偈게
·大대 ·衆중 隨수 言언 ·後후 ·和화 a

(15) 普禮三寶 보례삼보

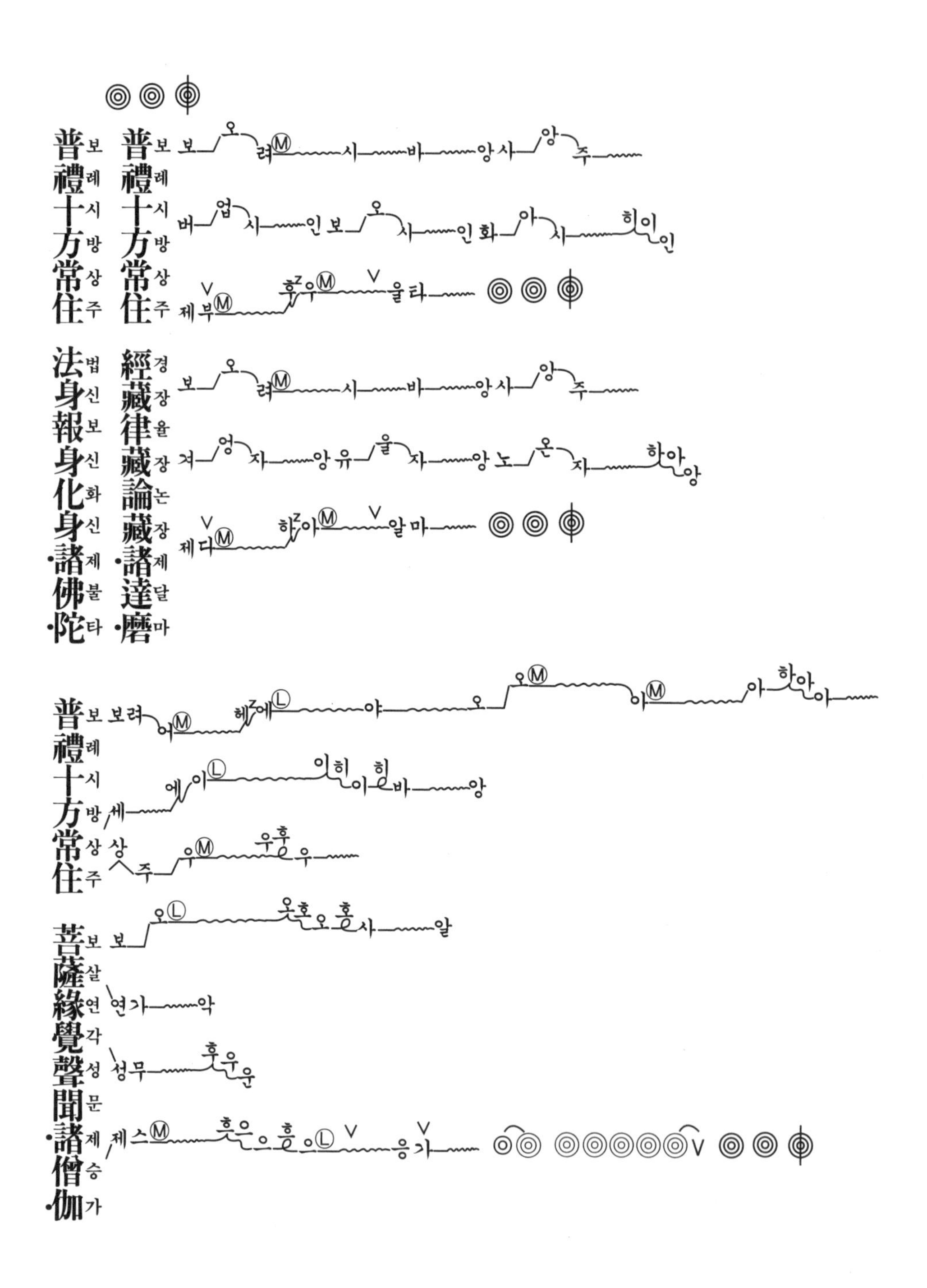

普禮十方常住法身報身化身諸佛陀
보례시방상주법신보신화신제불타
普禮十方常住經藏律藏論藏諸達磨
보례시방상주경장율장논장제달마
普禮十方常住菩薩緣覺聲聞諸僧伽
보례시방상주보살연각성문제승가

⒃ 加持向筵 가지향연

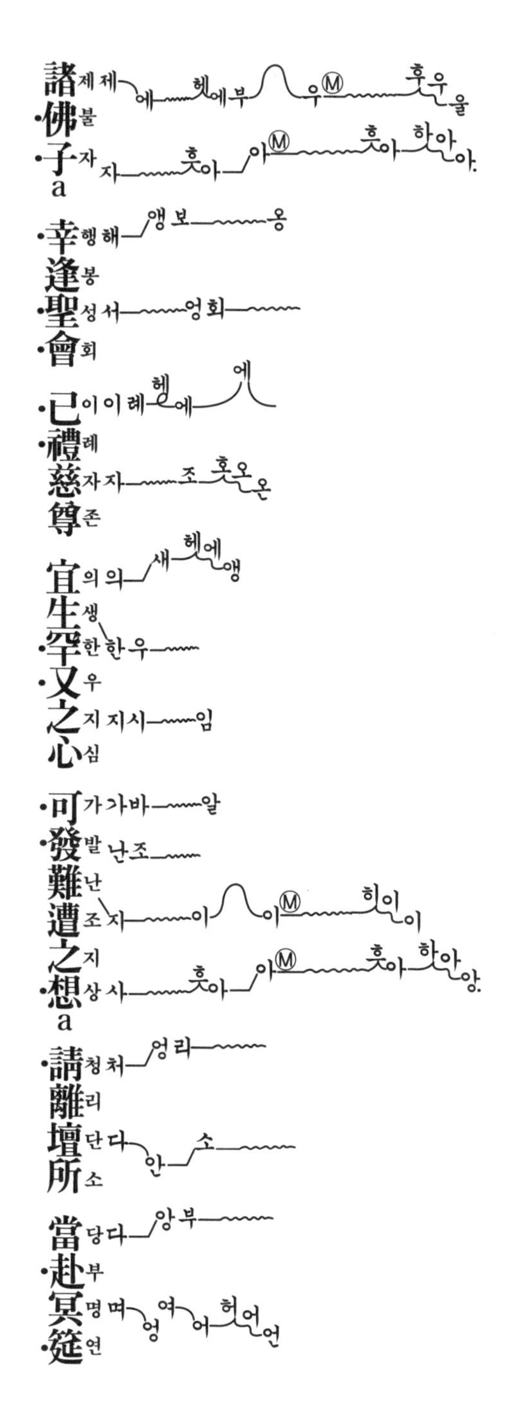

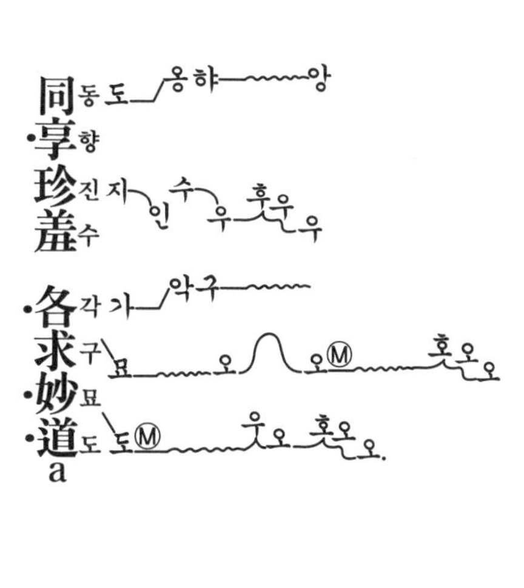

(17) 掛錢偈 괘전게

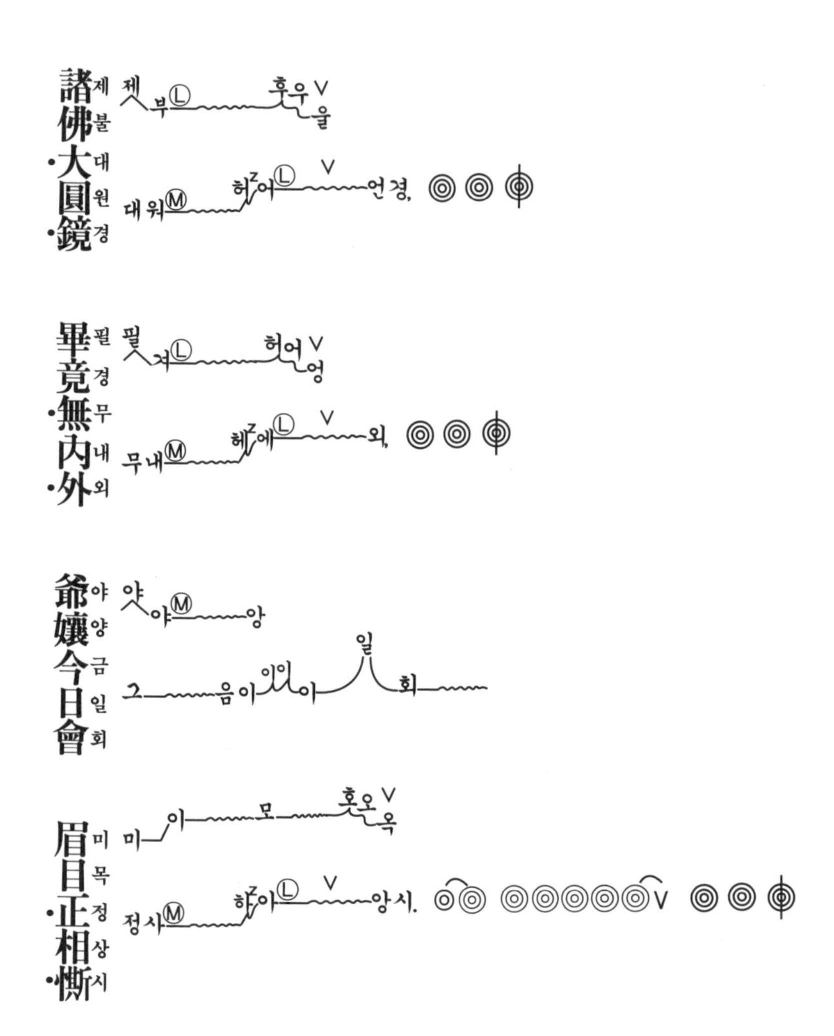

諸제 佛불 大대 圓원 鏡경
젯 부 후우 울
대워 허어 언경,
畢필 竟경 無무 內내 外외
필 져 허어 엉
무내 헤에 외,
爺야 孃양 今금 日일 會회
야 야 앙
그 음이 이이 이 일 회
眉미 目목 正정 相상 憁시
미 이 모 호오 옥
정사 하아 앙시.

⒅ 受位安座 수의안좌

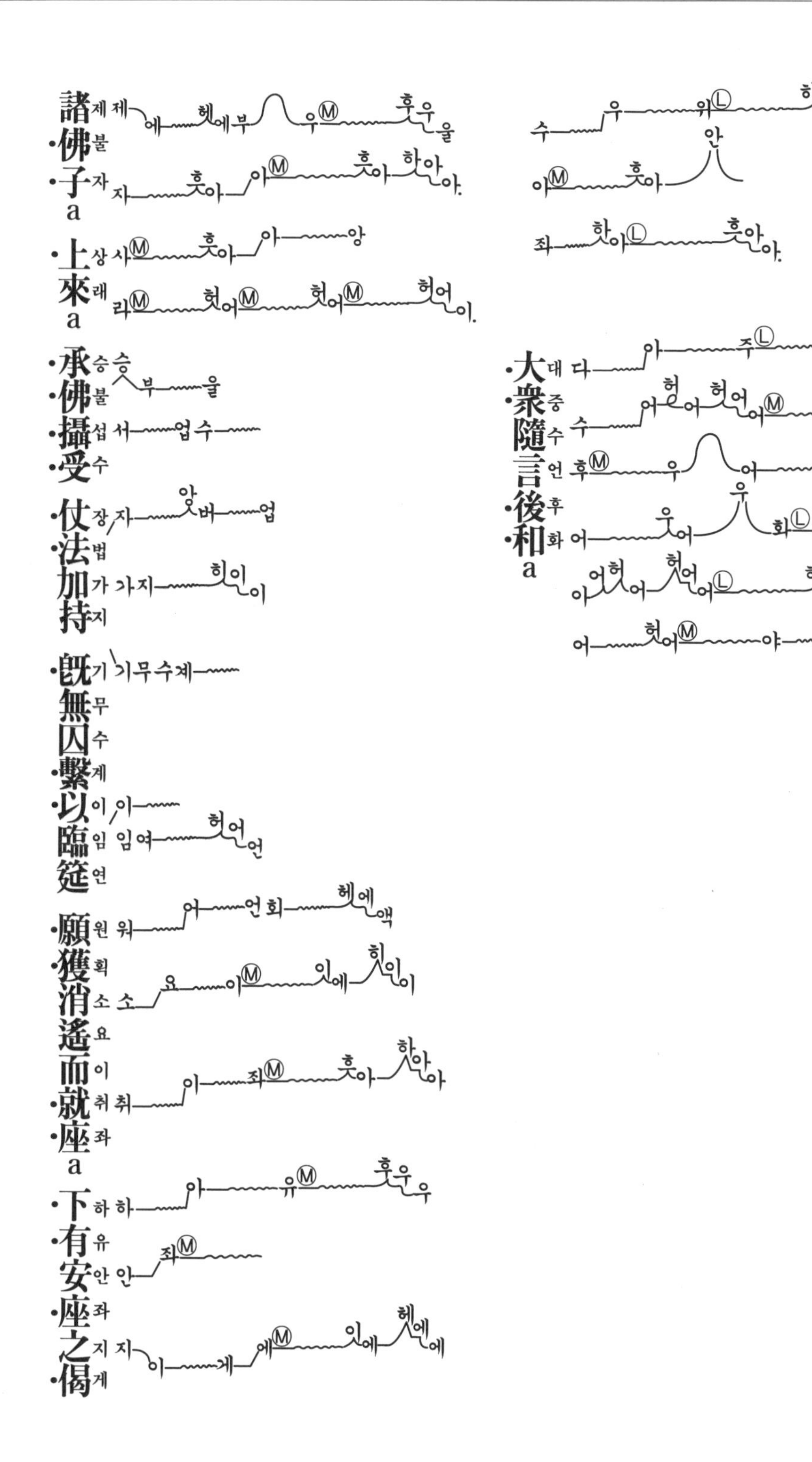

諸佛子 제불자
上來 상래
承佛攝受 승불섭수
仗法加持 장법가지
旣無囚繫 기무수계
以臨筵 이임연
願獲消遙而就座 원획소요이취좌
下有安座之偈 하유안좌지게
受位安座 수위안좌
大衆隨言後和 대중수언후화

⒆ 安座偈 · 受位安座眞言 안좌게 • 수위안좌진언

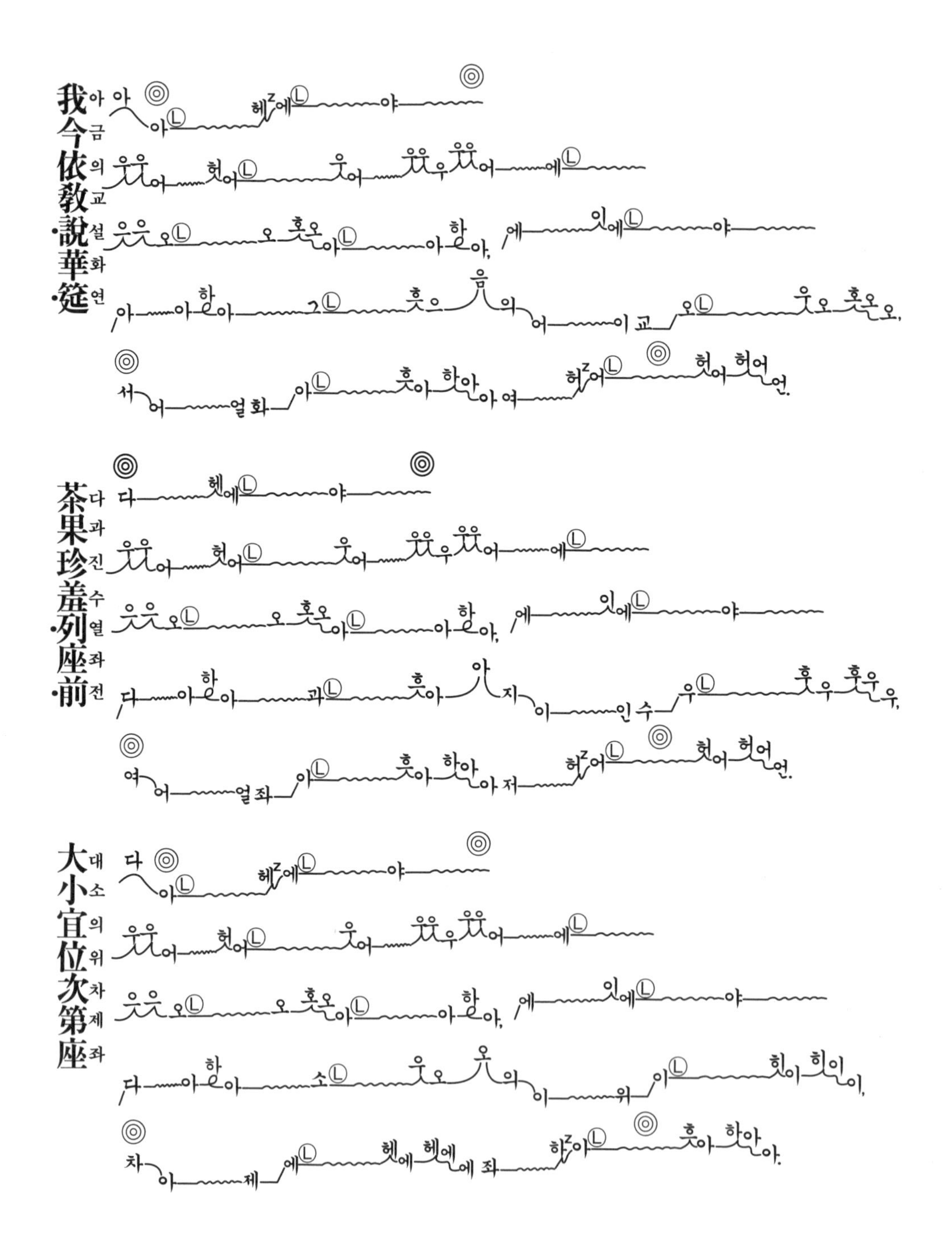

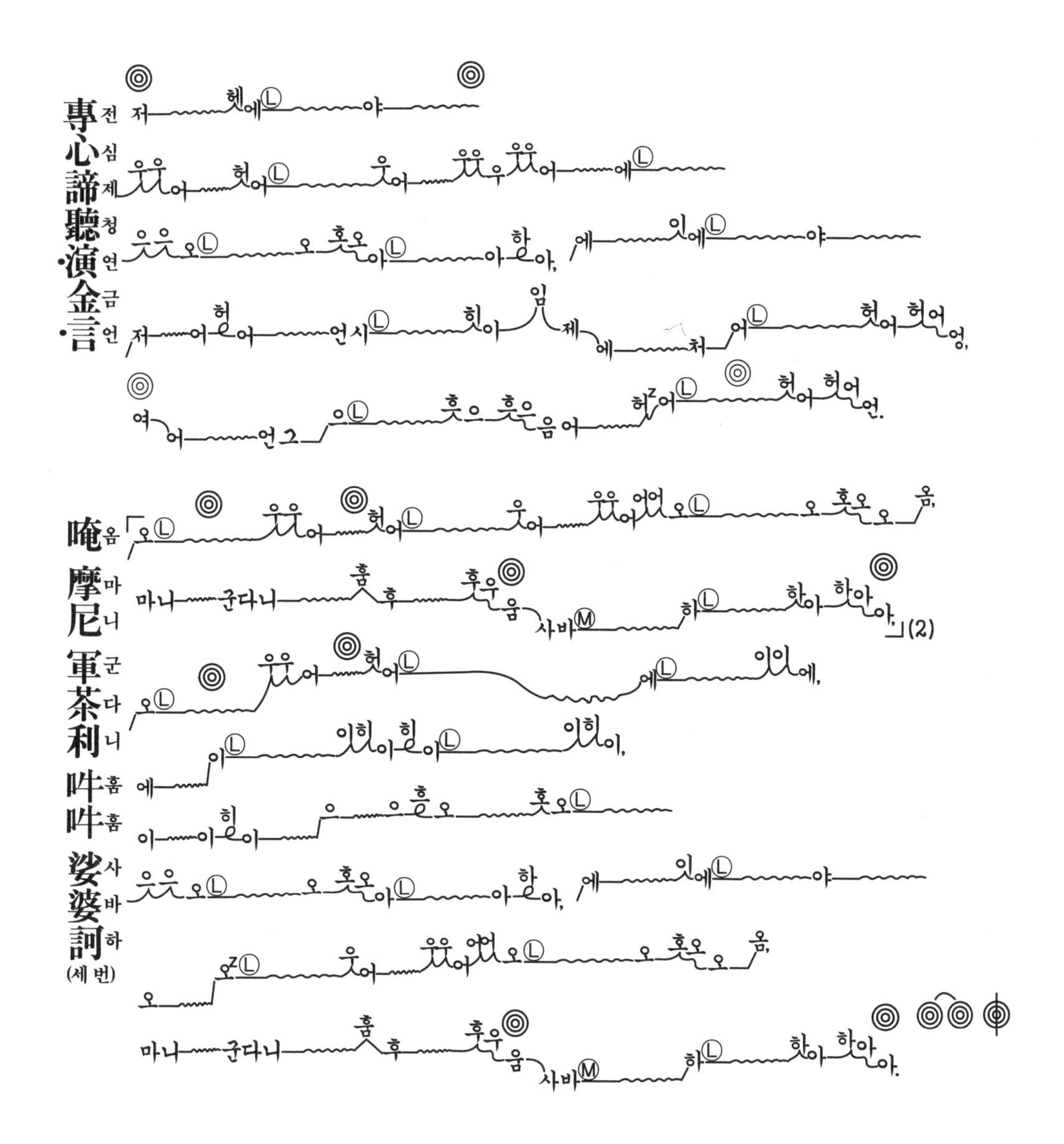
專 전
心 심
諦 제
聽 청
•演 연
金 금
•言 언
저 헤에 야
우우 어 허어 우어 우우 우우어 에
으으 오 오 호오 아 아 하 아, 에 이에 야
저 어 허 어 언시 히이 임 제 에 처 어 허어 허어 엉,
여 어 언그 오 호으 호으 음어 허어 허어 허어 언.
唵 옴
摩 마
尼 니
軍 군
茶 다
利 니
吽 훔
吽 훔
娑 사
婆 바
訶 하
(세 번)
오 우우어 허어 우어 우우어 어어 오 오 호오 오 옴,
마니 군다니 훔 후 후우 음 사바 하 하아 하아 아, (2)
오 우우어 허어 에 이이 에,
에 이 이히 이 히 이 이히 이,
이 이 히 이 오 오 훙 오 호 오
으으 오 오 호오 아 아 하 아, 에 이에 야
오 오 우어 우우어 어어 오 오 호오 오 옴,
마니 군다니 훔 후 후우 음 사바 하 하아 하아 아.

(20) 茶偈 다게

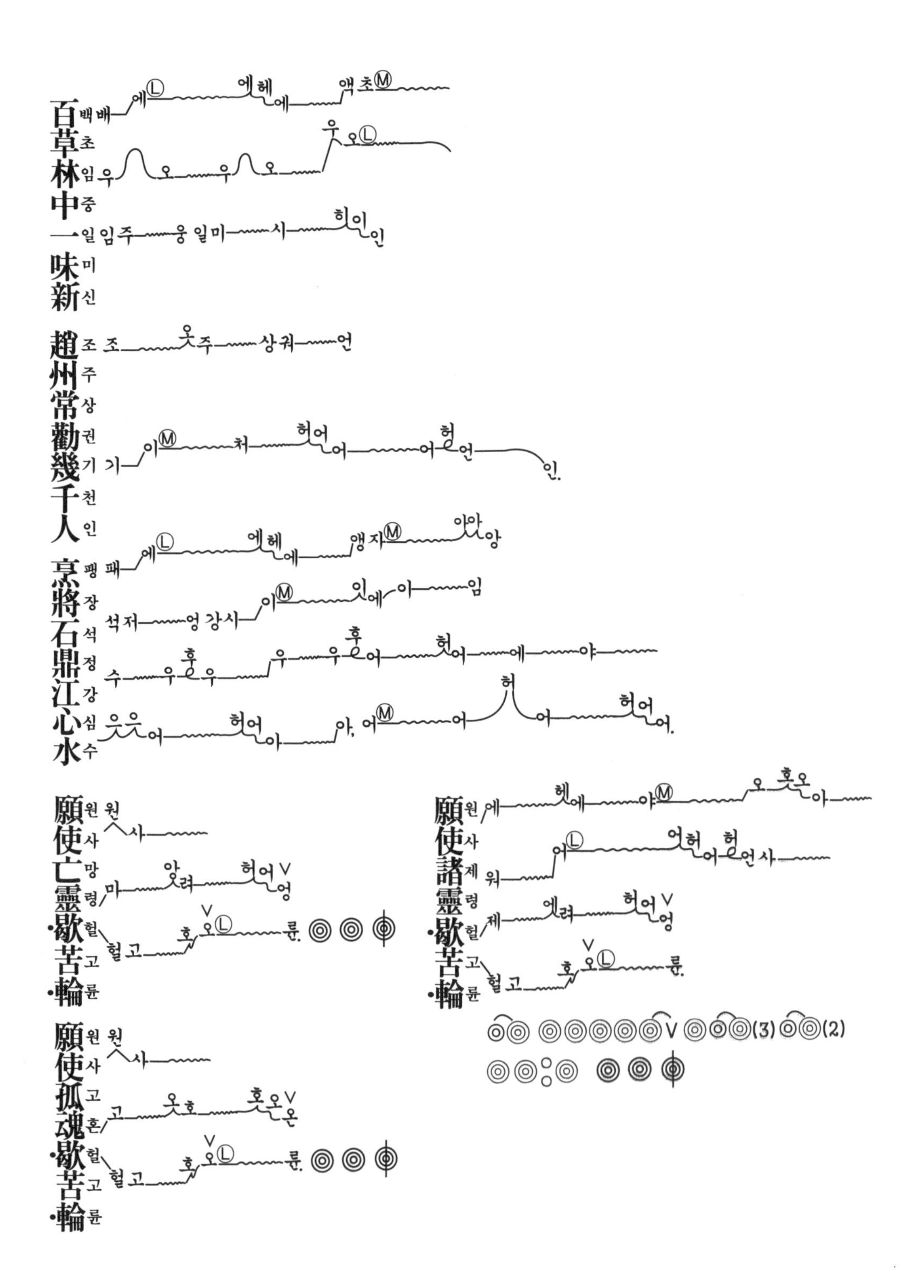

百草林中一味新 백초임중일미신
趙州常勸幾千人 조주상권기천인
烹將石鼎江心水 팽장석정강심수
願使亡靈歇苦輪 원사망령헐고륜
願使孤魂歇苦輪 원사고혼헐고륜
願使諸靈歇苦輪 원사제령헐고륜

神衆作法 신중작법 (1) 擁護偈 옹호게

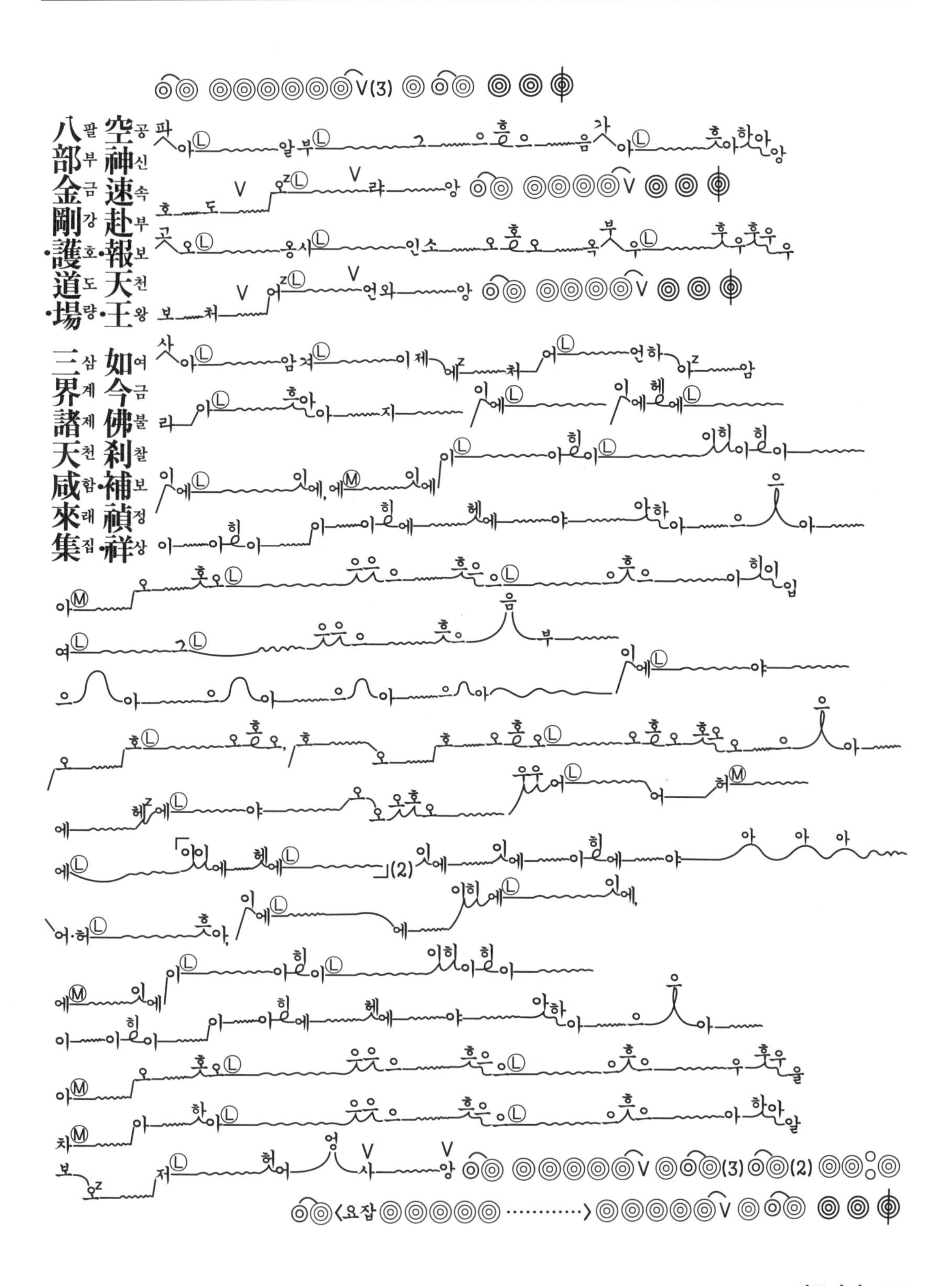

八部金剛護道場 팔부금강호도량
空神速赴報天王 공신속부보천왕
三界諸天咸來集 삼계제천함래집
如今佛刹補禎祥 여금불찰보정상

(2) 擧佛 거불

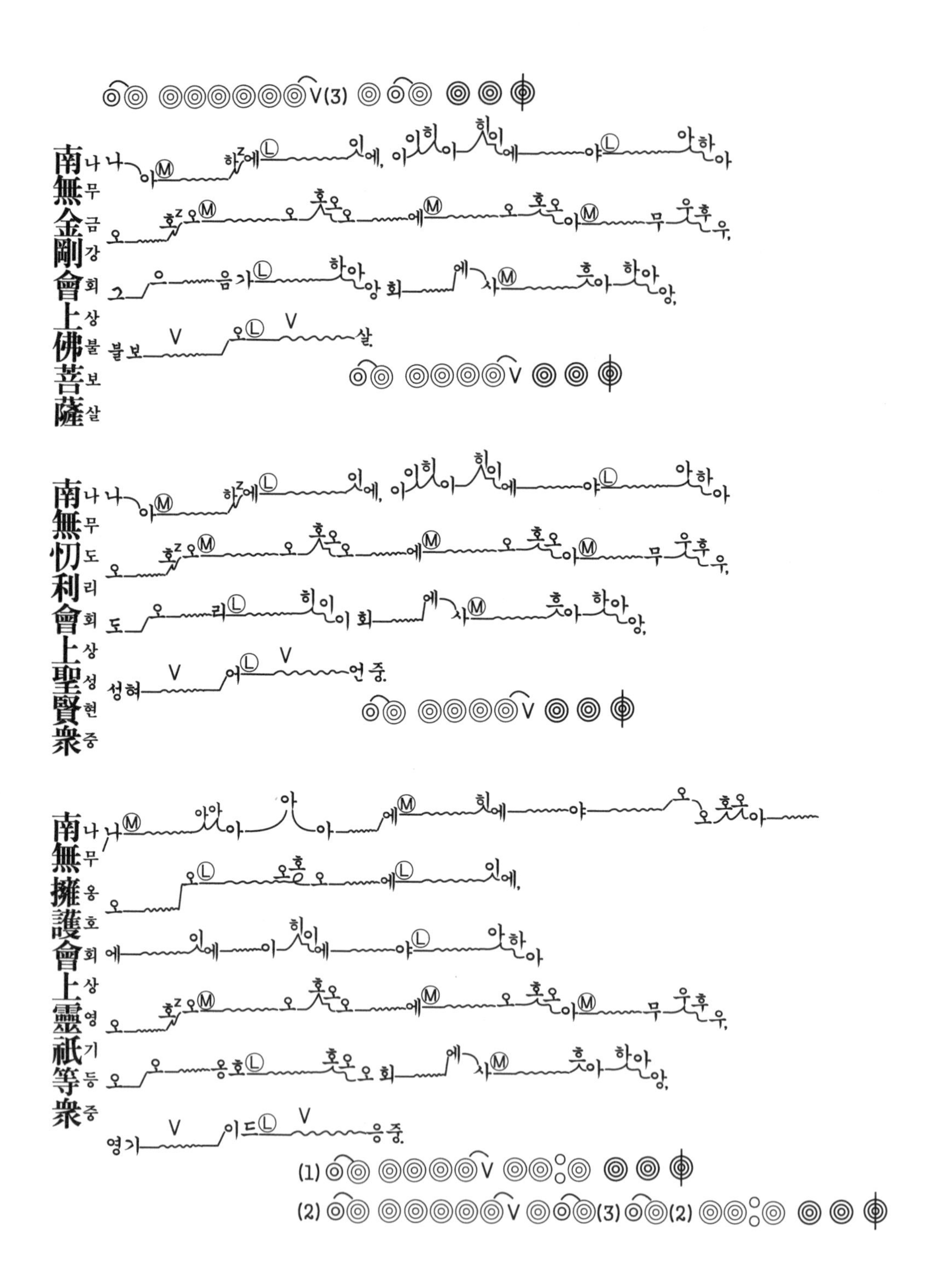

南無金剛會上佛菩薩
나무금강회상불보살
南無忉利會上聖賢衆
나무도리회상성현중
南無擁護會上靈祇等衆
나무옹호회상영기등중

(3) 奉請 봉청

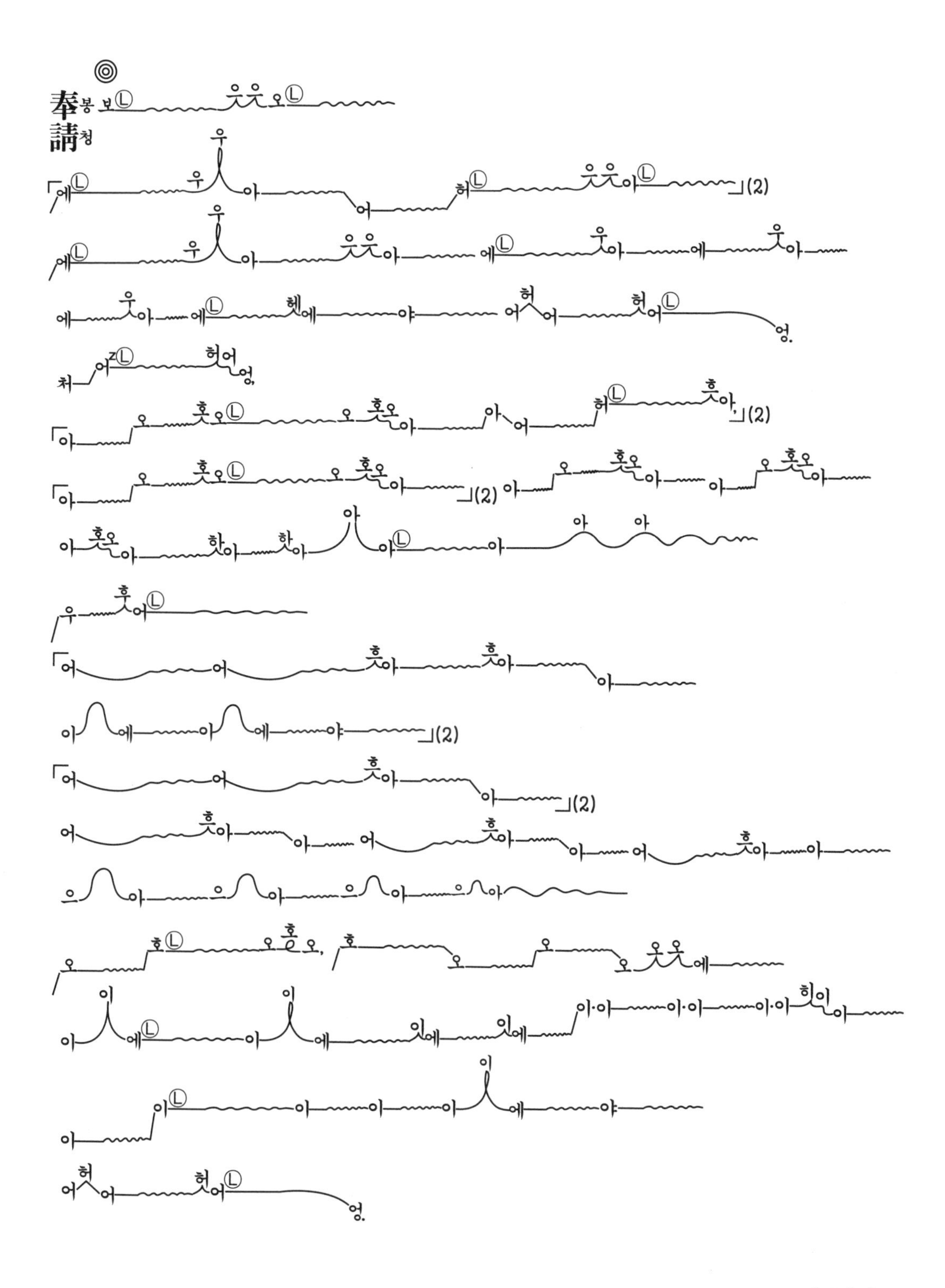

奉봉 보Ⓛ 웃웃 오Ⓛ
請청
에Ⓛ 우 우 아 어 허Ⓛ 웃웃 아Ⓛ (2)
에Ⓛ 우 우 아 웃웃 아 에Ⓛ 웃 아 에 웃 아
에 웃 아 에Ⓛ 헤 에 야 어 허 어 헛 어Ⓛ 엉.
처 어Ⓛ 허 어 엉,
아 오 흐 오Ⓛ 오 흐오 아 아 어 허Ⓛ 흣 아, (2)
아 오 흐 오Ⓛ 오 흐오 아 (2) 아 오 흐오 아 아 오 흐오 아
아 흐오 아 핫 아 핫 아 아 아Ⓛ 아 아 아
우 흣 어Ⓛ
어 어 흣 아 흣 아 아
이 에 이 에 야 (2)
어 어 흣 아 아 (2)
어 흣 아 아 어 흣 아 아 어 흣 아 아
으 아 으 아 으 아 으 아
오 호Ⓛ 오 훙 오, 호 오 오 오 웃웃 에
이 이 에Ⓛ 이 이 에 이 에 이 에 이·아 이·이 이·아 히 이 아
아 이Ⓛ 이 이 이 이 에 야
어 허 어 헛 어Ⓛ 엉.

(4) 上壇-唱佛 상단-창불

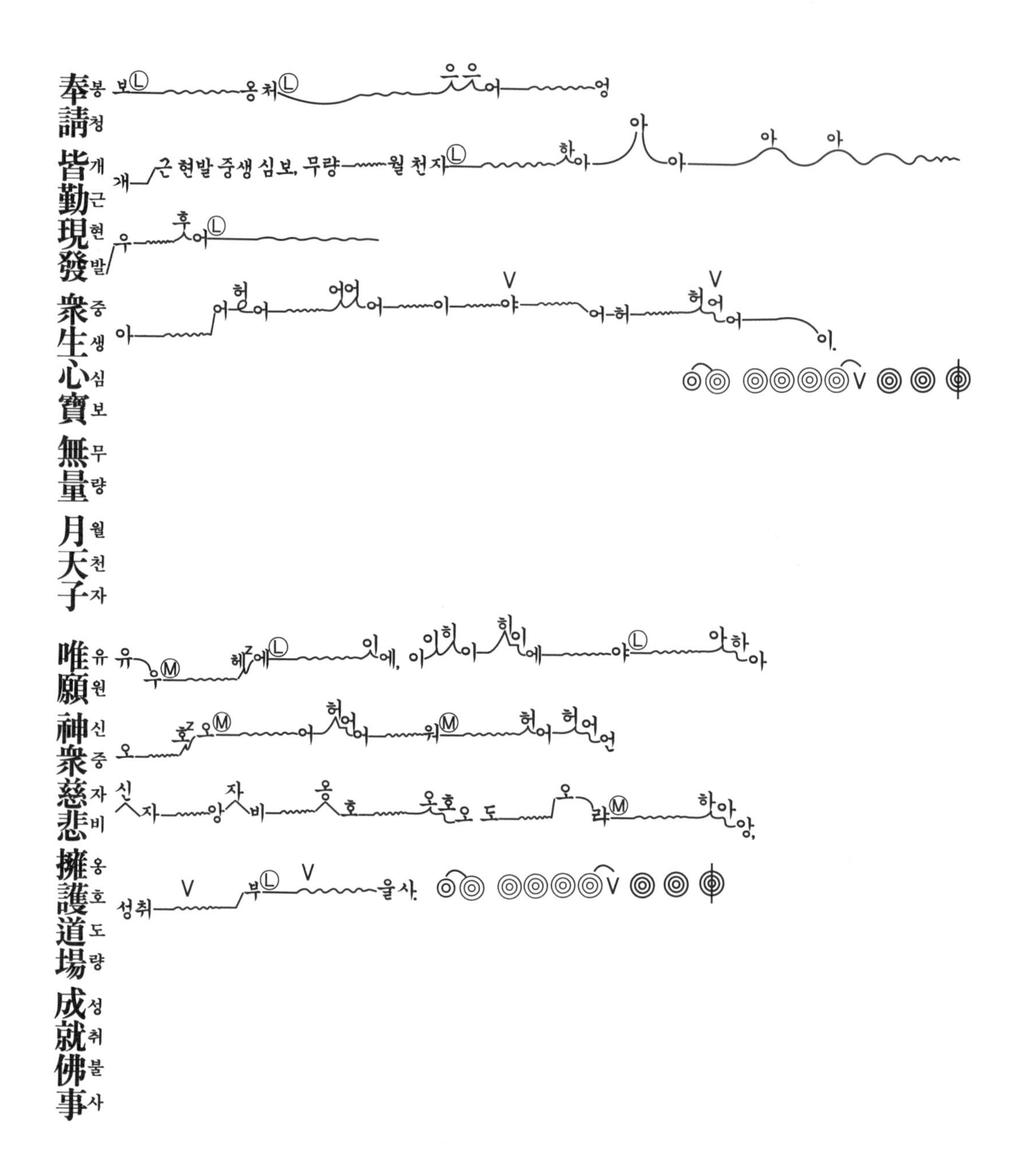

奉請 봉청
皆勤現發 개근현발
衆生心寶 중생심보
無量 무량
月天子 월천자
보 옹 쳐 어 엉
개 근 현발 중생 심보, 무량 월 천자 하 아 아 아 아 아
우 후 어
아 어 허 어 어어 어 이 V 야 어-허 V 허 어 어 이.
唯願 유원
神衆 신중
慈悲 자비
擁護 옹호
道場 도량
成就 성취
佛事 불사
유 우 헤 에 인에, 이 이 히 이 히 인 에 야 아 하 아
오 호 오 어 허 어 어 워 허 어 허 어 언
신 자 앙 자 비 옹 호 오 호 오 도 오 라 하 아 앙,
성취 V 부 V 울사.

(5) 上壇-歌詠 상단-가영

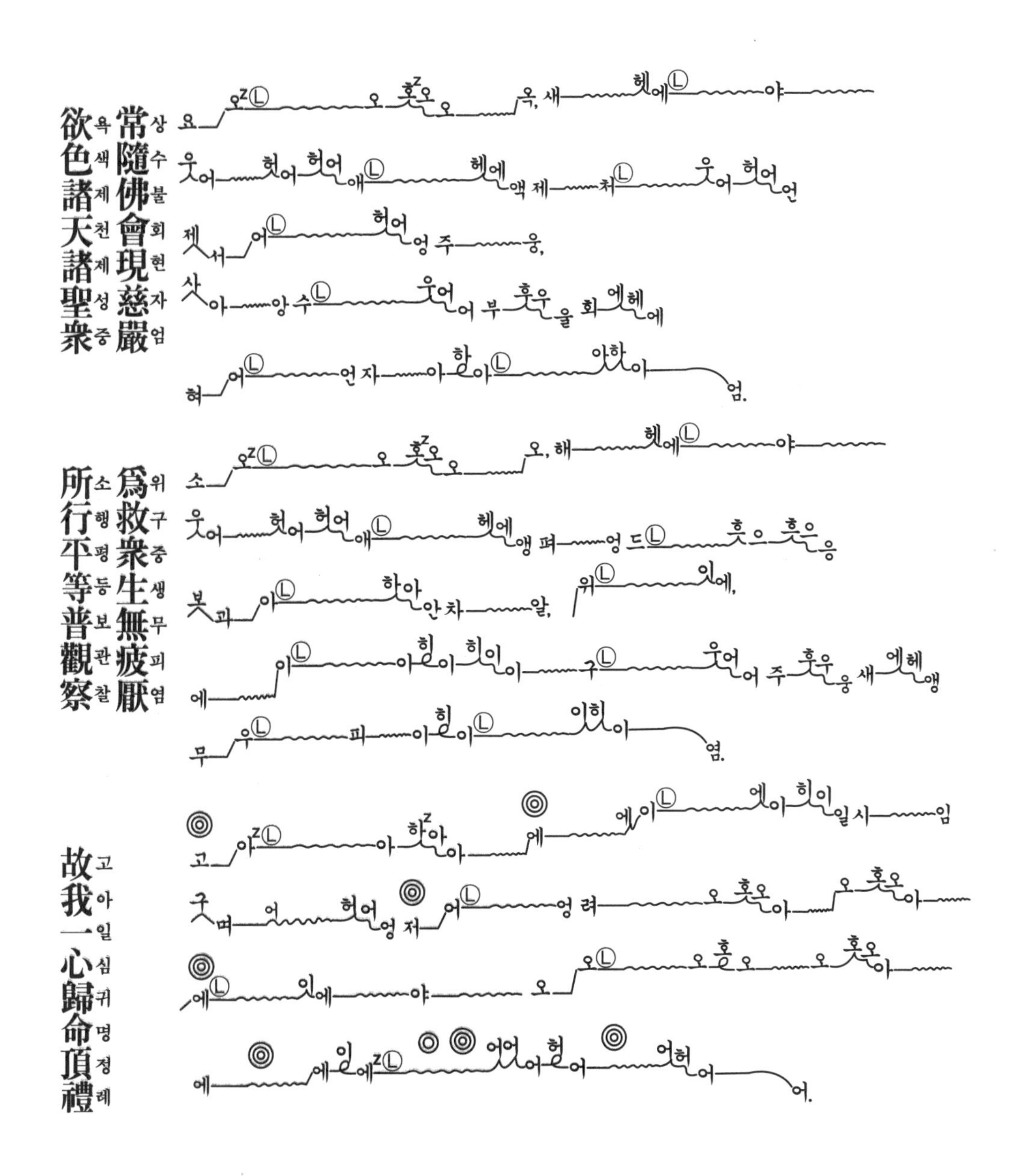

欲색諸天諸聖衆
常隨佛會現慈嚴
所行平等普觀察
爲救衆生無疲厭
故我一心歸命頂禮

(6) 中壇-唱佛 중단-창불

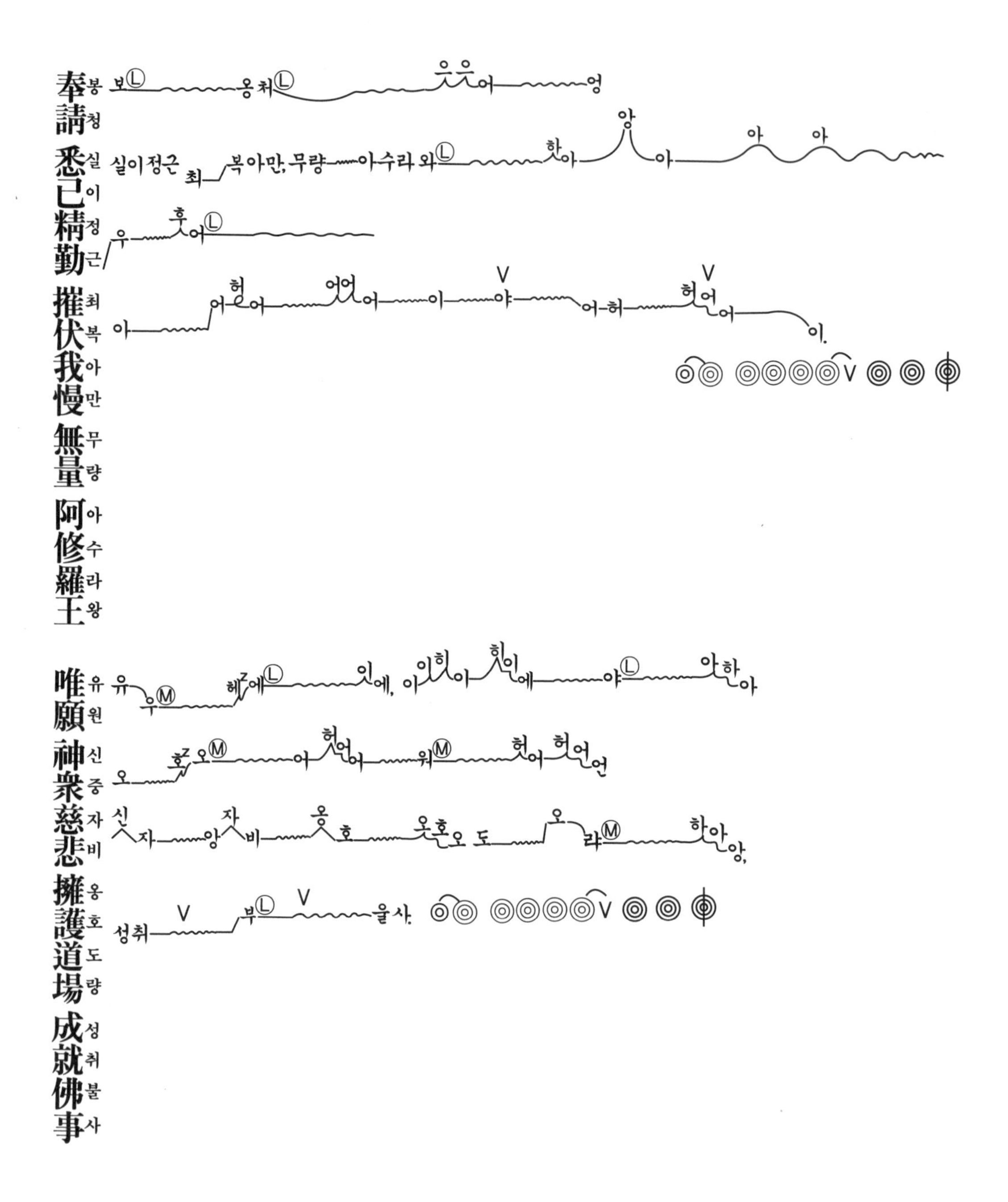

奉請 봉청
悉已精勤 실이정근
摧伏我慢 최복아만
無量 무량
阿修羅王 아수라왕
실이정근 최 복아만, 무량 아수라 와
唯願 유원
神衆慈悲 신중자비
擁護道場 옹호도량
成就佛事 성취불사
성취 부 울사.

(7) 中壇-歌詠 중단-가영

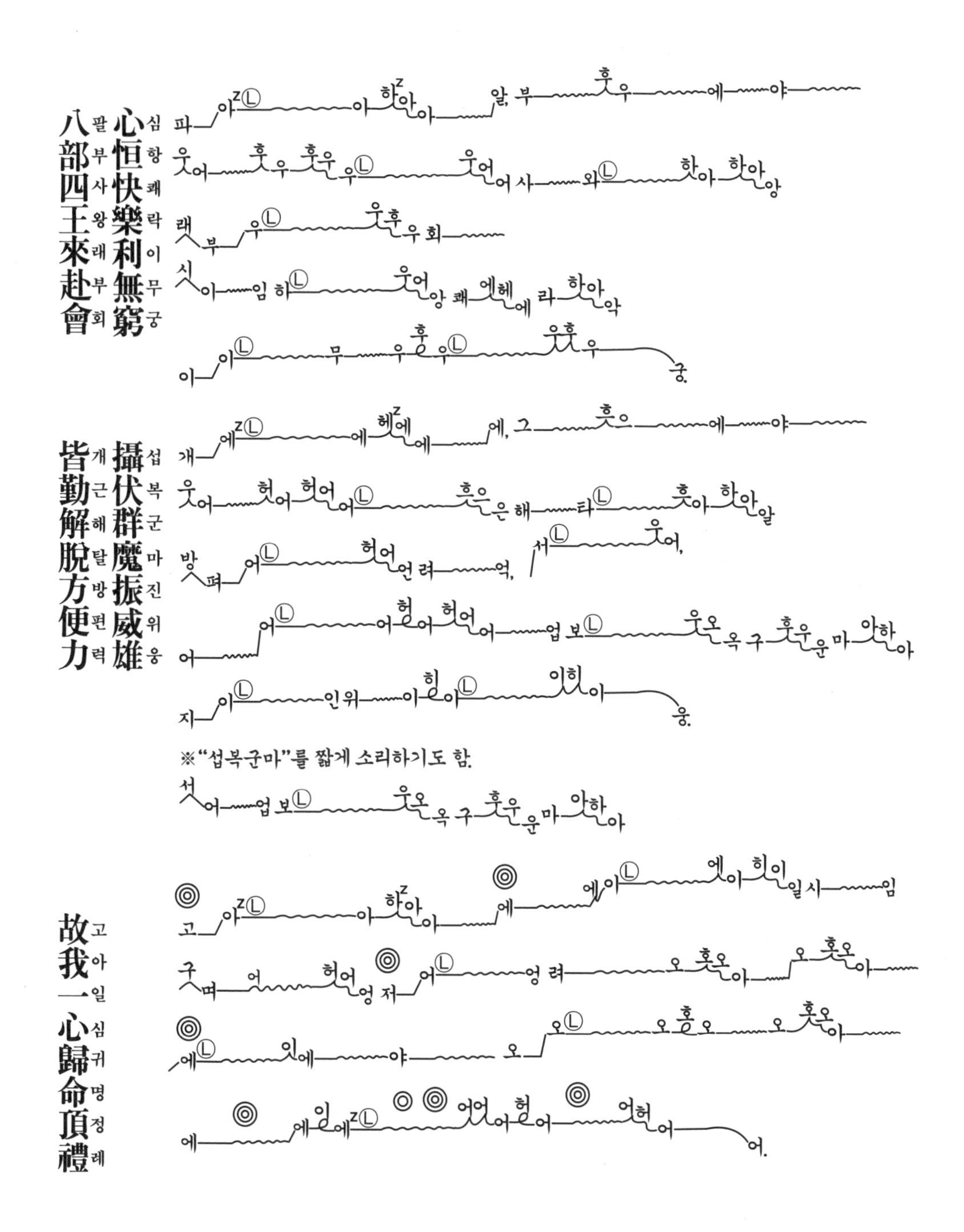

八部四王來赴會 팔부사왕래부회
心恒快樂利無窮 심항쾌락이무궁
皆勤解脫方便力 개근해탈방편력
攝伏群魔振威雄 섭복군마진위웅
※"섭복군마"를 짧게 소리하기도 함.
故我一心歸命頂禮 고아일심귀명정례

(8) 下壇-唱佛하단-창불

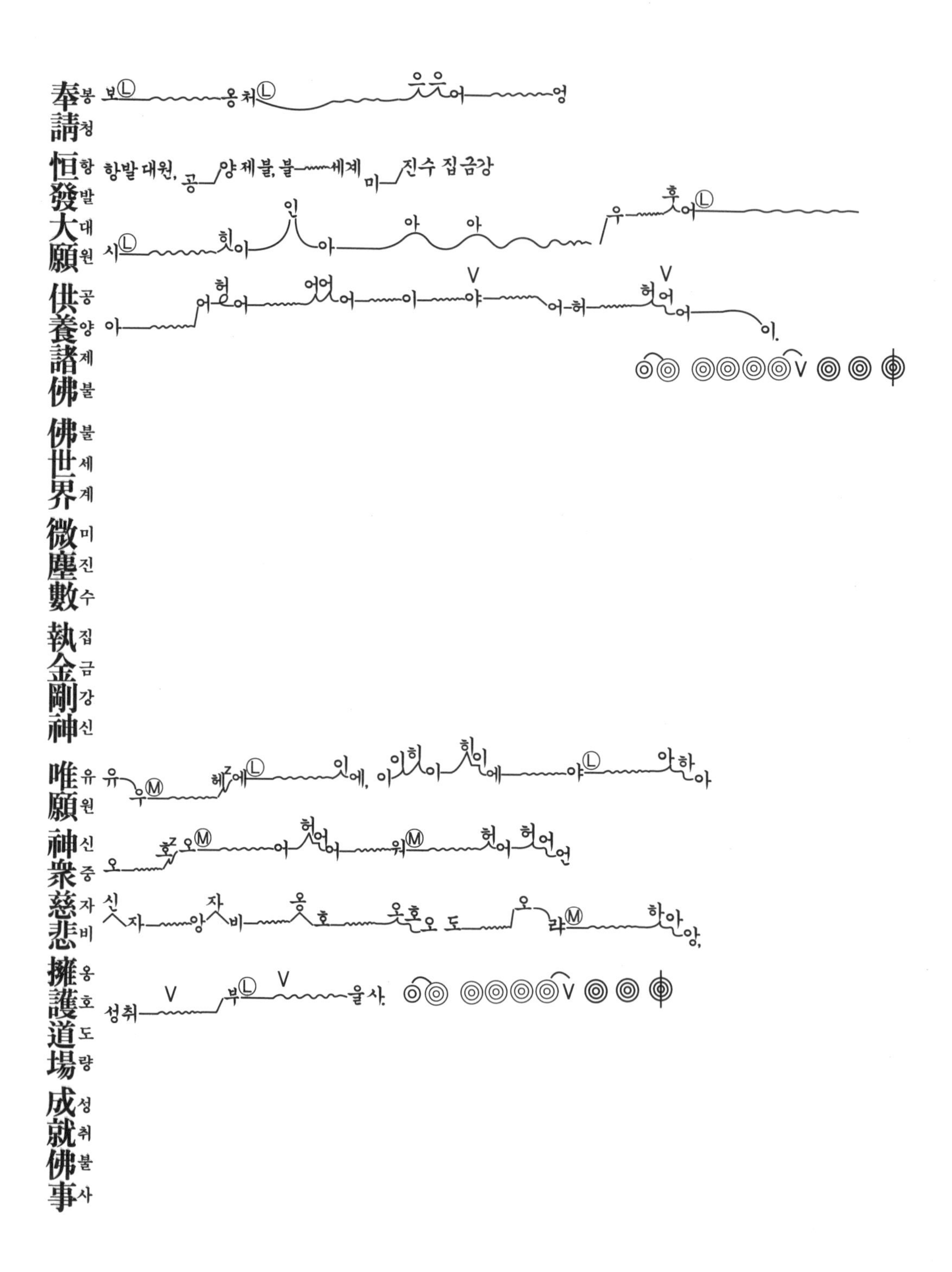

奉請 봉청
보 옹 취 으으어 엉
恒發大願 항발대원
供養諸佛 공양제불
佛世界 불세계
微塵數 미진수
執金剛神 집금강신
항발 대원, 공 양 제불, 불 세계 미 진수 집금강
시 힛이 인 아 아 아 우 후 어
아 어 헝어 어어어 이 야 어-허 허어 어 이.
唯願 유원
神衆慈悲 신중자비
擁護道場 옹호도량
成就佛事 성취불사
유 우 헤 에 잇에, 이 이히 이 히이 에 야 아하 아
오 홓 오 어 헝어 워 헛어 허어 언
신 자 자 앙 비 옹 호 오호 오 도 오 라 하아 앙,
성취 부 울사.

(9) 下壇-歌詠 하단-가영

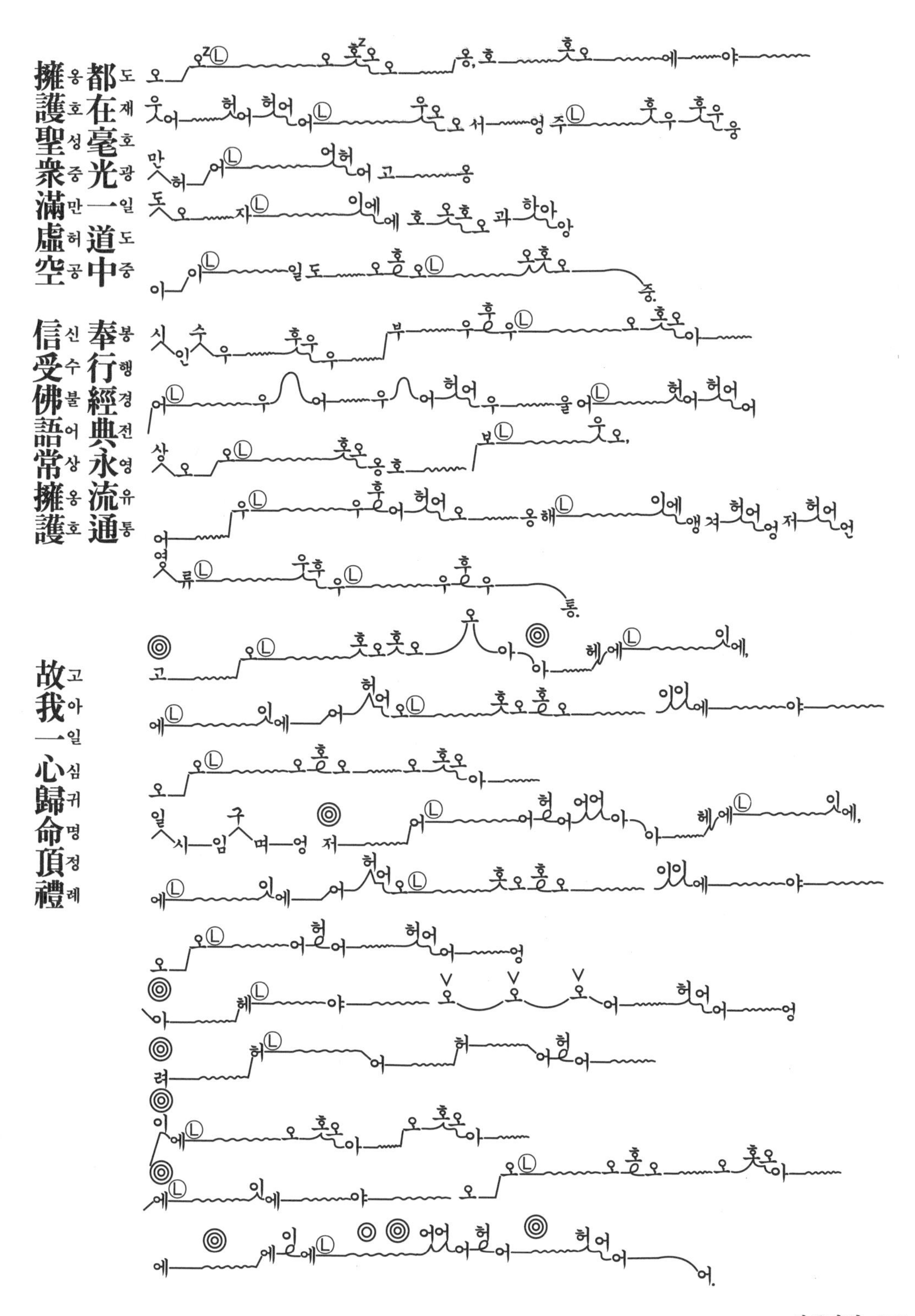
擁護聖衆滿虛空 옹호성중만허공
都在毫光一道中 도재호광일도중
信受佛語常擁護 신수불어상옹호
奉行經典永流通 봉행경전영유통
故我一心歸命頂禮 고아일심귀명정례

⑽ 茶偈 다게

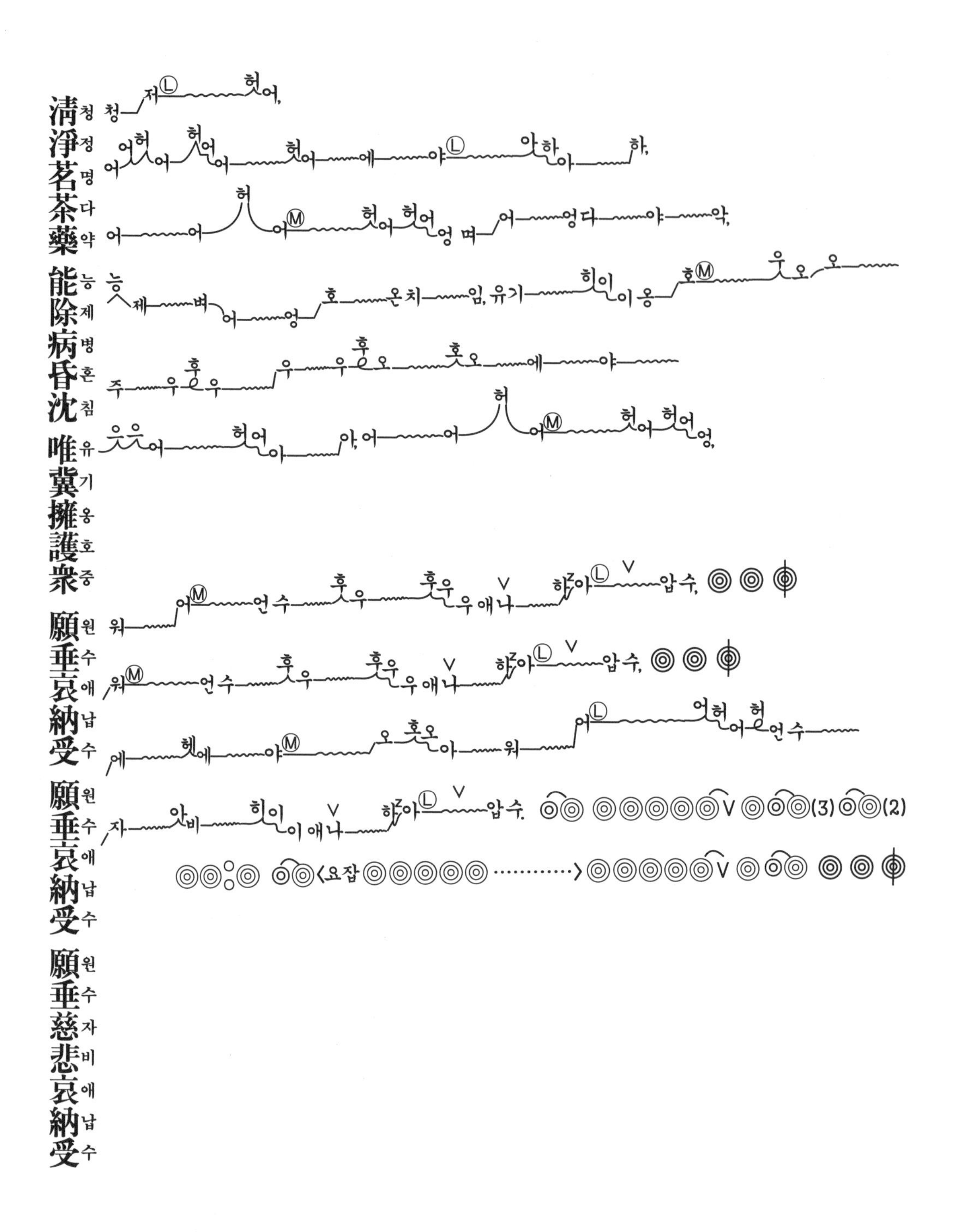

淸 청
淨 정
茗 명
茶 다
藥 약
能 능
除 제
病 병
昏 혼
沈 침
唯 유
冀 기
擁 옹
護 호
衆 중
願 원
垂 수
哀 애
納 납
受 수
願 원
垂 수
哀 애
納 납
受 수
願 원
垂 수
慈 자
悲 비
哀 애
納 납
受 수
요잡
(3)
(2)

(11) 歎白 탄백

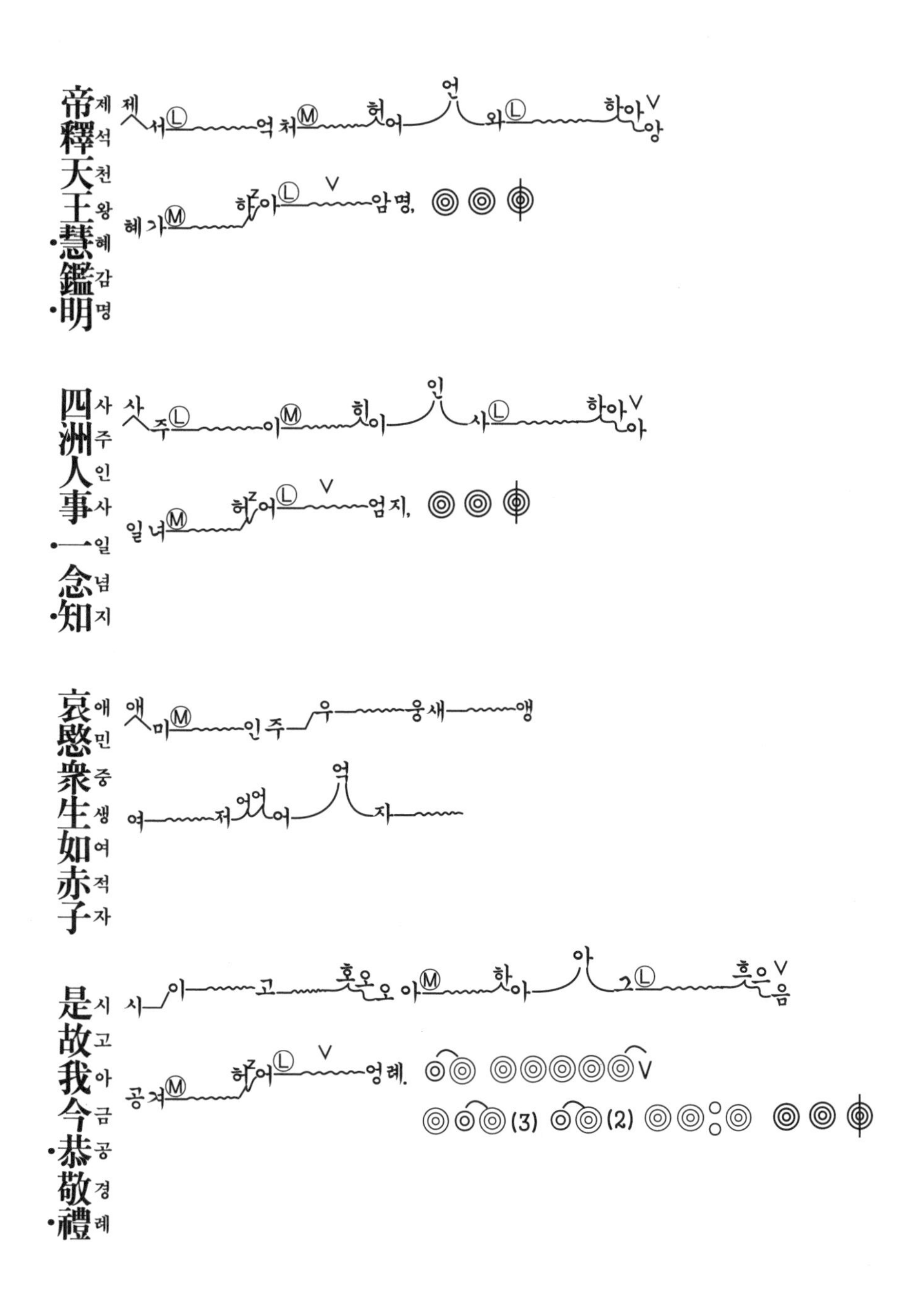
帝釋天王慧鑑明
제석천왕혜감명
四洲人事一念知
사주인사일념지
哀愍衆生如赤子
애민중생여적자
是故我今恭敬禮
시고아금공경례
(3)
(2)

常住勸供상주권공 (1)喝香할향

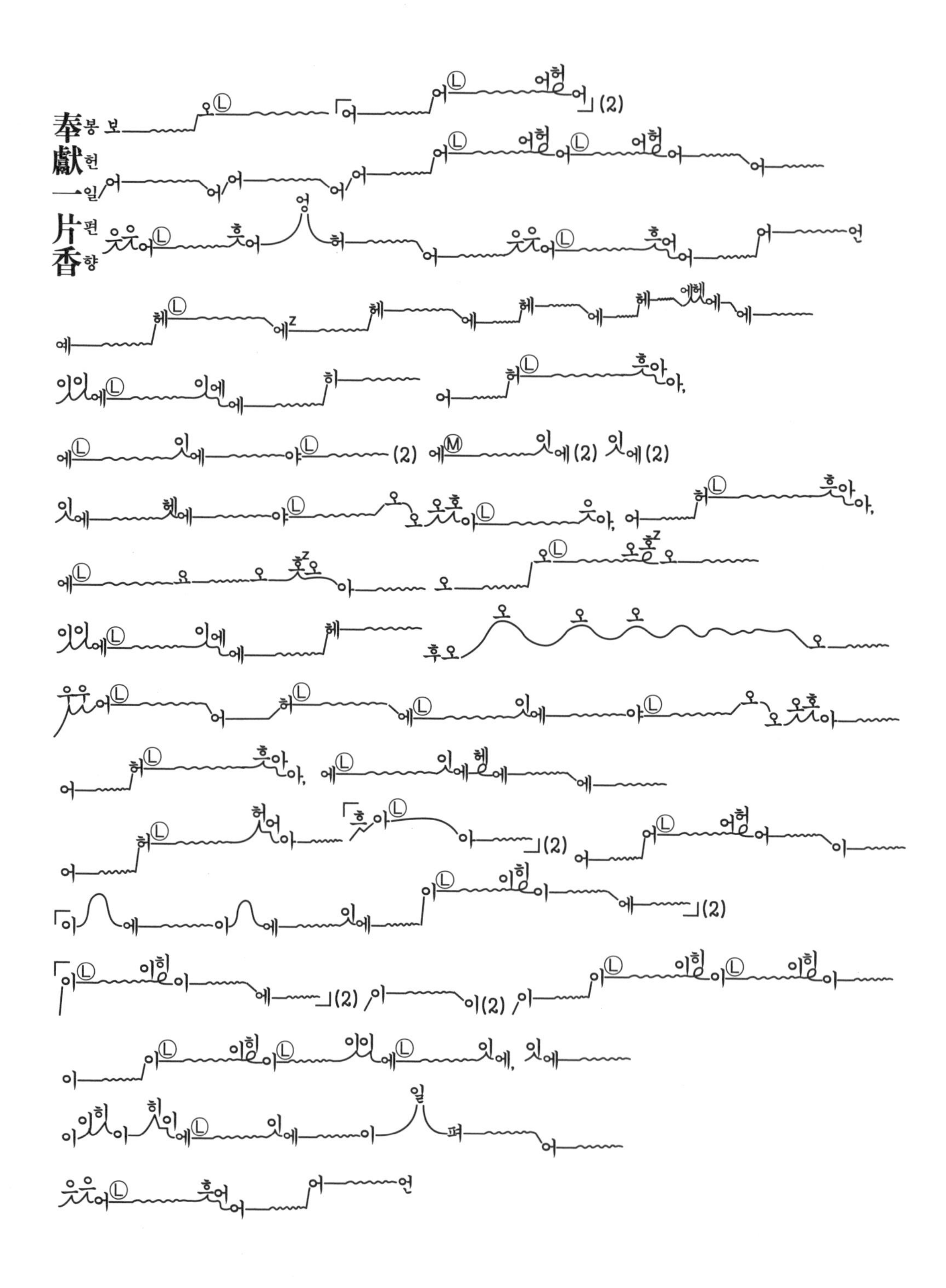

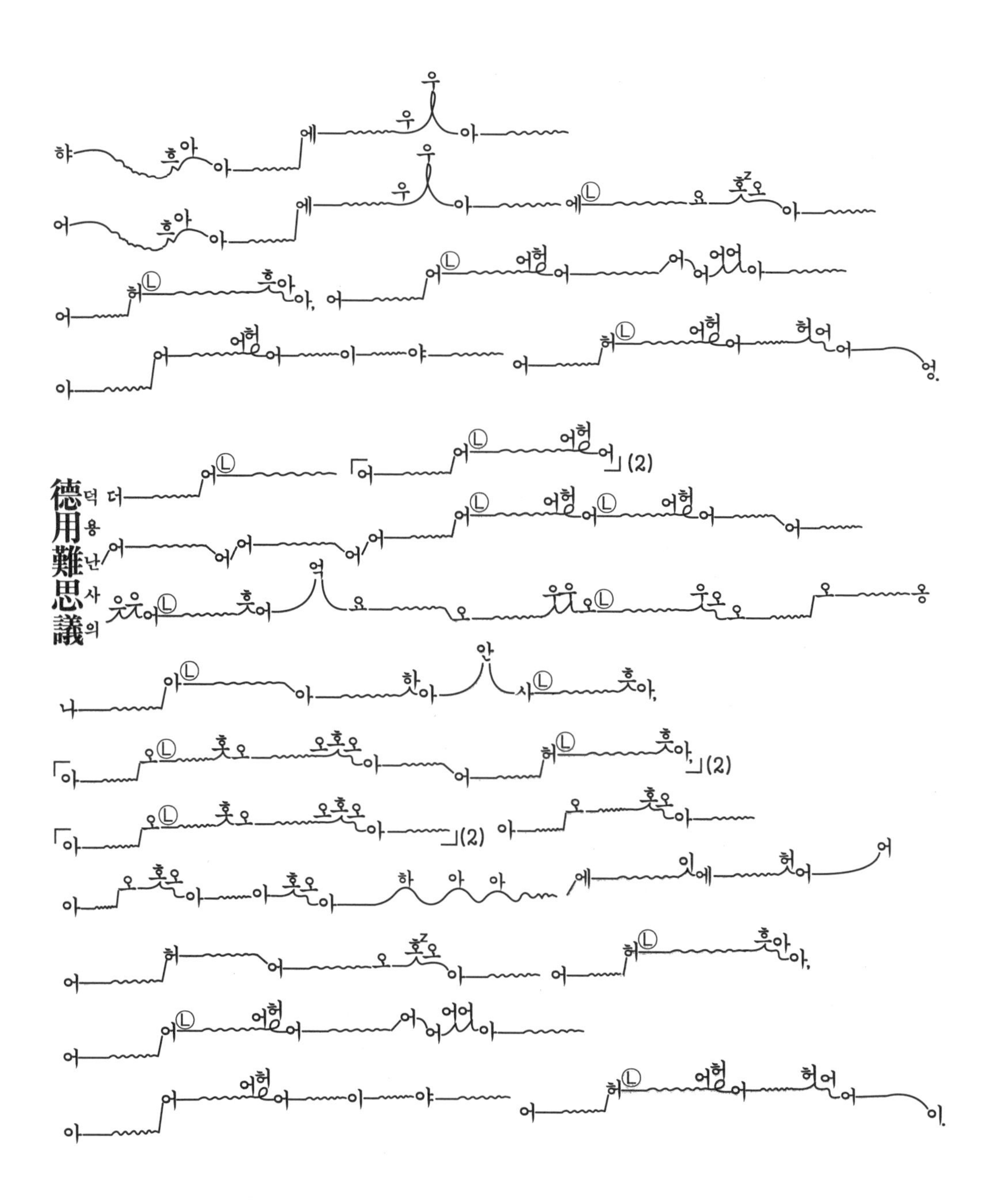
德덕
用용
難난
思사
議의

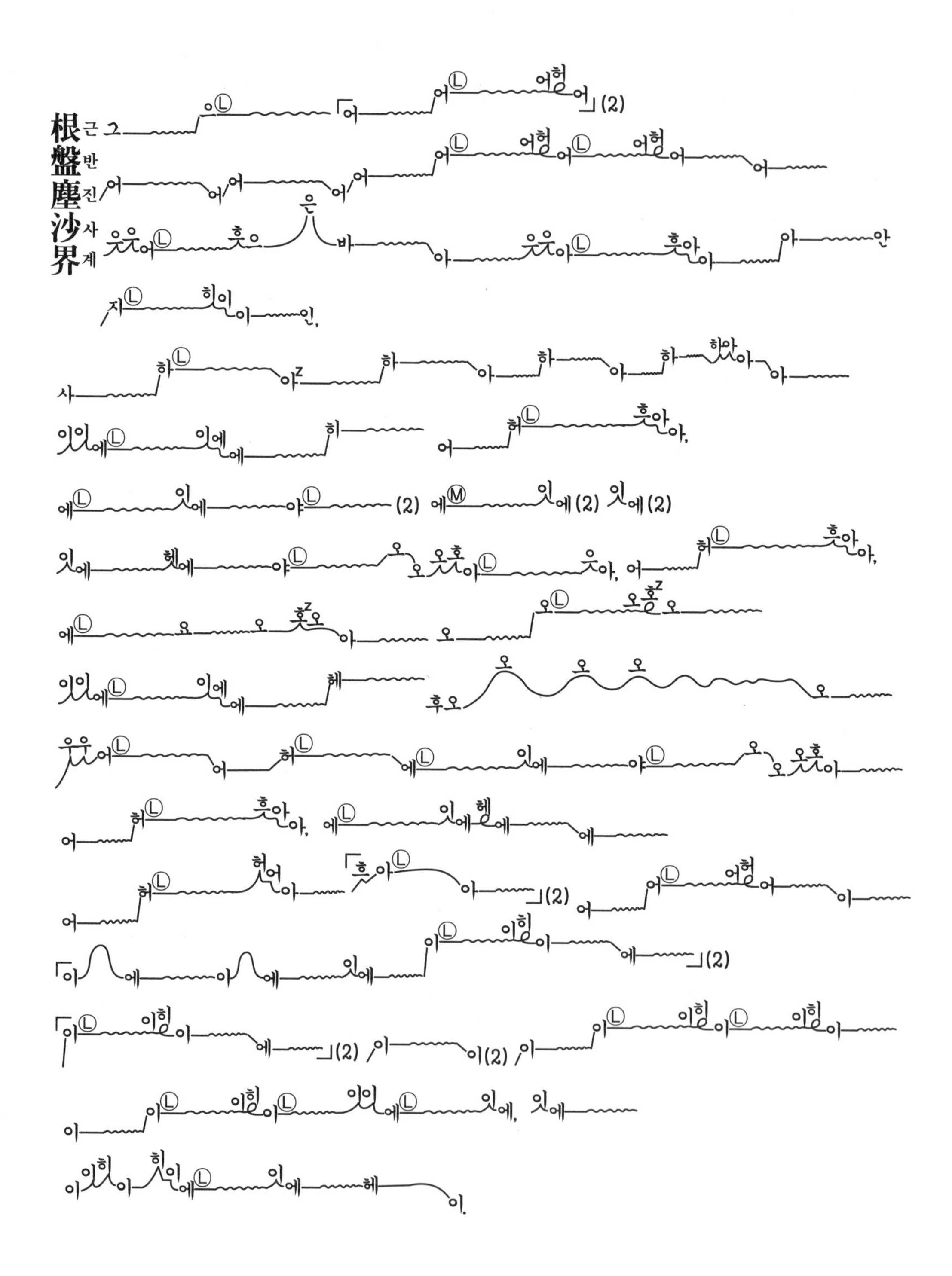
根盤塵沙界
근 반 진 사 계

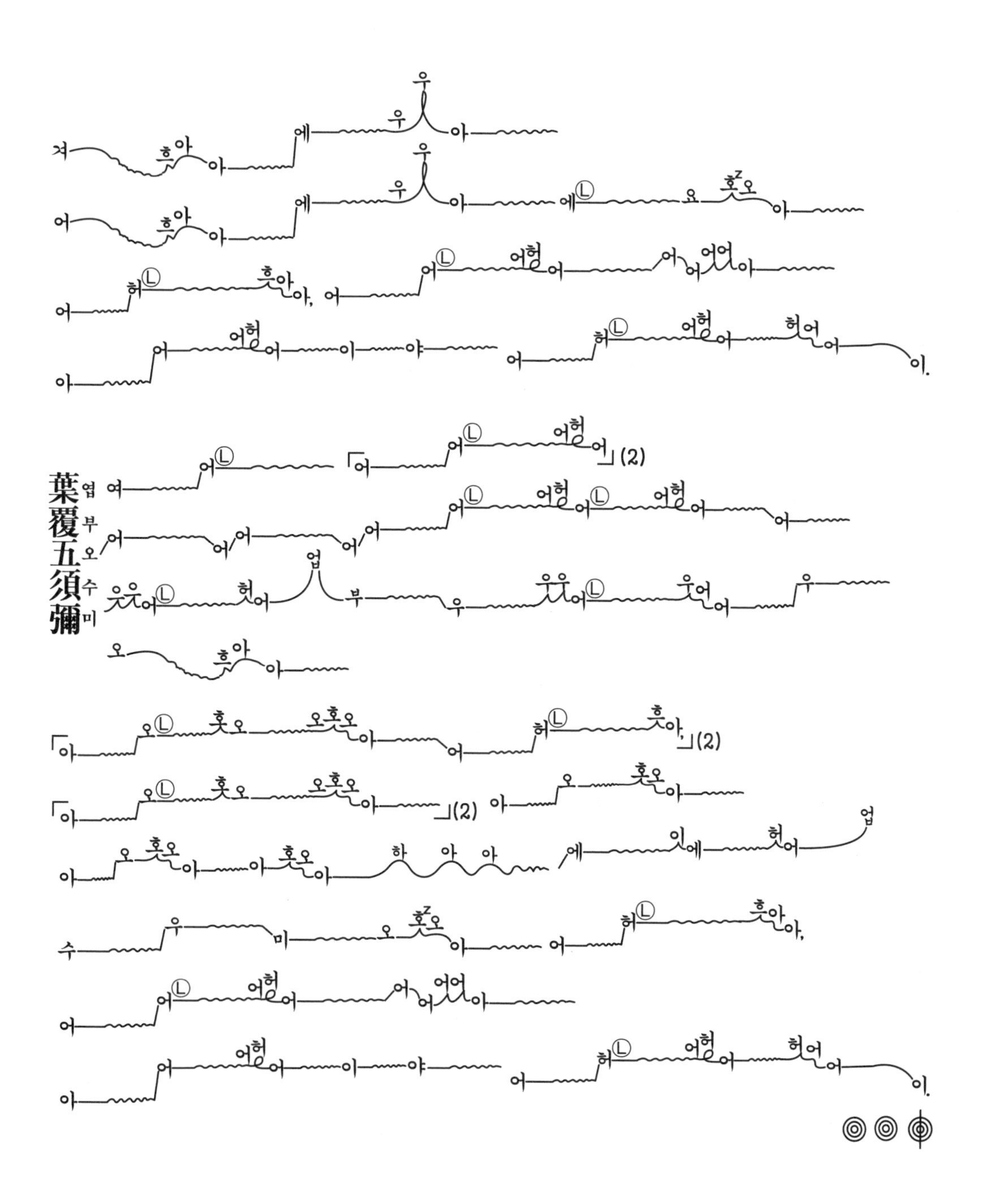
葉覆五須彌
엽부오수미

(2) 燈偈 등게

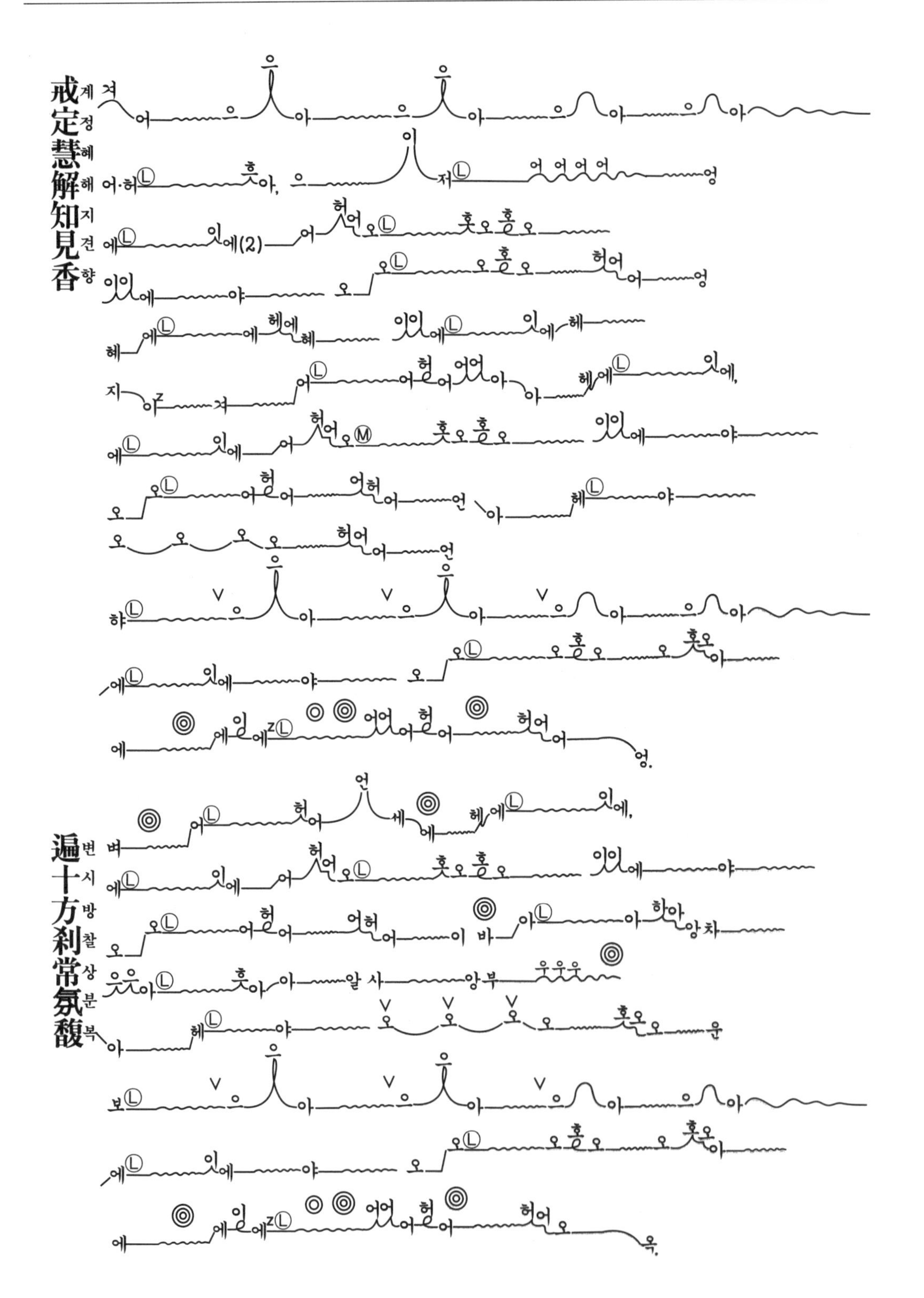

戒定慧解知見香
계정혜해지견향
遍十方刹常氛馥
변시방찰상분복

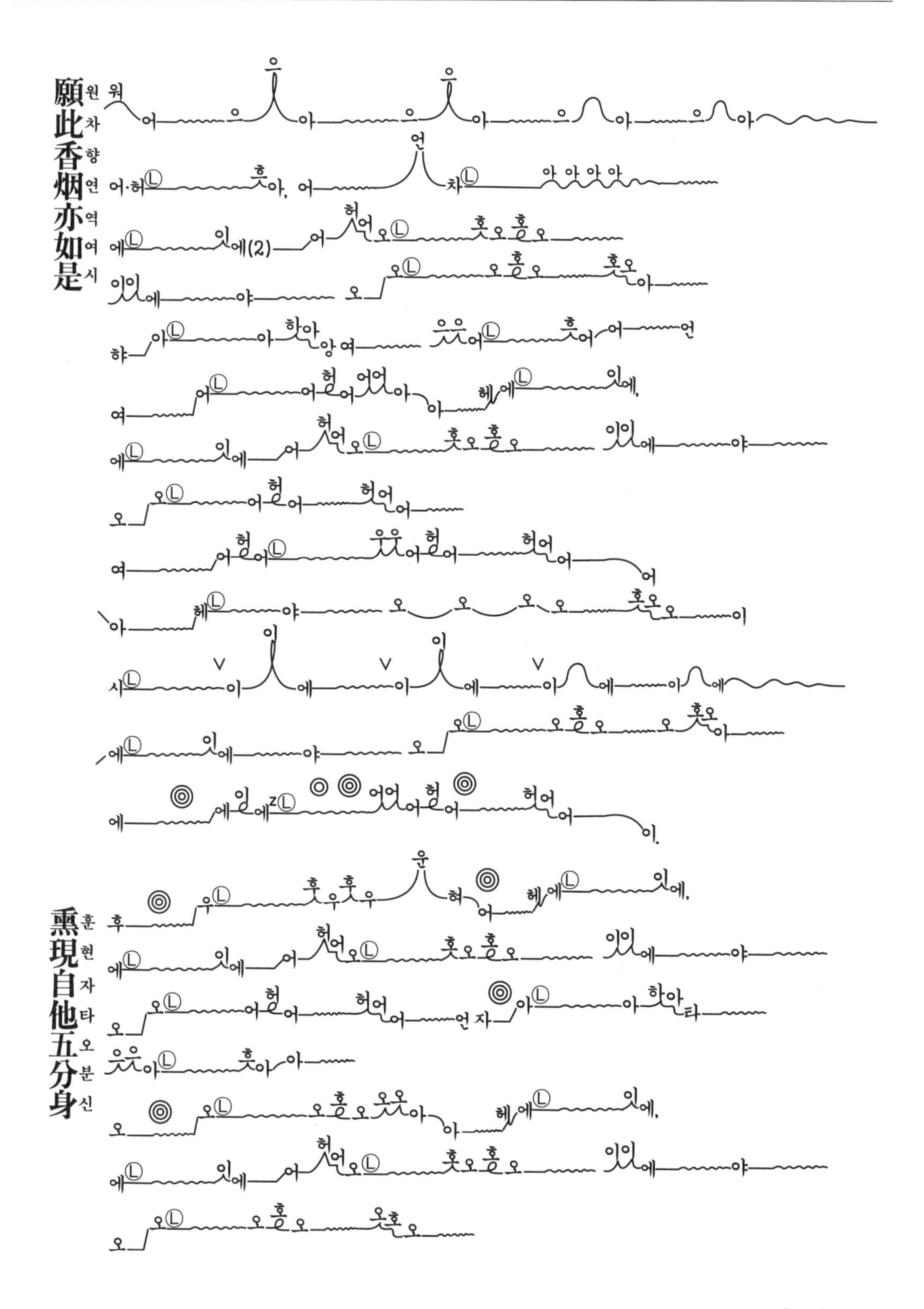
願此香烟亦如是
원차향연역여시
熏現自他五分身
훈현자타오분신

(2) 등게

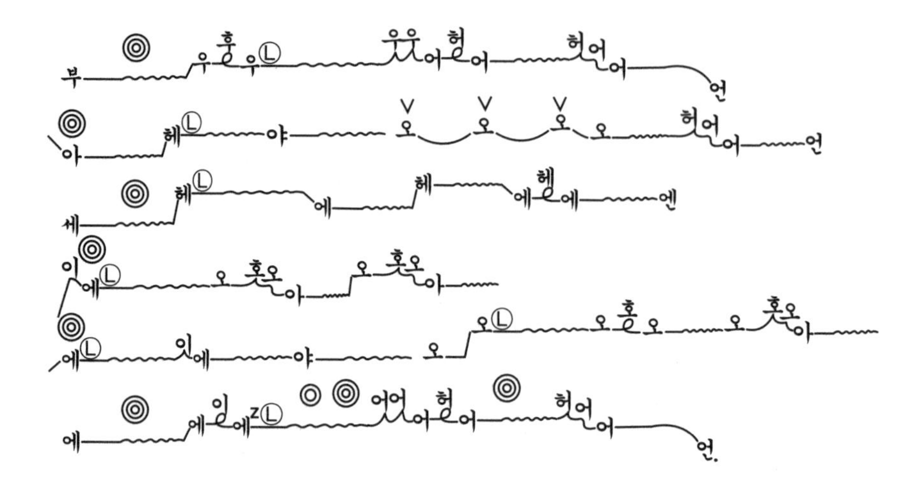

(3) 頂禮정례

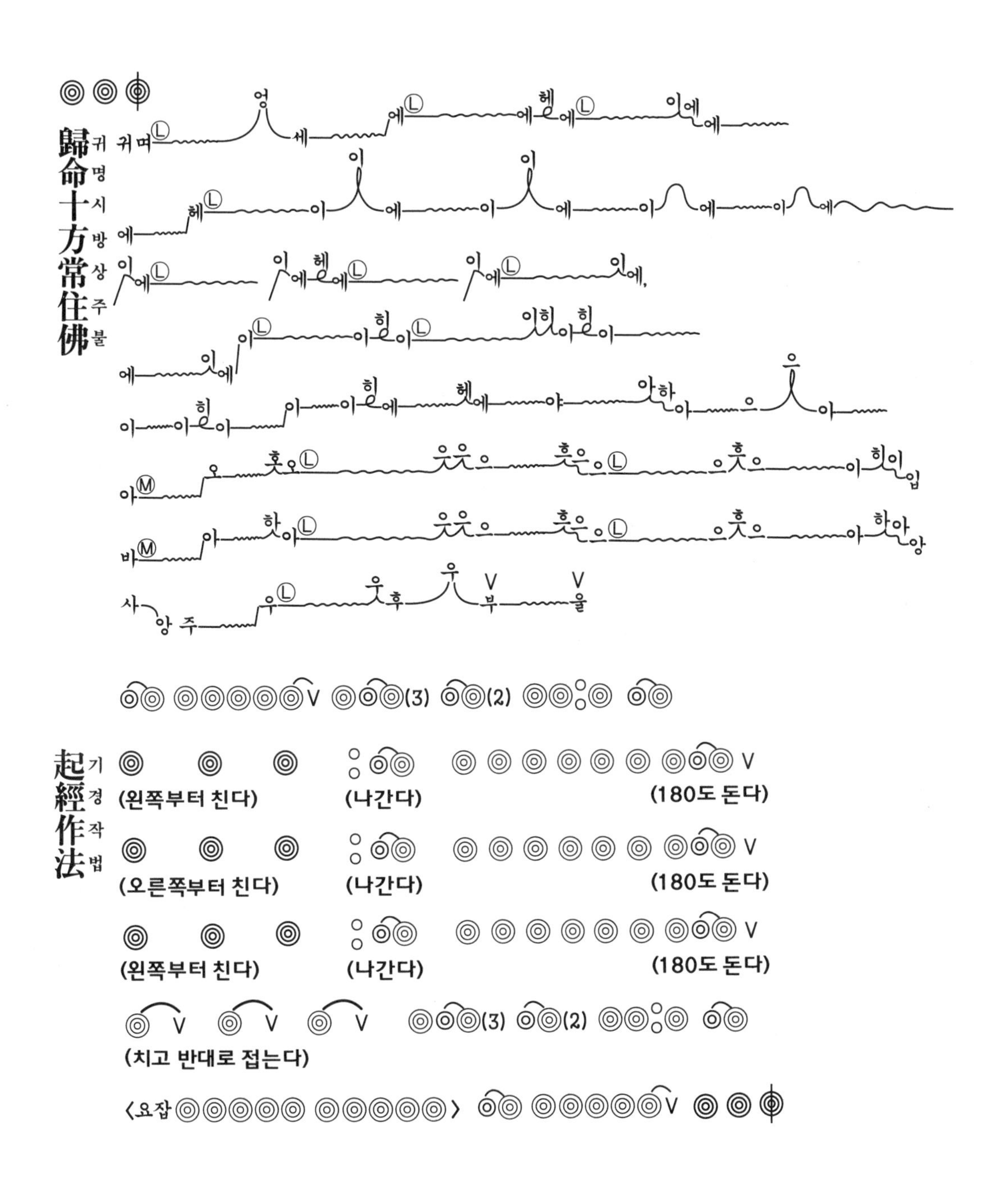

歸命十方常住佛
귀명시방상주불
(3) (2)
起經作法
기경작법
(왼쪽부터 친다)
(나간다)
(180도 돈다)
(오른쪽부터 친다)
(나간다)
(180도 돈다)
(왼쪽부터 친다)
(나간다)
(180도 돈다)
(3) (2)
(치고 반대로 접는다)
〈요잡

(4) 合掌偈 합장게

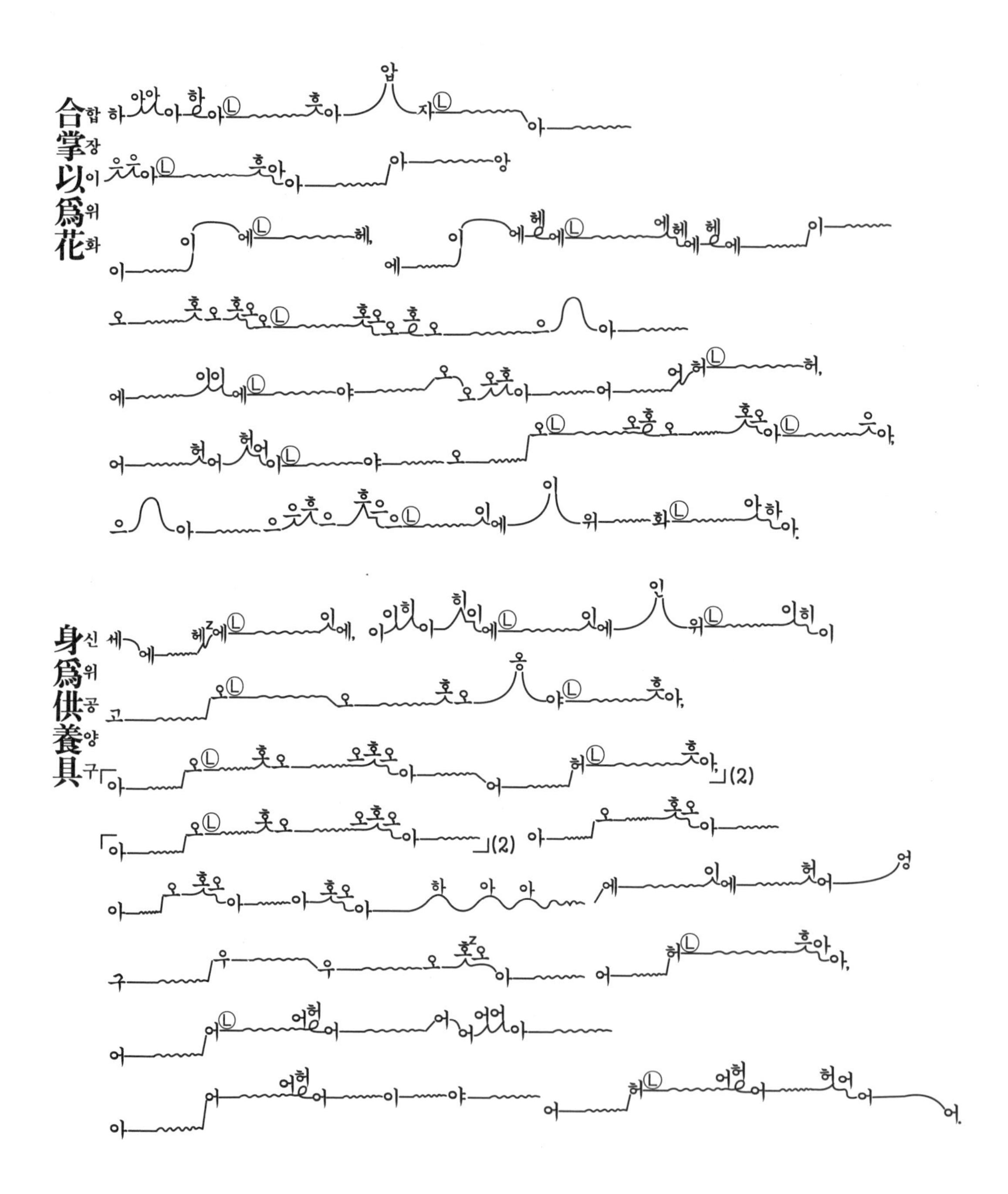

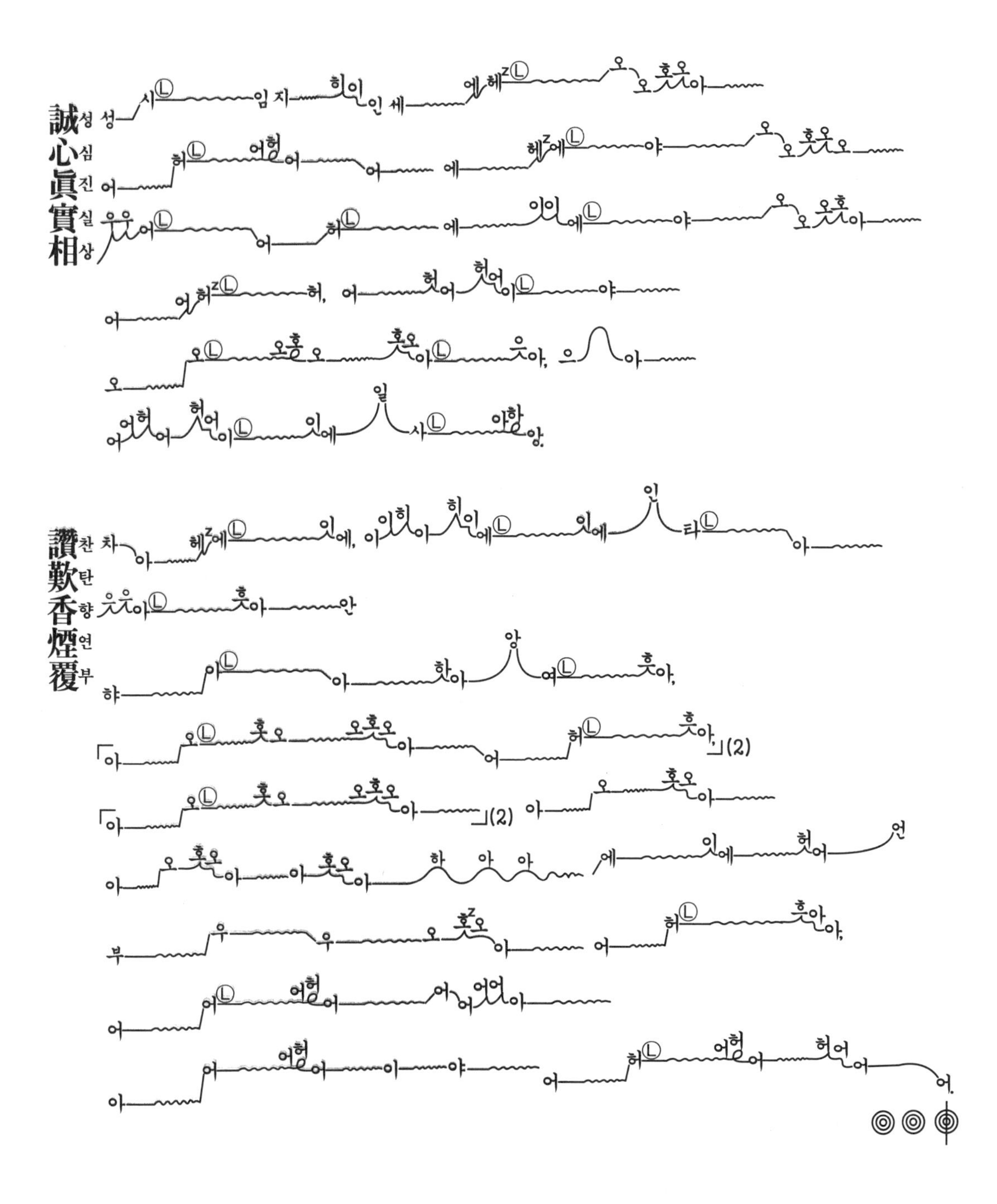
誠성
心심
眞진
實실
相상
讚찬
歎탄
香향
煙연
覆부

(5) 告香偈고향게

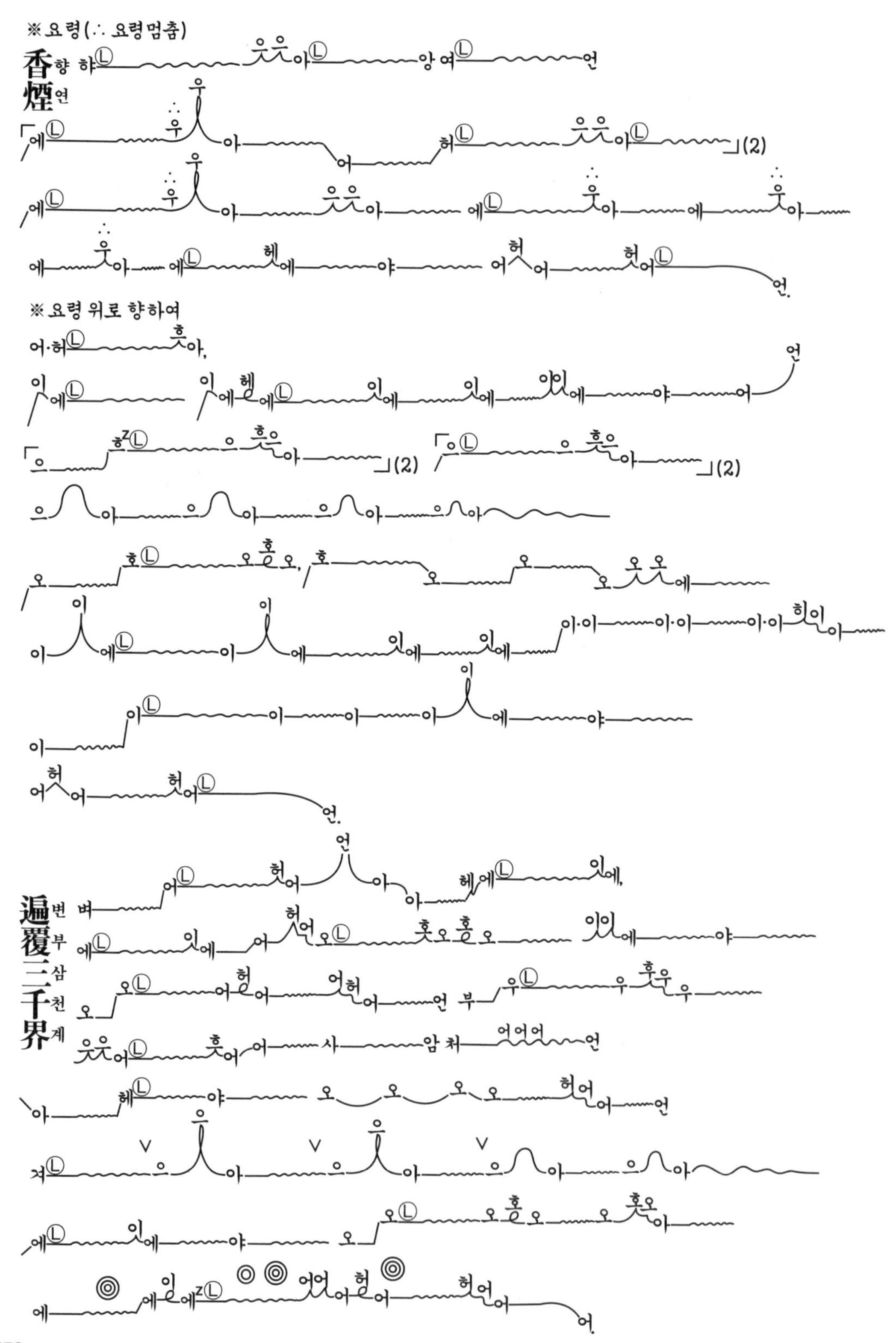

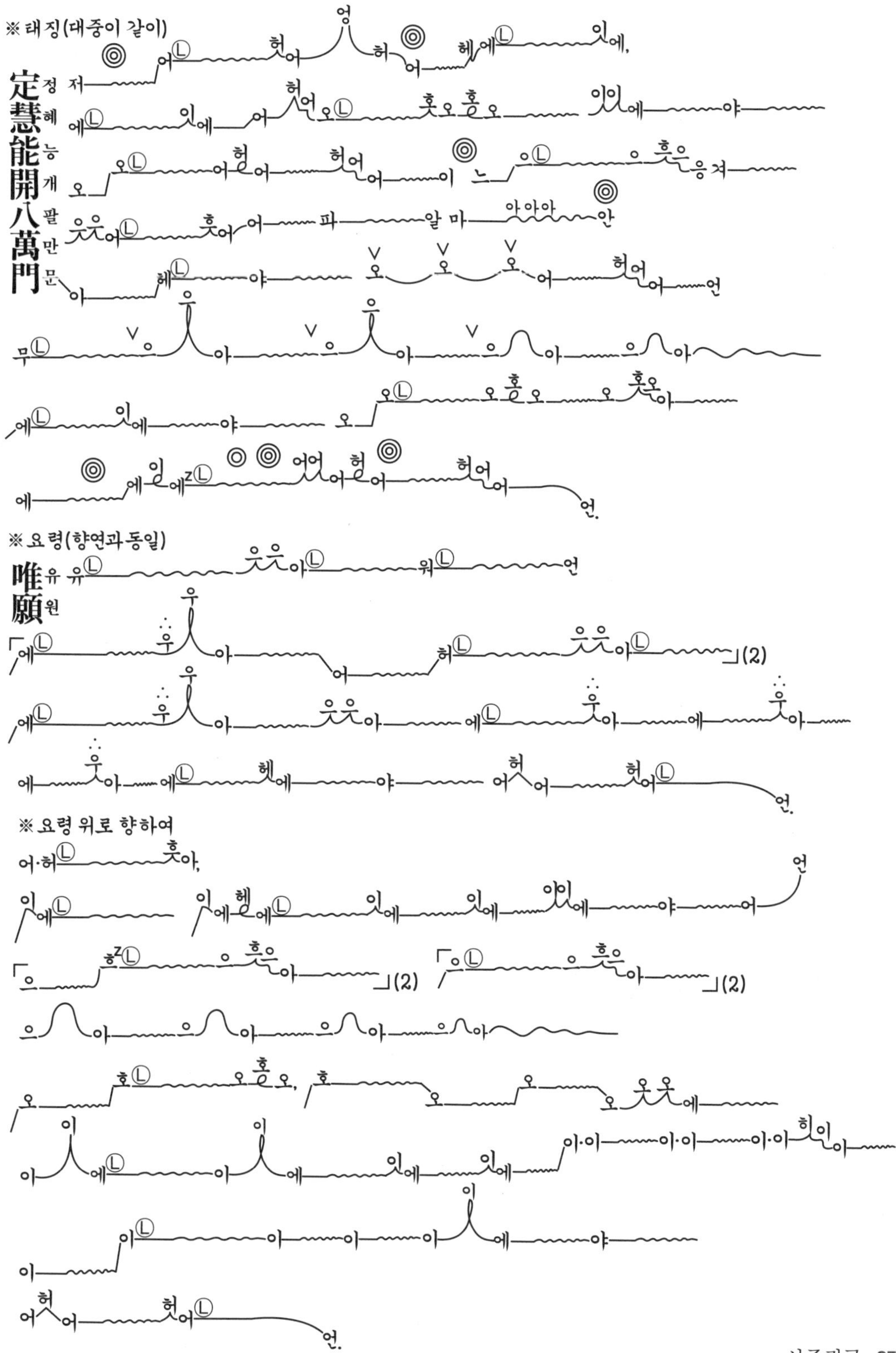
※ 태징(대중이 같이)
定慧能開八萬門
정혜능개팔만문
※ 요령(향연과 동일)
唯願
유원
※ 요령 위로 향하여

(5) 고향게

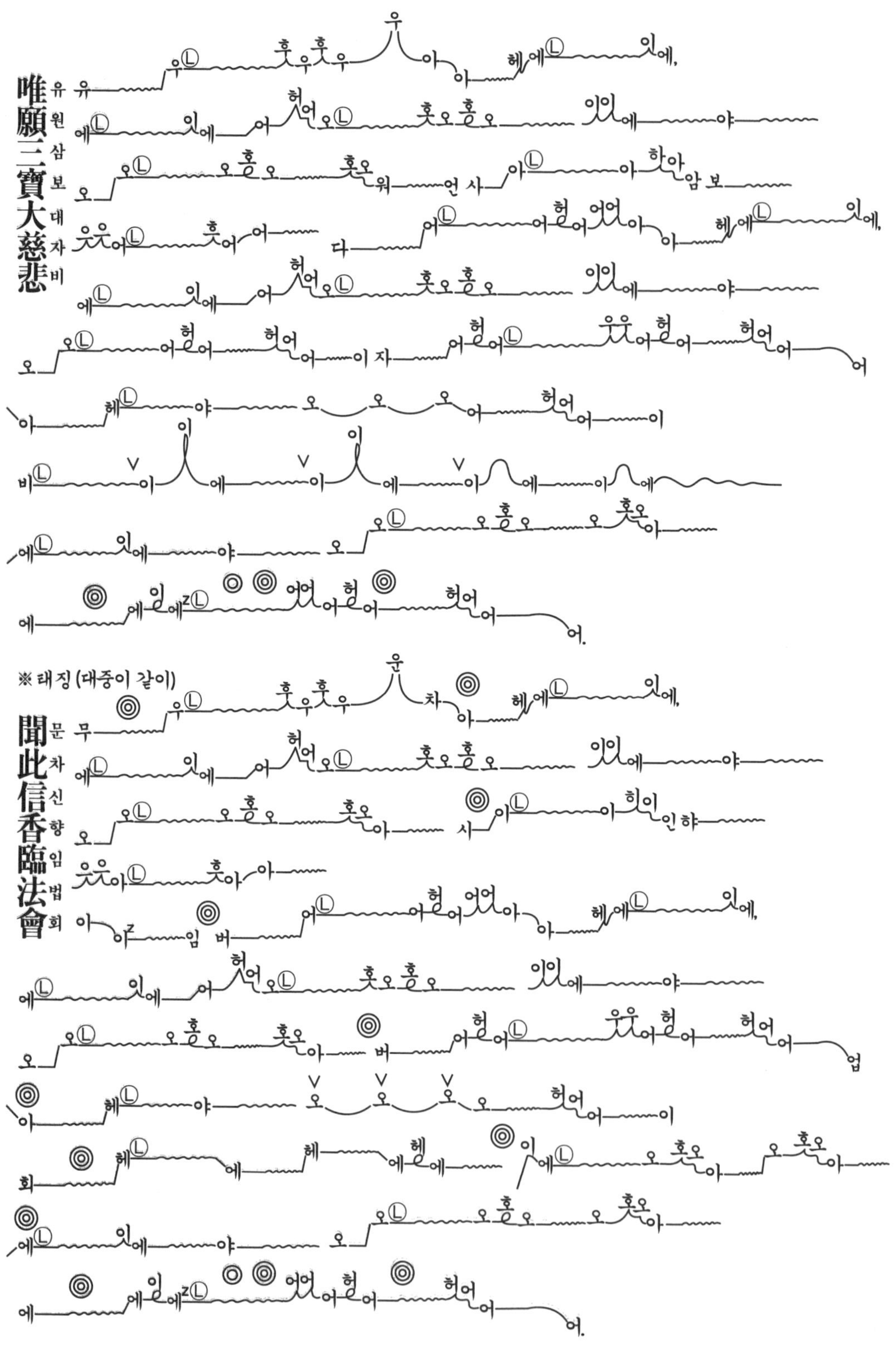

(6) 開啓 개계

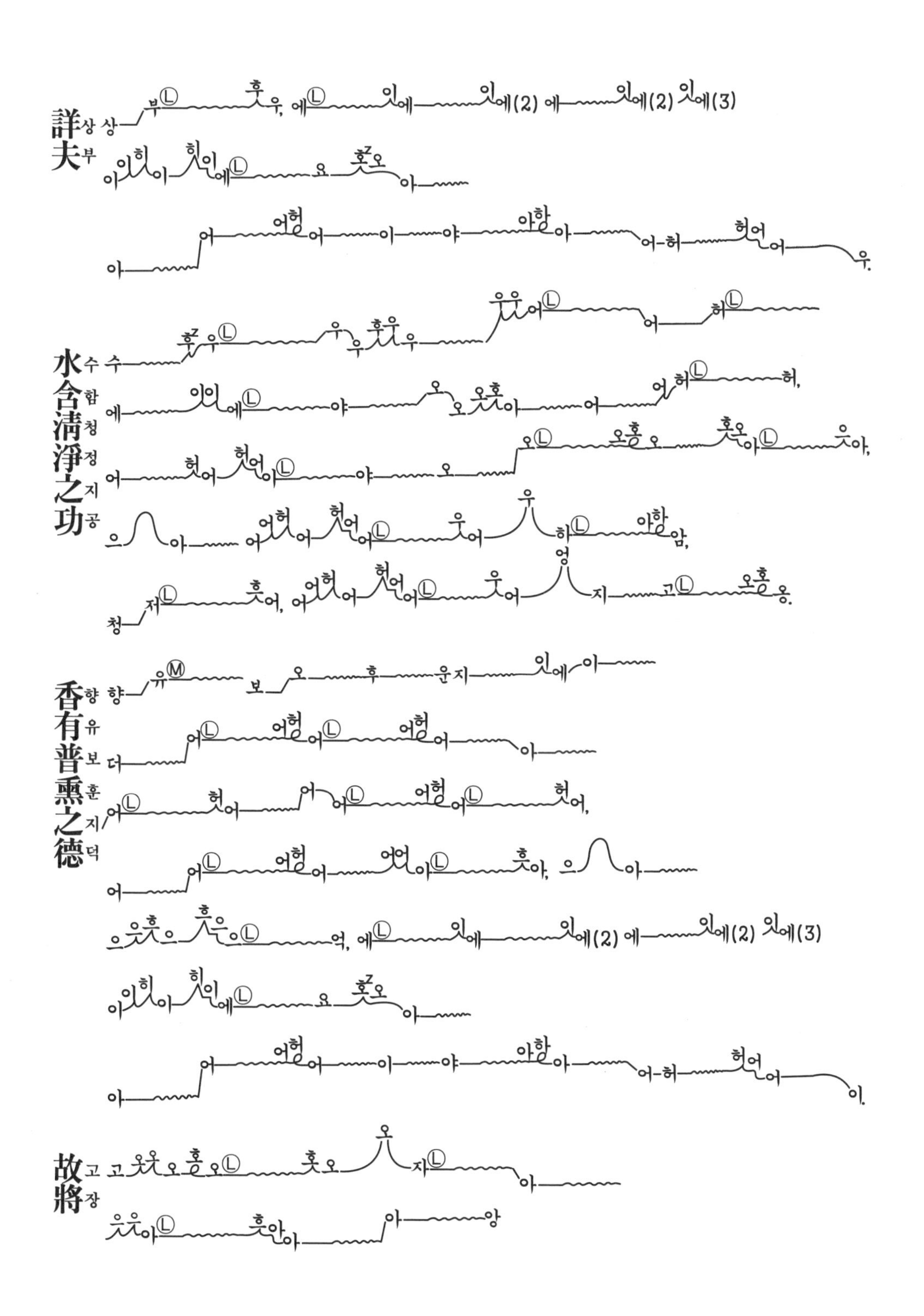

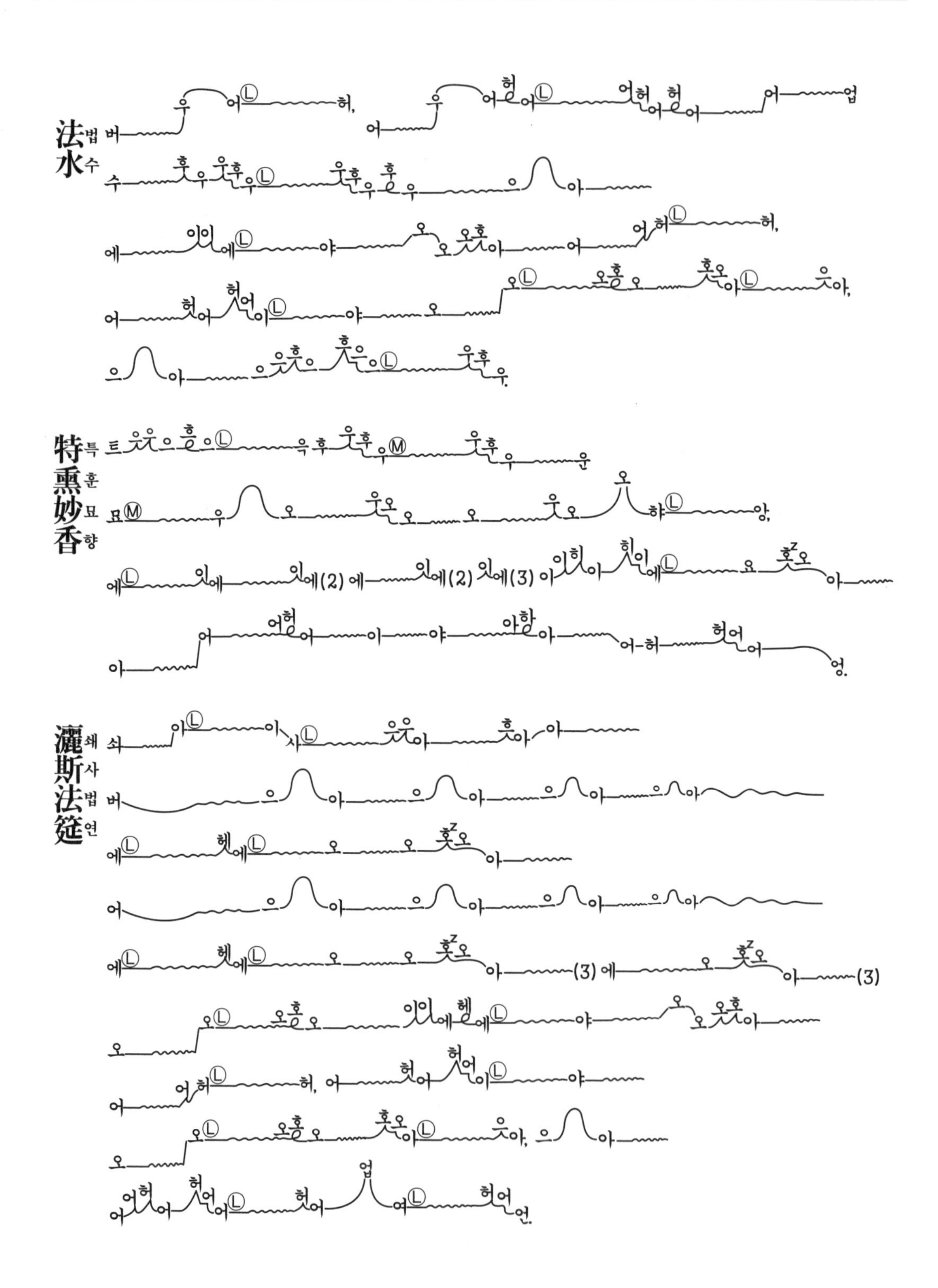
法水 법수
特熏妙香 특훈묘향
灑斯法筵 쇄사법연

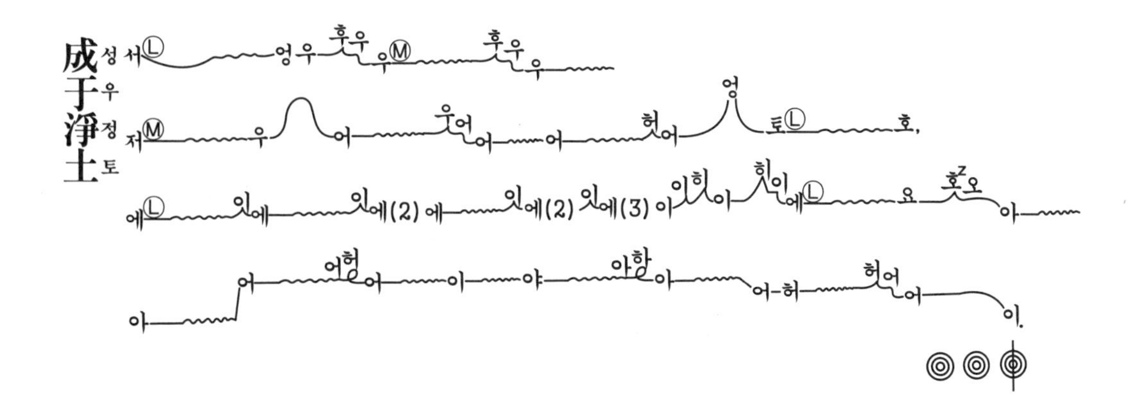
成于淨土
성우정토
서Ⓛ 엉우 후우 우Ⓜ 후우 우
저Ⓜ 우 어 우어 어 어 허어 엉 토Ⓛ 호,
에Ⓛ 잇에 잇에(2) 에 잇에(2) 잇에(3) 이 이히 이 히이 에Ⓛ 요 호오 아
아 어 어헝 어 이 야 아항 아 어-허 허어 어 이.

(7) 灑水偈 쇄수게

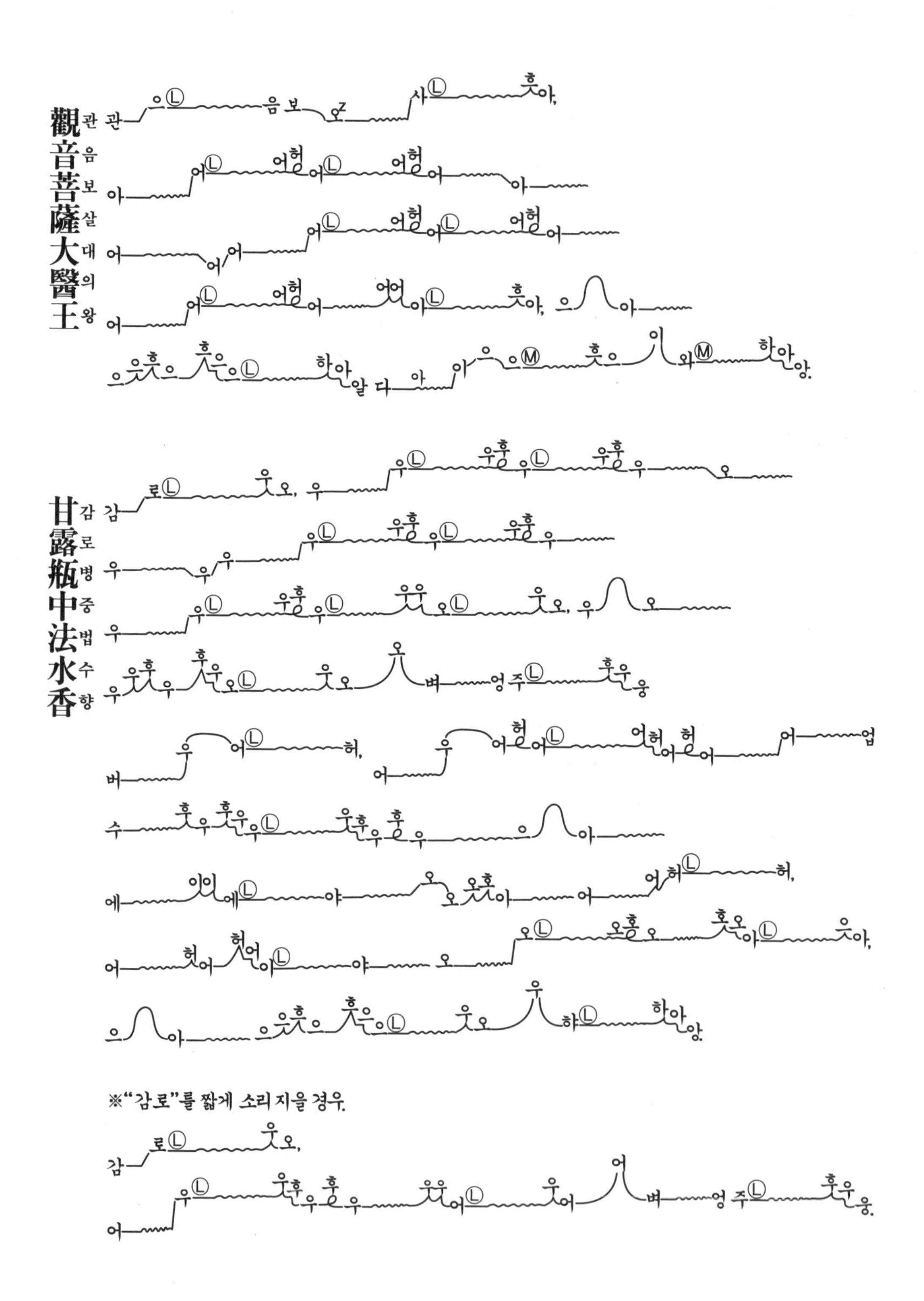

觀音菩薩大醫王
관음보살대의왕
甘露甁中法水香
감로병중법수향
※"감로"를 짧게 소리 지을 경우.

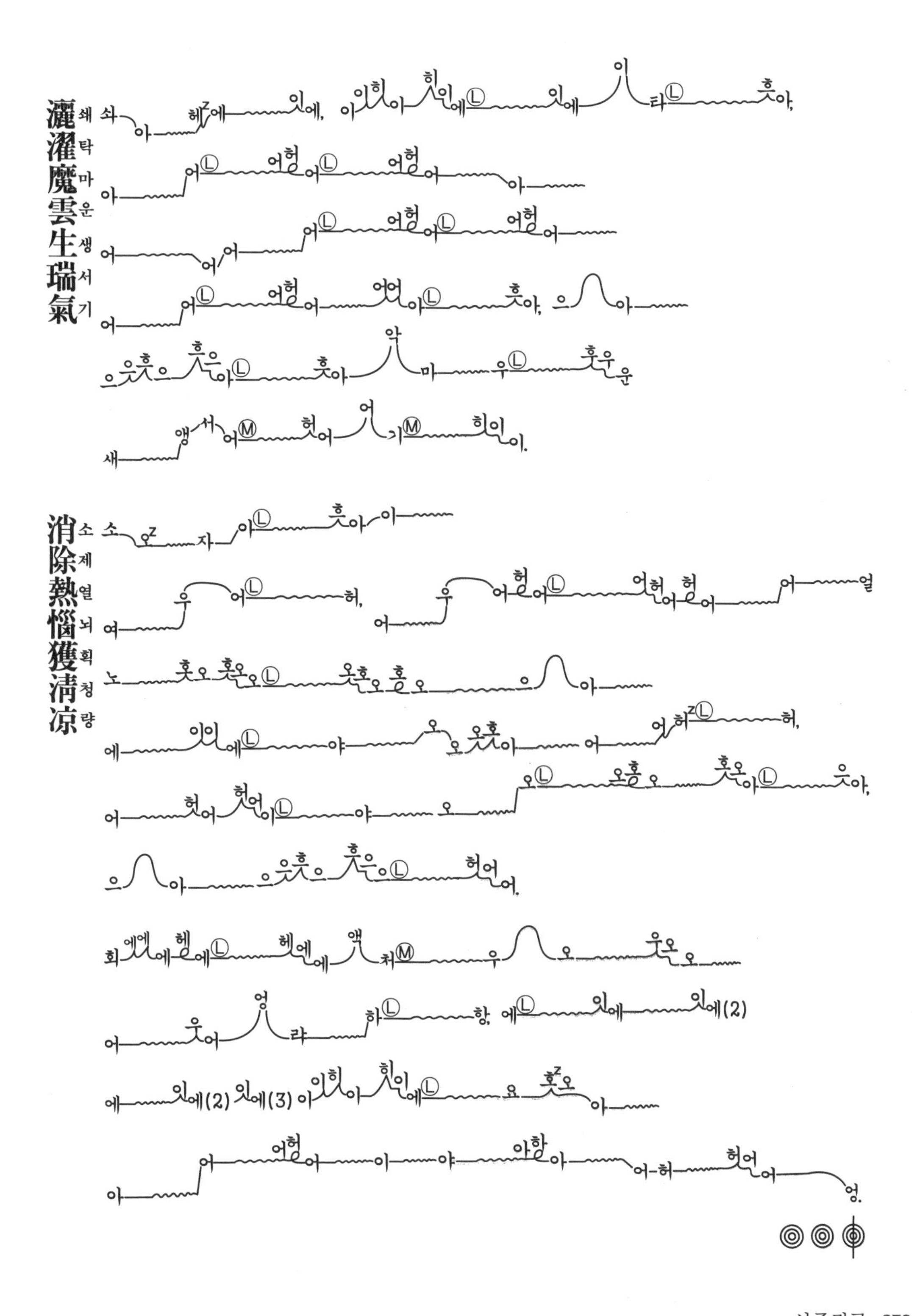
灑濯魔雲生瑞氣
쇄탁마운생서기
消除熱惱獲淸凉
소제열뇌획청량

(8) 伏請偈 복청게

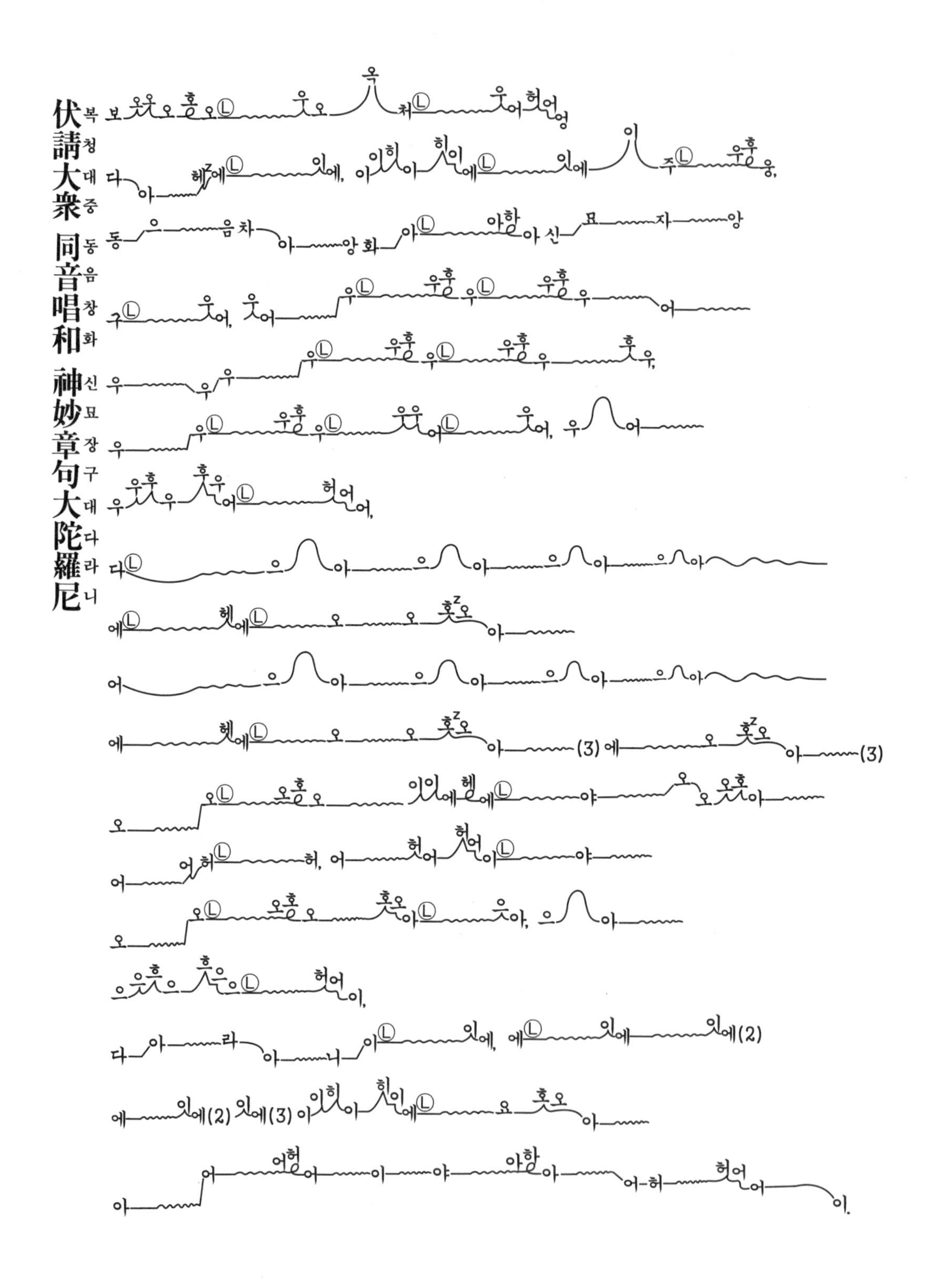

伏請大衆 同音唱和 神妙章句大陀羅尼
복청대중 동음창화 신묘장구대다라니

(9) 四方讚사방찬

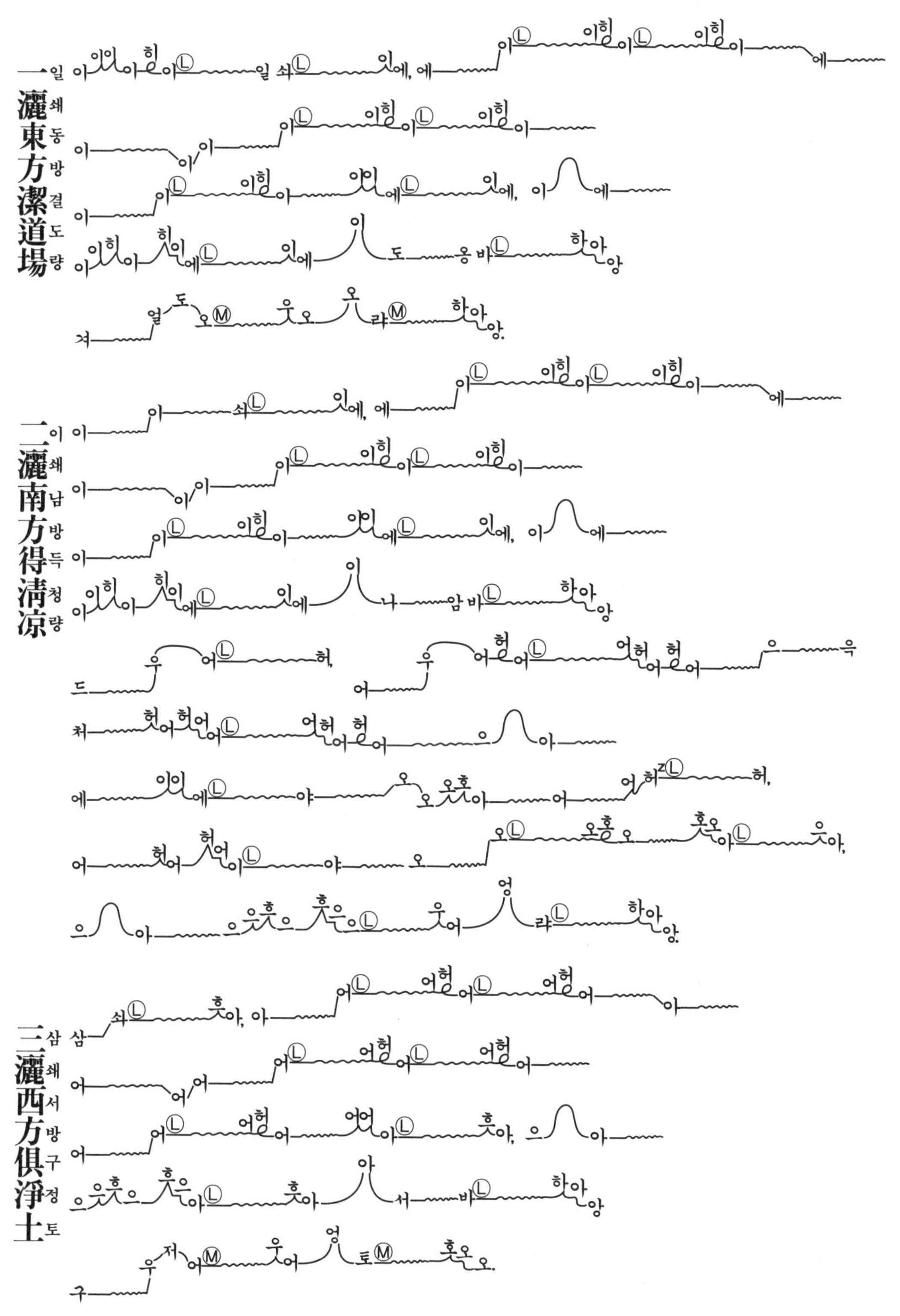

一灑東方潔道場
일쇄동방결도량
二灑南方得淸涼
이쇄남방득청량
三灑西方俱淨土
삼쇄서방구정토

※"삼쇄서방"을 짧게 소리 짓는 경우.

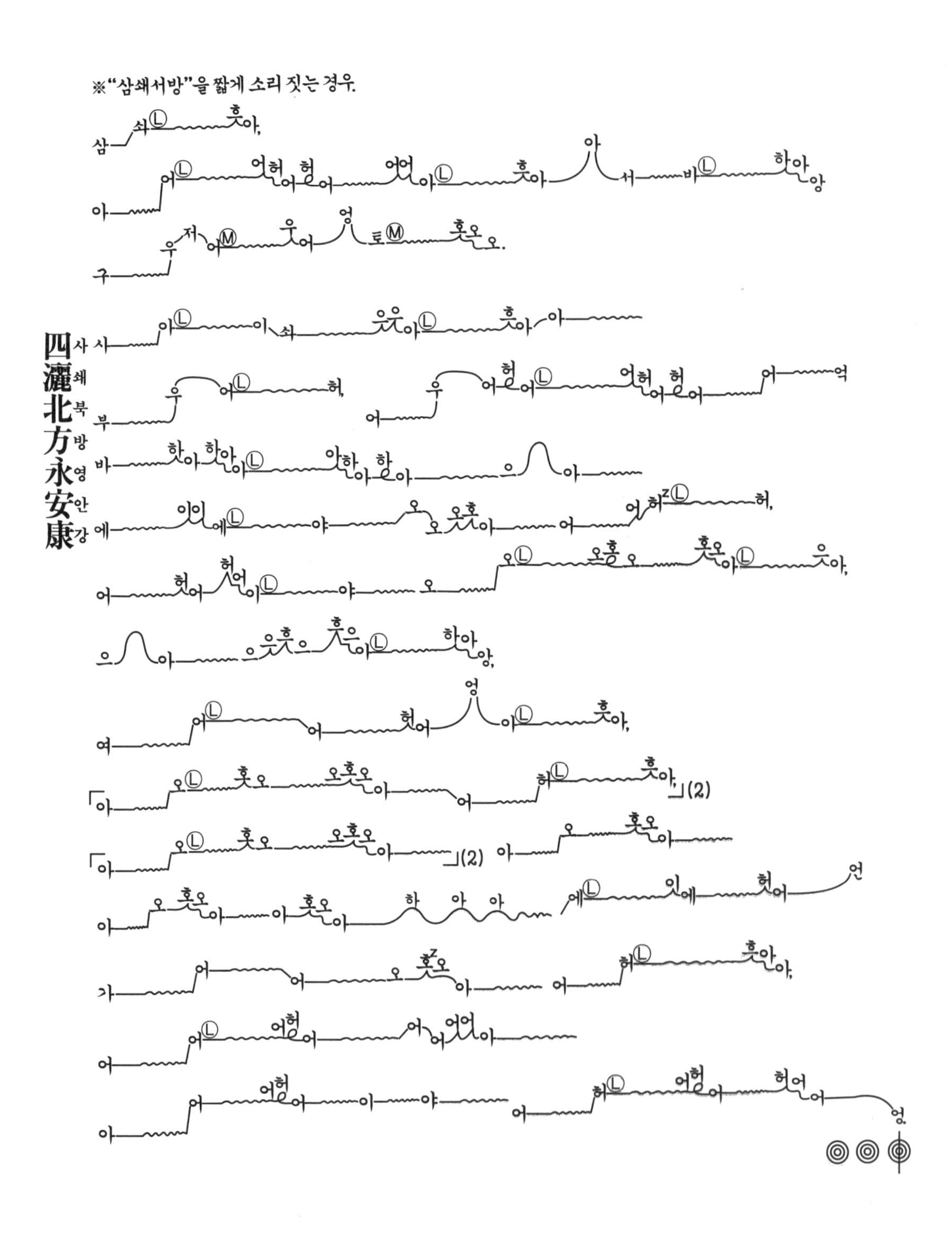

⑽ 道場偈(嚴淨偈) 도량게(엄정게)

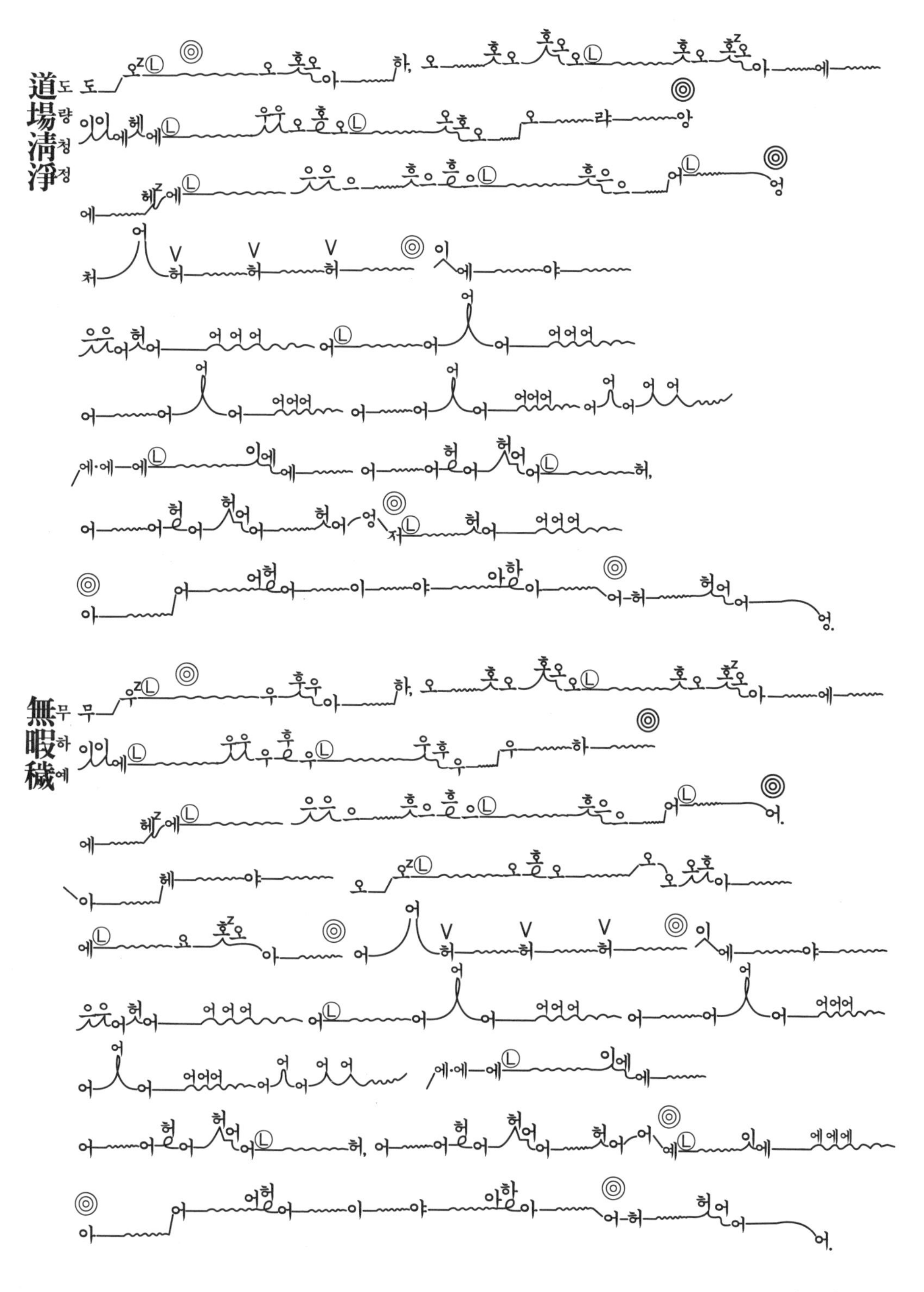

⑽ 도량게(엄정게)

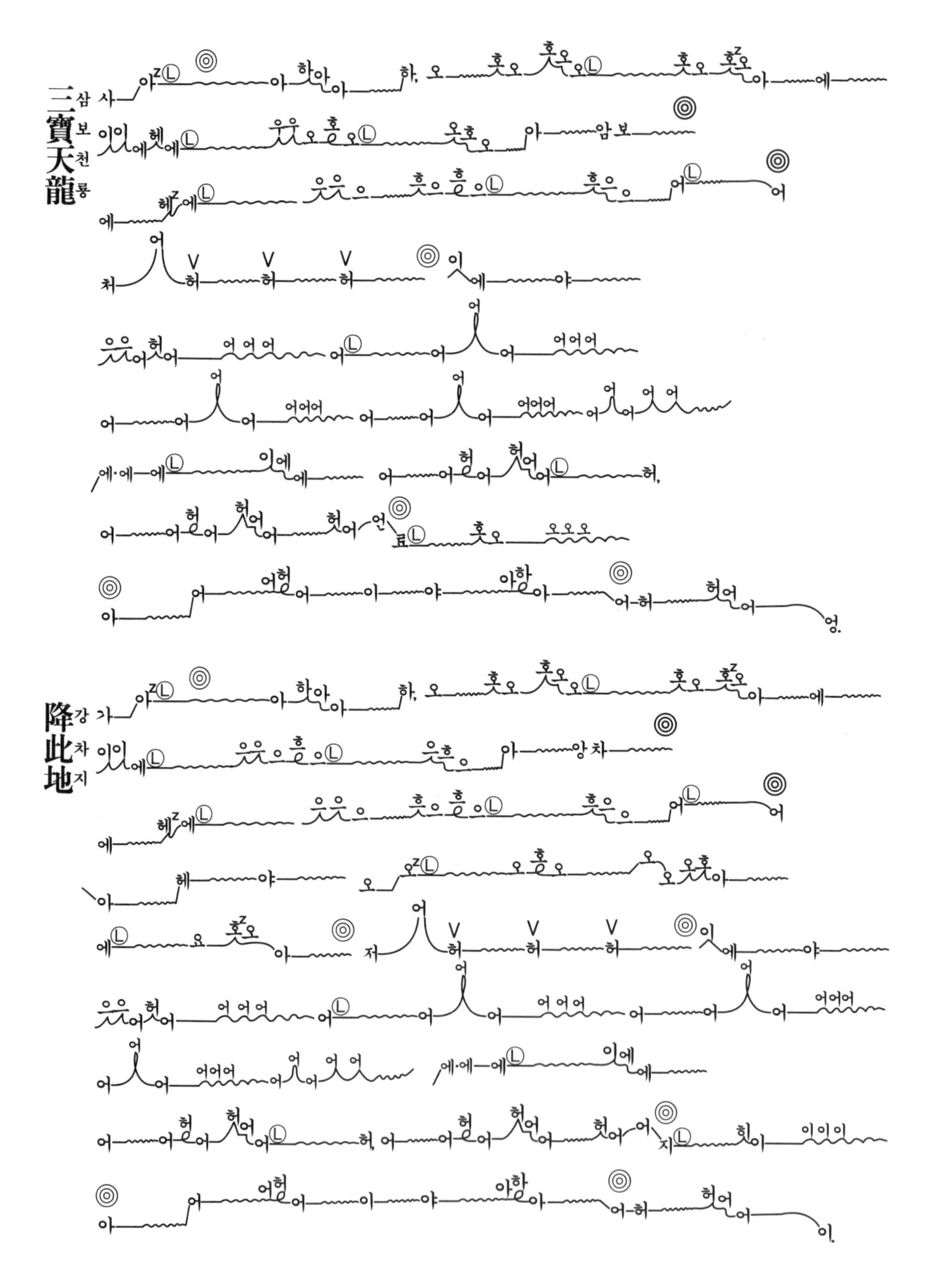

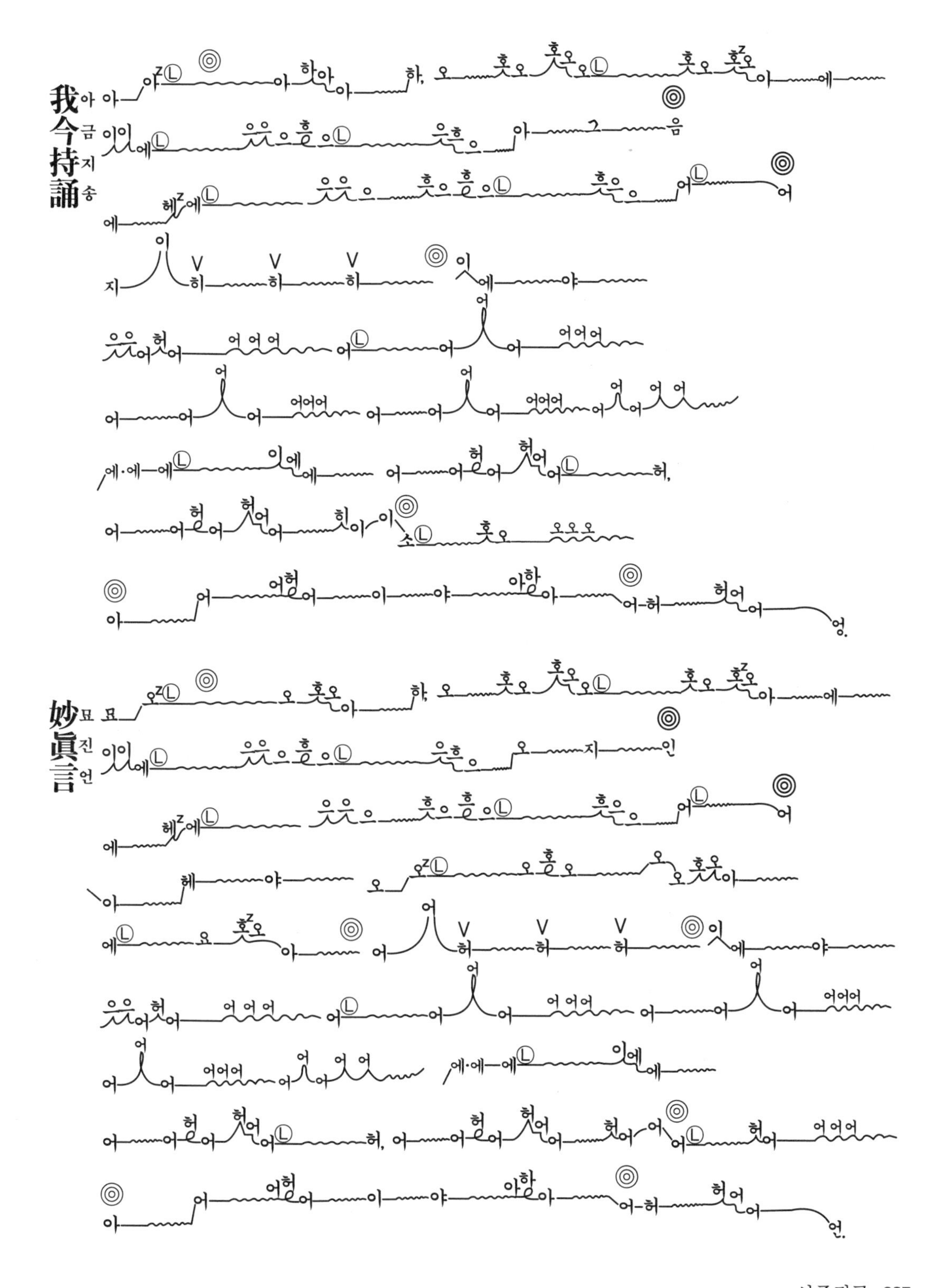
我今持誦
아금지송
妙眞言
묘진언

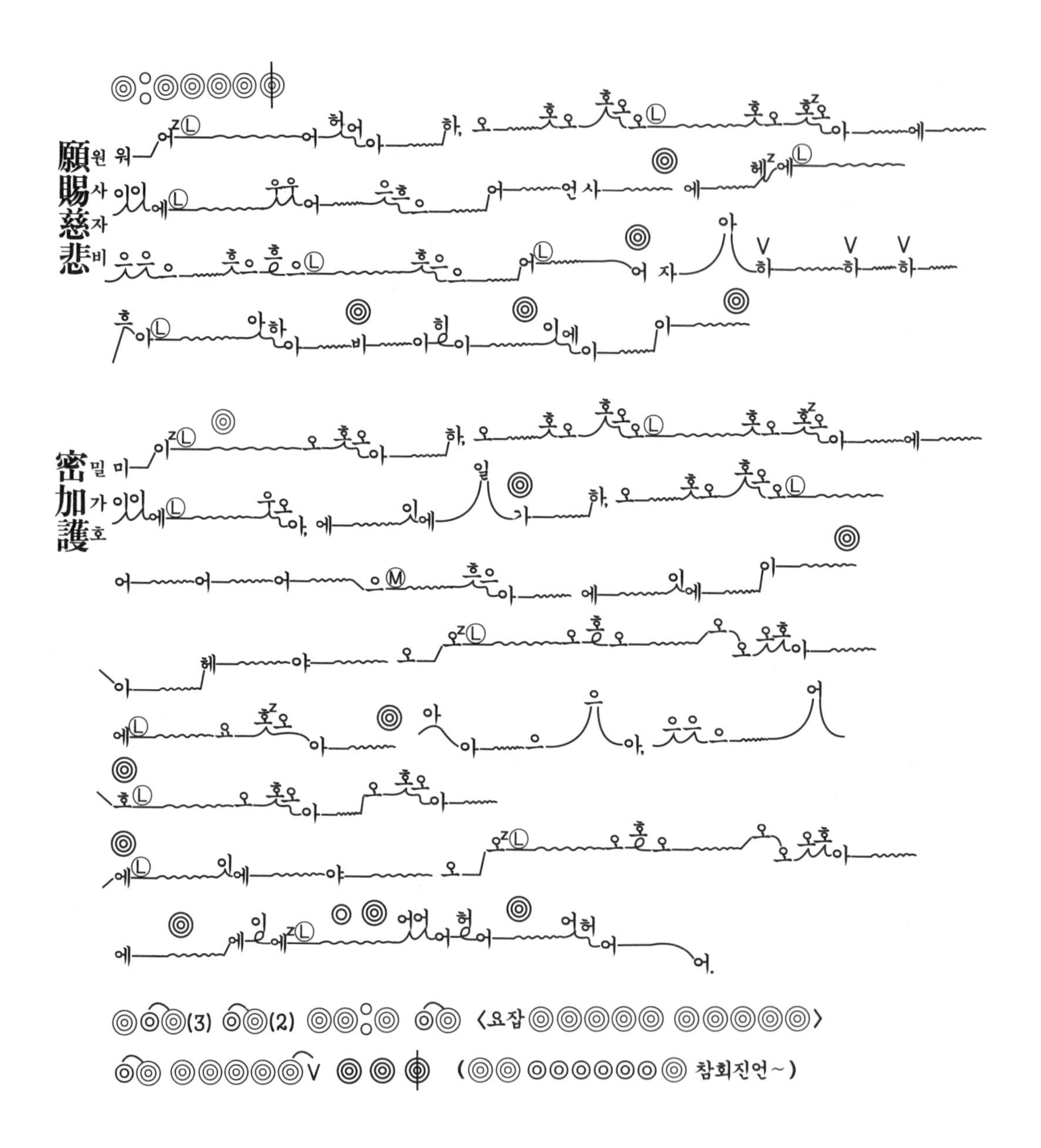
願 원
賜 사
慈 자
悲 비
密 밀
加 가
護 호
〈요잡
(
참회진언~)

※ "도량게"를 짧게 소리 짓는 경우.

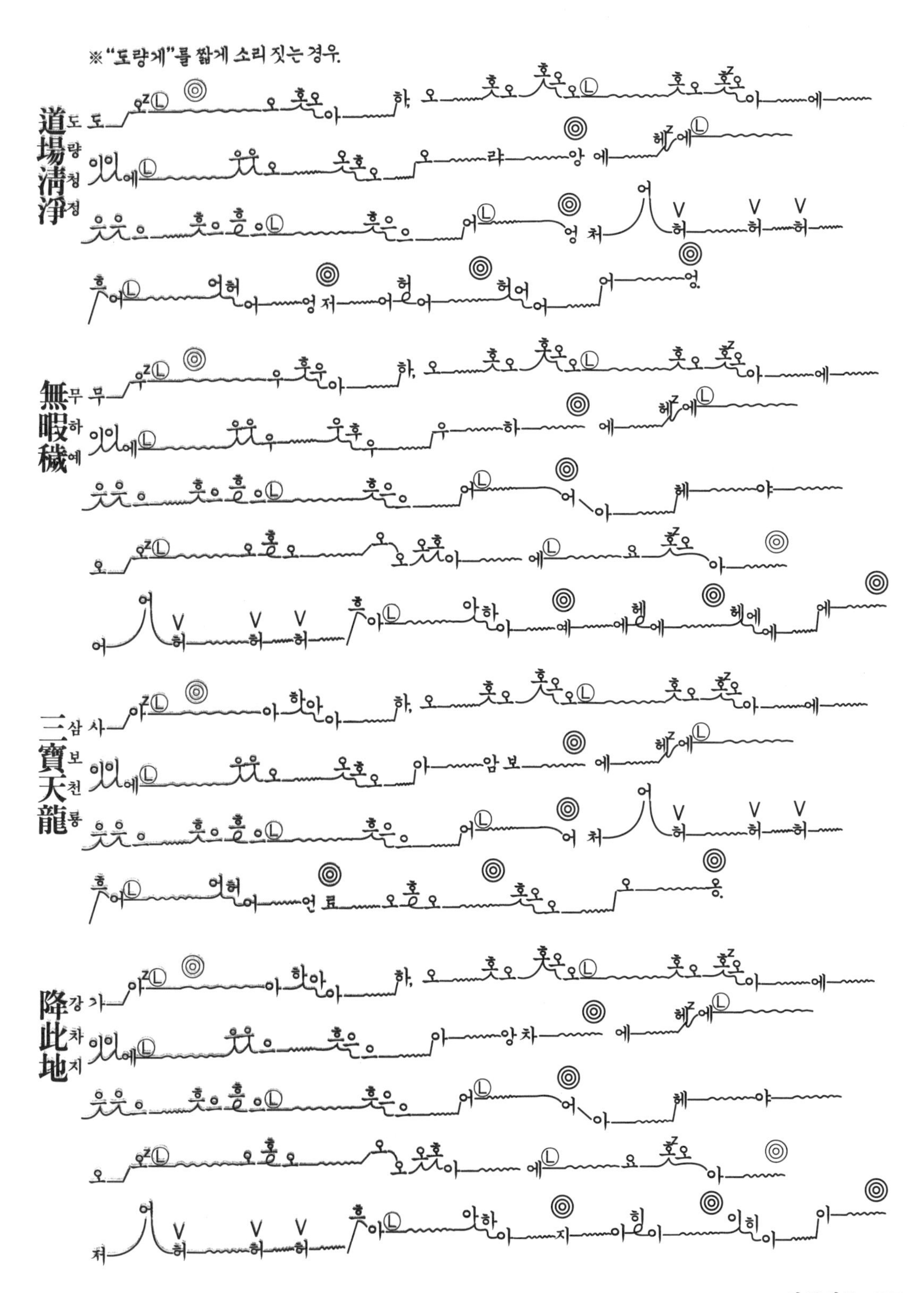

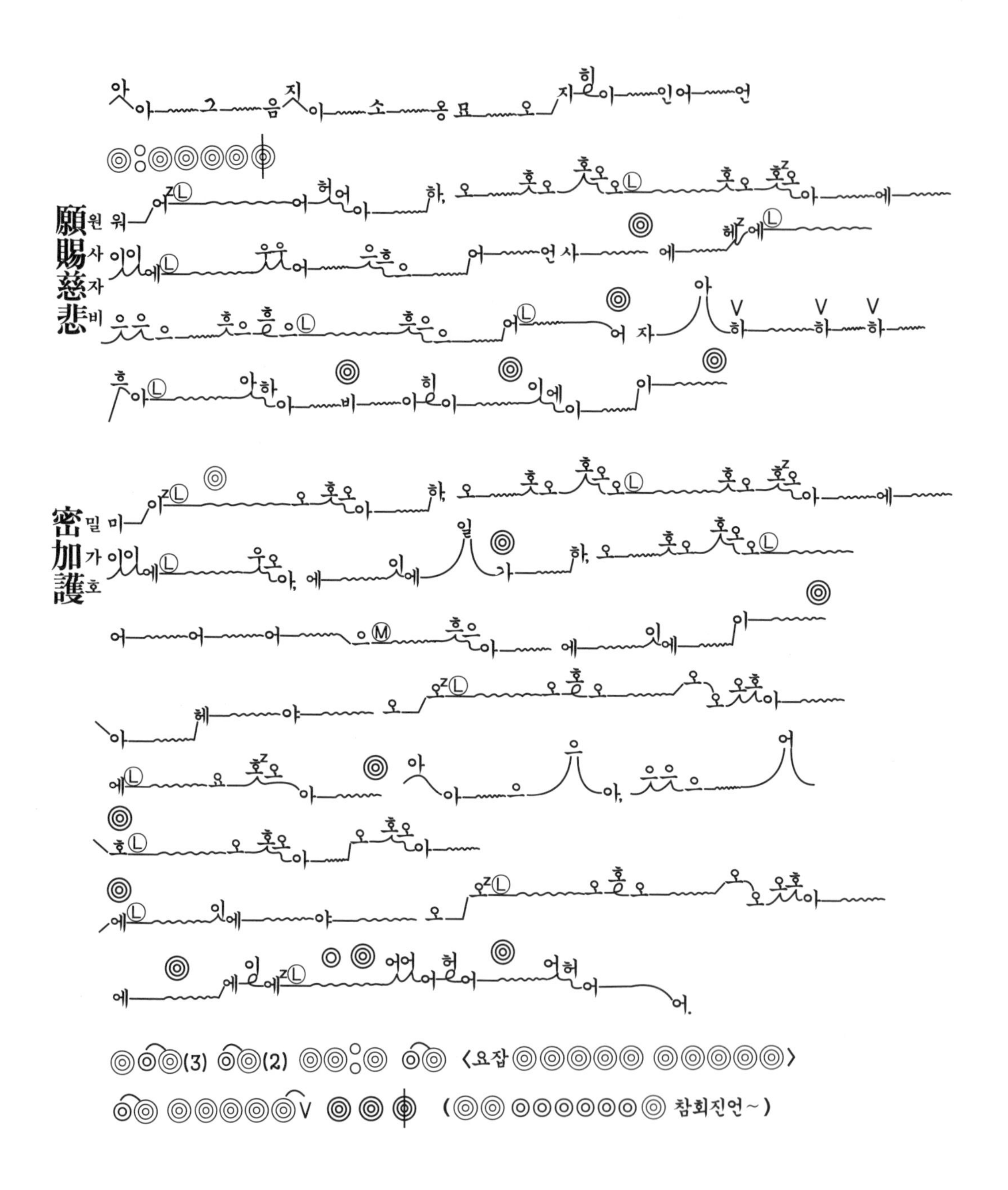
願원
賜사
慈자
悲비
密밀
加가
護호
〈요잡
참회진언~)

(11) 懺悔偈 참회게

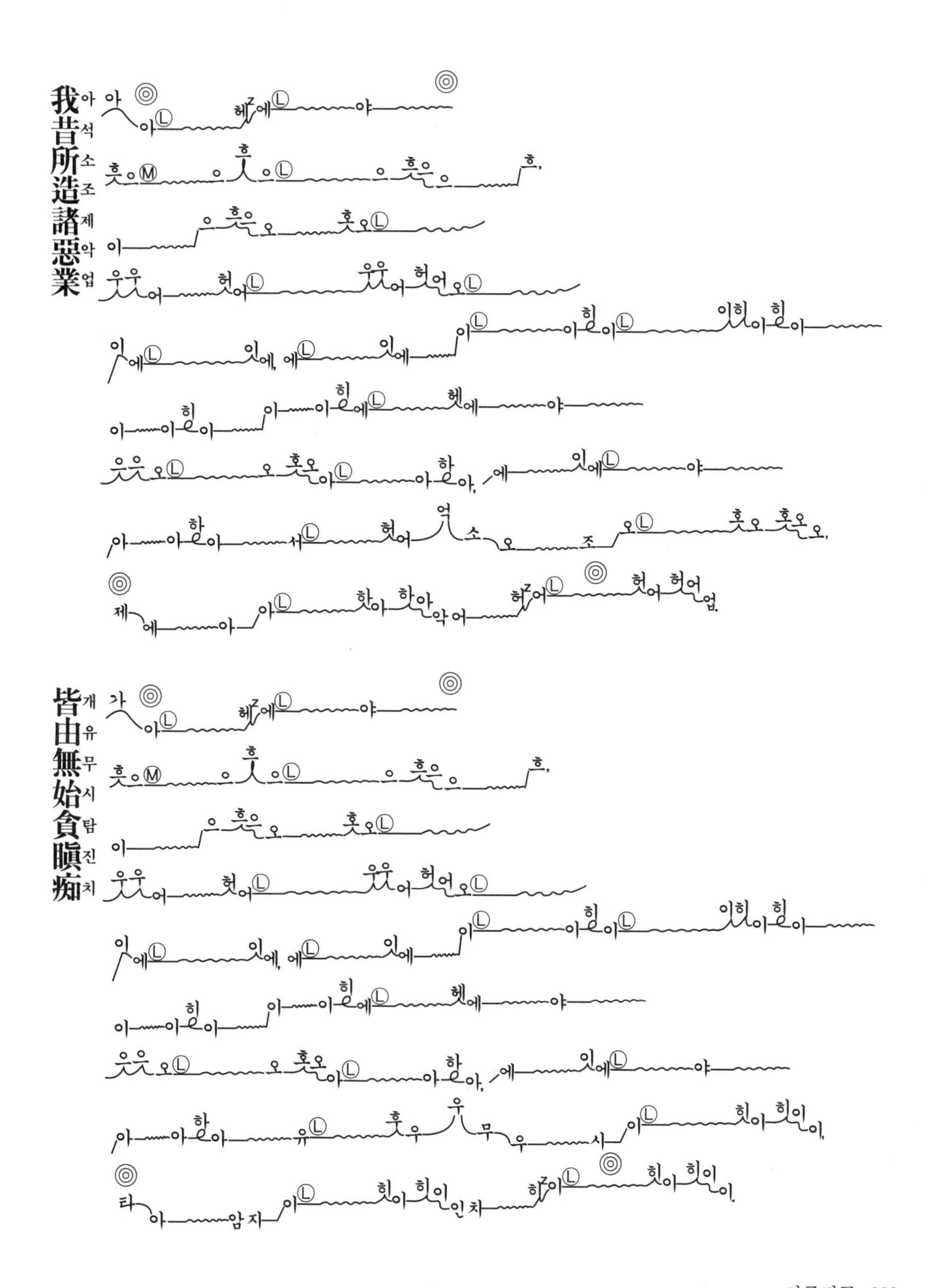

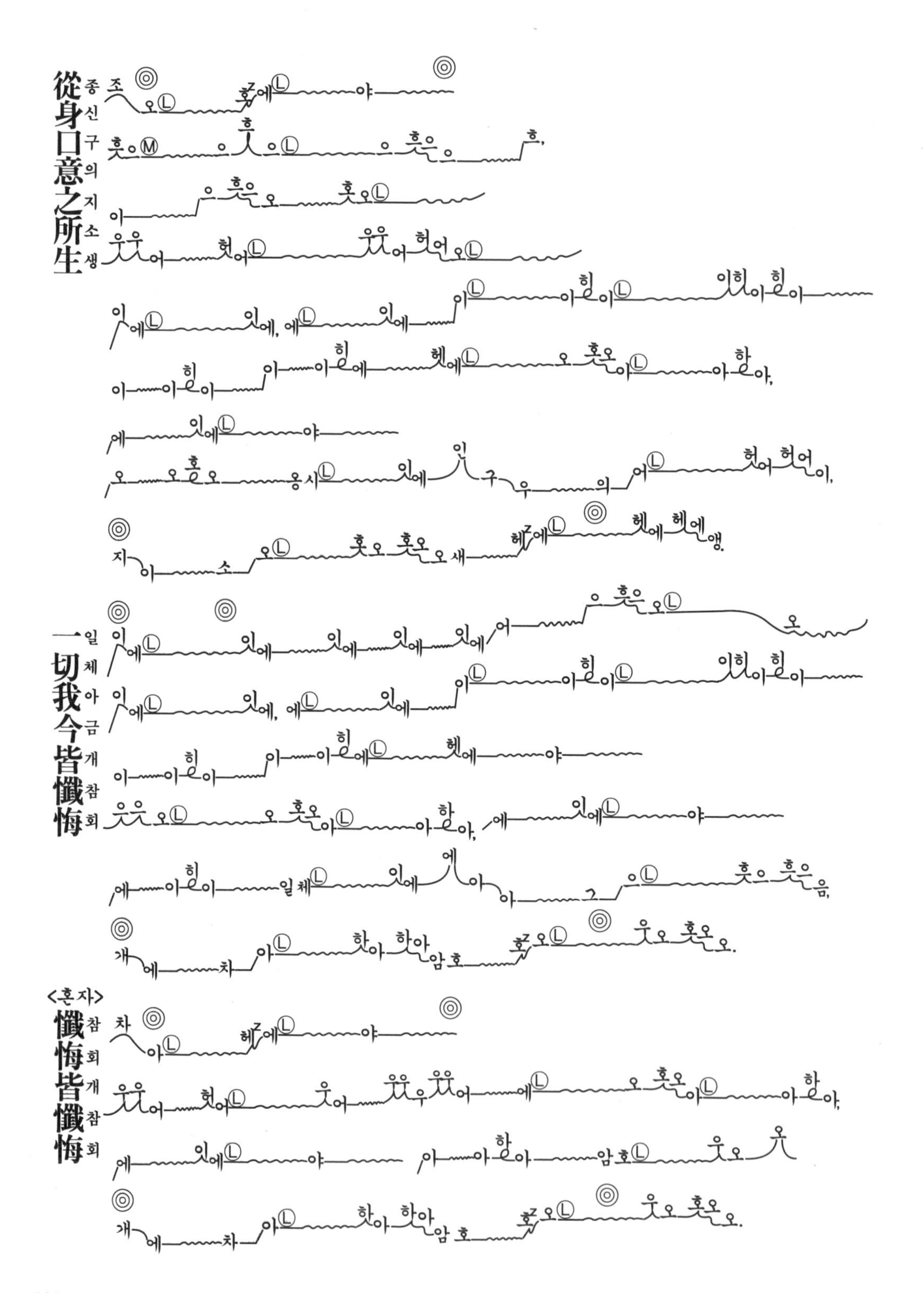
從身口意之所生
종신구의지소생
一切我今皆懺悔
일체아금개참회
<혼자>
懺悔皆懺悔
참회개참회

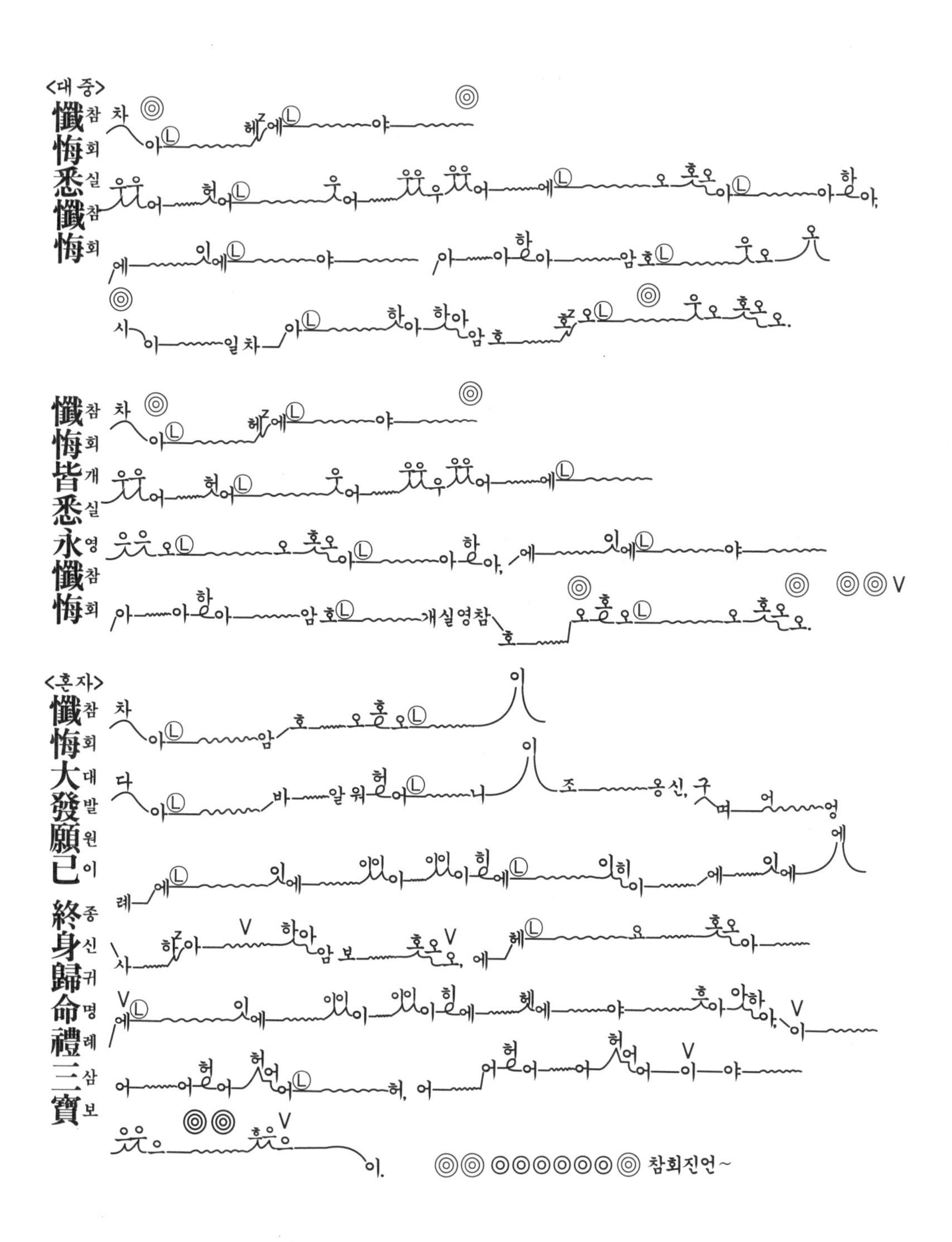
<대중>
懺悔悉懺悔 참회실참회
懺悔皆悉永懺悔 참회개실영참회
개실영참
<혼자>
懺悔大發願已 참회대발원이
終身歸命禮三寶 종신귀명례삼보
참회진언~

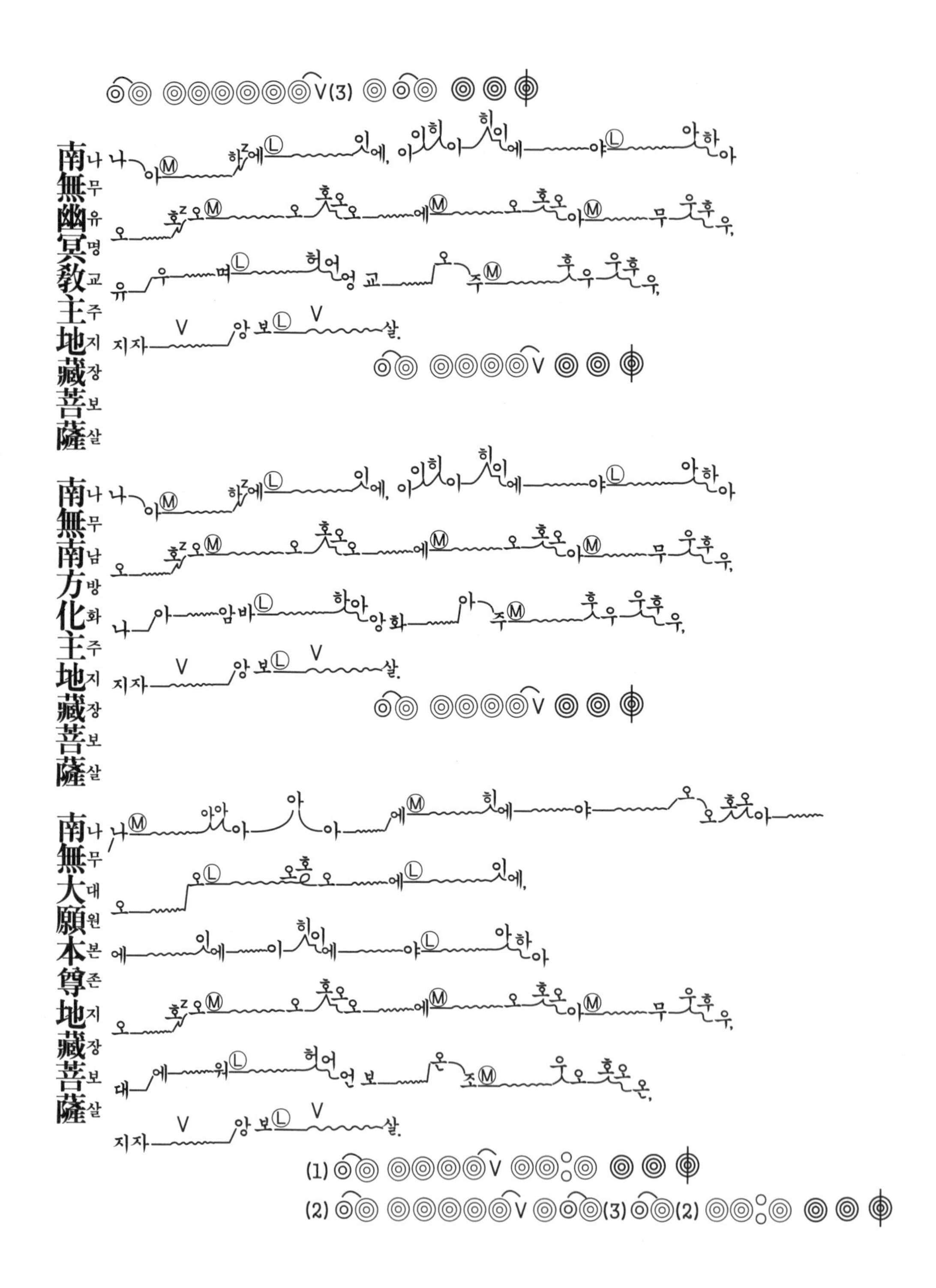
南無幽冥教主地藏菩薩
나무유명교주지장보살
南無南方化主地藏菩薩
나무남방화주지장보살
南無大願本尊地藏菩薩
나무대원본존지장보살

(2) 地藏請-由致 지장청-유치

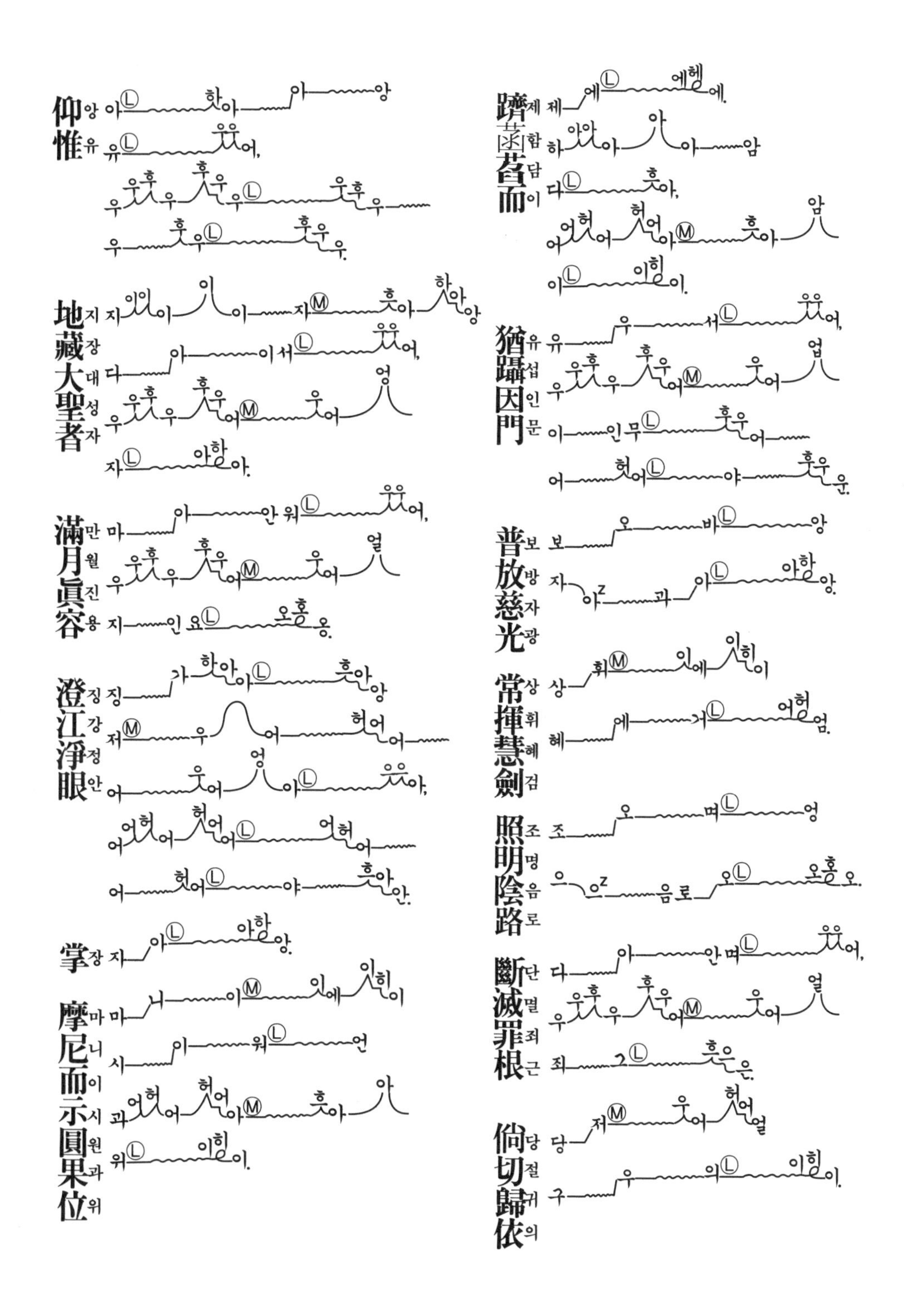

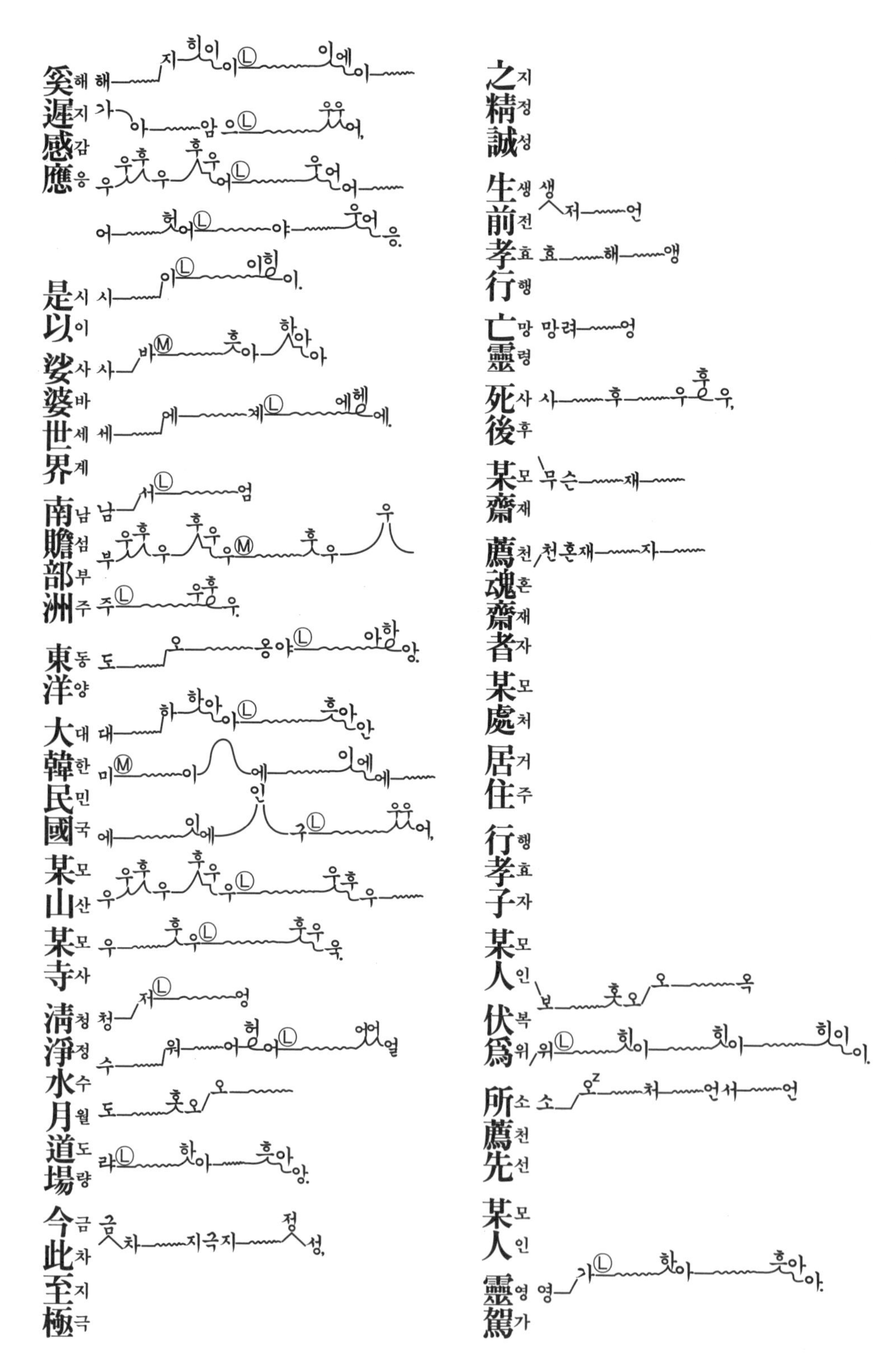
奚遲感應 해지감응
是以娑婆世界 시이사바세계
南贍部洲 남섬부주
東洋 동양
大韓民國 대한민국
某山某寺 모산모사
淸淨水月道場 청정수월도량
今此至極 금차지극
之精誠 지정성
生前孝行 생전효행
亡靈 망령
死後 사후
某齋 모재
薦魂齋者 천혼재자
某處居住 모처거주
行孝子 행효자
某人伏爲 모인복위
所薦先 소천선
某人靈駕 모인영가

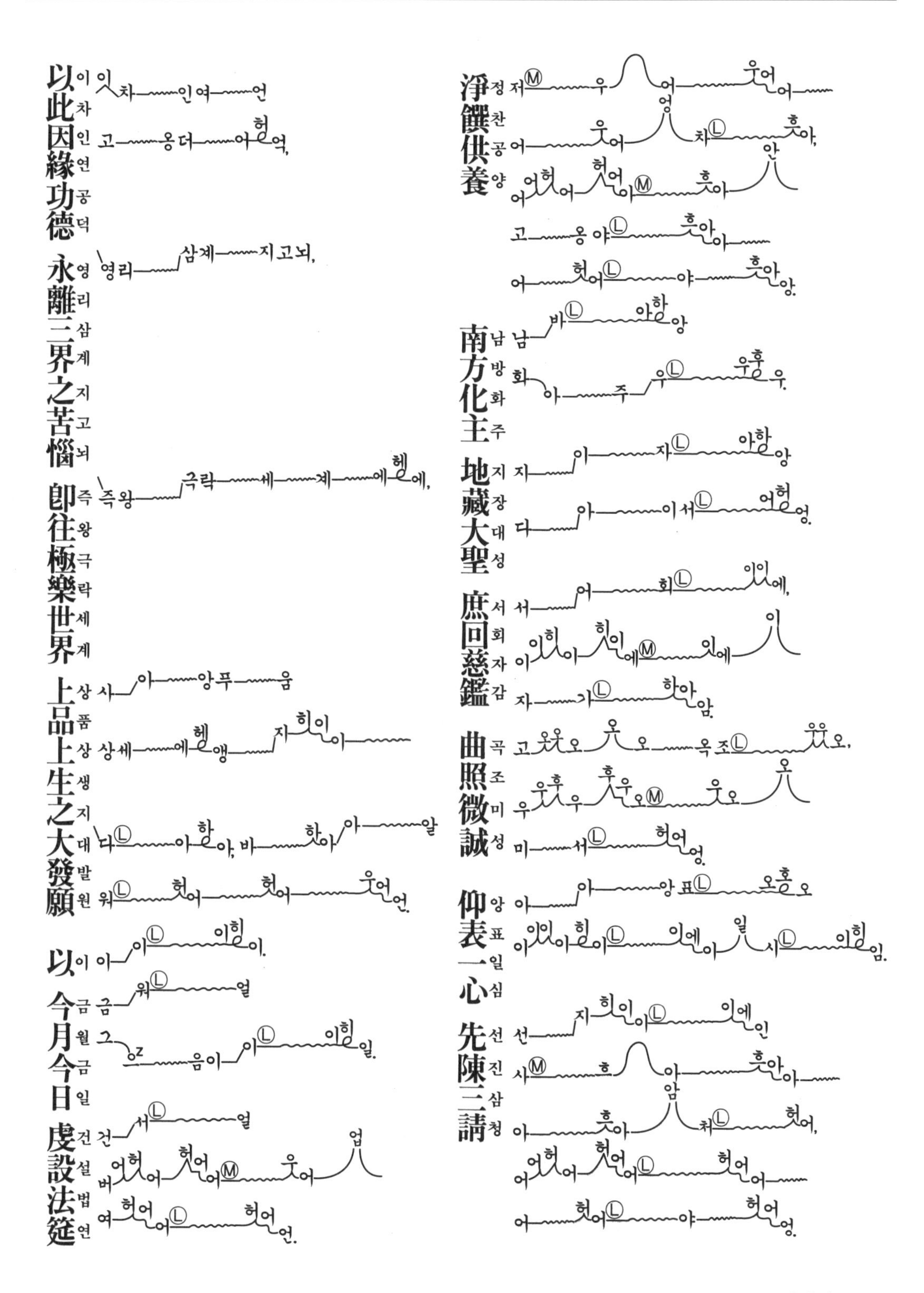

以此因緣功德 이차인연공덕
永離三界之苦惱 영리삼계지고뇌
卽往極樂世界 즉왕극락세계
上品上生之大發願 상품상생지대발원
以今月今日 이금월금일
虔設法筵 건설법연
淨饌供養 정찬공양
南方化主 남방화주
地藏大聖 지장대성
庶回慈鑑 서회자감
曲照微誠 곡조미성
仰表一心 앙표일심
先陳三請 선진삼청

(3) 來臨偈/香花請 내림게/향화청

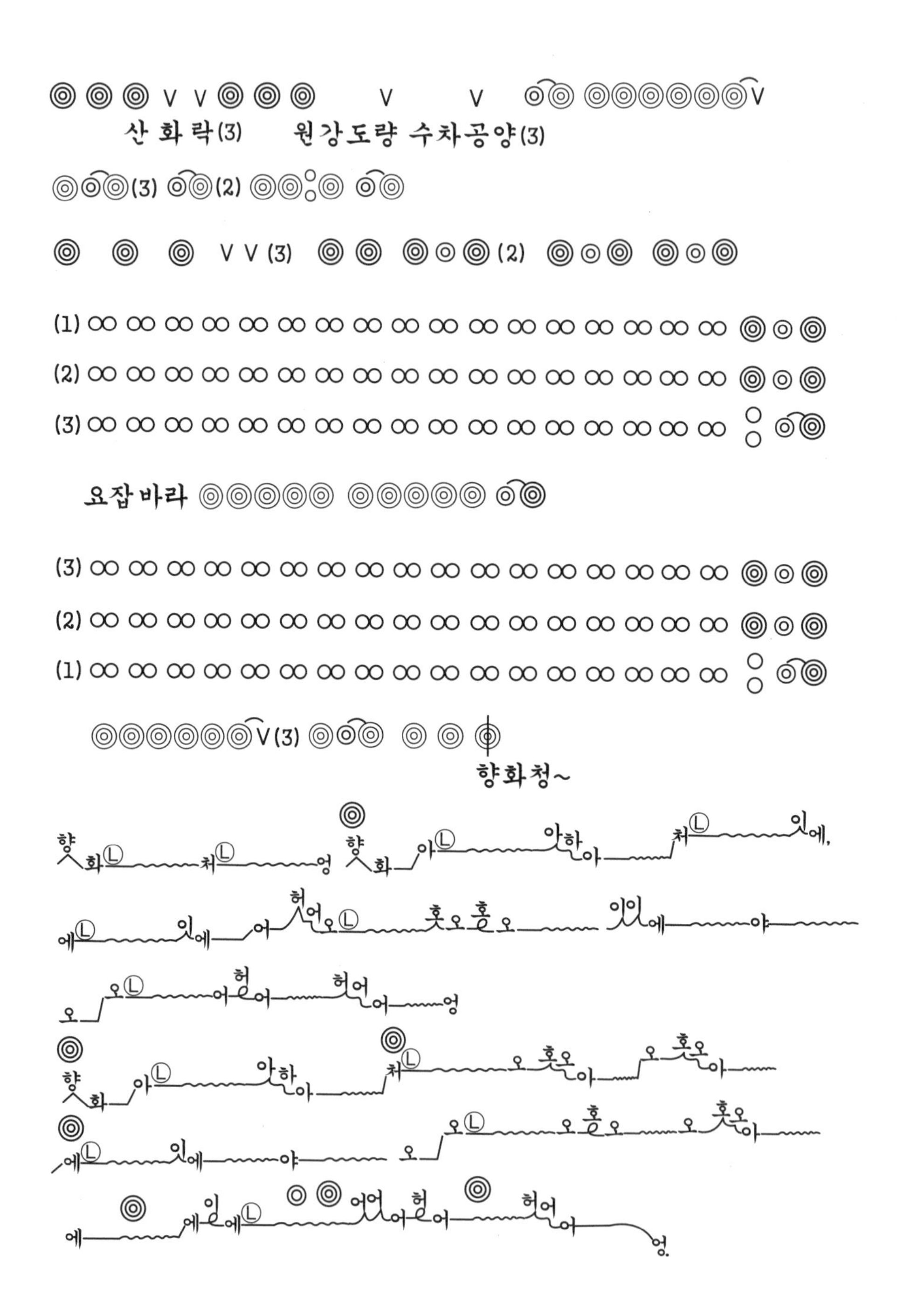

(4) 歌詠 가영

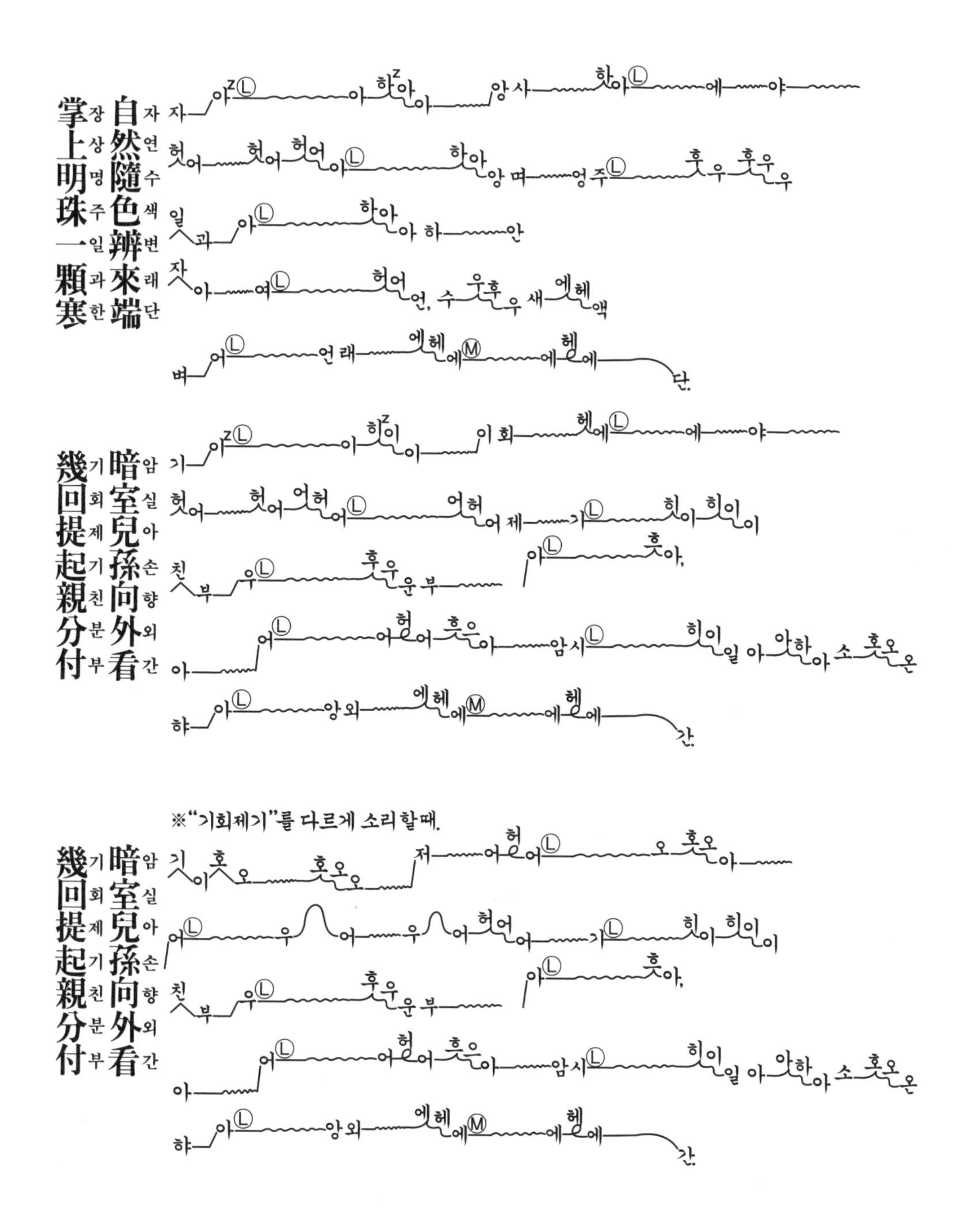
自然隨色辨來端 자연수색변래단
掌上明珠一顆寒 장상명주일과한
暗室兒孫向外看 암실아손향외간
幾回提起親分付 기회제기친분부
※"기회제기"를 다르게 소리할때.
暗室兒孫向外看 암실아손향외간
幾回提起親分付 기회제기친분부

(5) 故我偈 고아게

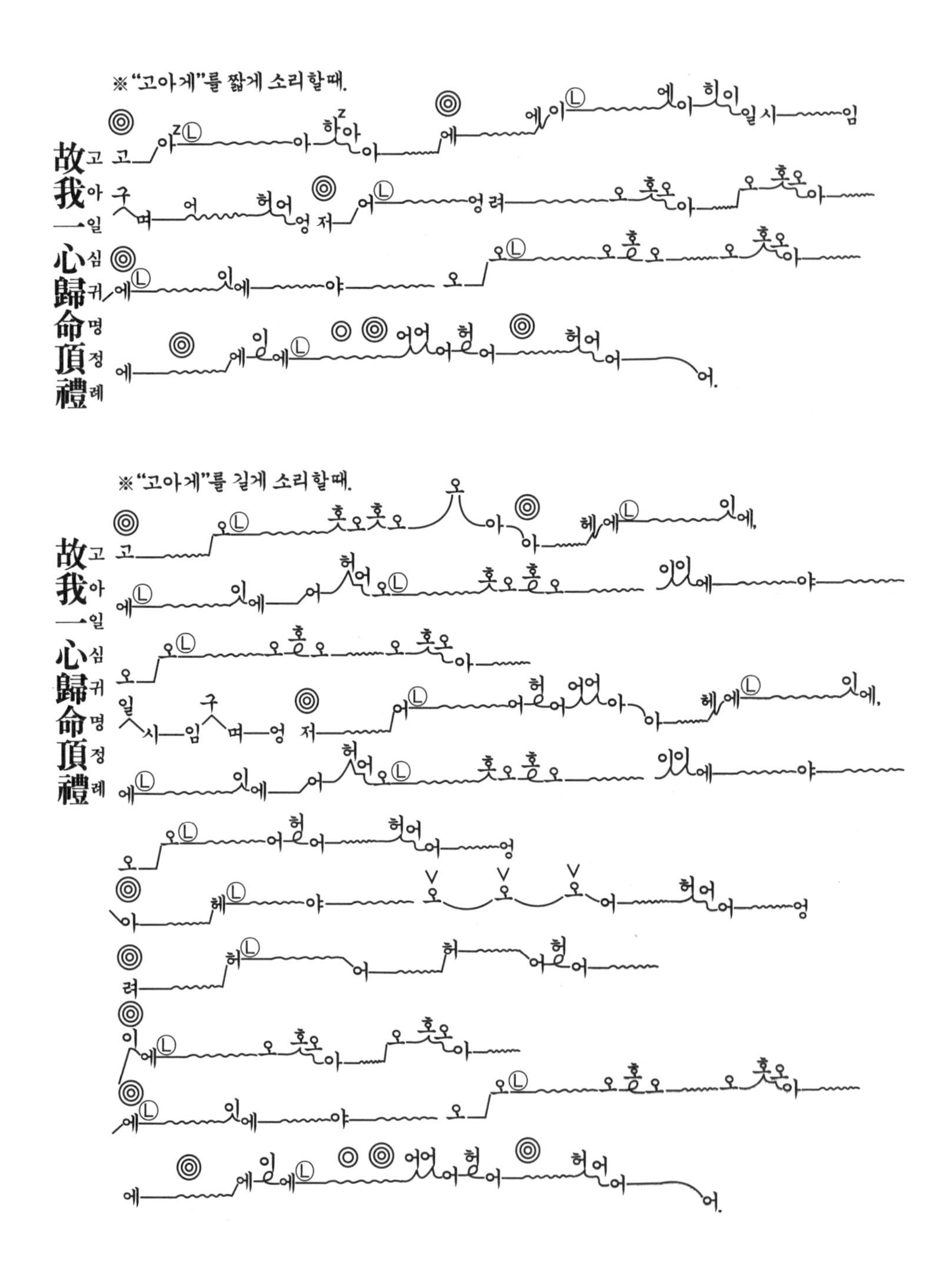
※"고아게"를 짧게 소리할때.
故我一心歸命頂禮
고아일심귀명정례
※"고아게"를 길게 소리할때.
故我一心歸命頂禮
고아일심귀명정례

(6) 獻座眞言 헌좌진언

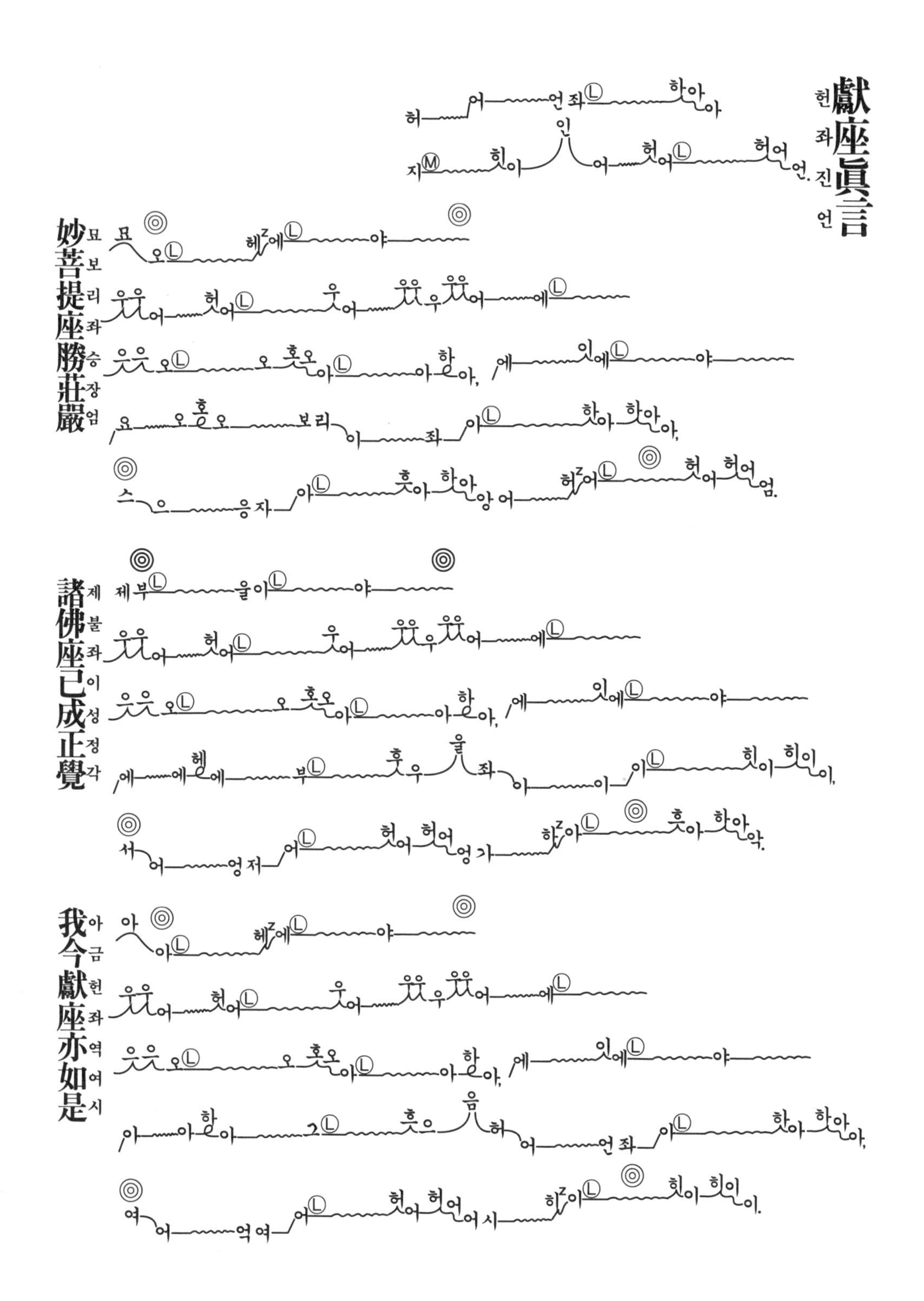

獻座眞言
헌좌진언
妙菩提座勝莊嚴
묘보리좌승장엄
諸佛座已成正覺
제불좌이성정각
我今獻座亦如是
아금헌좌역여시

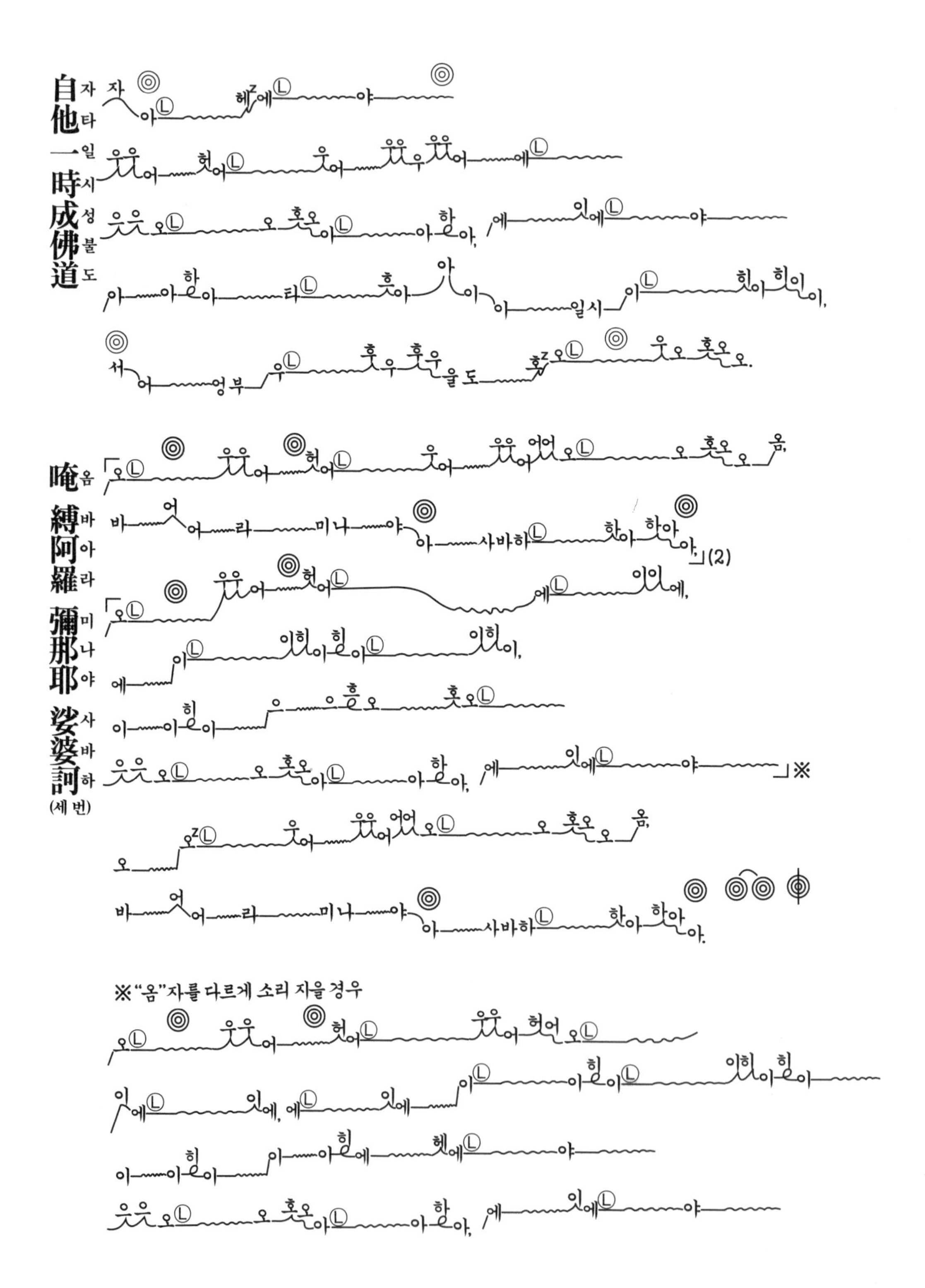
自他一時成佛道
자타일시성불도
唵縛阿羅彌那耶娑婆訶
옴바아라미나야사바하
(세 번)
※"옴"자를 다르게 소리 지을 경우

(7) 三寶通請-擧佛 삼보통청-거불

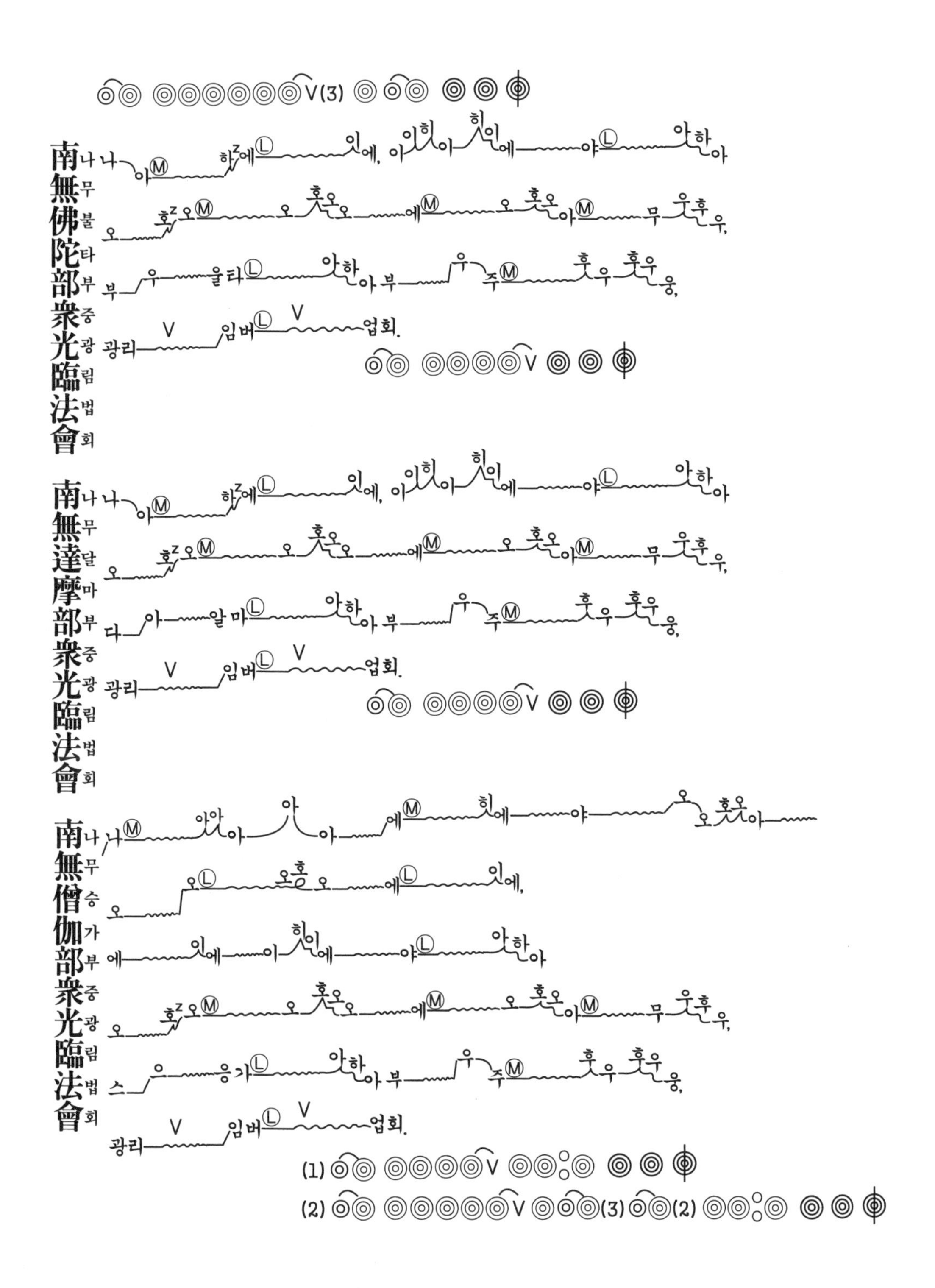

(8) 三寶通請-由致 삼보통청-유치

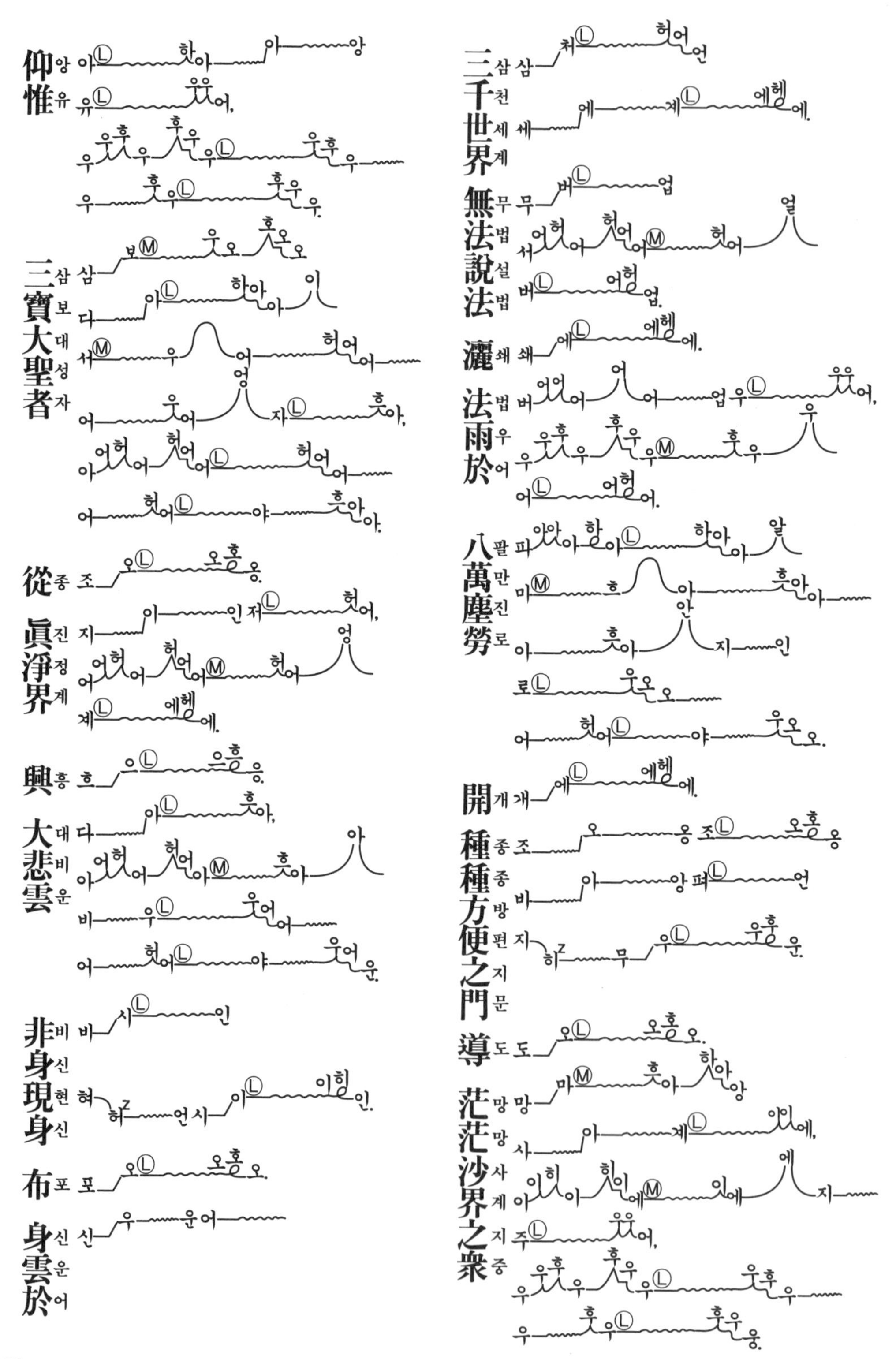

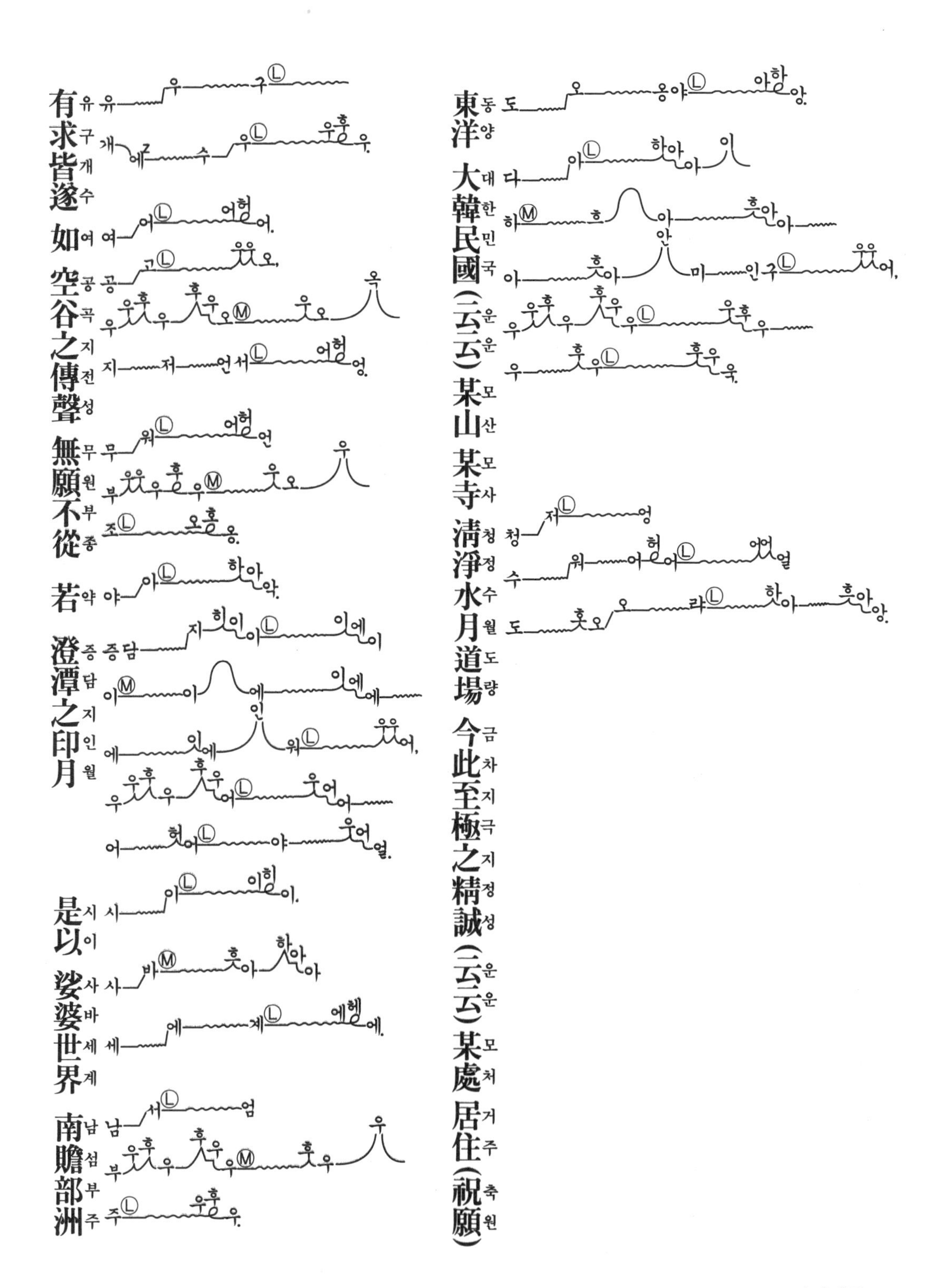
有求皆遂 유구개수
如空谷之傳聲 여공곡지전성
無願不從 무원부종
若 약
澄潭之印月 징담지인월
是以 시이
娑婆世界 사바세계
南贍部洲 남섬부주
東洋 동양
大韓民國 대한민국
(云云) 운운
某山 모산
某寺 모사
清淨水月道場 청정수월도량
今此至極之精誠 금차지극지정성
(云云) 운운
某處居住 모처거주
(祝願) 축원

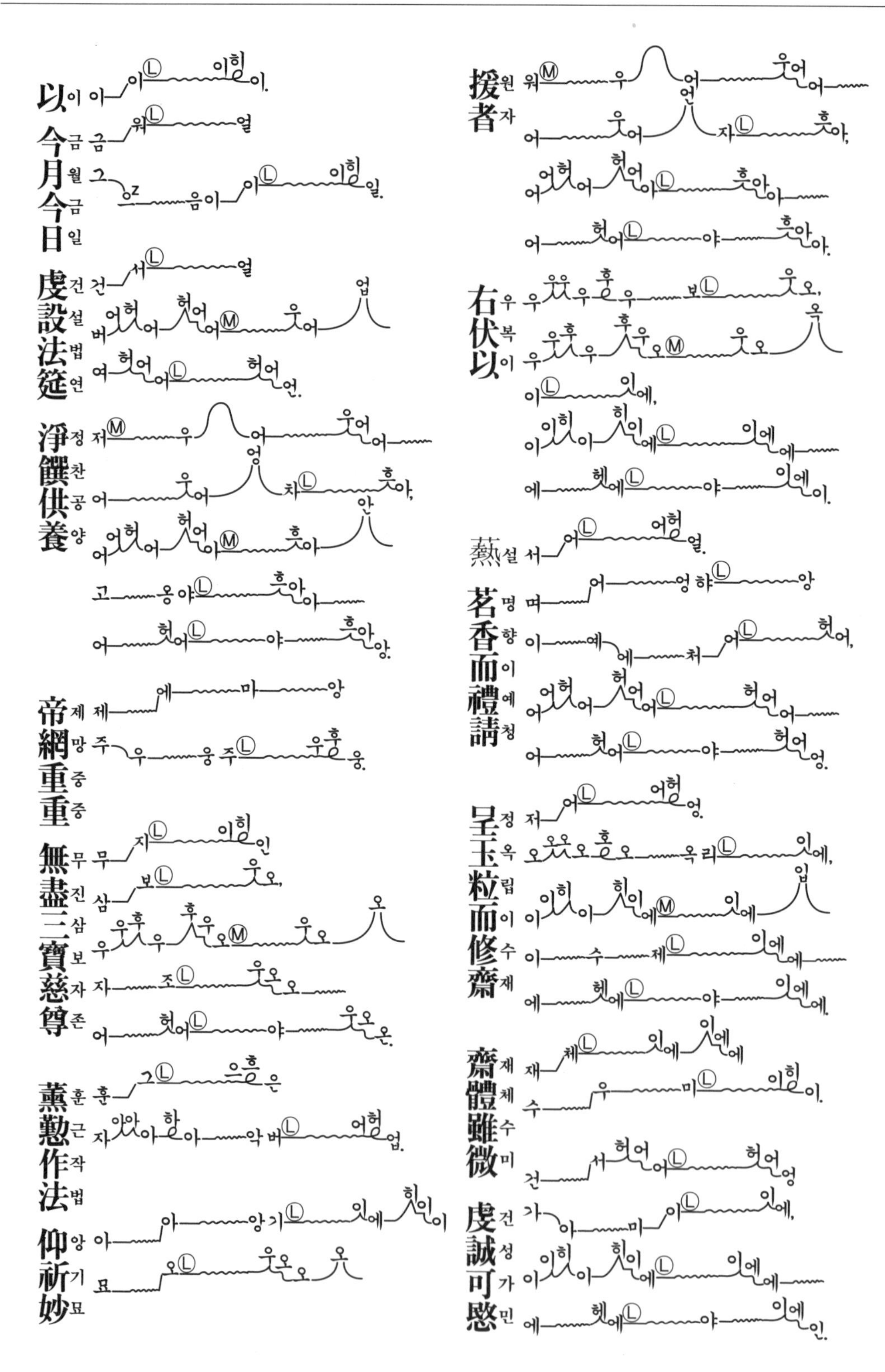

以今月今日 이금월금일
虔設法筵 건설법연
淨饌供養 정찬공양
帝網重重 제망중중
無盡三寶慈尊 무진삼보자존
薰懃作法 훈근작법
仰祈妙 앙기묘
援者 원자
右伏以 우복이
爇茗香而禮請 설명향이예청
呈玉粒而修齋 정옥립이수재
齋體雖微 재체수미
虔誠可愍 건성가민

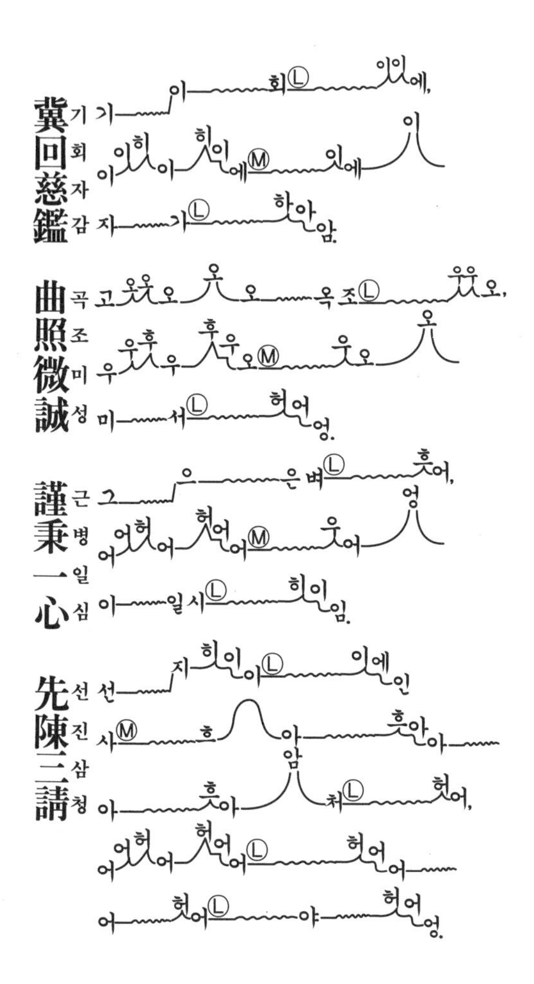
冀回慈鑑
기회자감
曲照微誠
곡조미성
謹秉一心
근병일심
先陳三請
선진삼청

(9) 香花請/歌詠 향화청/가영

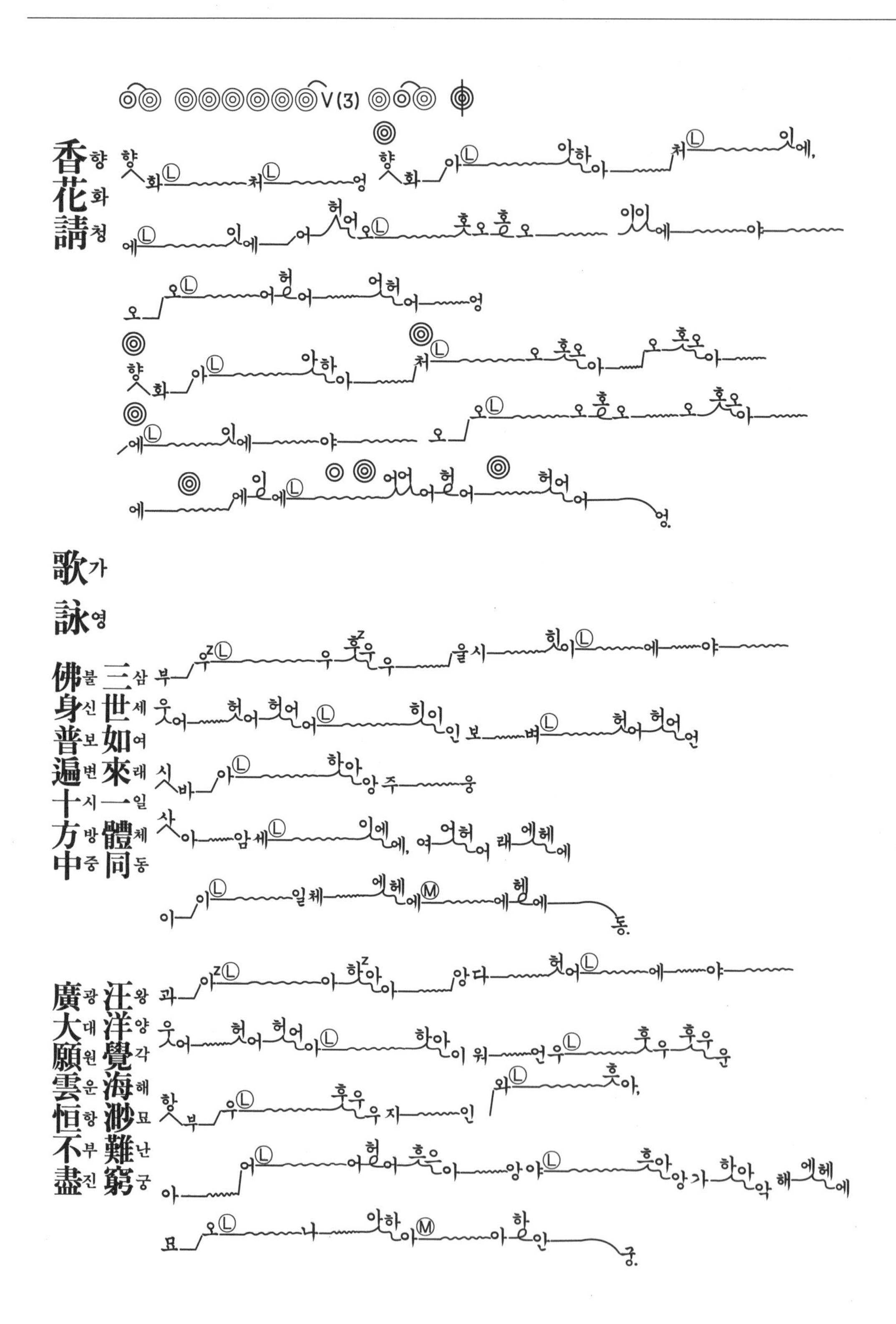

⑽ 欲建而 욕건이

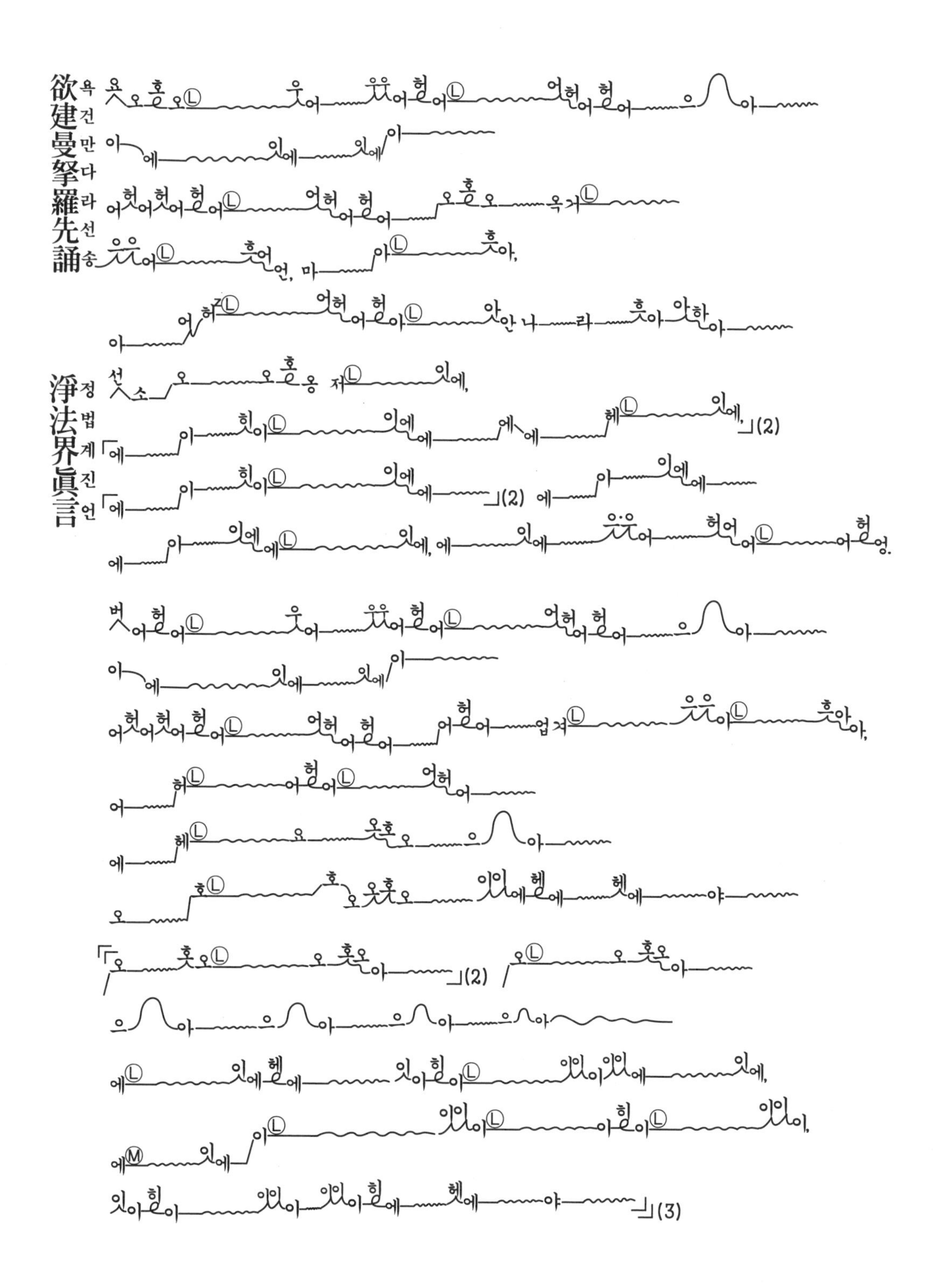

⑽ 욕건이

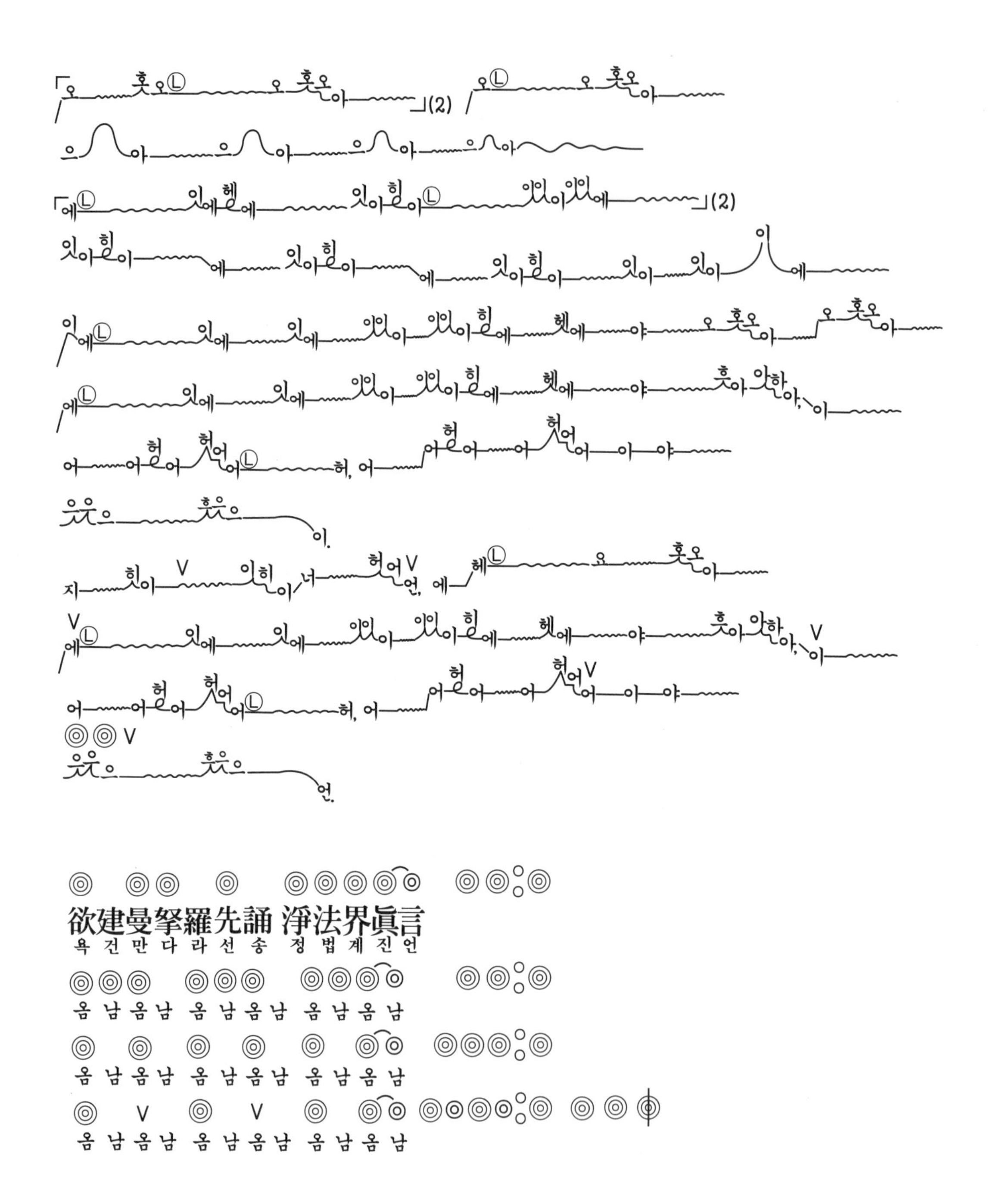

欲建曼拏羅先誦 淨法界眞言
욕 건 만 다 라 선 송 정 법 계 진 언
옴 남 옴 남 옴 남 옴 남 옴 남 옴 남
옴 남 옴 남 옴 남 옴 남 옴 남 옴 남
옴 남 옴 남 옴 남 옴 남 옴 남 옴 남

(11) 唵南作法 옴남작법

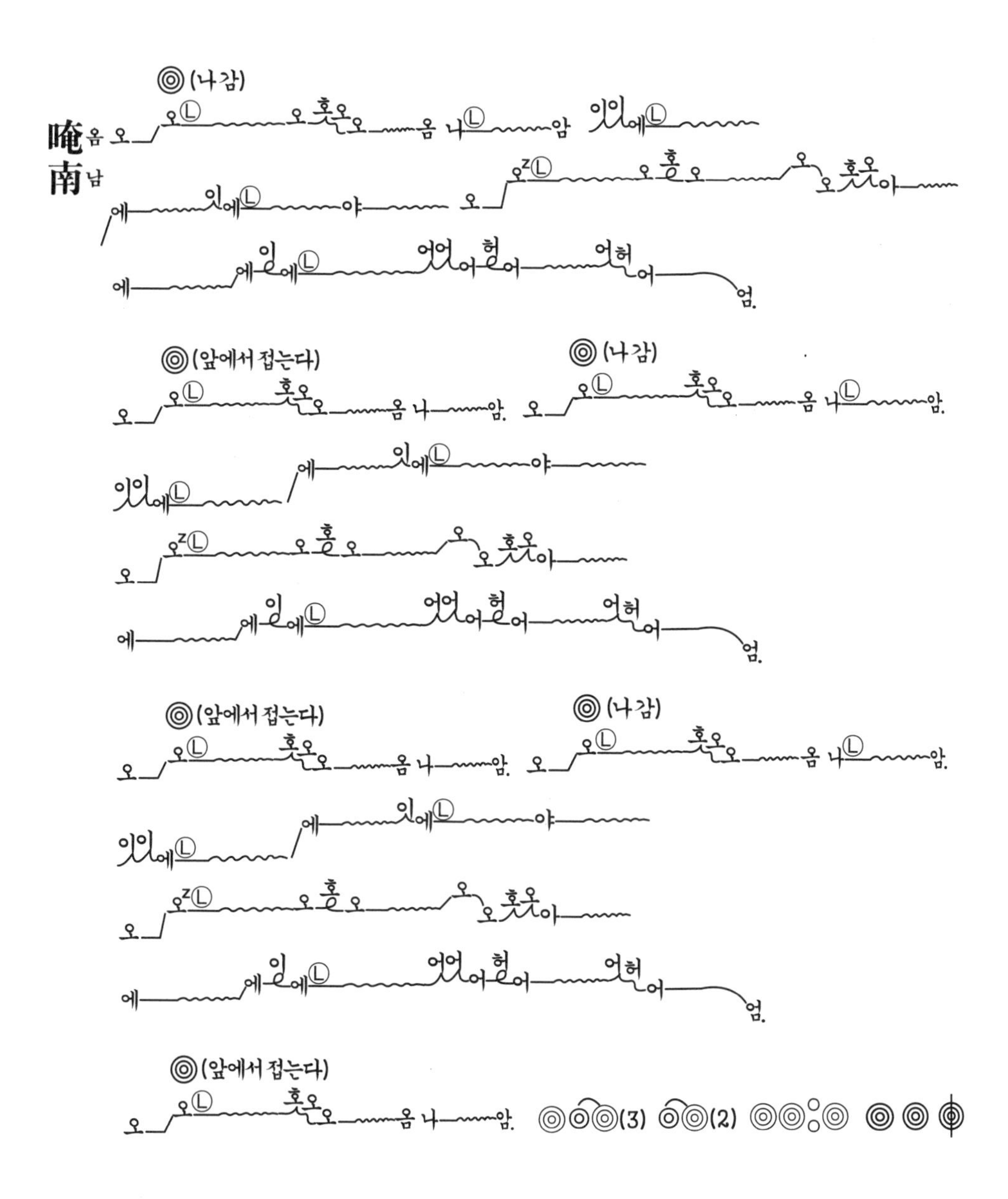

(12) 上壇-茶偈 상단-다게

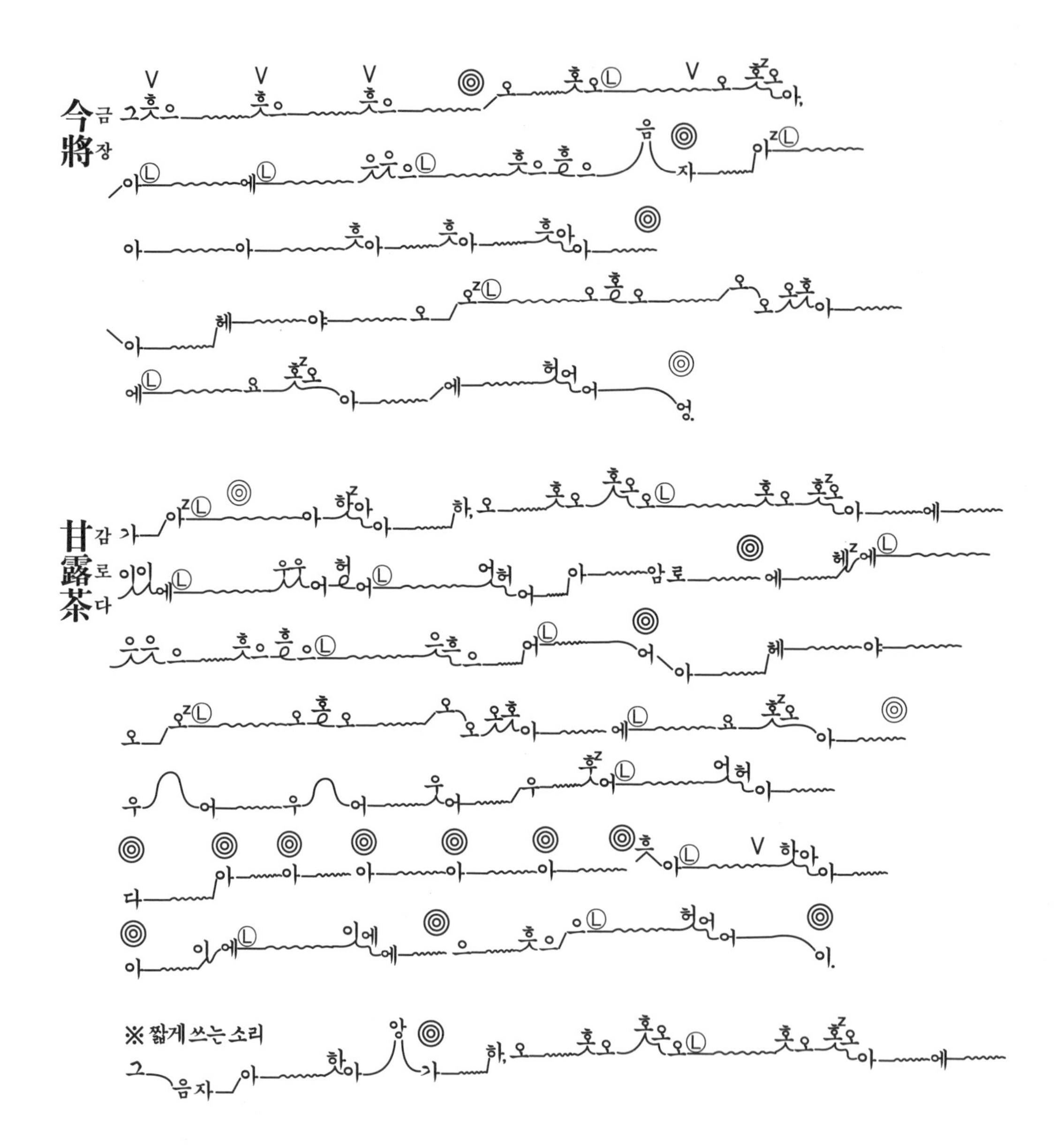

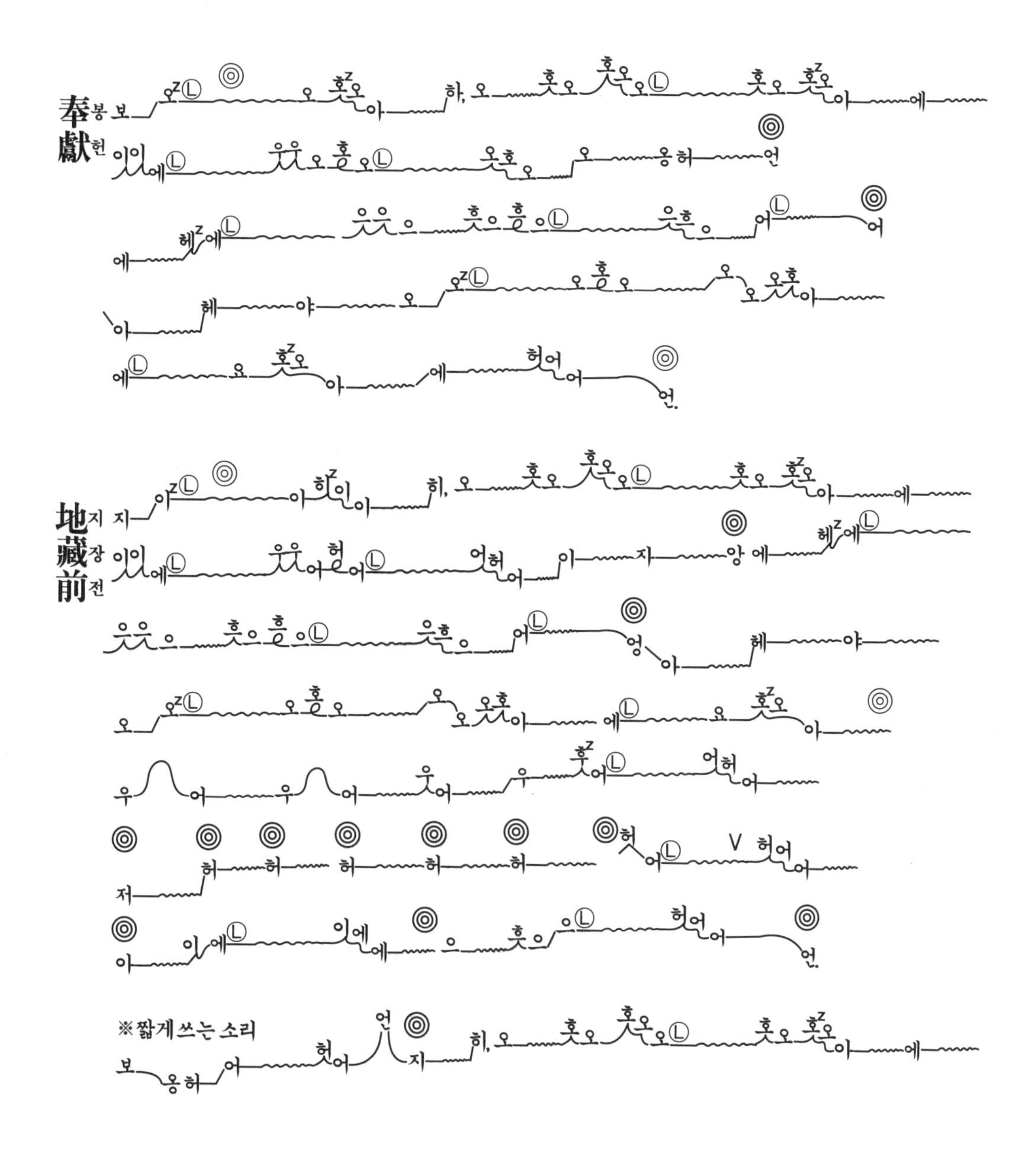
奉獻 봉헌
地藏前 지장전
※짧게쓰는 소리

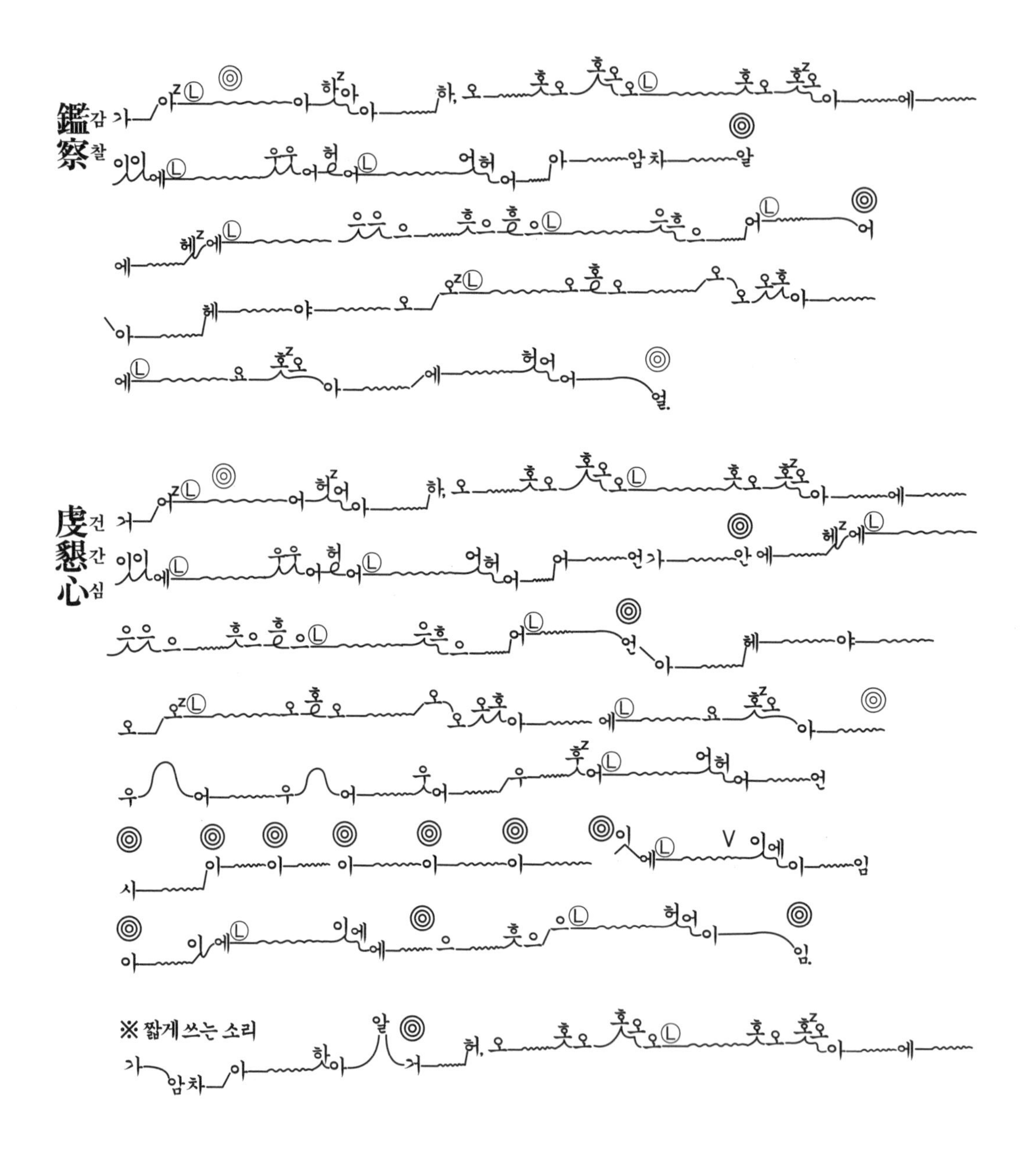

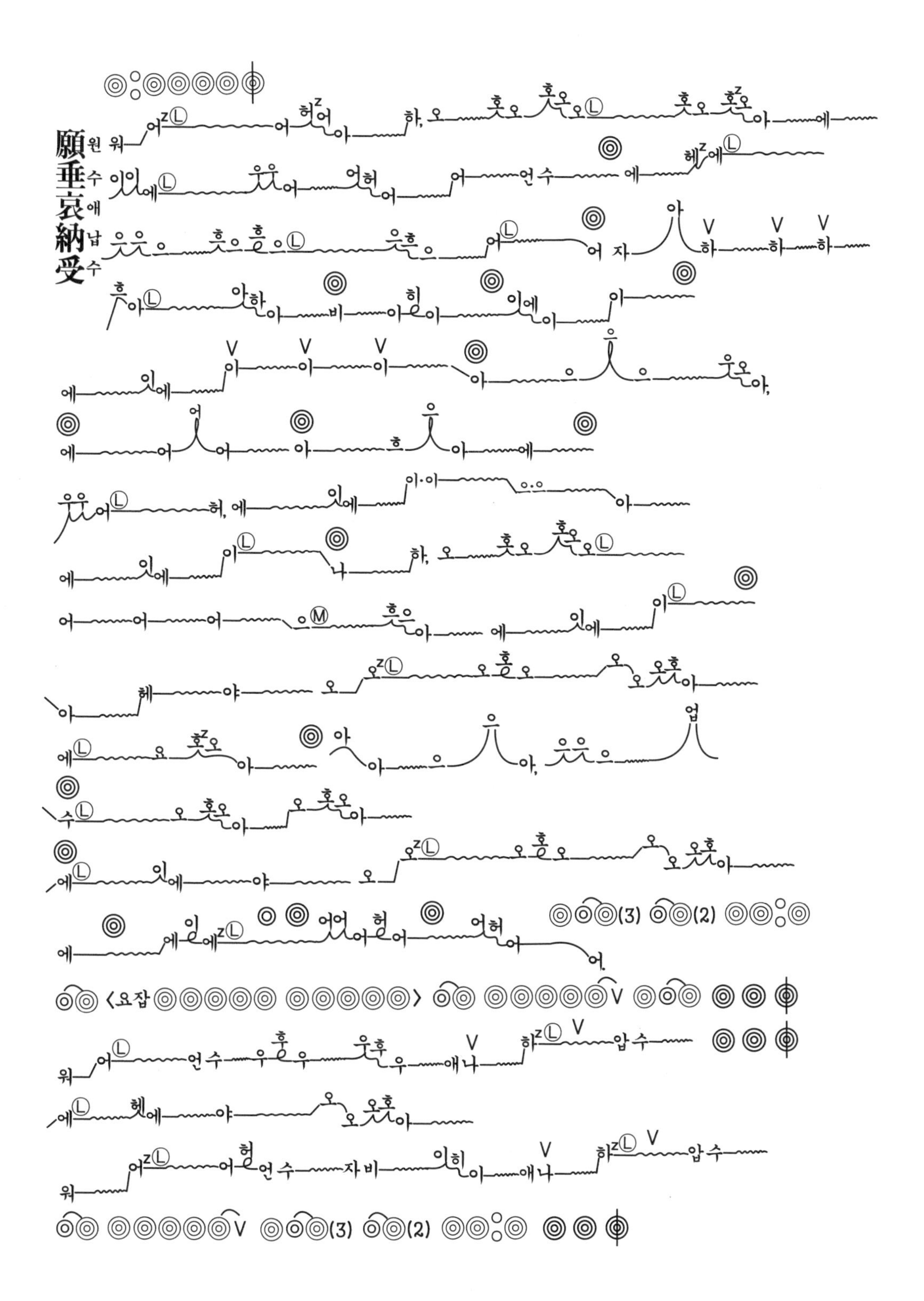

願 원
垂 수
哀 애
納 납
受 수
〈요잡

⒀ 香羞羅列 향수나열

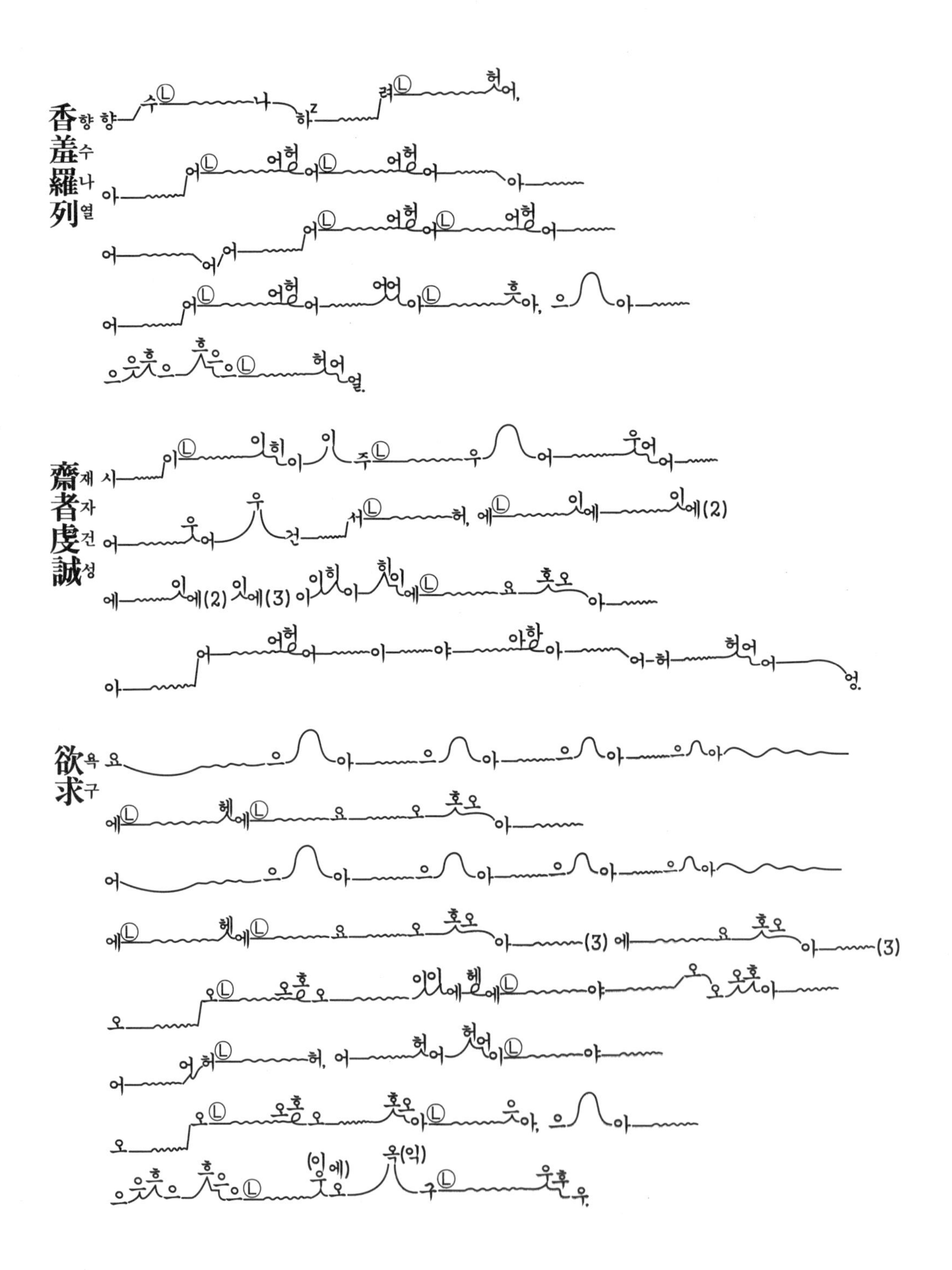
香羞羅列 향수나열
齋者虔誠 재자건성
欲求 욕구

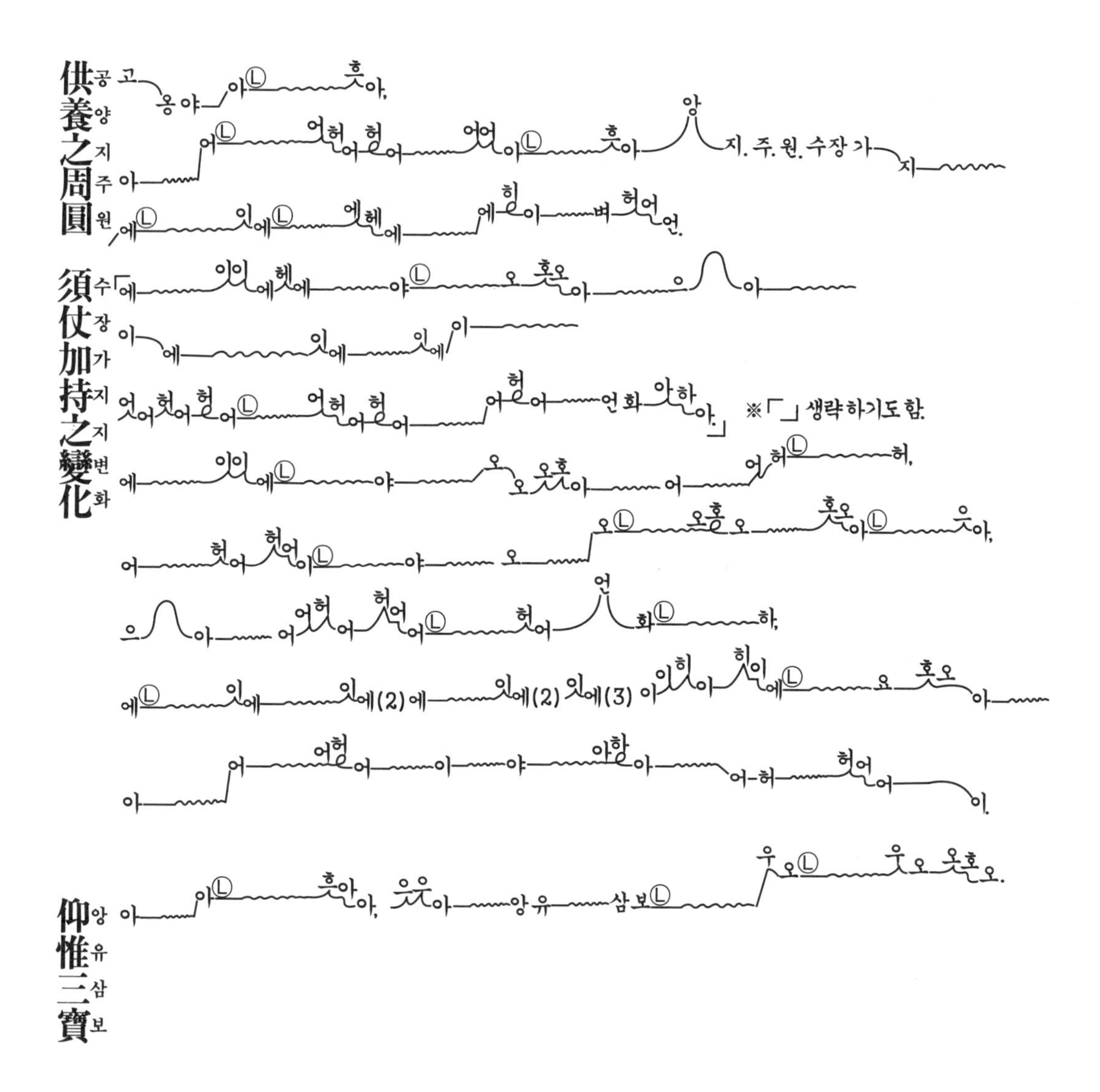

供養之周圓 공양지주원
지. 주. 원. 수장 가
須仗加持之變化 수장가지지변화
※「 」 생략하기도 함.
仰惟三寶 앙유삼보

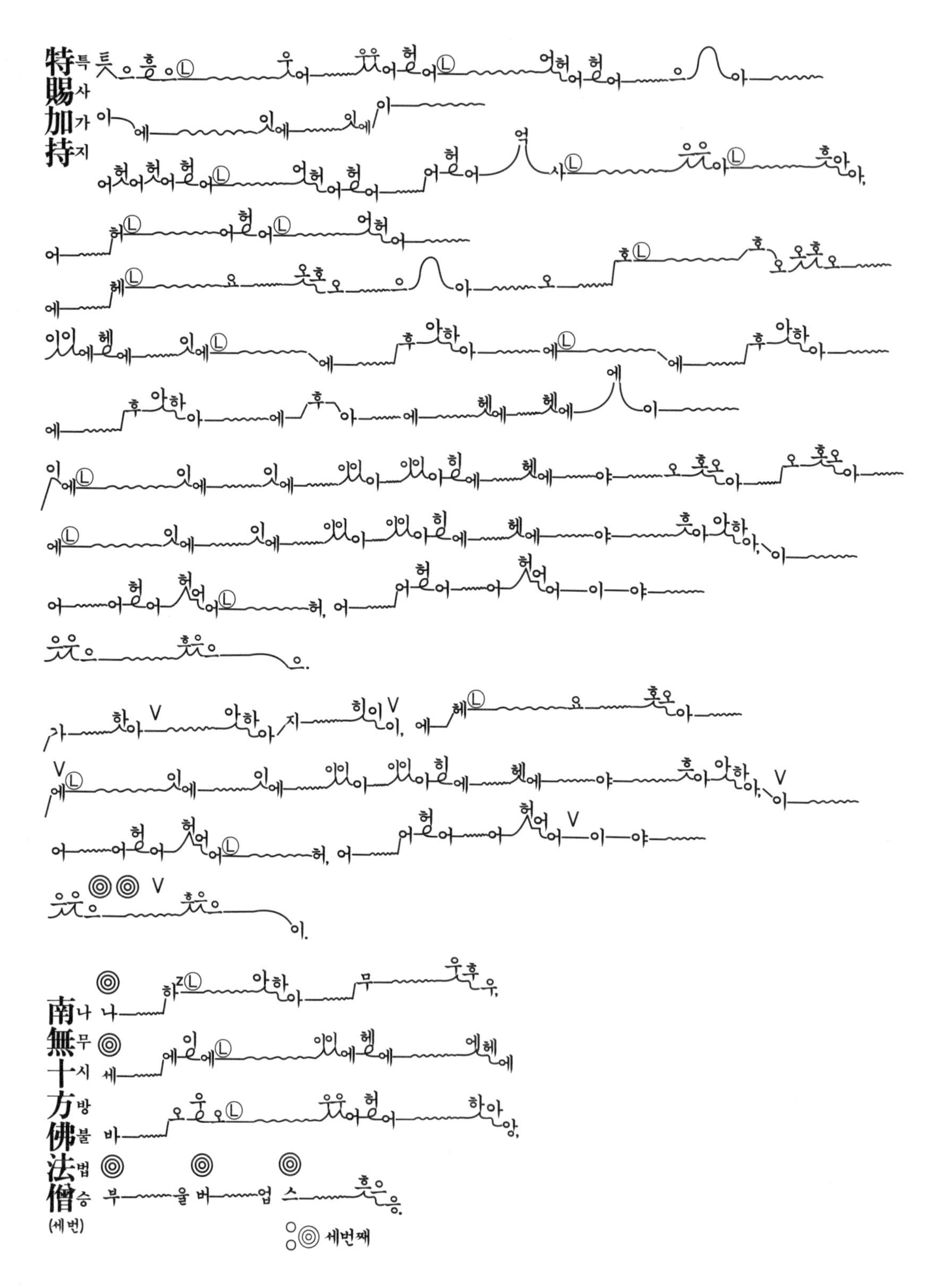
特 특
賜 사
加 가
持 지
南 나
無 무
十 시
方 방
佛 불
法 법
僧 승
(세번)
세번째

(14) 四陀羅尼사다라니

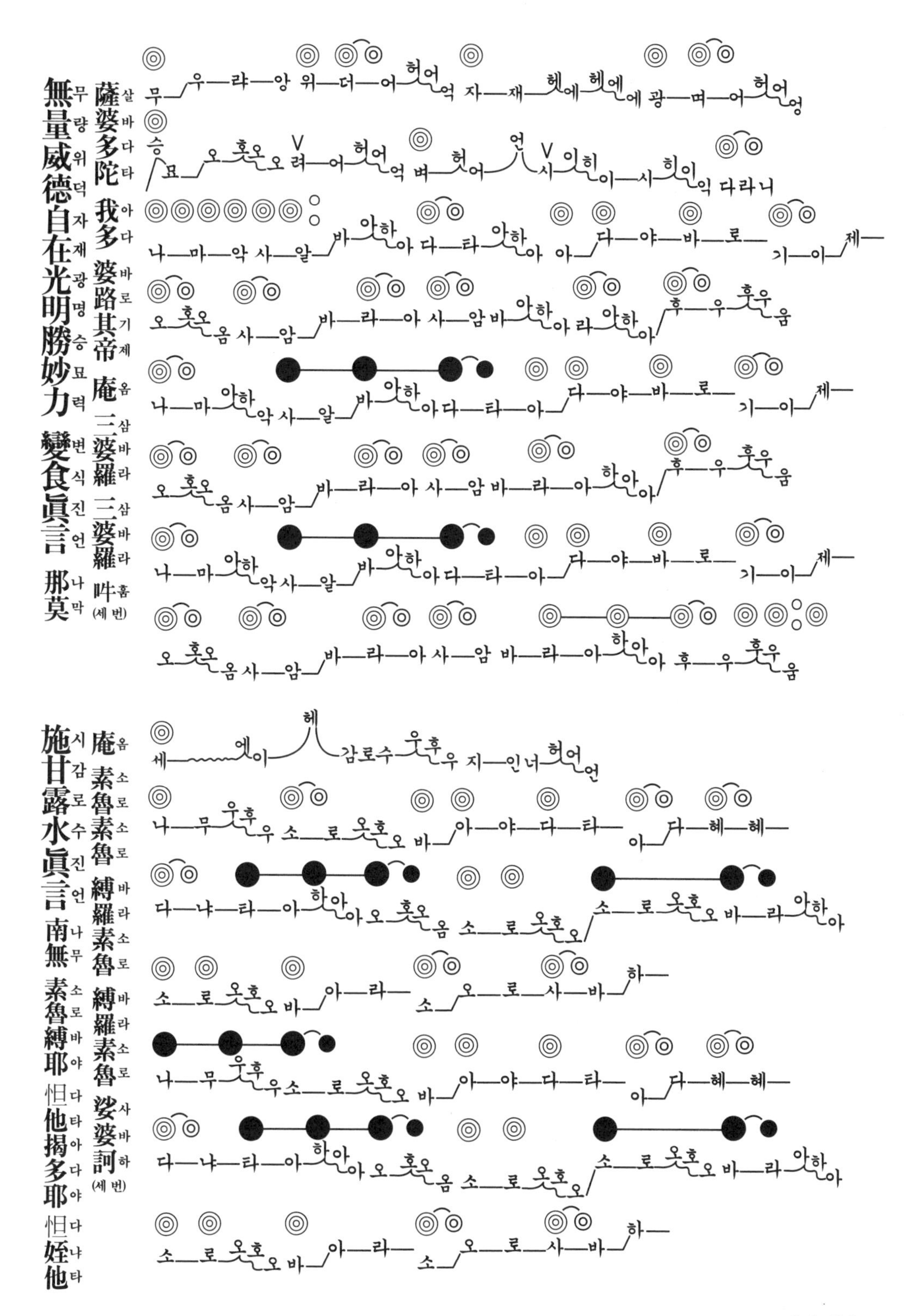

無量威德自在光明勝妙力變食眞言
무량위덕자재광명승묘력변식진언
那莫
나막
薩婆多陀 我多 婆路其帝 唵 三婆羅 三婆羅 吽
살바다타 아다 바로기제 옴 삼바라 삼바라 훔
(세 번)
施甘露水眞言
시감로수진언
南無 素魯縛耶 怛他揭多耶 怛姪他
나무 소로바야 다타아다야 다냐타
唵 素魯素魯 縛羅素魯 縛羅素魯 娑婆訶
옴 소로소로 바라소로 바라소로 사바하
(세 번)

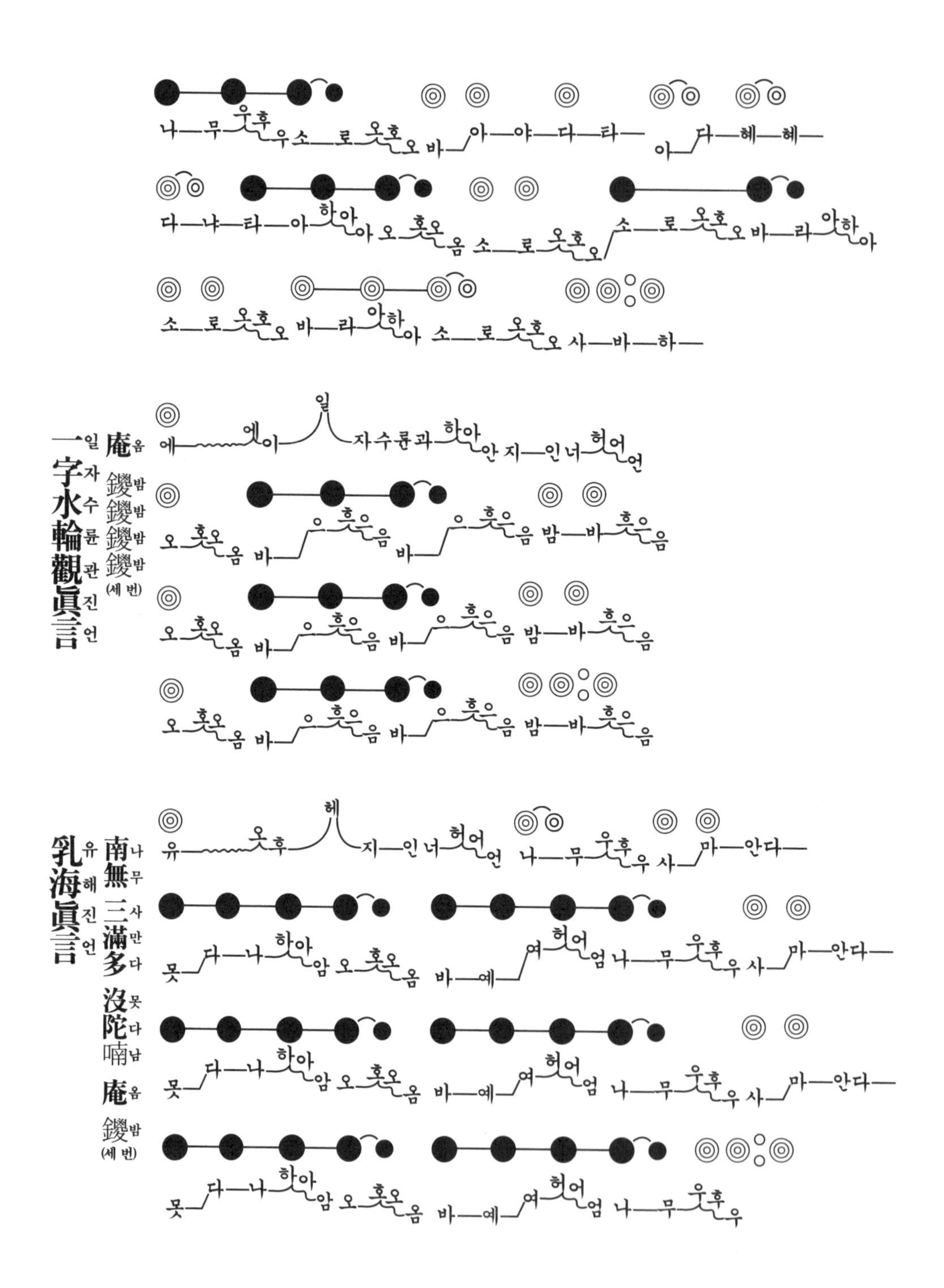
나—무—우후우소—로—오호오 바—아—야—다—타— 아—다—헤—헤—
다—냐—타—아—하아아 오—호오옴 소—로—오호오 소—로—오호오 바—라—아하아
소—로—오호오 바—라—아하아 소—로—오호오 사—바—하—
一字水輪觀眞言 일자수륜관진언
庵 옴 鑁 밤 鑁 밤 鑁 밤 鑁 밤 (세 번)
에—에이—일—자수륜과—하아안 지—인너—허어언
오—호오옴 바—으—흐으음 바—으—흐으음 밤—바—흐으음
오—호오옴 바—으—흐으음 바—으—흐으음 밤—바—흐으음
오—호오옴 바—으—흐으음 바—으—흐으음 밤—바—흐으음
乳海眞言 유해진언
南無 나무 三滿多 사만다 沒陀喃 못다남 庵 옴 鑁 밤 (세 번)
유—오후—헤—지—인너—허어언 나—무—우후우 사—마—안다—
못—다—나—하아암 오—호오옴 바—예—여—허어엄 나—무—우후우 사—마—안다—
못—다—나—하아암 오—호오옴 바—예—여—허어엄 나—무—우후우 사—마—안다—
못—다—나—하아암 오—호오옴 바—예—여—허어엄 나—무—우후우

⒂ 運心偈 운심게

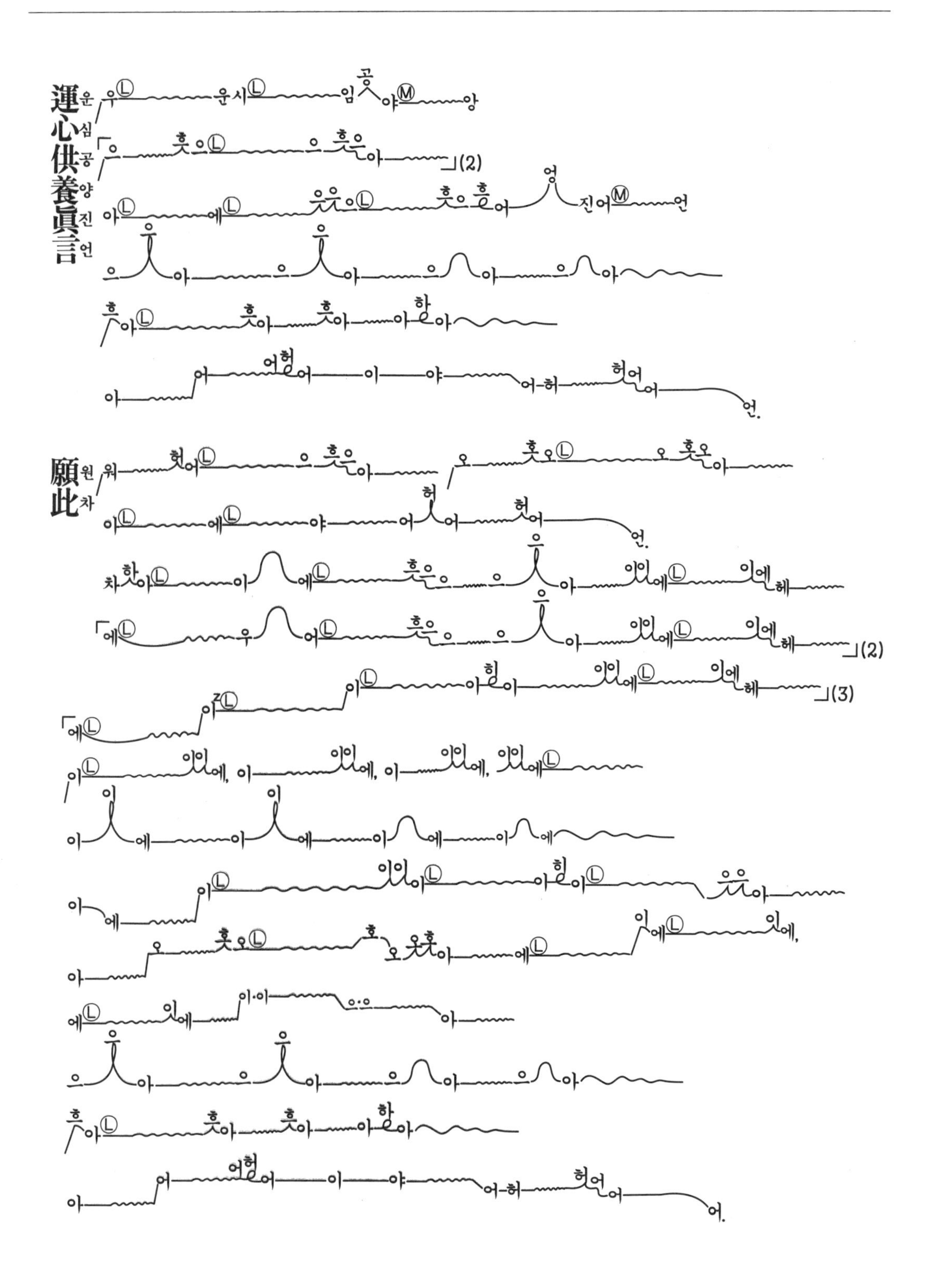

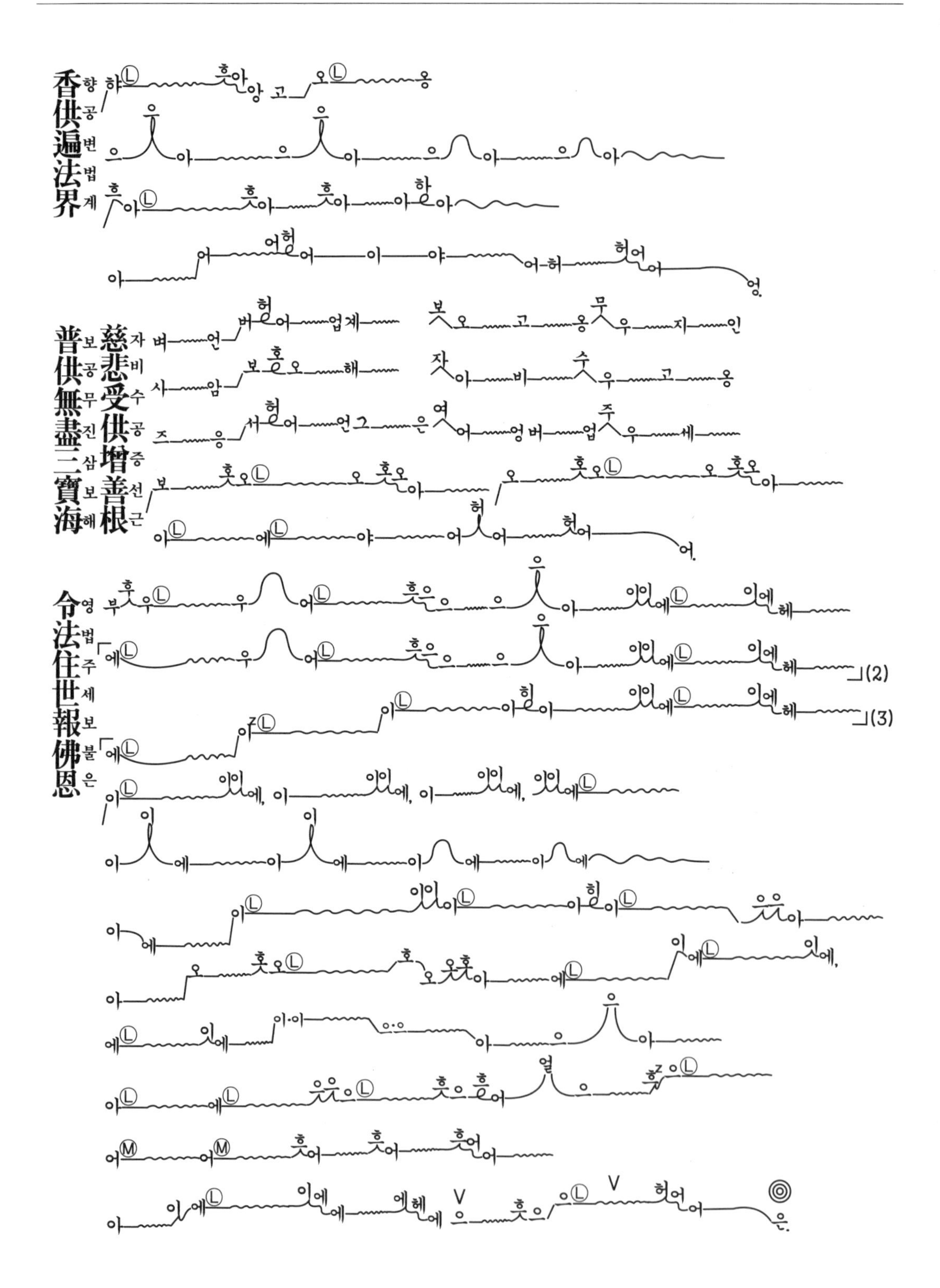
香供遍法界 향공변법계
普供無盡三寶海 보공무진삼보해
慈悲受供增善根 자비수공증선근
令法住世報佛恩 영법주세보불은
(2)
(3)

1공 ◎◎ ◎◎◎ ◎◎◎ ◎◎ ◎◎◎ ◎◎ V V (6회)

●●●•······ ◎V 90°
◎V 180°
◎V 270°
◎V 180° ◎◎◎(3) ◎◎(2) ◎◎◎ ◎◎

◎
어——흐어——흐어——흐어——흐언어——
◎
어——흐어——흐어——흐어——흐언어——
아——이에Ⓛ——이에에——에헤에 ◎ 으——흐으 ◎Ⓛ——◎ 허언어—— ◎ 은.

2공 ◎◎ ◎◎◎ ◎◎◎ ◎◎ ◎◎◎ ◎◎ V V (6회)

●●●•······ ◎ ◎ ◎

◎◎ ◎◎◎ ◎◎◎ ◎◎ ◎◎◎ ◎◎ V V (2회)

●●●•······ ◎ ◎ ◎

◎◎ ◎◎◎ ◎◎◎ ◎◎ ◎◎◎ ◎◎ V V (2회)

●●●•······ ◎ ◎ ◎V 90°
◎ ◎ ◎V 180°
◎ ◎ ◎V 270°
◎ ◎ ◎V 180° ◎◎◎(3) ◎◎(2) ◎◎◎ ◎ ◎ ◎

⑯ 加持偈 가지게

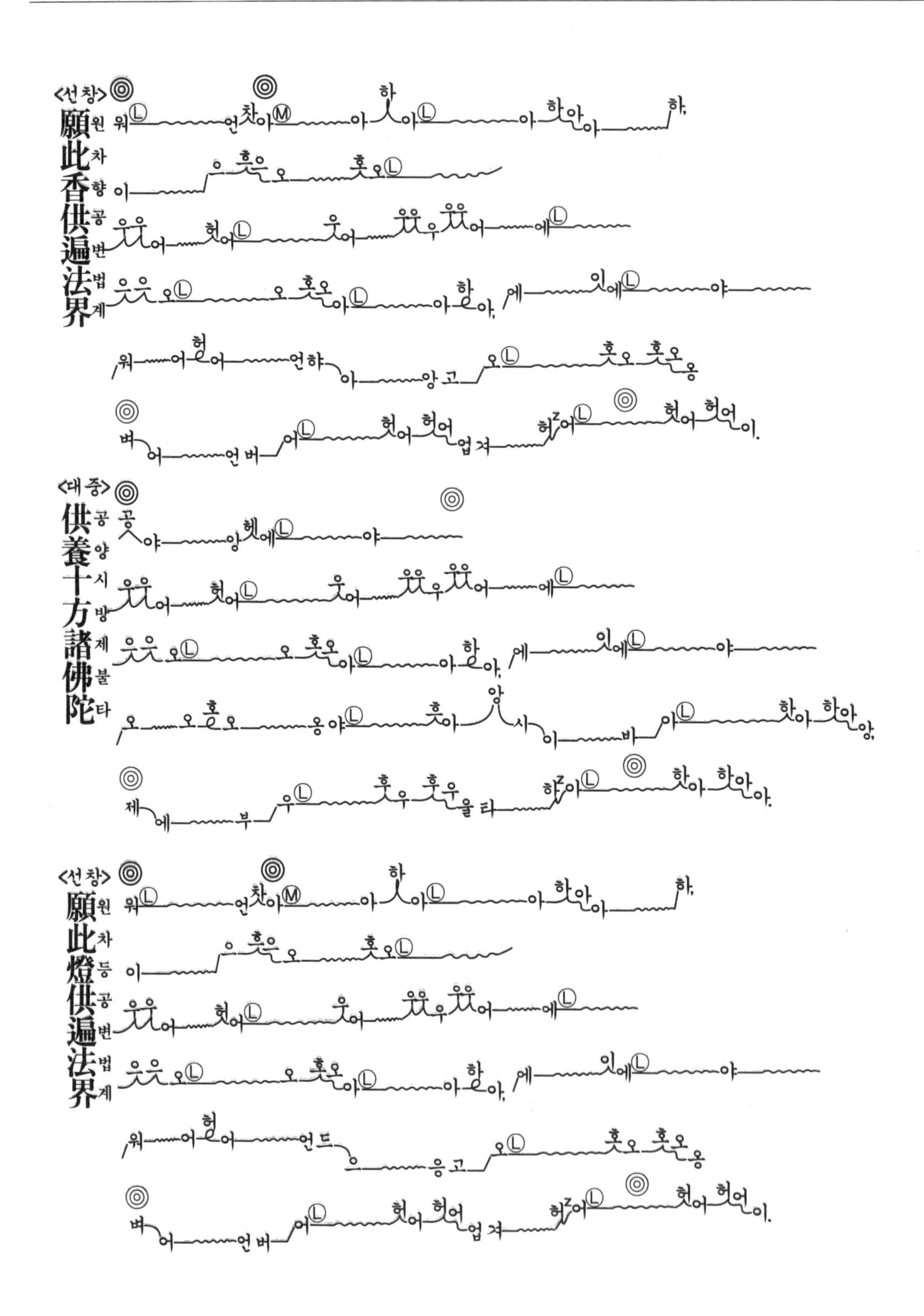

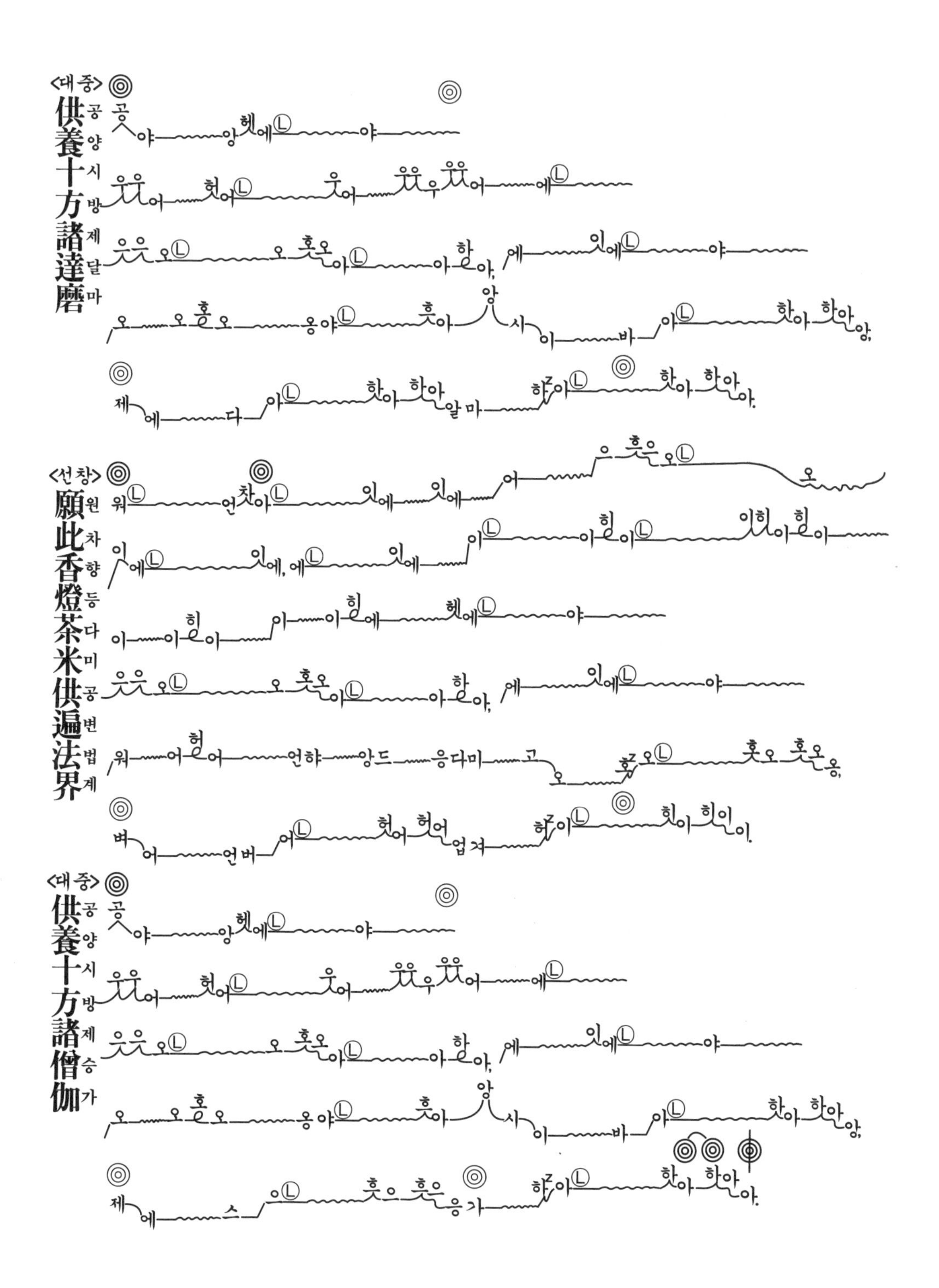

<대중>
供養十方諸達磨
공양시방제달마
<선창>
願此香燈茶米供遍法界
원차향등다미공변법계
<대중>
供養十方諸僧伽
공양시방제승가

(17) 普供養眞言 보공양진언

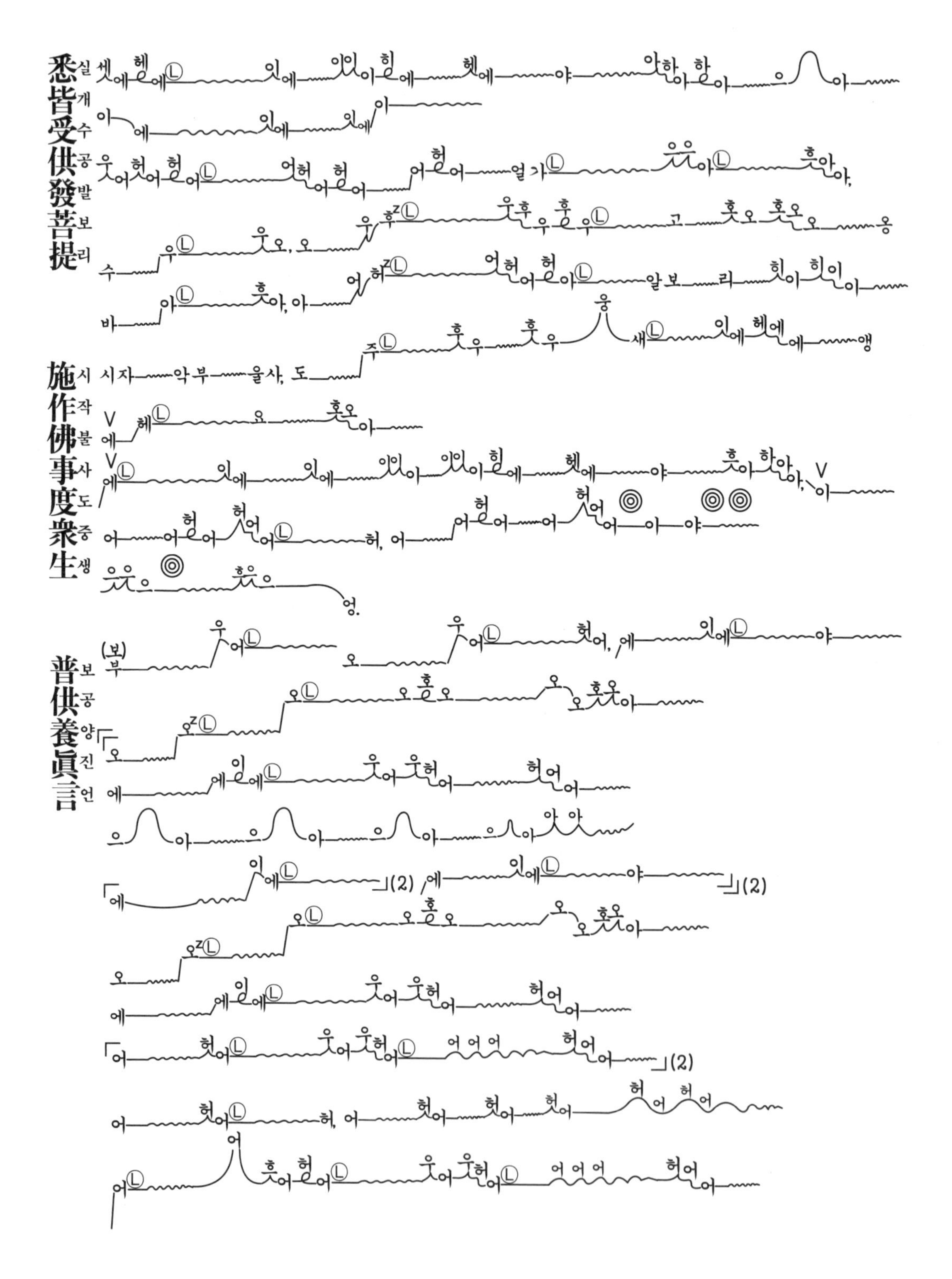

⒅ 普回向眞言 보회향진언

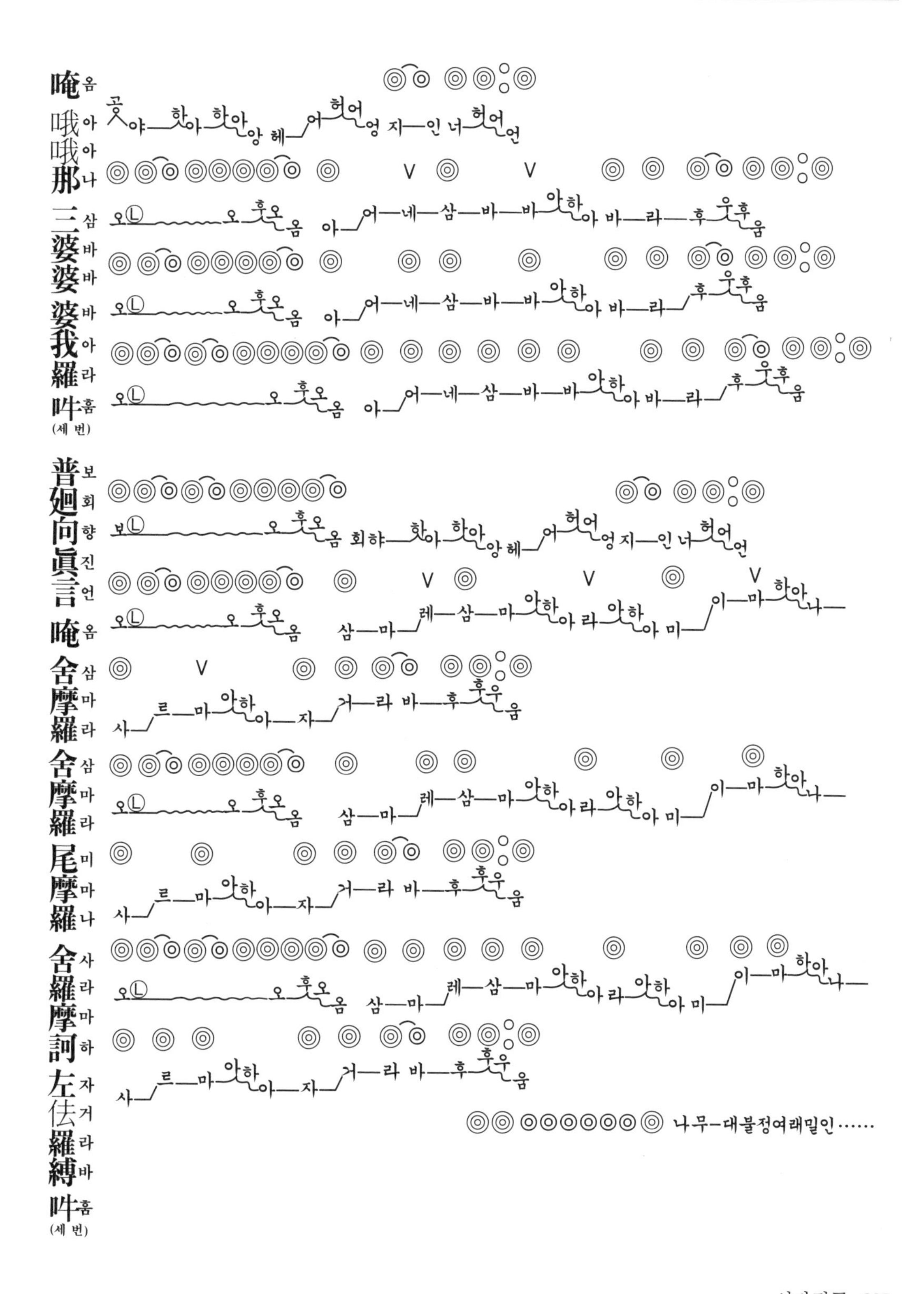

觀音施食관음시식 (1) 着語착어

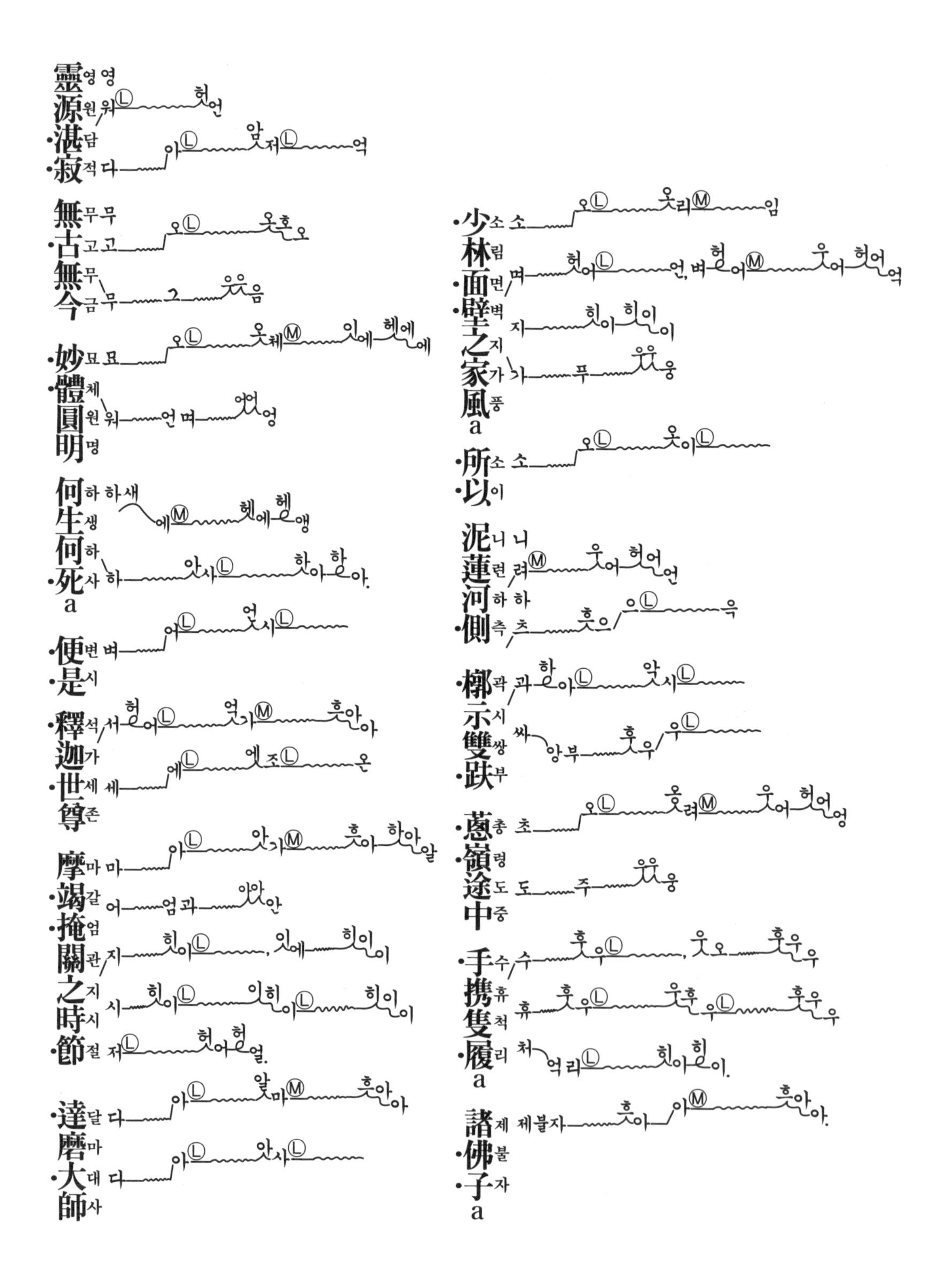

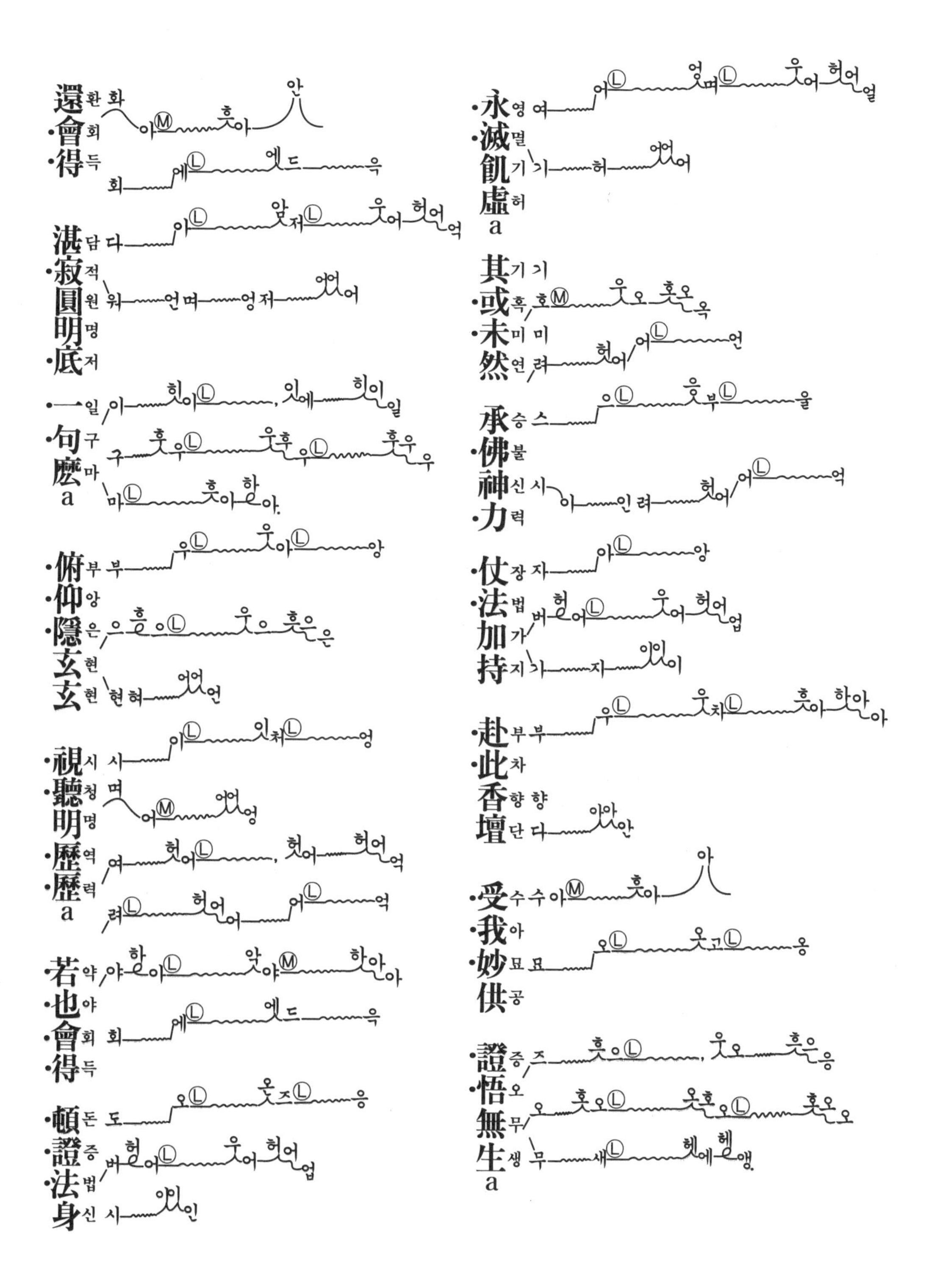

(2) 着語 착어

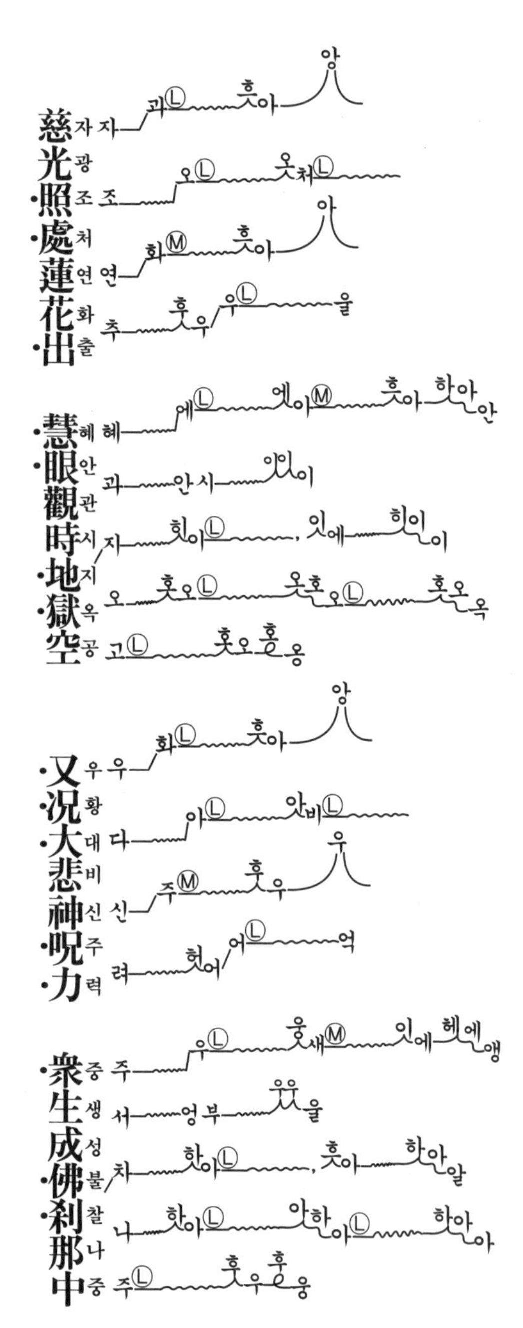

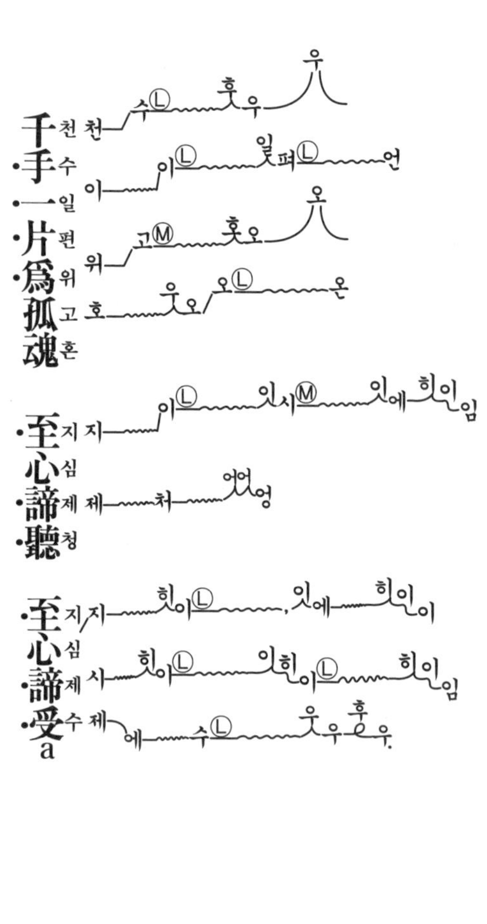

(3) 功德偈 공덕게

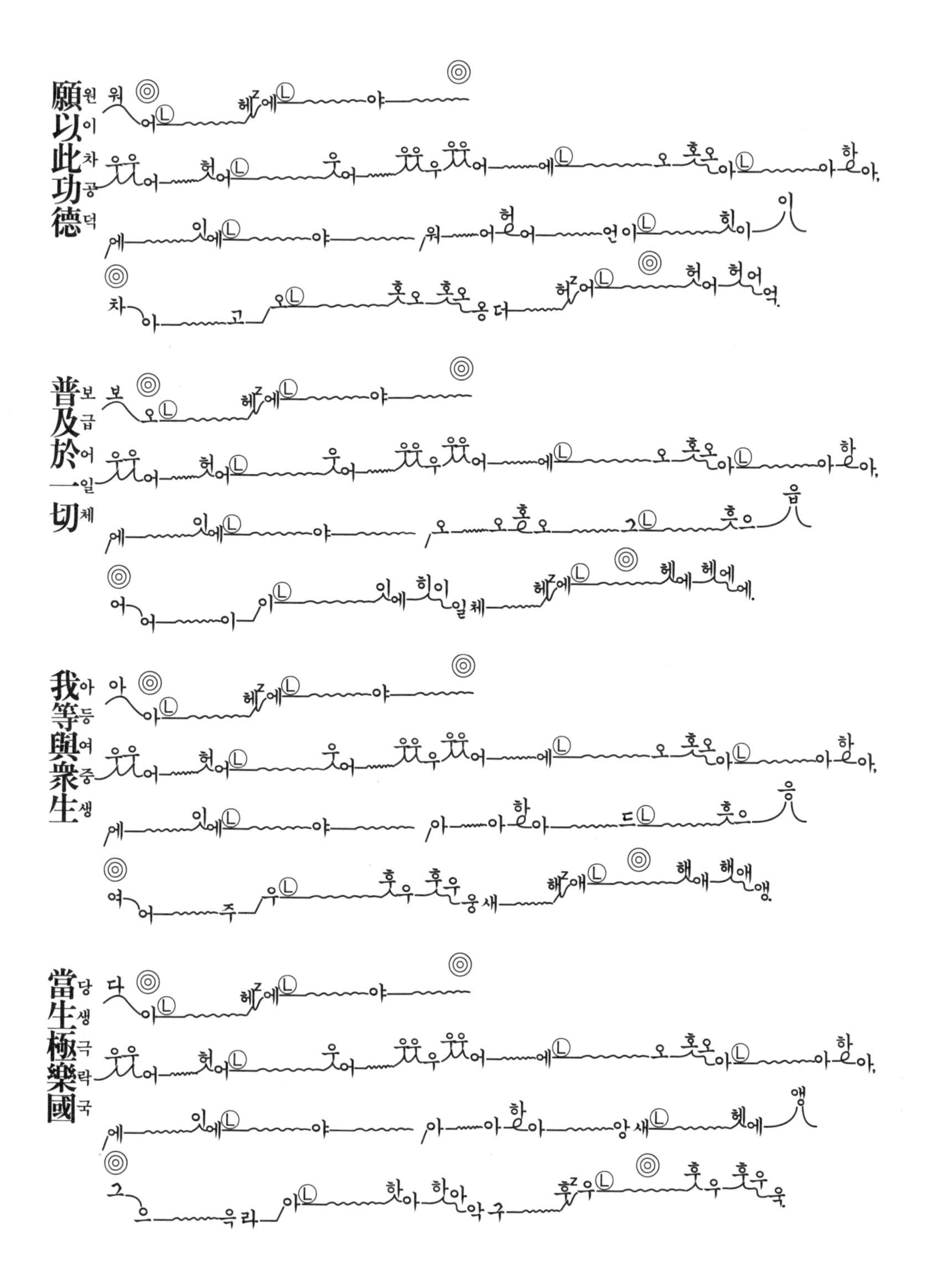

願以此功德 원이차공덕
普及於一切 보급어일체
我等與衆生 아등여중생
當生極樂國 당생극락국

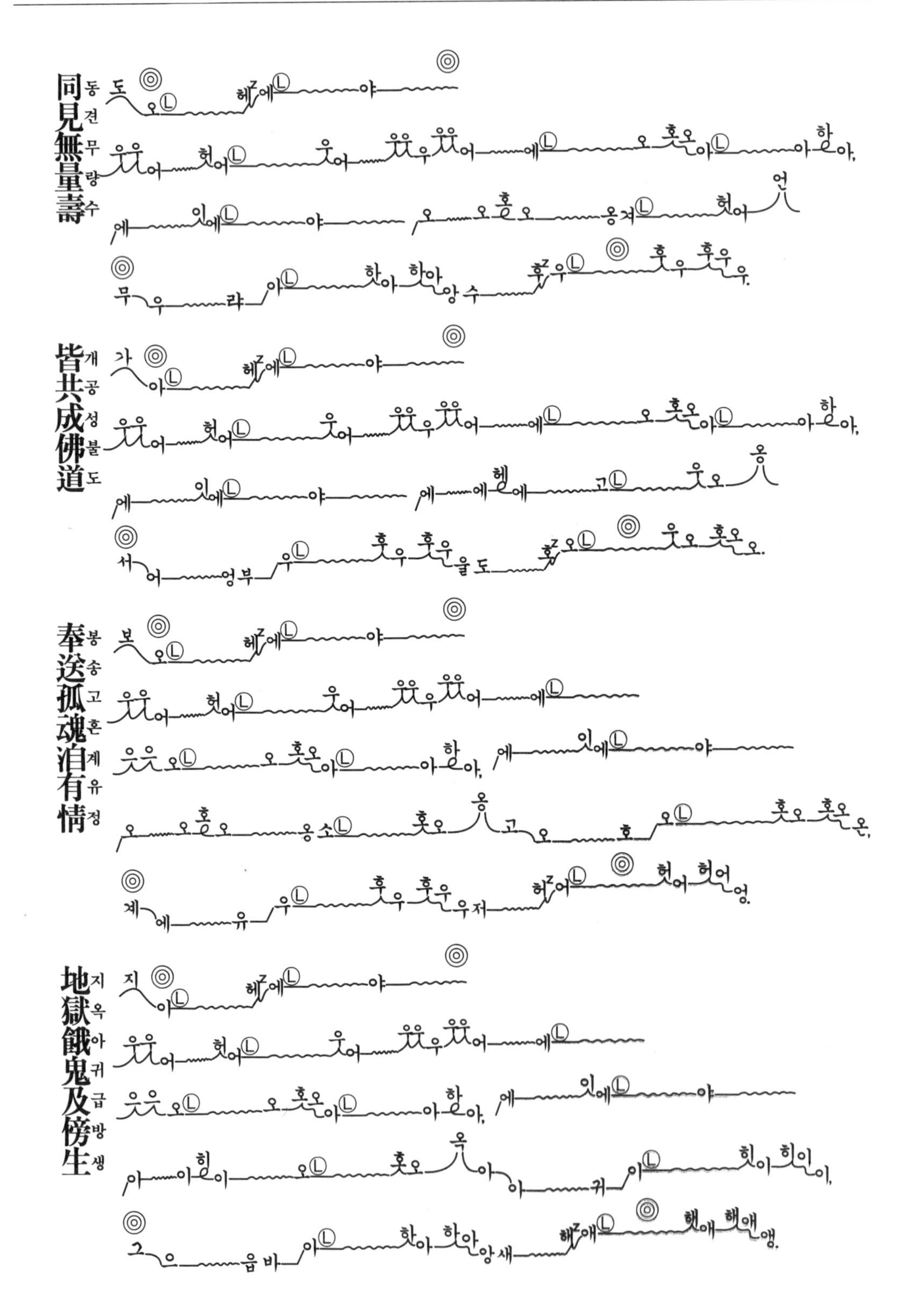

同見無量壽
동견무량수
皆共成佛道
개공성불도
奉送孤魂洎有情
봉송고혼계유정
地獄餓鬼及傍生
지옥아귀급방생

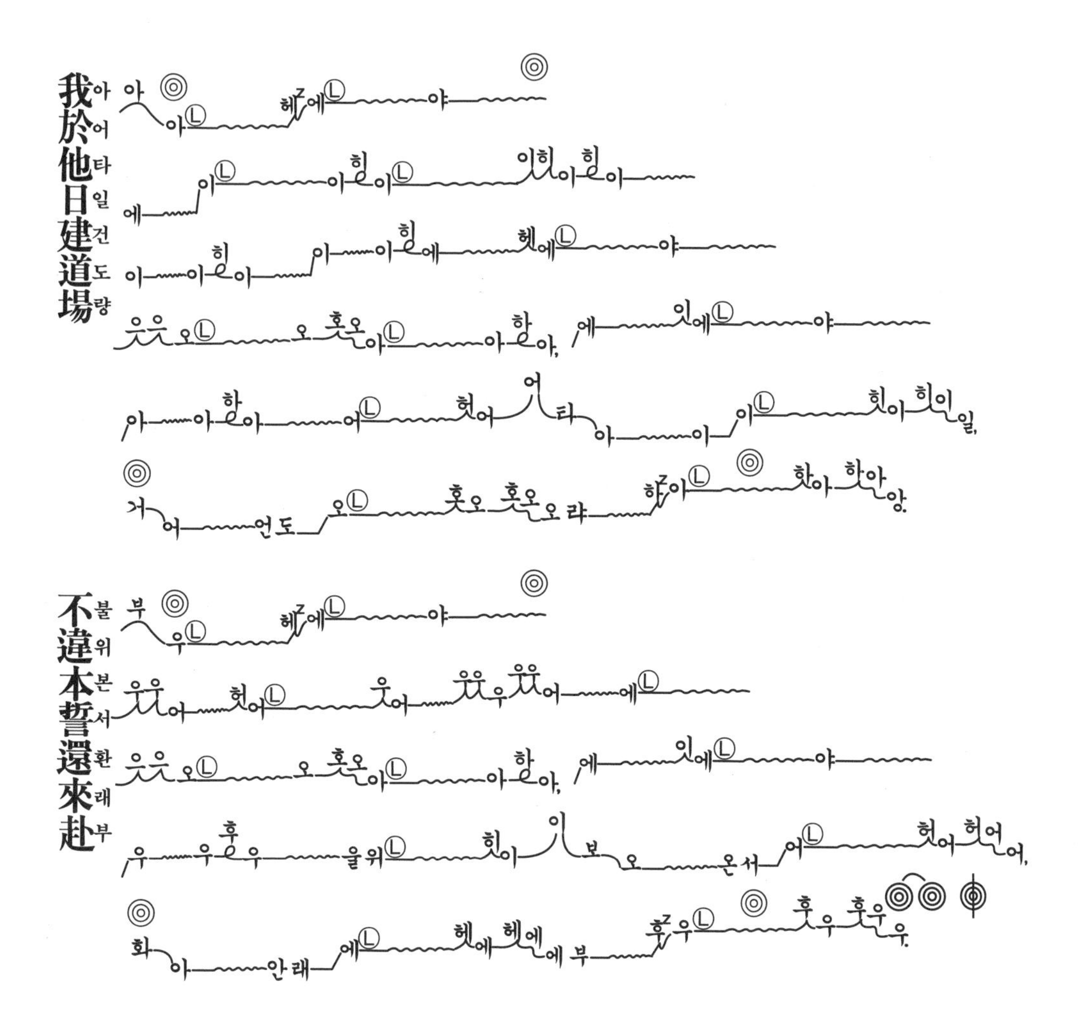
我於他日建道場
아어타일건도량
不違本誓還來赴
불위본서환래부

일승一乘 행원行願

울산 울주군 출생

울산 울주군 소재 유영사 출가

활안 한정섭 스님께 사미계 및 비구계 수지

한국불교통신대학, 나란다삼장불학원 수료

한국불교태고종 종정 혜초 큰스님께 건당

옥천범음대학 마일운 스님께 상주권공, 각배, 영산을 배움

동국대학교 한국음악과 졸업

동국대학교 불교문화대학원 석사과정 중

常住勸供儀式集 상주권공의식집

초판 1쇄 인쇄 2020년 6월 10일 | **초판 1쇄 발행** 2020년 6월 17일

一乘 行願 **編著** | **펴낸이** 김시열

펴낸곳 도서출판 운주사

(02832) 서울시 성북구 동소문로 67-1 성심빌딩 3층

전화 (02) 926-8361 | **팩스** 0505-115-8361

ISBN 978-89-5746-612-4 93220 값 30,000원

http://cafe.daum.net/unjubooks 〈다음카페: 도서출판 운주사〉